与会代表合影

中共黄骅市委常委、宣传部部长郑玉中致开幕辞

中国文物学会盐业文物专业委员会主任委员程龙刚致贺辞

河北省文物考古研究院副书记、研究馆员毛保中致辞

山东大学历史文化学院院长方辉致辞（王青代发言）

河北省文物局考古处处长贾金标致辞

山东大学讲席教授白云翔发言

山东大学讲席教授白云翔致闭幕辞

黄骅市人民政府副市长张桂云主持闭幕式

内 容 简 介

　　盐业考古是我国的新兴考古学研究领域，是我国考古学发展进入新时期的重要组成部分，近年来发展尤为迅速，受到学术界的普遍关注。本书收录了2021年在黄骅举行的盐业考古学术研讨会的论文，充分反映了最近十年来我国盐业考古领域所取得的成就，尤其是盐业考古理论研究、盐业历史研究、传统制盐研究，以及冀鲁地区、江浙地区、川峡地区等地的盐业考古新发现与研究成果。

　　本书适合考古、文博、盐业史研究者及文史爱好者参考阅读。

图书在版编目（CIP）数据

盐业考古与古代社会研究：手工业考古·黄骅论坛：以盐业考古为中心论文集 / 黄骅市博物馆，河北省文物考古研究院，山东大学历史文化学院编著；王青，张宝刚，雷建红主编. —北京：科学出版社，2022.12

ISBN 978-7-03-073856-1

Ⅰ.① 盐… Ⅱ.① 黄… ② 河… ③ 山… ④ 王… ⑤ 张… ⑥ 雷… Ⅲ.① 盐业史 - 中国 - 文集 Ⅳ.① F426.82-53

中国版本图书馆 CIP 数据核字（2022）第 224909 号

责任编辑：赵　越 / 责任校对：邹慧卿
责任印制：肖　兴 / 封面设计：金舵手

科　学　出　版　社 出版
北京东黄城根北街 16 号
邮政编码：100717
http://www.sciencep.com

北京汇瑞嘉合文化发展有限公司 印刷
科学出版社发行　各地新华书店经销
*

2022 年 12 月第　一　版　　开本：787×1092　1/16
2022 年 12 月第一次印刷　　印张：26　插页：4
字数：600 000

定价：298.00 元
（如有印装质量问题，我社负责调换）

编 委 会

目　录

上　篇

在"手工业考古·黄骅论坛——以盐业考古为中心"学术研讨会开幕式上的致辞

郑玉中

（中共黄骅市委常委、宣传部部长）

各位领导，各位专家学者：

　　大家下午好！金风送爽、盐韵飘香，今天，国内盐业考古专家齐聚黄骅，就盐业考古进行深层次的探讨和研究，这对黄骅来说是一件大事、喜事。在此，我谨代表市委、市政府对各位的到来表示热烈的欢迎和衷心的感谢。

　　黄骅盐业历史悠久，自古就有"万灶青烟皆煮海，渔盐之利雄天下"的盛况。近年来，黄骅手工业考古日新月异、成绩斐然，隋唐制盐作坊和金元煮盐遗址的考古发掘，为研究我国古代盐业生产、政治经济制度提供了最直观的证据，其价值不可估量。

　　黄骅市委、市政府一直高度重视文物保护工作，持续加大资金投入，实施文物保护设施建设，并充分发挥文物考古在弘扬先进文化、凝聚民族精神、培育国民素质和推进社会进步方面的独特作用，努力推动文化强市建设。

　　本次研讨会不仅是专家学者的一次欢聚，也是对盐业考古的一次深度梳理。我们将以此次研讨会为契机，广纳真知灼见，广聚学术资源，广交学术人才，为未来的学术研究和合作寻求新思路，拓展新途径。

　　最后，祝愿本次会议圆满成功！祝愿各位来宾、各位朋友身体健康、工作顺利！祝愿我们的友谊长存！

　　谢谢大家！

在"手工业考古·黄骅论坛——以盐业考古为中心"学术研讨会开幕式上的致辞

程龙刚

（中国文物学会盐业文物专业委员会主任委员）

尊敬的郑玉中常委、张桂云副市长，各位领导，各位专家学者：

大家下午好！

在丹桂飘香、硕果累累的金秋时节，由河北省文物考古研究院、山东大学历史文化学院、黄骅市人民政府主办，黄骅市博物馆暨河北海盐博物馆、《盐业史研究》杂志社承办的"手工业考古·黄骅论坛——以盐业考古为中心"学术研讨会在这里隆重举行，这是盐业考古专家和盐业史研究学者相聚的一次盛会，是新时期推进我国盐业考古和盐业历史文化研究的一件盛事。在此，我谨代表中国文物学会盐业文物专业委员会、自贡市盐业历史博物馆、《盐业史研究》杂志社对本次学术研讨会的召开表示热烈的祝贺！向不辞辛劳、远道而来出席本次学术研讨会的盐业考古专家、盐业史研究学者表示热烈的欢迎！

中国文物学会盐业文物专业委员会于 2019 年 6 月成立，是中国文物学会下设的分支机构，受中国文物学会直接领导；由全国盐业文物工作者、专家、学者、收藏家，相关的文物专门机构，以及支持、关心和热爱文物事业的各界人士，自愿组成的公益性社会组织；挂靠在自贡市盐业历史博物馆。成立两年多以来，中国文物学会盐业文物专业委员会各会员单位大力推进盐业文物考古及保护利用工作，为传承和弘扬中国盐业历史文化做出了积极的贡献！

自贡市盐业历史博物馆创办于 1959 年，是我国较早建立的收藏、研究和陈列中国盐业历史文物的专业博物馆，馆藏文物 18632 件（套），其中珍贵文物 626 件（套），拥有 2 个全国重点文物保护单位——西秦会馆、吉成井盐作坊遗址和 1 个四川省文物保护单位——王爷庙。2017 年，自贡市盐业历史博物馆被评定为国家一级博物馆。自贡市盐业历史博物馆主办的期刊《盐业史研究》，是我国唯一以盐为研究对象的学术刊物，是中国盐业历史文化研究的主要学术发布平台，专门开设"盐业考古"栏目。

　　盐业考古，是近20年来我国考古研究的热点领域和新的专门考古方向之一，已经成为中国考古学中非常富有潜力的一个重要分支学科。近年来，国家文物局主导的"考古中国"重大研究项目单独将"盐业考古"作为其中的重要研究课题，足见盐业考古在我国手工业考古中占有举足轻重的地位。我国海盐、井盐、池盐、湖盐、泉盐等盐业遗址类型多样、数量众多、分布广泛，各种盐业相关的志书、文献史籍、碑刻、铭文等极为丰富，无论是地面的盐业文物还是掩埋在地下的制盐遗址，均为我们了解不同历史时期食盐生产的技艺、规模、组织管理、社会分工、食盐运销、族群交往、商品经济发展，以及生产力和生产关系发展等方面提供了重要信息，以此，我们可揭示出盐业在中华文明的形成过程中及社会发展中扮演的重要角色。近年来，盐业考古取得了一系列重要发现，涌现出大批科研成果，成绩斐然。本次学术研讨会以"盐业考古"为主题，积极探讨，深入交流，充分展现新的研究成果，必将有力地推动我国盐业考古更快、更好地发展。

　　最后，祝本次学术研讨会取得圆满成功！祝愿各位领导、各位专家学者身体健康，工作顺利，万事如意！

　　谢谢大家！

在"手工业考古·黄骅论坛——以盐业考古为中心"学术研讨会开幕式上的致辞

毛保中

（河北省文物考古研究院副书记、研究馆员）

尊敬的各位与会嘉宾：

大家上午好！

九月的黄骅，金秋送爽，天朗气清。在各方面的共同努力下，由河北省文物考古研究院、山东大学历史文化学院、黄骅市人民政府主办，河北海盐博物馆、《盐业史研究》杂志社承办的"手工业考古·黄骅论坛——以盐业考古为中心"隆重开幕。作为会议的主办方之一，请允许我代表河北省文物考古研究院对研讨会的举办表示热烈的祝贺！向前来出席本次研讨会的国内外学者和新闻界的朋友们表示诚挚的欢迎和衷心的感谢！

21世纪以来，中国考古学蓬勃发展，科技考古、手工业考古及多学科、多领域交叉助力更是丰富和完善了考古学的学科体系。盐业考古作为手工业考古的重要门类，得到迅猛发展。此次召开的"手工业考古·黄骅论坛"不仅能为学者提供一个展示盐业考古丰富内涵与多样化研究手段的共享平台，更能为盐业考古往纵深发展提供可资借鉴的崭新思路和对比研究新材料。

河北省作为全国12个沿海省市之一，盐业生产有着悠久的历史。春秋战国时期的文献中，就有渤海湾西岸地区"煮海为盐"的记载。以往的考古调查也发现河北沿海，尤其是沧州地区多处商周时期的盐业遗址和盐业生产工具——盔形器。2014年开展的河北水下考古陆上调查工作，在河北沿海黄骅、海兴、唐山等地发现多处历史时期的盐业遗址。2016~2017年，河北省文物考古研究院等单位共同发掘了位于黄骅市大左庄遗址，首次在渤海湾沿岸揭露了一处较为完整的隋唐时期的制盐作坊，填补了河北省也是渤海湾西岸地区盐业考古的空白。2018年3~4月，河北省文物考古研究院、山东大学历史文化学院等单位对以黄骅市为主的渤海湾西岸地区开展了盐业考古专项调查，调查确认战汉时期至明清时期盐业遗址40余处。2020年6月，在长芦黄骅盐业有限公司发现一处金元时期煮盐遗址，并对多处盐工房址、煮盐灶、灰坑等进行抢救性清理。日前，沧州黄骅市考古工作人员在黄骅市海丰镇遗址附近发现一处金元时期的制盐卤水井，形制规整。加上到现在一直在生产的沧州盐业集团有限公司，可以说河北省有着从早到晚连续的盐业生产历史，这些都为我们开展河北盐业考古研究工作提供了契机。

盐业考古是我国考古研究的热点领域之一，自 20 世纪 90 年代后期正式开展以来，发展迅速，取得了丰硕成果。近十年来发展尤为显著，我国学术界与国外同行的交流、合作也越来越密切。不仅加深了对盐业考古的理解，积累了经验，扩展了视野，并在很短的时间里缩短了与国外在这一研究领域的差距，极大提升了中国盐业考古的国际影响。这些成就一方面是考古工作者不懈努力的结果，也与国家文物局对盐业研究项目的支持及主动积极的国际合作交流背景是分不开的。近些年来，各地不断有新的盐业考古遗址被发现，使得盐业考古已经成为中国考古学中非常富有潜力的一个重要分支学科，研讨会正是在这一学术背景下举行。

技术的发展与文明息息相关，盐业考古作为中国考古学科的重要分支学科，具有重要的现实意义与学术价值。但同时，盐业考古工作又还有漫长的路需要走，特别是由点到面的考古发现和数据的积累，既需要科学的规划，也需长期的工作。期待各位在研讨会中深入交流探讨，也相信此次研讨会将为盐业考古的发展带来新的活力。

最后，预祝本次大会圆满成功！谢谢大家！

在"手工业考古·黄骅论坛——以盐业考古为中心"学术研讨会开幕式上的致辞

方　辉

（山东大学历史文化学院院长）

尊敬的河北省文物局、河北省文物考古研究院和黄骅市各位领导，以及与会各位代表：

大家好！经过认真紧张的准备，"手工业考古·黄骅论坛——以盐业考古为中心"学术研讨会今天在黄骅如期召开，我受方辉院长的委托，代表本次研讨会的主办方之一山东大学历史文化学院，向参加本次研讨会的各位嘉宾表示热烈欢迎和衷心感谢！

这次会议的主题是盐业考古，盐业是我国古代手工业的重要部门，手工业考古近年在白云翔先生的倡导下已发展成为我国考古学的新兴研究领域，盐业考古也随之取得了重要成果。本次会议就是在这一学术背景下召开的。

近年来，山东大学考古学系的研究团队在盐业考古领域做出了重要成果。2002年首先科学发掘了寿光大荒北央西周制盐遗址，拉开了山东盐业考古的序幕。2008年又大规模发掘了东营南河崖遗址，出土了大批商周制盐遗存。并与有关科研单位积极合作进行多学科检测，获得了一批重要的科学数据，明确了商周时期煮盐工具的关键证据。随后又对山东北部开展了多次专题调研，并对古代制盐文献史料也做了大量收集和比较分析。以这些考古资料和文献史料为基础，在商周时期的盔形器用途与产地、制盐技术流程、产盐区范围、海盐业与聚落分布、社会演变的关系，以及淋煎法海盐生产工艺的起源等问题上，进行了深入分析与考证，产生了一系列研究成果。

最近几年，山东大学考古学系的研究团队又将研究的时空范围进一步拓展，对历史后期汉唐以来的盐业文献史料做了收集和整理，申报了国家社科基金重点项目"元代制盐典籍《熬波图》校注与研究"，并对江苏、浙江和香港地区沿海的盐业遗址做了深入调研，参与了河北省文物考古研究院主持的黄骅大左庄盐业遗址的发掘工作等。

总之，山东大学考古学系在盐业考古领域取得了一定成绩，我们清楚认识到，这些成绩的取得与广大同仁的长期大力支持是分不开的，在此也表达深深的敬意和谢意。今后我们将一如既往，继续与业界同仁积极开展各种合作，为我国盐业考古和考古文博事业做出新的贡献。

　　最后，祝愿本次会议圆满成功！谢谢大家！

在"手工业考古·黄骅论坛——以盐业考古为中心"学术研讨会开幕式上的致辞

贾金标

（河北省文物局考古处处长）

各位嘉宾，女士们、先生们、朋友们：

大家上午好！

在各方面的共同努力下，由河北省文物考古研究院、山东大学历史文化学院、黄骅市人民政府主办，河北海盐博物馆、《盐业史研究》杂志社承办的"手工业考古·黄骅论坛——以盐业考古为中心"在美丽的海滨城市黄骅隆重开幕了。我谨代表河北省文物局对研讨会的举办表示热烈的祝贺！向前来出席本次研讨会的国内外学者和新闻界的朋友们表示诚挚的欢迎！向长期以来给予我省文博事业大力支持的国家文物局、中央各科研机构和社会各界人士表示衷心的感谢！

河北内环京津，外环渤海，是中华民族的重要发祥地之一，历史悠久，文化灿烂，文物资源丰富。目前，全省拥有不可移动文物 33943 处，其中全国重点文物保护单位 278 处，省级以上文物保护单位 930 处，县级以上文物保护单位 3780 处；拥有博物馆、纪念馆 105 座；拥有长城、承德避暑山庄及周围寺庙、清东陵和清西陵、大运河 4 项世界文化遗产，国家级历史文化名城 5 座，省级历史文化名城 7 座，历史文化名村名镇 48 处。馆库存文物 140 余万件。

长期以来，在国家文物局的指导下，我们与中国社会科学院考古研究所、国家文物局考古研究中心、国家博物馆等中央科研机构和北京大学、山东大学等高等院校开展了多项考古和研究合作，这次国际学术研讨会更是获得了他们的大力支持。

盐业考古是以考古行为揭示的盐业实物资料，来研究盐业历史的专门考古学。盐业不仅是国家财政赋税收入的一项重要来源，而且也是一种非常重要的战略资源。由于盐产业本身所具有的特殊功能和价值，它不仅带动了各区域间的文化交流与互动，也对社会和文化的发展起到了重要的推动作用。通过考古学手段对古代盐业生产、分配、贸易、运输等一整套的流通过程的研究，对于探讨复原人类社会的经济、文化、政治、军事等诸多领域具有积极意义。

相较于西方国家盐业考古的蓬勃发展，我国盐业考古起步较晚，我国盐业考古是在20世纪八九十年代环境考古和社会考古陆续受到重视，日益关注环境与资源对古代社会发展的重要作用这一学术背景下兴起的。

我国已开展的盐业考古工作主要集中在山东北部和四川盆地，这些地区发现盐业遗址的数量较多，研究较为深入。其他地区盐业考古工作较少，发现遗址数量也不多。但近年来，各地在基本建设考古工作中发现了大量盐业遗址，这些新的发现为研究者了解中国盐业遗址分布范围、时代特征、生产规模、生产流程等提供了丰富的考古材料，使得中国古代盐生产的研究取得飞跃性突破。

此次学术研讨会分享近年来较重要的盐业考古发现与研究成果，在为进一步研究提供了新材料的同时，也有利于在交流当中相互学习、总结反思，从而再作用于田野工作的继续开展。而关于盐业考古的相关问题，我们也能从各位专家学者的发言中收获相应的观点与研究思路，这些观点和思路会给我们带来启迪，更重要的是，本次研讨会搭建起一个学术交流平台，在这个平台之上，不仅有国内外的知名学者，也有开展盐业考古研究的各省市考古同仁，这为盐业考古的实践与研究提供了交流与合作的机会。相信此次会议的举办，必将推动盐业考古研究的进一步深入。

希望大家对黄骅、河北考古、文物保护，乃至经济社会发展多提宝贵意见。

预祝本次学术研讨会圆满成功！

祝各位来宾身体健康、收获丰硕！

谢谢大家！

在"手工业考古·黄骅论坛——以盐业考古为中心"学术研讨会开幕式上的致辞

白云翔

（山东大学讲席教授）

尊敬的各位来宾、各位代表，同志们、朋友们：

　　大家下午好！

　　值此"手工业考古·黄骅论坛——以盐业考古为中心"开幕之际，谨向论坛的顺利召开表示热烈的祝贺！尤其是在新冠肺炎疫情依然复杂多变、疫情防控形势依然严峻的今天，这个论坛能按计划顺利举办实属不易，各位代表能不远百里乃至千里来参加论坛实属不易。借此机会，谨向各主办单位及其领导和同志们，尤其是黄骅市委市政府及黄骅市各有关部门和单位的领导和同志们表示崇高的敬意，向远道而来的各位代表和朋友们表示崇高的敬意！

　　这次论坛，是在举国上下欢庆中国共产党成立 100 周年、新中国成立 72 周年的大背景下召开的，是在习近平总书记 2020 年 9 月 28 日在中央政治局第二十三次集体学习时发表关于考古学的重要讲话一周年之际召开的。因此，这次论坛不仅仅是一次学术活动，更是具有重要政治意义和社会意义的一项文化活动，是广大考古文博工作者践行习近平总书记重要讲话精神的一次学术论坛。

　　我是一名考古工作者，也是这次论坛的筹备者和组织者之一，今天看到论坛能克服种种困难而顺利召开，看到各地代表能克服困难积极参会并提交高质量论文，感到非常欣慰和高兴。借此机会，我简单讲一下举办这次"手工业考古·黄骅论坛——以盐业考古为中心"的初衷和主旨，跟各位交流。

　　大家知道，手工业是古代社会的两大生产部门之一、三大经济领域之一，在人类历史和古代文明的发展中具有举足轻重的地位和作用，因此，手工业考古无疑是根据实物资料研究人类古代社会及其发展规律的现代考古学的重要分支，这也正是新世纪以来我们大力倡导手工业考古的学术和理论背景之所在。近年来，手工业考古日益受到学界的关注和重视，呈现出迅猛发展的良好态势。2016 年以来，以不同的专题和研究方向为议题的系列性手工业考古论坛先后在多地举办，对于我国手工业考古的蓬勃发展产生了积极的助推和引导作用，即 2016 年的"重庆论坛——以西南地区冶金考古和盐业考古为中心"，2017 年的"首师大论坛——以手工业考古的理论和方法为中心"，2018 年的"长安论坛——以秦汉钱币铸造业考古为中心"，2019 年的"丰镐论坛——以商周制陶业考古为中心"和 2020 年的"临淄论坛——以城市手工业考古为中心"。这次的"黄骅论坛——以盐业考古为中心"，作为这个手工业考古系列论坛的第六次论坛，主要目标是围绕我国近年来的盐业考古，展示新进展、交流新成果、探讨理论和方法，以进一步推进我国的盐业考古乃至整个手工业考古的发展。

这次论坛的主题之所以设定为盐业考古，主要原因在于，盐是人类生存和社会发展的重要资源，盐业自古以来就是与国计民生息息相关的重要产业，盐业考古是手工业考古最基本、最重要的研究领域之一，而新世纪以来，我国的盐业考古更是迅猛发展、成就斐然。由于盐和盐业在人类发展史上具有不可或缺的地位和作用，我国有着盐业史研究的传统，并且长期以来是我国古代经济史研究的一个重要领域，但我国的盐业考古起步较晚。令人欣喜的是，20 世纪末中美学者在三峡地区首次开展真正意义上的盐业考古以来，随着我国考古学的发展，以传统的盐业史研究为基础，以川渝地区为起点，我国的盐业考古迅速展开，呈现出突飞猛进的可喜局面。时至今日，我国的盐业考古作为考古学的一个分支学科已初步形成，主要表现在以下几个方面。

其一，以田野考古为基础，与科技考古、文献史料、人类学调查及模拟实验研究相结合，盐业考古的理论和方法趋于成熟；其二，各地、各种类型盐业遗址的考古调查和发掘相继展开，从川渝地区到渤海、东海及南海沿岸盐业遗存的考察都有所开展，从井盐到海盐的盐业考古都有所开展；其三，研究领域逐步拓展，研究深度不断深化，从盐业资源、制盐工具及设施、制盐技术到盐的流通、应用直至盐业在中华古代文明形成和发展中的地位和作用的研究，受到不同程度的关注，都取得不少成果；其四，初步形成了一支以中青年学者为主、老中青学者结合的盐业考古队伍，不少考古文博机构拥有专门或主要从事盐业考古的人员，北京大学、山东大学和四川大学等高校还开设了盐业考古的课程，不断为盐业考古培养新生力量。总之，我国的盐业考古正在不断地向前发展。

但同时我们也清醒地看到，我国的盐业考古还存在着明显的不平衡性，譬如，井盐和海盐遗存的考古发掘和研究走在前面，而池盐、湖盐遗存的发掘和研究有待真正起步；就海盐考古来说，渤海西岸和南岸、东海北部沿岸等地的古代盐业遗址多有考古调查和发掘，而其他沿海地区古代盐业遗存的田野考察和研究明显滞后；先秦时期的盐业考古成果丰硕且比较深入，近年来隋唐时期的盐业考古也取得明显进展，而其他时期的盐业考古还有许多空白。这都告诉我们，我国的盐业考古虽然取得了长足的进展和丰硕的成果，但今后还有很长的路要走。

就手工业考古来说，尽管研究方法和手段多样，但我们始终强调田野考古是基础，是学科发展的原生动力，盐业考古亦然。因此，更广泛、更系统地开展古代盐业遗址的调查和发掘，逐步填补时代、区域和类型等方面的空白，是我们面临的首要任务，也是今后相当长一个时期盐业考古最大的生长点。关于盐业遗址的调查，学界已经积累了很多经验，有很多成功的做法，今后继续采用并进一步完善的同时，还要不断开辟新的思路，譬如，以盔形器、牢盆、盘铁等制盐关键遗物为线索，或以当地的盐业资源为线索，或以地方志的记载为线索，对古代盐业遗存展开调查，一定会有新的收获。手工业考古的研究内容尽管有十个方面，但其要点是资源、技术、产业、社会，以及它们之间的相互关联和相互作用，盐业考古亦然。盐业既是整个社会经济和社会文化的一个子系统，其本身也是一个完整的产业系统，它以生产为平台，一端连接技术和资源，另一端连接产品及产品的运销和社会应用，而生产这个平台是在一定的社会条件下由人搭建并由人去运行的。因此，在继续关注并深化制盐工具和设施等盐业技术研究的同时，将盐业作为一个产业系统的研究，从产业链和供应链出发的产业布局和产业结构研究，盐业聚落和盐业社会的研究，盐业与社会经济、社会生活和社会政治之关联和互动的研究等，都是盐业考古的题中应有之义，都需要逐步展开并使之深化。我相信，这次论坛的举办，对于我国盐业考古的持续发展、向纵深发展将产生积极的推动作用。

这次以盐业考古为主要议题的手工业考古论坛之所以在黄骅召开，主要是黄骅作为自古以来重要的海盐产地之一，当地各级领导高度重视包括盐业历史文化在内的传统文化和文化遗产的保护、研究、挖掘和展示，黄骅地区的盐业考古取得了令人瞩目的成绩。今天上午大家通过大左庄隋唐时期制盐作坊遗址的考古发掘现场及出土遗物、河北海盐博物馆及郛堤城战国秦汉瓮棺葬墓群等的参观考察，都深切地感受到黄骅对历史文化遗产尤其是盐业文化遗产保护、研究、展示和利用的重视及其成就。我相信，这次论坛的举办，对于黄骅的文化遗产事业乃至整个社会文化建设事业将产生积极的宣传作用和推动作用。

让我们共同努力，不断推进我国的盐业考古，不断发展我国的盐业考古，以实际行动落实习近平总书记提出的"建设中国特色、中国风格、中国气派的考古学，更好认识源远流长、博大精深的中华文明"，以实际行动为文化遗产事业的发展添砖加瓦、贡献力量。

预祝论坛圆满成功！谢谢大家！

下 篇

盐业考古理论研究

关于历史时期盐业考古的回顾与展望[*]

曹 洋[1] 王 青[2]

（1. 南京大学历史学院；2. 山东大学历史文化学院）

盐业考古是我国近 20 年来新兴的一个研究领域，在川渝、山东北部、东南沿海等地区已陆续开展。盐业考古是指从考古学角度研究古代食盐生产、流通、消费及其对人类社会发展的作用[①]，其研究对象是古代社会遗留下来的与"盐"有关的遗迹和遗物，为研究古代社会提供了一种新思路。2008 年，李水城先生在《南方文物》"盐业考古"专栏创建时提出"盐业考古是一个可为的新的研究领域"[②]，强调了盐业考古研究的巨大潜力。现今，盐业考古的概念已被广泛接受且运用到实际工作中，研究时段、研究地域、研究议题已全面拓宽。

国内较早开展的盐业考古研究多以先秦盐业为重点。在针对早期盐业遗址进行发掘、调查及研究的同时，也发现了一批历史时期的盐业遗址。因具体情况差异，各地对历史时期盐业遗址的重视程度不尽相同。就全国范围来看，在先秦时期盐业遗址为中心的重点课题引领下，早期盐业考古的研究成果在数量和质量上都优于历史时期盐业考古。但是，在我国盐业考古研究走过第一个 10 年后，早期盐业考古重点课题陆续完成，历史时期盐业考古研究似呈现了快速发展的趋势。笔者认为，这个趋势主要体现在两方面：第一，与早期盐业遗存共同发现的历史时期盐业遗存整理工作陆续完成，在此基础上有学者对历史时期的制盐工艺、盐业与经济社会发展等问题进行了探讨。相关考古发现成为盐业史研究的新材料。第二，历史时期盐业考古新发现不断涌现，最近 10 年左

---

[*] 本文为国家社科基金"冷门绝学"专项"《熬波图》校注与研究"（项目号：19VJ014）阶段性成果。

[①] 王青：《山东盐业考古的回顾与展望》，《华夏考古》2012 年第 4 期。

[②] 李水城：《盐业考古：一个可为的新的研究领域——〈南方文物〉"盐业考古"专栏开篇词》，《南方文物》2008 年第 1 期。

右的盐业考古新发现大多数晚于东周时期（表一）。越来越多的学者通过辨识、研究这些新发现参与了历史时期盐业考古研究。

东周以后，我国盐业手工业发生了巨大变化，食盐成为关乎国计民生的重要战略物资 [①]。与之相应地，制盐工艺、盐业生产组织、食盐运销等构成盐业手工业的要素也发生了显著变化。因此，研究先秦时期盐业的某些经验、范式不一定适用于历史时期，历史时期盐业考古作为我国盐业考古中一条独立"支线"的地位日渐显现。在此背景下，我们撰写此文的目的主要是通过"回顾"的方式，梳理过去 20 年作为我国盐业考古支线的历史时期盐业考古的发展脉络，对其取得的成就和存在问题进行反思，在此基础上试对今后工作展开初步设想。笔者学识有限，本文难免"挂一漏万"，望各位专家学者不吝指正。

表一　已发掘的历史时期盐业遗址

遗址名	地点	时代	发掘时间
窑埂村	四川蒲江	唐宋	1998 年
东大井	重庆云阳	宋元	2001~2003 年
宁厂古镇	重庆巫溪	汉代、明清	2018 年
中坝	重庆忠县	汉代至明清	1999~2002 年
龙滩	重庆忠县	汉代	2001~2002 年
上油坊	重庆忠县	汉代	2001~2002 年
官井	重庆忠县	明清	
涂井	重庆忠县	明清	2006 年
中井坝	重庆彭水	明清	2013 年
尹家窝堡	吉林大安	辽金	2015 年
大左庄	河北黄骅	北朝、隋唐	2016~2017、2020 年
广北一队	山东东营	魏晋、北朝	2013 年
双王城	山东寿光	元、明	2008 年
北海村	江苏东台	五代、北宋	2017 年
九亩丘	浙江洞头	南宋、元	2013 年
前塘垟	浙江玉环	北宋	2018 年
龙鼓滩	香港	南朝、唐	1999 年

一、发现与研究

严格意义上，我国盐业考古研究发端于 1999 年，以"成都平原及周边地区古代盐业的景观考古学研究"课题的实施为标志。但是，与古代盐业有关的发现很早就被学界

---

① 陈伯桢：《中国早期盐的使用及其社会意义的转变》，《新史学》第十七卷第四期，2006 年 12 月。

关注，并开展了一些初步研究，对我国盐业考古的产生也起到了一定推动作用。因此，笔者认为可以将 1999 年以前看作我国盐业考古发展过程中的萌芽期，1999 年至今看作初步确立期。但是，相比于早期盐业考古研究取得的成果，1999 年后第一个 10 年间历史时期盐业考古只取得了有限的成就。直到 2013 年前后，早期盐业研究课题基本完成，年代内涵单一的历史时期盐业遗址发现增多，历史时期盐业考古研究才进入快速发展阶段。因此，综合考虑我国盐业考古整体的研究进程和本文主旨，下文以萌芽期、初步确立期为主线梳理历史时期盐业考古研究走过的历程，并将后者细分为两个小阶段。

（一）萌芽期（1999 年以前）

从制盐技术发展史看，煮盐时代发生的变革之一是铁器取代陶器成为主流制盐工具。《史记·平准书》记载：愿募民自给费，因官器作煮盐，官与牢盆……敢私铸铁器煮盐者，钛左趾，没入其器物[1]。有不少地区都收藏汉代及更晚时期的制盐铁䥷、铁盘、铁锅等。比如江苏东台发现的汉代铁䥷、山东当利古城出土的汉代铁釜等[2]（图一）。与制盐工具同时被发现的还有一些反映古代盐政、盐业生产场景的遗物。例如，山东掖县出土的汉代“右盐主官”铜印[3]，四川成都市郊、邛崃等地出土的汉代盐井、盐场画像石等[4]。根据文献记载和各地的制盐传统，学界已认识到了上述遗物与古代制盐业的关联。此外，有些地区对部分历史时期与盐业生产有关的遗迹也开展了初步的考察工作。

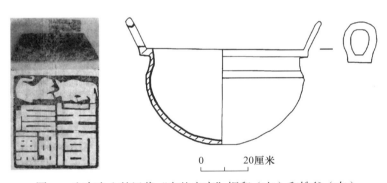

0   20厘米

图一　山东出土的汉代“右盐主官”铜印（左）和铁釜（右）

① （西汉）司马迁：《史记》卷三十《平准书》，中华书局，1959 年。
② 曹爱生：《东台古铁䥷考》，《盐业史研究》2009 年第 3 期；林仙庭、崔天勇：《山东半岛出土的几件古盐业用器》，《考古》1992 年第 12 期。
③ 林仙庭、崔天勇：《山东半岛出土的几件古盐业用器》，《考古》1992 年第 12 期。
④ 于豪亮：《记成都扬子山一号墓》，《文物参考资料》1955 年第 9 期；于豪亮：《几块画像砖的说明》，《考古通讯》1957 年第 4 期；成都市文物管理处：《四川成都曾家包东汉画像砖石墓》，《文物》1981 年第 10 期；刘志远：《成都昭觉寺汉画像砖墓》，《考古》1984 年第 1 期；中国画像砖全集编辑委员会编：《中国画像砖全集·1·四川汉画像砖》，四川美术出版社，2006 年。

古盐井、盐道等历史时期的盐业古迹广泛分布于长江上游蒲江、自贡、盐源、云阳、奉节等地，是川渝地区盐业文化的有机组成部分。1985 年和 1987 年，自贡市盐业历史博物馆在川东北地区开展了两次以盐业为主题的考察，调查了大宁盐泉、白兔盐井等自汉代以来一直在沿用的盐井及周边古迹[①]。20 世纪 90 年代末，三峡工程推动了本区考古事业的发展，也促进了盐业遗迹、遗物的全面调查。1994 年，自贡市盐业历史博物馆对长江流域的巫山、奉节、云阳、开县、忠县等地的古代制盐遗迹和古盐道进行了大范围考察。这次考察发现和记录了先秦和历史时期的多处盐业遗址、盐井、古盐道等，对川东（今渝东）长江沿岸的盐业遗址有了全面认识[②]。虽然上述考察不是严格意义上的考古调查，但调查报告中谈到的一些问题与后来盐业考古的研究目标颇有相似之处。比如 20 世纪 80 年代的报告中，利用调查发现和文献材料对井盐生产技术进行了复原并对历史遗迹的保护进行了呼吁；20 世纪 90 年代的报告中，不仅讨论了盐业与"白帝城"的关系，还使用了"盐业考古"一词。

东南沿海地区的考古工作者也辨认出了部分历史时期的盐业遗迹。例如，1956 年出版的《潮阳县文物志》中记录的"河浦华里煮盐遗址"[③]；深圳地区在 20 世纪 30 年代发现了一批"壳灰窑"。1997 年，李浪林撰文认为这些"壳灰窑"应该是隋唐时期的盐灶[④]。

（二）初步确立期（1999 年至今）

1. 第一阶段（1999～2012 年）

1999 年，中美合作项目"成都平原及周边地区古代盐业的景观考古学研究"启动，标志着"盐业考古"理念正式运用到我国考古学实践中。20 世纪 90 年代末，在三峡工程带动下发掘的部分遗址也陆续被辨识、定性为盐业遗址，其中包含不少历史时期的盐业遗存。例如，重庆忠县中坝遗址在 1997 年和 1998 年发掘中清理了多座汉代的"龙窑"，之后又清理了数批唐宋至明清时期的"盐灶"[⑤]。2001～2002 年，广州市文物考古

---

① 自贡市盐业历史博物馆考察队：《川东、北盐业考察报告》，《盐业史研究》1986 年第一辑。
② 黄健：《川东盐区考察初步报告》，《盐业史研究》1995 年第 2 期。
③ 潮阳县文化局、潮阳县博物馆编：《潮阳县文物志》，1956 年。
④ 李浪林：《香港深圳地区的古代煮盐业》，《香港考古学会会刊》1997 年第 14 期。
⑤ 四川省文物考古研究所等：《忠县中坝遗址发掘报告》，《重庆库区考古报告集》（1997 卷），科学出版社，2001 年；四川省文物考古研究所等：《忠县中坝遗址Ⅱ区发掘简报》，《重庆库区考古报告集》（1998 卷），科学出版社，2003 年；四川省文物考古研究院等：《忠县中坝遗址 2000 年度发掘简报》，《重庆库区考古报告集》（2000 卷下），科学出版社，2007 年；四川省文物考古研究院等：《忠县中坝遗址 2001 年度发掘简报》，《重庆库区考古报告集》（2003 卷），科学出版社，2019 年；四川省文物考古研究院等：《忠县中坝遗址 2002 年度发掘简报》，《重庆库区考古报告集》（2003 卷），科学出版社，2019 年。

研究所与重庆市文物考古所等单位分别在忠县上油坊[①]、忠县龙滩[②]发现数座汉代"龙窑"，其布局与结构与中坝遗址类似。曾先龙对汉代"龙窑"形制进行了分析，认为它们可能是"盐灶"，并初步复原了煮盐过程[③]。2001~2003年，国家博物馆考古部和福州市文物工作队发掘了重庆云阳东大井遗址。此次发掘揭露了一批宋代至明清时期的制盐设施，包括卤水澄滤池、输卤管道、沉淀卤水槽、盐灶等。发掘者认为，南宋至民国时期的制盐设施在形制上有所变化，呈现不断进步的趋势，但制盐工艺的变化幅度似乎不大[④]（图二）。

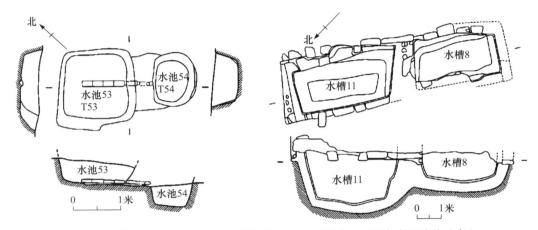

图二　云阳东大井遗址宋元卤水澄滤池（左）与清代、民国卤水澄滤池（右）

　　上述考古工作进行的同时，川渝地区以"盐井""古盐道"等遗迹为中心的调查持续开展。1998年，成都市文物考古研究所调查了四川蒲江县唐宋时期盐业遗址，试掘了窑埂村灰砂嘴遗址[⑤]。1999年，中美联合考察队对长江上游蒲江、自贡、忠县、云阳、奉节、巫山、巫溪、彭水等地的盐业遗址和古盐井进行了考察和全景式记录[⑥]。2002年，自贡市盐业历史博物馆联合多家单位对蒲江的盐业遗址进行了短期调查，调查重点是

① 广州市文物考古研究所等：《忠县上油坊遗址2001年度发掘简报》，《重庆库区考古报告集》（2003卷），科学出版社，2019年。
② 重庆市文化遗产研究院等：《忠县龙滩遗址2002年度发掘简报》，《重庆库区考古报告集》（2003卷），科学出版社，2019年。
③ 曾先龙：《中坝龙窑的生产工艺探析》，《盐业史研究》2003年第1期。
④ 高健斌：《重庆云安镇东大井区宋代至民国制盐遗址的发掘及相关研究》，《中国盐业考古》（第三集），科学出版社，2013年。
⑤ 成都市文物考古研究所：《成都市蒲江县古代盐业遗址考古调查简报》，《中国盐业考古》（第一集），科学出版社，2006年。因本简报收录《中国盐业考古》系列，故将其放在了本部分。
⑥ 北京大学考古学系等：《1999年盐业考古田野调查简报》，《中国盐业考古》（第一集），科学出版社，2006年。

窑埂村盐井沟唐宋遗址的盐井及附属设施，包括制盐设施和摩崖造像等[①]。同年，又在三峡地区忠县、云阳、开县、巫溪、巫山、奉节展开了大规模实地考察。除考察古盐井外，还调查了东汉时期就存在的"大宁河古栈道"，认为该栈道的南半部是用于"输卤"的[②]。刘卫国分析了宁河古栈道上、下两段不同的功能，强调了历史上"盐道"在巫山宁厂古镇盐业的产、运、销各环节中的重要作用[③]。2008 年，成都市文物考古研究所等单位对四川西南部盐源境内黑井（汉唐）、白井（宋以后）进行了调查，在简报中谈到了盐源的盐业对当地古代社会的影响[④]。

在重庆中坝遗址盐业研究课题的引领下，多学科手段广泛运用到遗址研究中，不少都涉及了历史时期的盐业遗存。例如，朱诚、史威等从环境的角度研究了中坝遗址 5000 年来的人类活动与盐业兴衰史[⑤]；朱诚、马春梅等从动物考古的角度揭示了中坝遗址长时段的环境变化特征[⑥]；刘泽雨、马春梅等从植物考古的角度揭示了人类活动对中坝遗址植被历时性变化的影响等[⑦]。此外，有学者开始运用盐业考古发现阐释、重构区域史，探讨盐业与城镇兴起、经济发展的关系。例如，《老龙头墓地与盐源青铜器》一书中提到了盐源盐在唐宋时行销各地，当地通过对盐的垄断控制滇西与川西南的经济命脉[⑧]。李小波借助渝东三峡地区的考古材料，讨论了古代盐业开发对城市起源、行政区划和城镇布局的影响[⑨]。白九江根据这一阶段的考古发现编写了《巴盐与盐巴：三峡古代盐业》[⑩]等。

在渤海沿岸，历史时期盐业考古的新发现要晚到 2007 年前后。从 2007 年开始，北

---

① 自贡市盐业历史博物馆：《自贡盐业历史博物馆赴蒲江考察唐宋盐业遗址取得重要收获》，《盐业史研究》2002 年第 2 期。

② 渝东盐业联合考察队：《渝东地区古盐业遗址考察报告》，《盐业史研究》2002 年第 4 期。

③ 刘卫国：《宁河古栈道遗址新探》，《盐业史研究》2003 年第 1 期。

④ 四川成都文物考古研究所、四川凉山州博物馆：《四川盐源县古代盐业与文化的考古调查》，《南方文物》2011 年第 1 期。

⑤ 史威、朱诚等：《中坝遗址约 4250aB.P. 以来古气候和人类活动记录》，《地理科学》2008 年第 5 期；朱诚、姜逢清等：《重庆中坝遗址地层 Na-Ca 元素含量揭示的制盐业兴衰史》，《地理学报》2008 年第 5 期。

⑥ 朱诚、马春梅等：《重庆忠县中坝遗址出土的动物骨骼揭示的动物多样性及环境变化特征》，《科学通报》2008 年增刊 1。

⑦ 刘泽雨、马春梅等：《长江三峡中坝遗址地层的孢粉学初步研究》，《微体古生物学报》2018 年第 3 期。

⑧ 成都文物考古研究所、凉山彝族自治州博物馆：《老龙头墓地与盐源青铜器》，文物出版社，2009 年。

⑨ 李小波：《渝东地区古代盐业开发与城市起源》，《盐业史研究》2000 年第 3 期；李小波：《三峡古代盐业开发对行政区划和城镇布局的影响》，《盐业史研究》2003 年第 1 期。

⑩ 白九江：《巴盐与盐巴：三峡古代盐业》，重庆出版社，2007 年。

京大学中国考古学研究中心和山东省文物考古研究所等单位对渤海西南岸地区北起沧州黄骅、南到潍坊昌邑的广大区域开展了系统的盐业调查[①]；2010 年山东大学考古系等单位在小清河流域也进行了盐业调查[②]。上述调查几乎覆盖了渤海西南部沿岸大部分地区，发现了从新石器时代延续到明清时期的多处盐业遗址群。这一阶段本区重点发掘了寿光双王城遗址和东营南河崖遗址，前者揭露了商周和元明两个时期的制盐作坊。寿光双王城遗址的发掘简报介绍了 SS8 和 07 地点元明制盐作坊的部分遗迹，包括卤水井、盐灶、输卤沟、储硝坑等。发掘者根据遗迹的功能与文献记载初步复原了这一时期的制盐工艺[③]。此外，河北省文物研究所等单位在 2000、2005 年黄骅海丰镇遗址发掘中，分别发现了金代、宋代的盐灶。该遗址中还出土了用于验卤的"石莲子"[④]，这是目前仅见的与验卤环节有关的遗物。

在川渝、渤海沿岸以外，盐业考古工作基本以民族学调查的形式展开，时代指向性不明显。在西北地区，中美联合考察队于 2005 年考察了甘肃礼县盐官镇[⑤]，青海省文物保护研究所等单位在 2009 年文物普查工作中考察了青海地区盐场[⑥]；在西南地区，西藏自治区文物保护管理所等于 2006 年开展了对芒康县盐井、盐田的民族学调查[⑦]；在南方沿海地区，北京大学中国考古研究中心等单位在 2012 年对海南洋浦、峨曼丁村盐田的制盐工艺进行了调查[⑧]。

这一阶段，国内的盐业考古新发现开始受到国际学界的关注，在美国和德国分别召开了两次以中国西南地区盐业为主题的国际会议。2006 年在德国图宾根大学召开的会议上提出的四个议题之一就是"历史时期的盐业考古"。围绕这个议题，学者讨论了山

① 滨城文物管理所等：《山东滨城区五处古遗址的调查》《华夏考古》2009 年第 1 期；燕生东等：《渤海南岸地区发现的东周时期盐业遗存》，《中国国家博物馆馆刊》2011 年第 9 期；燕生东：《莱州湾南岸地区发现的龙山时期制盐遗址》，《考古》2015 年第 12 期；鲁北沿海地区先秦盐业考古课题组：《鲁北沿海地区先秦盐业遗址 2007 年调查简报》，《文物》2012 年第 7 期；燕生东、赵守祥：《考古所见莱州湾南岸地区元明时期制盐工艺》，《盐业史研究》2016 年第 2 期。
② 山东大学盐业考古队：《山东北部小清河下游 2010 年盐业考古调查简报》，《华夏考古》2012 年第 3 期；燕生东等：《山东广饶县东赵盐业遗址群调查简报》，《海岱考古》（第七辑），科学出版社，2014 年。
③ 山东省文物考古研究所等：《山东寿光市双王城盐业遗址 2008 年的发掘》，《考古》2010 年第 3 期。
④ 黄骅市博物馆：《黄骅市海丰镇遗址 2000 年发掘报告》，科学出版社，2015 年。
⑤ 李水城：《中国盐业考古 20 年》，《中国考古学年鉴》（2017），文物出版社，2018 年。
⑥ 贾鸿键、索南旦周：《青海玉树州囊谦县两处盐场调查概况》，《南方文物》2015 年第 1 期。
⑦ 西藏自治区文物保护研究所：《西藏自治区昌都地区芒康县盐井盐田调查报告》，《南方文物》，2010 年第 1 期。
⑧ 崔剑锋：《海南省儋州洋浦古盐田玄武岩晒盐工艺的初步调查》，《南方文物》2013 年第 1 期；李水城：《海南儋州峨曼丁村古盐田考察记要》，《南方文物》2014 年第 1 期；陕西省考古研究院：《海南洋浦盐田调查简报》，《南方文物》2019 年第 1 期。

西解盐对唐代国家和地方社会的影响、帝国时代海盐生产技术等①。沿海地区尚未有历史时期盐业考古的研究成果被提及。国外铁器煮盐时代的重要发现也被介绍到国内。张颖等翻译了奥利维教授的《法国洛林 de la Seille 的制盐陶器 Briquetage：欧洲铁器时代盐的原始工业生产》一文，介绍了 de la Seille 地区盐业遗址的概况、制盐技术，传统手工业向原始工业转变的过程②。

2. 第二阶段（2013 年至今）

2013 年前后，川渝、渤海沿岸地区早期盐业研究的课题基本告一段落，开始阶段总结，没有发掘新的遗址。《中国盐业考古》系列已出版三集，付罗文、燕生东、王青等先生的专著相继出版③。2013 年到现在，除浙江宁波大榭岛新石器时代盐业遗址外，其余新发掘的遗址基本都是历史时期的。虽然只有短短几年时间，相关发现和研究已经超过了第一阶段。

本阶段，田野工作的地域有了较大拓展。在西南地区，2013 年重庆市文化遗产研究院发掘了彭水县中井坝明清制盐作坊④，2016 年发掘了郁山盐场民国制盐作坊⑤，2018年，又对宁厂古镇盐业遗址进行了勘探和发掘⑥。在渤海沿岸地区，山东省文物考古研究院等单位 2013 年以来相继发掘了东营广北农场商周至宋元时期制盐作坊⑦、寿光机械林场东周和宋元时期制盐作坊⑧、侯辛庄东北唐宋盐业遗址⑨ 等。河北省文物研究所现为河北省文物考古研究院等单位在 2016 年发掘了黄骅市大左庄隋唐制盐作坊。在东南沿海

---

① 罗泰、李水城：《中国盐业考古》（第二集），科学出版社，2010 年。

② 〔法〕奥利维、〔英〕科瓦希克著，张颖、彭鹏译：《法国洛林 de la Seille 的制盐陶器 Briquetage：欧洲铁器时代盐的原始工业生产》，《南方文物》2008 年第 1 期。

③ Rowan Flad: Salt production and social hierarchy in ancient China: an archaeological investigation of specialization in China's Three Gorges, Cambridge University Press, 2011；燕生东：《渤海南岸地区商周时期的盐业》，文物出版社，2013 年；王青：《环境考古与盐业考古探索》，科学出版社，2014 年。

④ 重庆市文化遗产研究院等：《重庆彭水县中井坝盐业遗址发掘简报》，《南方文物》2014 年第 1 期。

⑤ 牛英彬：《彭水县郁江河重点河段综合治理工程文物保护取得重要收获》，重庆市文化遗产研究院官网，2016 年 7 月 12 日。

⑥ 刘恩黎：《巫溪宁厂古镇盐业遗址获阶段性考古成果》，新华网，2018 年 6 月 9 日。https://www.sohu.com/a/234839530_267106。

⑦ 山东省文物考古研究院等：《东营广北农场一分场一队东南遗址发掘简报》，《海岱考古》（第 10 辑），科学出版社，2017 年；党浩等：《广饶县广北农场一队西南商周汉代及宋元时期盐业遗址》，《中国考古学年鉴（2015）》，中国社会科学出版社，2016 年。

⑧ 山东大学历史文化学院等：《山东寿光机械林场东周盐业盐遗址发掘简报》，《东南文化》2022 年第 1 期。

⑨ 郝学娟：《山东寿光现商周、唐宋盐业遗址：再现数千年制盐景象》，中国考古网，2020 年 6 月 15 日。

地区，2013 年，温州市文物保护考古所等单位发掘了洞头九亩丘宋元制盐作坊；2017 年，南京博物院等单位发掘了东台蒋庄唐宋时期盐业遗址①。在北方内陆地区，2015 年吉林大学边疆考古研究中心等单位发掘了大安尹家窝堡辽金时期制盐作坊②。此外，河北师范大学考古系等单位发掘的康保县西土城遗址可能与辽金时期的盐业生产有关③。

　　除发掘外，调查工作持续开展。重庆市文化遗产研究院调查了武隆盐井峡明清盐业遗址④；四川省文物考古研究院等单位组织了"川黔古盐道"考古调查⑤；河北省文物考古研究院等单位在渤海湾西南岸地区进行了盐业专项调查⑥；甘肃省文物考古研究所调查了漳县古盐井及其周边的遗址⑦；北京大学中国考古学研究中心、海南省博物馆等单位考察了海南盐墩村和环岛海盐史迹⑧；青海省文物考古研究所调查了囊谦县境内6处古代盐场⑨等。

　　田野工作的拓展推动了学术研究的深入，有关制盐工艺的讨论最多。在寿光双王城遗址资料的基础上，燕生东结合文献记载详细地复原了元明时期的制卤煎盐工艺；彭水中井坝、洞头九亩丘、东营广北一队、黄骅大左庄等遗址的发掘者在遗迹功能辨识的基础上，结合文献记载初步复原了各时期的制盐工艺⑩。此外，有多篇文章谈到了长时段的地区制盐传统问题。例如，牛英彬对我国古代淋土法制盐工艺发展脉络进行了探讨，认为重庆彭水中井坝明清制盐作坊的制盐工艺属于"淋土法"范畴⑪；白九江等先从类

①　南京博物院等：《江苏东台北海村唐宋遗址发掘简报》，《东南文化》2019 年第 6 期。

②　吉林大学边疆考古研究中心等：《吉林大安市尹家窝堡遗址发掘简报》，《考古》2017 年第 7 期。

③　河北师范大学考古系：《河北省康保县西土城城址考古调查报告》，《草原文物》2014 年第 1 期。

④　牛英彬：《武隆杨家坝遗址发掘及盐井遗址调查获得重要发现》，《重庆武隆杨家坝遗址发掘及盐井峡盐业遗址调查获得重要发现》，2015 年 11 月 9 日 http://www.kaogu.cn/cn/xccz/20151111/51966.html。

⑤　四川省文物考古研究院等：《四川自贡井盐遗址及盐运古道考察简报》，《南方文物》2016 年第 1 期。

⑥　河北省文物考古研究院等：《2018 年渤海湾西岸地区盐业考古调查简报》，《南方文物》2022 年第 4 期。

⑦　甘肃省文物考古研究所：《甘肃漳县古代盐业与文化的考古调查》，《南方文物》2016 年第 1 期。

⑧　王仁湘：《且晒且煎 兼备生熟——海南万宁盐墩村海盐生产传统工艺调查》，《东方考古》（第 12 集），科学出版社，2015 年；支艳杰、王育龙：《"崖州煮海"史迹初探》，《南方文物》2019 年第 1 期。

⑨　王玥、陈亮：《玉树州囊谦县盐场与盐业文化的调查研究》，《南方文物》2019 年第 1 期。

⑩　重庆市文化遗产研究院等：《重庆彭水县中井坝盐业遗址发掘简报》，《南方文物》2014 年第 1 期；浙江温州市文物保护考古所等：《浙江洞头县九亩丘盐业遗址发掘简报》，《南方文物》2015 年第 1 期；山东省文物考古研究院等：《东营广北农场一分场一分队东南盐业遗址发掘简报》，《海岱考古》（第十辑），科学出版社，2017 年；河北省文物考古研究院等：《河北黄骅大左庄隋唐时期盐业遗址发掘简报》，《考古》2021 年第 2 期。燕生东、赵守祥：《考古所见莱州湾南岸地区元明时期制盐工艺》，《盐业史研究》2016 年第 2 期。

⑪　牛英彬：《中国古代淋土法制盐技术的发展与演变》，《盐业史研究》2019 年第 3 期；重庆市文化遗产研究院等：《重庆彭水县中井坝盐业遗址发掘简报》，《南方文物》2014 年第 1 期；牛英彬、白九江：《郁山盐业考古与制盐工艺探析》，《长江文明》（第 20 辑），重庆大学出版社，2015 年。

型学的角度叙述了自新石器至明清时期龙灶形制的演变过程，发现了制盐工艺的传承性①（图三），又对各时期的制盐遗迹、遗物进行了梳理，勾勒出了四川盆地古代制盐技术的发展史②；党浩、李繁玲通过对昌邑地区盐业考古发现的分析，认为东周时期制盐工艺较商末周初有所不同，但煮盐工艺一直延续到了宋元时期③；王子孟等也认为鲁北

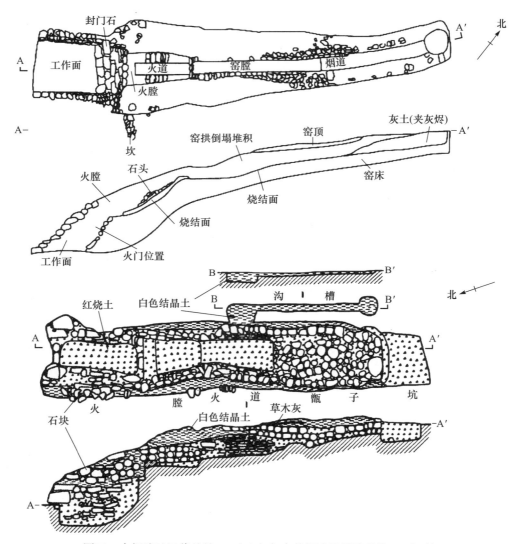

图三　中坝遗址汉代盐灶 Y9（上）与中井坝遗址明清盐灶 Z1（下）

① 白九江、邹后曦：《制盐龙灶的特征与演变——以三峡地区为例》，《江汉考古》2013 年第 3 期。

② 白九江：《考古学视野下的四川盆地古代制盐技术》，《盐业史研究》2014 年第 3 期。

③ 党浩、李繁玲：《昌邑盐业考古及相关问题探讨》，《文博》2019 年第 6 期。

地区魏晋北朝时期海盐生产技术依旧沿用商周时期以来的淋煎法[①]；笔者撰文讨论了黄骅大左庄隋唐制盐作坊的工艺流程，并对一些典型遗迹的形制、功能进行了总结[②]；梁岩华等认为，洞头九亩丘制盐作坊至少从唐代就开始采用刮泥淋卤的方式制盐[③]；史宝琳等根据大安尹家窝堡的发现认为，辽金时期的土盐生产技术与近代的土盐生产工序相近[④]（图四）。

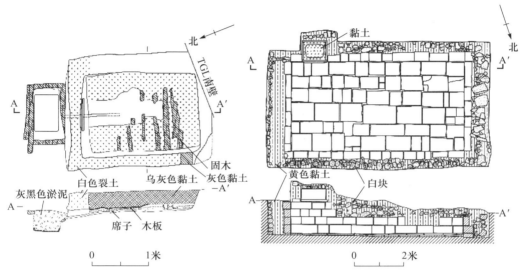

图四　尹家窝堡遗址辽金 YJ3（左）与中井坝遗址明清 H1（右）

　　越来越多的学者开始关注盐业生产的组织管理模式、盐工等问题。燕生东、赵守祥对莱州湾地区元明时期盐业遗址做了系统梳理，介绍了多种类型的遗址，在此基础上提及了盐业组织管理等问题[⑤]。梁岩华等认为洞头九亩丘制盐作坊早期是民营性质的，后经技术变革成为官营或官督民营的作坊[⑥]。党浩、李繁玲认为昌邑地区汉代䣜邑故城可能与汉武帝时在山东沿海地区设置的盐官有关[⑦]。日本学者川村佳男对三峡地区汉墓中

①　王子孟、孙兆峰：《鲁北沿海魏晋—北朝时期制盐业的考古学观察——东营市广北农场一分场一分队东南遗址的个案研究》，《东方考古》（第 12 集），科学出版社，2015 年；山东省文物考古研究院等：《东营广北农场一分场一分队东南盐业遗址发掘简报》，《海岱考古》（第十辑），科学出版社，2017 年。
②　曹洋、雷建红：《大左庄制盐作坊工艺复原及性质初探》，《考古》2021 年第 3 期。
③　温州市文物考古研究所：《浙江洞头县九亩丘盐业遗址发掘简报》，《南方文物》2015 年第 1 期。
④　吉林大学边疆考古研究中心等：《吉林大安市尹家窝堡遗址发掘简报》，《考古》2017 年第 7 期。
⑤　燕生东、赵守祥：《考古所见莱州湾南岸地区元明时期制盐工艺》，《盐业史研究》2016 年第 2 期。
⑥　温州市文物考古研究所等：《浙江洞头县九亩丘盐业遗址发掘简报》，《南方文物》2015 年第 1 期。
⑦　党浩、李繁玲：《昌邑盐业考古及相关问题探讨》，《文博》2019 年第 6 期。

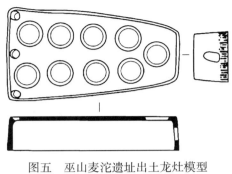

图五　巫山麦沱遗址出土龙灶模型
（M40：78）

出土的灶形明器进行了细致的类型学分析，认为巫山地区汉墓中发现的多孔灶明器是盐灶模型，墓主人身份与盐业生产有关[①]（图五）。

这一阶段多处历史时期盐业遗址的研究工作运用了多学科手段。例如，李慧冬、赵文丫、魏娜等对东营广北一队魏晋制盐遗址中的动植物遗存做了鉴定[②]；梁琪瑶等对大安尹家窝堡遗址的动物遗存做了鉴定[③]等。在文化遗产保护方面，有学者针对历史时期盐业遗址提出了相关问题。例如，孙华有针对性地谈到了历史时期盐业遗产的保存现状，并提出了保护建议[④]。

传世文献常被用来解决历史时期盐业考古发现的问题，盐业考古的成果也引起了历史学界更多的关注并运用到了古代盐业问题阐释中。例如，于云汉利用近年来的盐业考古材料阐述了莱州湾地区先秦至现代盐业的阶段性发展历程等[⑤]。从近10年来刊发的盐业史论文来看，这类论文明显有增多的趋势，体现了盐业史学界和盐业考古学界的互动。

二、取得成就与存在问题

如上文所述，科学的盐业考古研究工作在我国正式开展不过20余年时间，总体上仍处在初步确立阶段。历史时期的盐业考古走过的历程虽然不长，但各时期都取得了一些成就，为今后研究提供了范例并打下了基础。随着研究的深入，暴露的问题也日益增多。

萌芽期的发现与研究都是零星的，但学界对历史时期盐业遗存的判定却较为肯定。究其原因，除了部分可以"自证其名"的遗物外，更多的是由于文献与历史时期的遗迹、遗物有相对准确的对应关系。像潮阳宋代盐灶附近发现的碑刻，以及川渝地区盐井上的石刻、周边宗教遗存中的碑刻等，都指示了遗址的属性。这一时期，大部分地区的

① 〔日〕川村佳男著，刘海宇译：《三峡地区的盐灶型明器》，《东方考古》（第12集），科学出版社，2015年。

② 李慧冬、王子孟：《东营广北农场一分厂一分队东南遗址软体动物遗存分析报告》，《海岱考古》（第十辑），科学出版社，2017年；赵文丫等：《东营广北农场一分厂一分队东南遗址动物遗存分析报告》，《海岱考古》（第十辑），科学出版社，2017年；魏娜等：《东营广北农场一分厂一分队东南遗址碳化植物遗存分析报告》，《海岱考古》（第十辑），科学出版社，2017年。

③ 梁琪瑶等：《吉林大安市尹家窝堡遗址出土的动物骨骼遗存研究》，《北方文物》2018年第1期。

④ 孙华：《中国盐业遗产散论—盐业遗产研究若干问题的思考》，《盐业史研究》2019年第3期。

⑤ 于云汉：《莱州湾南岸盐业的阶段性发展及其特征》，《盐业史研究》2020年第1期。

研究工作都未起步，川渝地区的研究较为突出。从 20 世纪八九十年代的几次调查就可以看出，当地的田野工作具备一定的问题导向意识，围绕着制盐遗迹讨论了井盐生产工艺、盐与地区社会、盐的运销等问题。此外，在数据记录方面，注重采集样品的多样化，为后续研究提供了多元的资料。笔者认为，出现这种局面既得益于川渝地区保留着更多易于辨认，甚至没有完全废弃的遗迹，也与当地悠久的盐业史研究传统分不开。但是，以"盐井""盐道"等为中心的调查始终是不系统的，对制盐工艺的复原主要是根据历史文献的记载和当地民族学调查的结果，不能看作严格意义上的考古学研究。

初步确立期第一阶段处在"盐业考古"概念被逐渐接纳的背景下，川渝和渤海沿岸地区都开展了系统的工作，对历史时期的盐业遗存进行了科学的记录，并通过田野发掘获取了新材料。依据这些新材料，研究者初步复原出了历史时期的制盐工艺，比如川渝地区汉代盐灶的使用方式、山东北部地区元明时期的制盐流程等。川渝地区的研究工作在上一时期的基础上继续推进。在制盐工艺研究上，延续时间较长的遗址的发现启发了研究者从长时段角度对制盐设施的演变进行考察，并以新发现为基础编写了川渝地区盐业发展简史，走出了以考古学手段构建盐业史的关键一步；在盐业经济与社会研究方面，对"盐道"这种特殊遗存的研究涉及了更深层次的"运""销"问题及盐业与区域发展进程关系的考察。虽然论著数量不多，但研究环节相对完整。值得一提的是，环境考古、动物考古、植物考古等多学科分析手段的运用在揭示中坝遗址长时段人地关系演变方面发挥了显著作用。相比之下，在早期盐业研究成果突出的山东北部地区，历史时期的盐业研究几乎未进入正轨。例如，寿光双王城遗址元明时期的资料未能及时、系统刊布，简报中除了对制盐工艺的初步研究外，未探讨更深入的问题。在地域不平衡性之外，有些问题是普遍性的。例如，缺乏理论探索，较少讨论早期盐业研究中关注较多的遗址辨识标准等问题；再如，较少出现针对历史时期盐业遗址的多学科综合研究，这方面的研究成果多是长时段盐业研究的组成部分。

当前我们仍处于初步发展期的第二阶段，各地的工作仍在进行，本文难免有所疏漏。这一阶段历史时期盐业考古涉及的地域有了很大拓宽。从新发现的角度看，历史时期盐业考古显然是现今盐业考古的主旋律之一。笔者认为，这与各地考古工作者盐业考古意识的加强有关。多数新发现遗址的材料得到了及时整理和刊布，简报中对遗址性质、制盐工艺甚至管理组织模式等问题多有讨论。得益于前期盐业考古研究经验的积累，和我国考古界整体研究水平的进步，研究者运用多学科手段获取遗址信息的做法明显增加。几乎所有遗址都采集了动、植物样本并进行了实验室分析，比如洞头九亩丘遗址关注了古环境信息，黄骅大左庄、大安尹家窝堡遗址做了土壤成分的对比分析等[①]。

---

① 温州市文物考古研究所等：《浙江洞头县九亩丘盐业遗址发掘简报》，《南方文物》2015 年第 1 期；吉林大学边疆考古研究中心等：《吉林大安市尹家窝堡遗址发掘简报》，《考古》2017 年第 7 期；大左庄遗址相关资料待刊。

在资料增加的前提下，各地区盐业遗址的编年系统逐步完善，"以考古学手段构建区域盐业史"条件成熟，相关讨论增多。虽然地区不平衡性仍存在，但各地的研究都在稳步推进。

然而，在川渝、渤海沿岸地区早期盐业课题基本完成后，没有以历史时期盐业研究为主题的课题出现。这与目前历史时期盐业考古发现数量增加较快、需要解决的问题日益增多的趋势不符。像上文提及的彭水中井坝、洞头九亩丘等遗址的发掘工作多是伴随基础建设项目展开的，黄骅大左庄、大安尹家窝堡遗址的发现也具有偶然性。由于没有系统的问题意识指导，研究后劲不足。就渤海沿岸地区来说，目前发掘、调查记录的宋元明时期遗址最多，魏晋隋唐遗址发现很少，汉代遗址还未辨认，盐业遗址的编年体系尚待完善，长时段的议题还不能展开。而且，资料整理、刊布工作依然不太及时。在渤海湾沿岸的黄骅、天津等地，大量还未来得及记录的历史时期盐业遗址正在遭受破坏，这都极大阻碍了研究工作。就东南沿海地区来说，虽发掘了一些制盐作坊，但还缺少对其所处地理单元内盐业遗址空间分布、时代变迁的总体了解，既不能了解特定时期内盐业生产的整体面貌，也不能从长时段角度考察制盐工艺、盐业与社会的变迁等。至于内陆地区，仅开展了一些专题性质的调查，虽有一些遗址发掘，但是目前还未看到系统报道，不便进行讨论。

此外，随着发掘材料的增加，关于历史时期盐业遗址的判定标准问题日益突出。之前，学者多是利用文献记载，并结合当地传统、地理背景等信息对盐业遗址进行简单的判定。回顾对早期盐业遗址性质认识的过程，有不少是借助了类比的方法与国外或其他地区的相似遗存进行对比得出的认识，这样做的前提是承认早期盐业遗址的"共性"。目前各地、各时期的发现呈现的情形是纷繁复杂的，"典型制盐陶器"的缺失增加了历史时期盐业遗址性质判定的难度。例如，香港龙鼓滩遗址和洞头九亩丘遗址中都发现了形状不一、数量较多的柱状或棒状烧土块，而北方的大安尹家窝堡、黄骅大左庄、东营广北一队等遗址都不见类似的遗存。李浪林认为这些红烧土块也是"briquetage"的一种，可以作为东南沿海盐业遗址判定的一个标准[1]，但在北方沿海则不适用。在发掘和调查过程中，如何根据各地实际情况摸索出一套判定遗址性质的可行标准，减少不合适的类比和利用文献"想当然"的判断，是需要考虑的。

总的来说，历史时期的盐业考古虽然取得了一些成就，但面临的问题是严峻的。在老问题没有有效解决的情况下新发现增多反而会引发新的问题。虽然学界对盐业考古的重要性有了一定认识，但本领域研究成果的运用似乎还存在"壁垒"：不直接掌握盐业考古材料的学者很少运用这方面的发现去讨论问题，在历史时期考古研究领域，这种情况更加突出。如何对历史时期盐业考古研究进行准确定位，以发挥其作用，制定课题规划，值得思考。

---

① 李浪林：《香港龙鼓滩煮盐炉灶及其堆积分析》，《东方考古》（第 12 集），科学出版社，2015 年。

三、工 作 展 望

在对我国盐业考古研究第一个 10 年历程进行总结时，李水城、陈伯桢、王青等先生都谈到了历史时期盐业考古研究的问题。李文关注到了历史时期三峡及其周边城镇的出现和发展均有赖于盐业生产和相关贸易，认为这种由特殊资源开发和商贸活动带动的一个区域经济文化发展和城市化进程发展模式，是个非常富有潜力的研究领域[①]；陈文、王文都关注到了这一阶段山东等地发现的一批与制盐有关的历史时期遗物，认为山东地区汉代以后盐业研究的空白是今后很有潜力的一个发展方向[②]。当下历史时期盐业考古研究亟待解决的问题也为今后的工作提供了思路。结合笔者自身的田野经历和研究经历，试对今后历史时期的盐业考古工作进行如下展望。

第一，强化问题意识，根据各地区的现状制定有针对性的研究课题。例如，川渝地区的研究基础较好，今后宜在选取重点遗址发掘完善盐业遗址编年序列的基础上，继续加强盐业经济和盐业与社会互动等方面的研究；对渤海沿岸地区来说，尽早完成之前发掘材料的整理，选取典型遗址进行发掘以完善盐业遗址的编年序列，推动渤海湾沿岸河北、天津境内盐业遗址的调查和发掘；对东南沿海地区来说，利用发掘提供的信息尽快开展区域系统调查，了解各时期盐业遗址的分布保存情况等。

第二，总结历史时期盐业遗址的特征，总结适应各地实际的历史时期盐业遗址的辨识标准，有效辨识新发现的遗址，检视过去发现的材料。在运用人类学材料、国外材料进行类比时，注重与本地实际相结合。各地的遗址保存情况、采用的制盐工艺、不同时期盐业生产的所有制形式不尽相同，这都会影响到遗址的面貌。盐业遗址辨识标准的总结，其实也是历史时期盐业考古田野经验的总结。在这方面，应该起到丰富我国盐业考古研究方法论的效果，可以指导今后的调查和发掘工作。

第三，研究方法上，除了重视科技分析手段外，也应注重人文社科领域知识的启发。从早期盐业遗址的研究可见，运用自然科学手段可以帮助我们从多角度获取遗址的信息，还辅助解决了盐业遗址性质判定、制盐工艺流程中的难点问题。从付罗文先生的研究还可以看出，动物考古学的运用揭示了盐业生产背后的"产业系统"和生产专业化水平。无论是把盐业生产看作"产业系统"还是"手工业考古"的一个门类，其完整"产业链"所处的社会历史背景都是研究开展的基础。由于缺乏文字记载，早期盐业研究不得不通过多种手段重建社会历史背景，但丰富的文献材料为历史时期盐业研究背景信息的重建提供了很大方便。我国盐业史研究已经走过百年历程，近 20 年来研究的重

① 李水城：《中国盐业考古 10 年》，《考古学研究》（九），文物出版社，2012 年。
② 陈伯桢：《中国盐业考古的回顾与展望》，《南方文物》2008 年第 1 期；王青：《山东盐业考古的回顾与展望》，《华夏考古》2012 年第 4 期。

心也在逐渐发生变化，开始更多地关注盐业经济、制盐技术、盐业与城镇、盐业与文化等方面的内容[①]。而这些与盐业考古研究的目标有较多重合，可以为研究提供很多启发。

第四，在丰富材料、填补各时期缺环的基础上，整合早期盐业考古研究成果，运用考古学材料构建各区域盐业发展史。在此基础上进行跨区域对比和国际对比研究。

第五，以"手工业考古"的分支定义历史时期盐业考古，以此建立与历史时期考古其他领域的联系。在产业链理论的指导下，结合其他手工业考古研究领域的成果、文献材料等，跳出"盐产地"研究的窠臼，以更广阔的视野对盐业的"运""销"环节展开研究。产盐地域只是盐业经济中的一个环节，虽然学者早就认识到了"运输""消费"环节研究的必要性，但对这些问题却着墨不多。在历史时期，由于商业的进步和交通的发达，加之盐业经济在国家财政中地位的上升，盐产地"辐射"的地域更广，要研究完整的盐业经济产业链，应把视野放到更大的区域中。

第六，注重历史时期盐业遗址的保护，这是笔者在调查工作中发现的问题。渤海沿岸地区历史上盐产区的范围与海陆变迁的关系十分密切，由于唐宋时期海岸线基本到达了现今海岸线的位置，唐代及更晚时期的盐业遗址分布范围与今天盐场的范围高度重合。因此，调查过程中发现的历史时期盐业遗址被现代盐场破坏的现象十分严重，可能已经错过了系统调查记录的最佳时机。所以接下来的工作，应如孙华先生提出的一样：针对保存状态，采取保存对策[②]。

李水城先生之前展望渝东地区盐业考古时，曾提出"构建渝东三峡地区上迄新石器时代、下至20世纪长达4500年的完整盐业史"的设想[③]，这显然也是其他地区开展盐业考古研究的目标。因此，今后研究中必须要加强对历史时期盐业研究的重视，推动我国盐业考古研究实现更广泛的拓展。

①　吴海波、曾凡英：《中国盐业史学术研究一百年》，巴蜀书社，2010年。
②　孙华：《中国盐业遗产散论——盐业遗产研究若干问题的思考》，《盐业史研究》2019年第3期。
③　李水城：《中国盐业考古10年》，《考古学研究》（九），文物出版社，2012年。

冀鲁地区盐业考古

战略资源控制与商周时期中华文明的壮大

——以渤海湾盐业为中心的考察

王爱民

（滨州学院人文学院）

商周时期是中华文明逐步壮大并走向融合的重要时期。中华文明之所以从史前的"满天星斗"走向青铜时代的逐渐一统，其原因虽是多方面的，但重要资源的获取与流通无疑起到了巨大推动作用。重要资源是指那些能够形成心理、文化、政治、经济认同的特殊物品，或可称之为战略资源。这类资源一般具有两个特点，一是具有不可替代性；二是具有一定的稀缺性。商周时期的战略资源主要包括两类，一是制作青铜器的原料铜、锡、铅等金属资源，二是人们的生活必需品——食盐。本文试以渤海湾沿岸海盐资源为例，对战略资源在中华文明壮大中的作用进行分析。不当之处，敬请指正。

一、商周渤海湾沿岸盐业考古发现概况

商周时期，中国主要有三大食盐产区，一是分布于西北地区，以山西南部为中心的池盐；二是西南四川东部及三峡一带的井盐；三是渤海湾沿岸的海盐。上述三个地区中，尤以渤海湾沿岸地区的盐业生产规模最大。

渤海沿岸的海盐生产活动大概在龙山时期即已出现，但为数较少[①]。到商周时期，盐业生产遗址在渤海沿岸多有发现，遍及滨州阳信、沾化，东营利津、广饶，潍坊寿光、昌邑、滨海，河北海兴、黄骅等县市区。部分地区遗址分布十分密集，形成大规模的盐

[①] 燕生东：《莱州湾南岸地区龙山时期盐业生产与区域发展》，《中国盐文化》（第 10 辑），西南交通大学出版社，2018 年。

业遗址群。这些遗址主要集中于两个时期，一是殷墟至西周初年，如广饶东北坞、南河崖、西杜疃，沾化杨家，寿光大荒北央、双王城，利津南望参等遗址。遗址出土陶器中盔形器比例很大，其中有些遗址盔形器的比例为 90% 以上[1]。二是东周时期，主要发现昌邑唐央火道、辛庄、廉里、东利渔，潍坊滨海开发区西利渔、烽台、固堤场、韩家庙子，寿光单家庄、王家庄、官台、大荒北央，广饶东马楼、南河崖，东营市刘集，利津县南望参、洋江，沾化县杨家，无棣县邢家山子，海兴杨埕、黄骅郛堤等共 20 多处遗址群，规模之大远超商周之交[2]。上述遗址中，南河崖[3]、双王城[4]等遗址进行过考古发掘，均发现了商末周初时期煮盐的盐灶（图一），提取地下卤水的卤坑，以及大量破碎的盔形器；经过调查的东周时期遗址也发现了大量煮盐的陶瓷，足证这些遗址为煮盐遗址无疑。

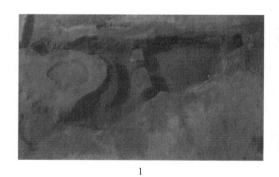 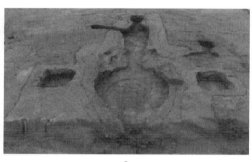

1   2

图一　渤海沿岸地区发现的商周时期盐灶
1. 南河崖 YZ4　2. 双王城 014B 遗址盐灶

二、商周时期渤海湾沿岸盐业生产情况

渤海湾沿岸主要属于黄河冲积平原。黄河三角洲地区发现的以绳纹、灰陶，鬲、罐、豆等为主要特征的中原文化遗存，最早出现于二里岗上层时期，但主要分布于黄河三角洲南部地区，黄河以北地区不见。在此之前，该地区属于东夷人创造的岳石文化分布区，不过岳石文化遗址在黄河三角洲地区发现不多，黄河以北地区更为少见。殷墟时期，黄河三角洲地区的商文化遗址呈突然爆发趋势，遍布于除无棣、垦利、利津等县之

① 王青：《〈管子〉所载海盐生产的考古学新证》，《东岳论丛》2005 年第 6 期。
② 燕生东、田永德、赵金、王德明：《渤海南岸地区发现的东周时期盐业遗存》，《中国国家博物馆馆刊》2011 年第 9 期。
③ 山东大学考古系、山东省文物考古研究所、东营市历史博物馆：《山东东营市南河崖西周煮盐遗址》，《考古》2010 年第 3 期。
④ 山东省文物考古研究所、北京大学中国考古学研究中心、寿光市文化局：《山东寿光市双王城盐业遗址 2008 年的发掘》，《考古》2010 年第 3 期。

外的黄河三角洲大部分地区。尤其是在原先遗址很少的渤海湾沿岸出现了大量以盔形器为主要遗物的遗址，明显属于煮盐活动遗迹。

（一）殷墟时期渤海沿岸的海盐生产与控制

根据现有考古发现，渤海湾沿岸的商代盐业遗址在黄河南北地区分布并不均衡。在黄河以北，商代制盐遗址主要集中在滨城区、沾化区及利津县交界地带，其中以沾化杨家遗址分布范围最大，此处共发现 10 余处商周时期的盐业生产遗址。这个数目应当远不是全部，因为此处属于黄河淤积平原，遗址多埋藏较深而不容易发现，实际数目应当远较已发现的为多。

黄河以南的盐业生产遗址分布较黄河以北多而分散，主要分布在广饶、寿光莱州湾沿岸地区，呈扇形排列。这里的盐业遗址规模很大，如寿光双王城遗址的总面积有 30 多平方千米，其中有商代至西周初期遗址 76 处，是渤海南岸地区目前所发现的规模最大的商周时期盐业遗址群。东北坞遗址群共发现 34 处盐业遗址，主要属于商代晚期。广饶南河崖遗址群发现商末周初的遗址 53 处。此外，在寿光大荒北央、寒亭央子等地也发现同时期的盐业生产遗址。

目前鲁北地区发现的商代遗址，基本呈带状分布在古济水两岸，这种现象绝不是偶然的。古济水以南的商代遗址分布最东到达胶莱河流域，然后掉头北上，直指海盐主产区——渤海湾沿岸。另外值得注意的是，鲁北地区发现的商代晚期遗址中许多都发现青铜器，主要有长清前平、小屯，平阴洪范，济南大辛庄、刘家庄，章丘涧溪，桓台史家，惠民大郭，滨城区兰家，青州苏埠屯，寿光古城、桑家庄、呙宋台，潍坊院上、岳泉、钓鱼台等遗址。青铜器是身份和地位的象征，大量青铜器的发现说明这些遗址的地位要高于一般遗址，也表明商王朝对黄河三角洲地区的高度关注。但渤海沿岸是地下卤水分布区，属于碱卤地带，土地盐碱化严重，并不适于农业生产。加之此地偏僻，也非战略要地。那么，商人对该地区的关注只能是为了控制当地夷人，以获取海盐资源。

1957 年，滨州市滨城区兰家村发现一批商代青铜器，有青铜卣、觚、爵等，其中青铜卣上有铭文（图二）[①]。青铜卣上的铭文，方辉先生释作"卤"字，为盛盐之盔形器之形，代指食盐[②]，此说可从。联系到甲骨文中"卤小臣"的记载可以推测，兰家墓葬的主人很可能就是商王朝在黄河三角洲地区设立的专职的盐业官员。

1973 年 8 月，惠民县大郭村出土一批青铜器[③]。从青铜器种类来看，该遗址的地位相当高。大郭遗址出土方彝 1 件，为山东地区仅见。作为乐器的铙，在山东地区也仅仅

① 滨城文物管理所、北京大学中国考古学研究中心：《山东滨州市滨城区五处古遗址的调查》，《华夏考古》2009 年第 1 期。
② 方辉：《商周时期鲁北地区海盐业的考古学研究》，《考古》2004 年第 4 期。
③ 山东惠民县文化馆：《山东惠民县发现商代青铜器》，《考古》1974 年第 3 期。

图二　兰家遗址出土青铜卣及铭文

发现 4 件，其余 3 件都出土于级别甚高的青州苏埠屯遗址。该遗址出土的铙，为苏埠屯遗址以外山东仅有的 1 例。再看象征着权力和地位的青铜钺，山东地区共出土 8 件，大都出土于高等级的遗址中，如青州苏埠屯出土 4 件，济南大辛庄出土 1 件，滕州前掌大出土 1 件，泗水寺台 1 件①。因此，大郭遗址出土的这件青铜钺，无疑代表着主人无上的地位和征伐大权。大郭遗址出土的方彝和铙上，均刻"戎"字铭文②。"戎"为商周时期分布于今山东地区的一个部族。甲骨文中有"己酉卜，宾贞，戎卤"（《合集》7023 正）的卜辞，"戎卤"应当释为"戎族向商王朝进献食盐"，大郭遗址当是戎族控制渤海湾盐业生产的中心。

　　除此之外，在青州苏埠屯和寿光古城、桑家庄、呙宋台等遗址也都发现商代青铜器，尤其是苏埠屯遗址，发现的青铜器数量之多，级别之高都是罕见的。虽然现在还没有确切的证据证明这些遗址和海盐生产有关，但从其分布态势来看，这些遗址呈带状直指渤海湾，应当与商人对海盐生产的控制有关。

　　上述地区发现的青铜器中，武器占据很大的比重（表一），与同时期山东其他地区出土青铜器以礼器为主形成明显的区别，证明这些据点具有鲜明的军事控制性质。这应当与商人东进黄河三角洲地区与夷人发生冲突有关。夷人在卜辞中被称为"人方"，虽然对于"人方"何指学界多有争论，但越来越多的证据表明，"人方"应即东夷，活动在山东潍坊一带③。卜辞中对于征"人方"的记载，从第一期一直延续到第五期，与黄河三角洲地区发现的商代盐业生产遗址同时，充分证明了商人征伐东夷的目的就是掠夺食盐。

---

① 曹艳芳：《山东出土商代青铜器研究》，山东大学博士学位论文，2006 年，第 93 页。

② 滨州地区文物志编委会：《滨州地区文物志》，山东友谊书社，1992 年，第 6 页。

③ 李学勤：《夏商周与山东》，《烟台大学学报》2002 年第 3 期。

表一　鲁北地区商代青铜器出土情况统计表

遗址	青铜器数量（种类）	武器									备注
		戈	钺	矛	弓秘	刀	剑	镞	数量（种类）	比例	
滨城兰家	5 类	√					√		2 类	40%	数字后无单位均指件数，"√"为数量不明，比例按类别计算
惠民大郭	10 类	√	√	√		√			4 类	40%	
青州苏埠屯	789	35	4	24	1	2		267	334	42.3%	
寿光吕宋台	3	1							1	33.3%	
寿光古城	64	10		4		3		15	32	50%	
寿光桑家庄	3 类	√					√		2 类	66.7%	

　　盐是人们生活的必需品。在河南、河北、安徽、湖北等容易到达安阳的省份中都没有发现食盐储存[①]，所以商代早期的食盐供应应当主要来自山西省南部夏县芦村一带的盐池，当晋南地区在二里岗上层时期就开始被逐渐抛弃后，商人的食盐来源就只有依赖于最近的海盐生产基地渤海湾地区了。为了获取食盐，商人不断征伐东夷，并采取了严格的控制措施。但是，这种控制是在与夷人的斗争，甚至是不断镇压夷人的反抗过程中实现的。与夷人的斗争严重消耗了商王朝的国力，这时，觊觎已久的周人趁机起兵反商。"封克东夷，而损其身"，最终造成了商王朝的灭亡。

（二）盐业生产与齐国的强大

　　西周建立不久爆发了"三监之乱"，时成王年幼，周公亲率大军东征，经过三年的时间，消灭了纣子武庚、"三监"及其东夷盟国薄姑、奄等。为巩固统治，西周将功臣姜尚分封到东方，以薄姑故土为基础建立齐国。姜尚利用齐国依山傍海的地理优势，大兴渔盐之利，使齐国很快成为强国。

　　根据《管子》一书的记载，齐国的盐业生产主要在渤海湾沿岸的"渠展"地区。"渠展"并非一个确切的地点，而是一个范围较广的地域的总称，大体包括"沿河北沧县南—盐山西—山东庆云东宗北—无棣北—阳信小韩东—滨城卧佛台北—滨州—博兴黄金寨南—广饶寨村、五村北—青州许王、马家庄北—寿光王庄、后乘马瞳、薛家庄、寒桥北—寒亭鲁家口、狮子行、前埠下北—平度韩村北—平度三埠李家西—莱州中杨、西大宋西一线"[②]以东以北地带的地下卤水分布区，前述商周时期盐业遗址，应当有相当大一部分属于"渠展"地区。

　　"渠展之盐"在齐国具有举足轻重的地位。齐太公姜尚虽然在武王灭商中战功卓著，被封到了夷人故地。但初封的齐国方圆不过百里，"地泻卤，人民寡"，周围还有纪、莱

---

① 黄著勋：《中国矿产》，商务印书馆，1930 年，第 11 页。
② 王青：《〈管子〉所载海盐生产的考古学新证》，《东岳论丛》2005 年第 6 期。

等夷人方国，另有薄姑、奄等夷人残部的威胁。为了在夷人的夹缝中生存，太公采取了与伯禽治鲁不同的措施，"因其俗，简其礼"。这个"因其俗"就是保留了原来夷人的部分生产和生活习惯，其中也应包括煮盐技术。具体做法就是"劝其女功，极技巧，通鱼盐"，使得齐国成为"冠带衣履天下，海岱之间敛袂而往朝"①的强国。从太公后十四世至桓公时管仲相齐，更制定了"官山海"的措施。所谓"官山海"就是将盐、铁生产收归国有而征税，以代替按人口收取的人头税，其目的是增加政府的财政收入，这是我国最早的盐铁专营政策。"渠展之盐"因其庞大的生产规模，成为盐业专营政策的首选对象。"伐菹薪、煮沸水为盐，正而积之三万钟"，就可以有六千万的税收。渤海湾沿岸发现的大规模东周时期盐业遗址，当即"官山海"政策的产物，可证上述说法不虚，也足证"渠展之盐"在齐国经济中举足轻重的地位。

三、余　论

综上所述，晚商时期的盐业生产已经具有相当的规模。商人为了控制渤海湾沿岸的盐业生产，与当地部族合作，建立了比较严密的盐业生产控制体系。有迹象表明，这里生产的食盐还供应商王朝王畿地区。方辉先生认为："商代王都的食盐供给，至少有一部分可能来自山东北部沿海地区。……当时可能是通过河道，用舟船将装有海盐的盔形器运到内陆地区。"②商末鲁北地区尤其是古济水两岸，遗址分布十分密集，同时有若干遗址出土青铜器，估计与控制食盐运输有关。西周时期，因为政治格局的变化，全国性的盐业生产基地变为区域中心，食盐需求的减少导致盐业生产规模出现缩小化的趋势。而到了东周以后，随着齐国国力的强盛，疆域的扩展及称霸的需要，渤海湾沿岸包括黄河三角洲地区的盐业生产再次繁荣起来。

商周时期海盐生产的发达，有力地促进了黄河三角洲地区的开发。根据历年的普查资料，在黄河三角洲地区发现的龙山文化遗址有40多处，这些遗址大都位于当时的河流沿岸，从发掘及采集到的遗物看，都属于典型的农业聚落。黄河三角洲地区岳石文化遗址更少，不到30处，数量较龙山时期减少，并且大都分布在南部地势较高的博兴、邹平一带，这种现象应当与龙山时代末期的洪水泛滥有一定的关系。而到了商周时期，已经发现的聚落遗址近200处之多③。这些聚落中有相当一部分与海盐生产的区域临近，并有一些聚落发现过盔形器，说明盐业生产对黄河三角洲的开发起到了巨大的推动作用。

商周时期，在不同类型的食盐产区之间可能存在技术的交流。在湖北宜昌至重庆

① 司马迁：《史记·货殖列传》，中华书局，1959年，第3255页。
② 方辉：《商周时期鲁北地区海盐业的考古学研究》，《考古》2004年第4期。
③ 包括部分春秋战国时期遗址。

忠县及四川盆地的若干商周遗址中，都发现了被称作"花边口圜底罐"和"羊角状尖底杯"的陶皿，特别是位于苎溪河口的中坝遗址，此类陶皿连同其他遗物，总厚 9～10 米，数量十分庞大 [①]。这种花边口圜底罐在本地区的出现要晚于羊角状尖底杯，时间大概在商末周初，之所以会发生这种制盐工具的突变，笔者认为此地大概与沿海地区制盐技术产生了交流。前文已述，商周时期，黄河三角洲地区、莱州湾沿岸，出现了大量煮盐用的圜底盔形器。三峡地区出土的花边口圜底罐除了形制较小，部分束颈之外，外形上与盔形器基本一致。因时间晚于盔形器，推测这些圜底罐应当来自渤海湾沿岸技术的传入。这种圜底罐受热面积较大，制盐效率明显要比羊角状尖底杯要高。制盐技术的交流密切了各地的联系，对于商周文明的壮大也起到一定的推进作用。

　　由于海盐资源的分布与商周王朝的政治中心并不一致，食盐的远距离获取和长途运输对中原王朝是一个极大的挑战。统治者要想获取海盐，就必须把渤海湾沿岸地区纳入稳定的供应体系。在这个体系形成、运转过程中，政府需要协调多方利益，必要时还需采取战争手段，商末大规模征伐东夷，西周初年平定薄姑叛乱均与此有关。在海盐资源的生产、运输、调配过程中，逐步实现了语言的统一，经济和技术的交流，最后形成心理和文化上的认同，渤海沿岸地区逐渐被纳入华夏文明。经过不断交流，华夏文明滚雪球一般不断壮大，因此可以说，重要资源分布和政治中心的偏离是中国文明得以壮大的重要原因。

---

① 　杨华：《长江三峡地区远古时代的盐业考古》，《长江文明》（第 9 辑），光明日报出版社，2012 年。

东周齐国制盐业的考古学观察

——基于寿光机械林场遗址的个案研究

王子孟[1] 蒲珅杉[2] 杨小博[3]

（1. 山东大学历史文化学院、山东省文物考古研究院；

2. 山东大学历史文化学院；3. 山东省水下考古研究中心）

齐国以鱼盐立国，盐业始终与齐国的政治、经济、文化紧密相连。《史记·齐太公世家》记载"太公至国，修政，因其俗，简其礼，通商工之业，便鱼盐之利，而人民多归齐，齐为大国"[1]，表明齐国立国之初即大力发展鱼盐经济。东周时期，《管子·轻重甲》《管子·地数》《管子·海王》等篇记载[2]，齐国率先实施盐业官营制度，政府逐渐管控盐业生产和贸易活动，盐业得到进一步发展。然文献记载多聚焦于风物、盐政，对于制盐所需原料、制盐工艺流程、产盐规模、组织管理等涉及盐业生产细节的信息多有缺佚。欲进一步了解东周齐国盐业发展概况，只能依赖考古工作的介入。

多年考古工作表明，齐地北部沿海分布大量东周时期盐业遗址，但经正式发掘的仅有寿光机械林场和昌邑唐央两处遗址[3]。其中，机械林场遗址以战国制盐遗存为主，既有彼此存在逻辑联系的煮盐遗迹，又有数量巨大的煮盐陶器——圜底瓮，为我们研究东周尤其战国时期齐国盐业提供了重要实物资料。在对发掘资料进行初步分期、性质和功能界定的基础上，我们拟进一步多维度分析遗迹间的功能配属和遗物的功能特征，并比对昌邑唐央遗址相关遗存，再结合有关文献记载，力图从考古遗存功能、遗址空间布局、制盐工艺流程三方面对东周齐国制盐业进行解读。

---

① （汉）司马迁撰：《史记》，中华书局，1982年，第1480页。

② 张固也：《〈管子·轻重〉篇成书年代新论》，《国学研究》（第十一卷），北京大学出版社，2003年，第129～146页。

③ 山东大学历史文化学院等：《山东寿光机械林场东周盐业遗址发掘简报》，《东南文化》2022年第1期；山东省文物考古研究院等：《昌邑火道—廒里遗址群01（唐央）遗址发掘简报》，《海岱考古》（第十辑），科学出版社，2017年。下文涉及对两遗址中遗迹、遗物引用，不再一一标注。

一、考古遗存及其功能分析

基于陶器制盐阶段的盐业作坊遗址，一般留存大量制盐器物和具有明确功能指向的遗迹组合。机械林场遗址共发现4座战国时期灶，其中ⅢYZ1底部发现数个保存较完整的圜底瓮，另外，遗址灰坑中堆积大量草木灰，灰坑与灶相连的现象也较为特殊，这些都应与当时的制盐行为相关。以下将以遗址盐灶、灰坑、圜底瓮等田野发掘资料为基础，探讨遗迹设施和遗物的功能。

（一）盐灶结构与使用方式

盐灶是观察煮盐技术的中心环节，从灶形、结构与建筑形式方面能够看出使用方式的变迁。机械林场遗址共发现4座形制趋近的盐灶（图一），其中3座为长椭圆形，另外1座近似三角形，总体与昌邑唐央遗址所见东周盐灶略同。但与晚商西周时期寿光双王城盐灶和东营南河崖盐业遗址的"Y"形盐灶相比，明显存在形制上的差异（图二）。战国时期盐灶形状紧凑、规模变小、结构科学，这可能与盐灶使用方式逐渐科学及煮盐陶器同步改进有关。

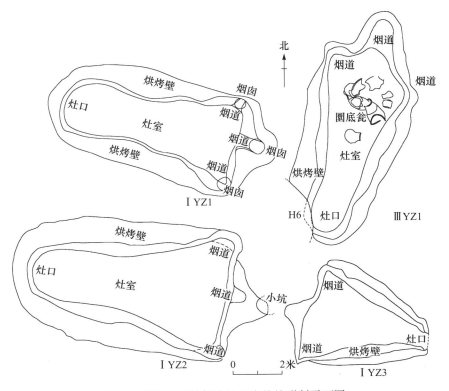

图一　寿光机械林场遗址4座盐灶形制平面图

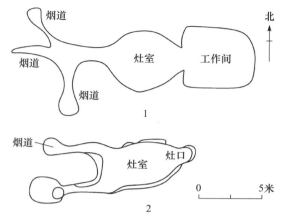

图二　寿光双王城、东营南河崖遗址形制平面图

1. 寿光双王城 014AYZ1　2. 东营南河崖 ZY4

（据山东省文物考古研究院等：《山东寿光市双王城盐业
遗址 2008 年的发掘》，《考古》2010 年第 3 期，图九；
山东大学考古系等：《山东东营市南河崖西周煮盐遗址》，
《考古》2010 年第 3 期，图八改绘）

白九江对各地制盐龙灶的特征与演变进行研究，认为寿光双王城遗址 YZ1 为"龙灶"中的平底龙灶，其火势应为平焰、抽力较小，设置 3 个烟道来增加灶内抽力，使火势变为升焰[1]。对于"龙灶"烟道的功能定位，同样适用于战国时期盐灶。机械林场遗址盐灶灶尾外凸部分即为烟道，每座盐灶均有 3 个烟道，并且烟道借势灶壁、顺坡而上，此结构使其更能增加灶内抽力。由此推测，盐灶使用过程中灶室应处于封闭状态，以形成一个相对密闭的火膛空间，只有这样才可以配合烟道使用。付永敢曾对东营南河崖遗址西周时期 YZ4 进行复原，认为应存在灶面以封闭灶室形成火膛[2]。但在机械林场遗址发掘中未发现明确类似于灶面的痕迹，推测应与盐灶坍塌严重有关。

盐灶一端较窄的部分为灶口，灶口具有添加柴薪、清理灰烬和承担进风作用。部分灶口存在与灰坑连接现象，如ⅠYZ3 灶口与 H4 相连，ⅢYZ1 灶口也与 H6 相连。两座灰坑堆积上层多为草木灰，下层多含烧土块、似经踩踏。昌邑唐央遗址 YZ4 北部有操作间存在，这与机械林场灶、坑相连的现象类似，推测机械林场ⅠYZ3 与ⅢYZ1 灶口外侧两处灰坑应该也起到操作间作用（图三）。

盐灶中部空间较大处为放置圜底瓮的灶室。依据灶室和陶瓮实测数据可以估算单座盐灶内摆放圜底瓮的数量，以ⅠYZ2 及其灶内出土圜底瓮（ⅠZ2：6）尺寸为例，6.8 米 ×3.6 米的灶室如果放满口径为 0.44 米的圜底瓮，最多可以摆放 40 个圜底瓮。这个数目会因各灶大小而有所改变，如规模较小的ⅠYZ3 可以摆放约 19 个圜底瓮，更小的唐央遗址 YZ4 可以摆放约 14 个同遗址内出土的口径略小的圜底瓮（图四）。机械林场ⅠYZ3 大小与唐央遗址 YZ4 更加类似，而与其他 3 座较大盐灶差别明显，两种盐灶功能是否存在异同，目前尚不确定。

另外，机械林场遗址 4 座盐灶内部堆积较为特殊，以黑色草木灰为主，中间夹杂白色硬结物、红色烧土块及圜底瓮残片。其中ⅠYZ1、ⅠYZ2 堆积特征最为明显，堆积逐层分布、各层之间夹杂厚度较薄的白色硬化面、最上层为圜底瓮残片堆积。可推测这些堆积为废弃后的生产垃圾，黑色草木灰应为盐灶最后一次使用后未清理干净的剩余燃

---

① 白九江、邹后曦：《制盐龙灶的特征与演变——以三峡地区为例》，《江汉考古》2013 年第 3 期。
② 付永敢：《山东北部商周时期煮盐工艺初步研究》，山东大学硕士学位论文，2012 年。

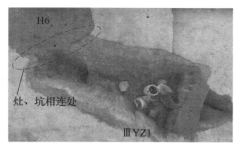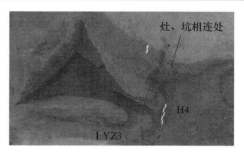

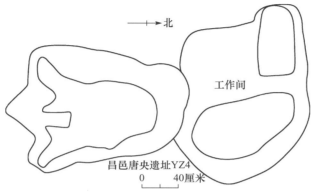

图三　寿光机械林场遗址灶坑相连现象举例（上）及唐央遗址盐灶与工作间平面图（下）

［据山东省文物考古研究院等：《昌邑火道—廒里遗址群 01（唐央）遗址发掘简报》，

《海岱考古》（第十辑），科学出版社，2017 年，图九改绘］

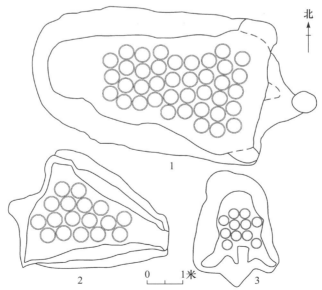

图四　寿光机械林场、唐央遗址盐灶摆放圜底瓮复原图

1、2. 机械林场ⅠYZ2、机械林场ⅠYZ3　3. 唐央 T2123YZ4

［据山东省文物考古研究院等：《昌邑火道—廒里遗址群 01（唐央）遗址发掘简报》，

《海岱考古》（第十辑），科学出版社，2017 年，图九改绘］

灰，红烧土堆积应是灶壁向内塌陷形成。值得注意的是其中夹杂的白色硬化面，此类白色沉淀物在晚商西周盐业遗址中也有普遍发现，此前已有学者对其进行过检测分析，可知该类沉淀物含大量的碳酸钙，分析是古人煮盐活动遗留[①]。由此推测，当时制盐者在不停地向圜底瓮添加卤水的过程中，可能将卤水洒在了圜底瓮之外，抑或圜底瓮内卤水煮沸后溢出，这部分卤水渗入灶室内，就形成了大面积分布的白色硬化面（图五）。

1　　　　　　　　　　　　　　　　　　　2

图五　机械林场遗址灶室堆积举例

1. ⅠYZ1　2. ⅠYZ2

　　总之，战国时期盐灶整体来看形制变小、结构精简，灶体位于地面以下，就地挖坑建成，形状呈长椭圆形，盐灶方向并不固定，灶尾外凸部分为增加抽力的烟道，中部较宽处为放置煮盐陶器的灶室，灶头较窄处为增添燃料和出扒草木灰的灶口，灶口外侧可能有操作间，使用时灶室应为封闭环境。4座盐灶周边均未发现柱洞或基槽等地上建筑痕迹，可推测盐灶应为露天使用，以方便增添卤水和观察煮盐情况。

（二）盐灶方向与煮盐季节

　　盐灶所用燃料不外乎野草与柴枝，为便于生火并使其燃烧充分，盐灶朝向必须配合风向。如果盐灶方向与风向相互抵触，自然风会将烟倒吹向灶口，从而对煮盐造成严重影响。机械林场4座盐灶灶口方向各不相同，ⅠYZ1、ⅠYZ2灶口方向为西偏北，ⅠYZ3灶口方向为东偏南，ⅢYZ1灶口方向基本为正南。4座盐灶方向不同，可以较为肯定的是不同时节使用，即煮盐季节并不是单一的。查阅寿光地方志资料可知，寿光市冬春两季盛行西北风，夏秋两季盛行东南风[②]。据此通过季节风向可推测，ⅠYZ1、ⅠYZ2的方向更适合冬春季使用，ⅠYZ3更适合夏秋时节使用，ⅢYZ1则除北风天气之外都可以使用。熬煮卤水应当在蒸发量大的时节，并且尽量避免降水与潮湿天气，因为雨水的掺入和空气湿度的升高会造成卤水浓度降低，从而影响成盐效率。因此，对于露天敞口煮盐

---

① 崔剑锋等：《山东寿光市双王城遗址古代制盐工艺的几个问题》，《考古》2010年第3期。

② 山东省寿光县地方史志编纂委员会编：《寿光县志》，中国大百科全书出版社，1992年，第94页。

来说，多雨的夏季和初秋显然不是适合煮盐的季节。由此推测，ⅠYZ1、ⅠYZ2 应为冬季至来年春季时使用，而ⅠYZ3 和ⅢYZ1 则可能是秋冬之交时节使用（图六）。

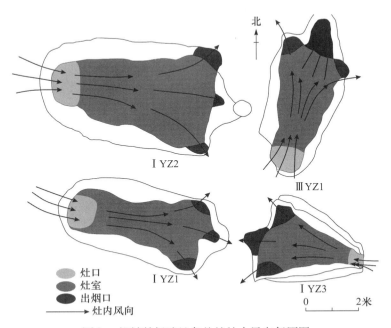

图六　机械林场遗址各盐灶灶内风向复原图

昌邑唐央遗址在调查时发现 1 座盐灶灶口为东南方向[1]，后又发掘 YZ4 灶口方向则为正北（图七），与机械林场的 4 座盐灶方向又有所不同。综合这几座战国时期盐灶朝向来看，似乎当时一年中进行制盐的季节不止一个。而晚商西周时期的制盐遗址情况却不同，寿光双王城遗址 014AYZ1 与 014BYZ2 的灶口朝向基本为正东，与南河崖 YZ4 朝向一致（图八），应该是同一季节使用。李慧冬对南河崖出土的贝类遗存进行切片观察，发现贝类死亡季节集中于"入秋降温时节"，由此认为煮盐季节应在深秋至初冬时节[2]。可以认为，晚商西周时期的煮盐季节可能较为固定，而战国时期应已有所改变。

这种推测从文献记载中也有线索可寻。《管子·地数篇》记载："君伐菹薪，煮沸水为盐，正而积之三万钟。至阳春，请籍于时。桓公曰：'何为籍于时？'管子曰：'阳春农事方作，令民毋得筑垣墙，毋得缮家墓，丈夫毋得治宫室，毋得立台榭，北海之众毋得聚庸而煮盐。然，盐之贾必四什倍。'"[3] 可以看出，为了不耽误农事和掌控盐作，管仲严格管制制盐的季节，阳春之后便忙于农事，这时开始禁止制盐。《管子·轻重甲》又

①　山东省文物考古研究所等：《山东昌邑市盐业遗址调查简报》，《南方文物》2012 年第 1 期。

②　李慧冬：《南河崖西周煮盐遗址贝类采集季节的初步分析》，《华夏考古》2012 年第 3 期。

③　黎翔凤：《管子校注》，中华书局，2004 年，第 1365 页。

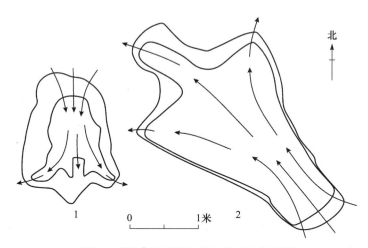

图七　昌邑唐央遗址盐灶灶内风向复原图

1. 唐央 T2123YZ4　　2. 火道—廒里遗址群 105 遗址盐灶

［1. 据山东省文物考古研究院等：《昌邑火道—廒里遗址群 01（唐央）遗址发掘简报》，
《海岱考古》（第十辑），科学出版社，2017 年，图九改绘；2. 据山东省文物考古研究所等：
《山东昌邑市盐业遗址调查简报》，《南方文物》2012 年第 1 期，图二改绘 ］

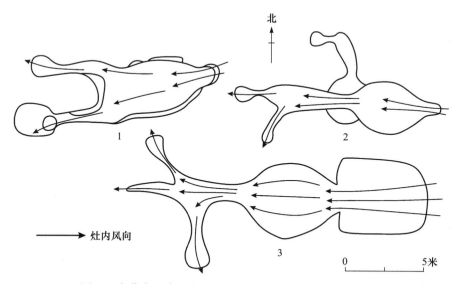

图八　东营南河崖、寿光双王城遗址盐灶灶内风向复原图

1. 南河崖 YZ4　2. 双王城 014BYZ2　3. 双王城 014AYZ1

（1. 据山东大学考古系等：《山东东营市南河崖西周煮盐遗址》，《考古》2010 年第 3 期，图八改绘；

2. 据山东省文物考古研究院等：《山东寿光市双王城盐业遗址 2008 年的发掘》，

《考古》2010 年第 3 期，图六改绘；3. 据山东省文物考古研究院等：

《山东寿光市双王城盐业遗址 2008 年的发掘》，《考古》2010 年第 3 期，图九改绘）

载："十月始正，至于正月，成盐三万六千钟。"[①]据此可知东周时期禁止制盐的时间应该是阳春时节至十月之前，即以春夏为主的两季，因为一年中的农业生产多集中在这两时节中，当深秋时节到来农忙已经结束后，才可以继续制盐活动，亦即从深秋季节至来年春季的这段时间，都可能进行煮盐。因此，战国时期就可在该段时间内多次组织煮盐生产，这也与机械林场所见诸盐灶的朝向相符合。

（三）圜底瓮使用方式

1. 圜底瓮形制与体量

遗址出土圜底瓮体量较大、纹饰特殊、特征鲜明，普遍发现于鲁北沿海东周特别是战国时期的盐业遗址中。从完整器可以看出，此类圜底瓮最厚处为口沿及上腹部，器底较薄便于导热，外壁满饰绳纹和内壁拍印方格纹在其他器物上罕见。部分圜底瓮的口沿、腹部及底部有火烧痕迹呈现粉红色，内壁有残留白色沉淀物的现象，部分外壁附着残留的草拌泥（图九）。圜底瓮的质地均为泥质陶，陶质良好。初步推测，数量众多且形制大小一致的圜底瓮应经专业化生产。唐央遗址不仅发现大量圜底瓮残片，还出土加工圜底瓮纹饰的陶拍、陶垫工具，其有可能自产圜底瓮陶器，是兼具制陶与制盐功能于一体综合性聚落。而机械林场遗址所出圜底瓮应经其他专业制陶作坊生产并运输而来。

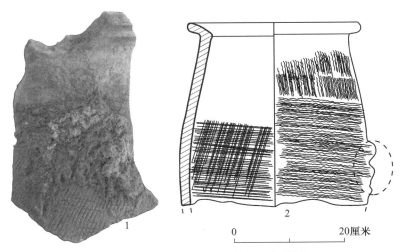

0　　　　　　　　　　20厘米

图九　圜底瓮外壁附着草拌泥现象举例
1. 机械林场附着草拌泥的圜底瓮残片　2. 唐央遗址圜底瓮
（据山东省文物考古研究院等：《昌邑火道—廒里遗址群 01（唐央）遗址发掘简报》，
《海岱考古》（第十辑），科学出版社，2017 年，图一三，5 改绘）

---

① 黎翔凤：《管子校注》，中华书局，2004 年，第 1423 页。

关于圜底瓮在盐灶中如何使用。以机械林场遗址ⅢYZ1出土完整圜底瓮为例，通过测算其容积来进一步分析。将圜底瓮假设为椭圆体，可以算出其容积约为 35283 立方厘米，即约 35 升。卤水浓度会因地区与时代不同而有所差异，如以密度虽较卤水低但相对固定的海水来计算，得出灌满海水陶瓮的整体重量近 45 千克，那么盛满卤水的圜底瓮整体重量至少为 45 千克。涉及圜底瓮在盐灶内摆放问题，有学者在探讨晚商西周时期制盐工艺时，对灶内盔形器的摆放进行了复原①（图一〇），其他研究者进一步提出当时使用青铜制或木制网格来架设盔形器②。而就战国时期盐灶而言，盛满卤水的圜底瓮重量较大，木制或青铜制结构的承受力可能都不足以长时间支撑，并且在灶内及灰坑中都未发现任何木质及青铜构件遗物，因此战国时期盐灶可能不会用木质或青铜构件来架设圜底瓮。系统梳理出土遗物，我们认为圜底瓮在盐灶内应该利用烧土柱作为支撑，而机械林场遗址ⅠH7 所发现大量烧土柱极可能有此功用。

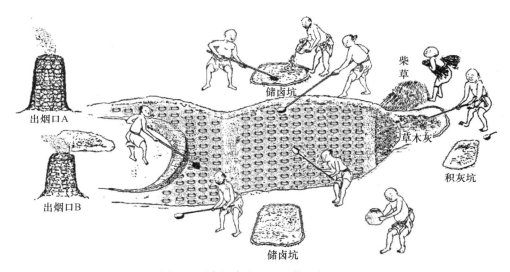

图一〇　南河崖遗址盐灶使用复原图

［引自王青：《关于山东北部盐业考古的新思考》，《东方考古》（第 14 集），科学出版社，2017 年，图九］

2. 烧土柱作支座的可能性

ⅠH7 底部发现大量烧土柱，大小不一，整体形状以长方形和椭圆形的实心柱体为主，结构疏松、表面近红色（图一一）。其底部平整，正面两侧内弧多呈凹槽状，有的表面还残存人手捏制痕迹，推测其应是制盐工人就地取土简单捏制而成，根据摆放位置不同捏制出大小不同的泥土柱，再将其放置在盐灶底部，其上架设圜底瓮。此类泥土柱在煮盐过程中起到支撑圜底瓮的功能，灶内点火煮盐，泥土柱经高温火烤变硬，变为烧

---

① 王青：《关于山东北部盐业考古的新思考》，《东方考古》（第 12 集），科学出版社，2015 年。

② 付永敢：《山东北部商周时期煮盐工艺初步研究》，山东大学硕士学位论文，2012 年。

土柱。而在经受长时间火烤损坏之后便取出弃置，再重新制作新一批泥土柱。基于此，我们对泥土柱在盐灶中的使用方式进行了复原，认为其摆放位置应位于圜底瓮底部、摆放方式可能存在两种情形（图一二）。而且泥土柱的制作成本低廉，取材方便，捏制简单易行，所以现在所见此类烧土柱很可能是盐灶内架设圜底瓮的支座。此外，还可能将草拌泥涂抹在圜底瓮外壁以延长其使用寿命，并利用草拌泥填充灶室表面的空隙，搭建简单的灶面。

　　此类土质支撑物也见于其他盐业遗址。双王城遗址群 SL9 遗址 YZ1，有柱状烧土块位于盆形器的底部（图一三，1），发掘者认为是用于搭设网状架子的构件[①]。广饶东赵

0　　　10厘米

图一一　机械林场遗址第一地点 H7 出土的烧土柱（泥土柱）

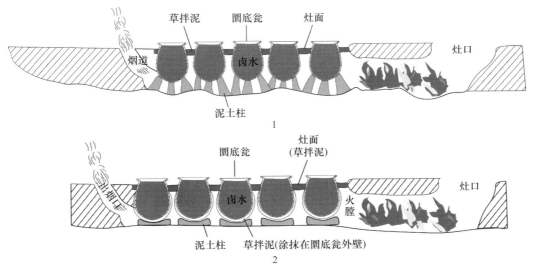

图一二　机械林场遗址盐灶使用方式复原图

1. 烧土柱竖向放置　2. 烧土柱横向放置

---

① 山东省文物考古研究院等：《山东寿光市双王城盐业遗址 2008 年的发掘》，《考古》2010 年第 3 期。

遗址群调查时也采集了圆柱状红色或红褐色烧土柱（图一三，2），但调查者同样认为是搭设盐灶表面网状架子的构件[1]。我们认为这类烧土柱应是盐灶底部支撑煮盐器物所用。

此外，南朝至唐代的香港龙鼓滩制盐遗址在炉灶内发现棒形、条形的红烧土制品（图一三，3），李浪林认为这类"陶棍"应属于"briquetage"（制盐陶器）[2]；近年来，浙江宁波大榭史前制盐遗址的发掘也出土煮盐使用的陶支脚（图一三，4），此类陶支脚呈柱状、一端内凹呈凹槽状[3]；另据新闻报道，内蒙古和林格尔县近年发掘了一处战国或汉代早期的制盐遗址，在盐灶底部有集中放置的圜底罐，圜底罐之间以土块间隔和支

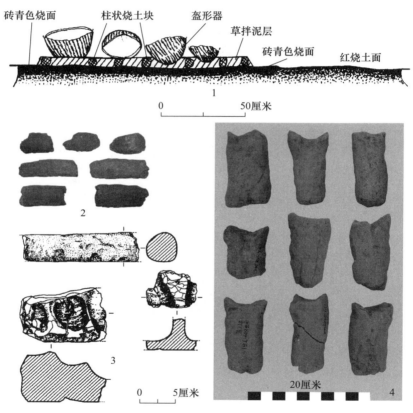

图一三　其他制盐遗址发现烧土柱状举例
1. 寿光双王城 SL9 遗址 YZ1 底部烧土块　2. 广饶东赵 2 号遗址采集圆柱状烧土块
3. 香港龙鼓滩遗址红烧土陶棍　4. 浙江宁波大榭遗址陶支脚
（1. 据山东省文物考古研究院等：《山东寿光市双王城盐业遗址 2008 年的发掘》，
《考古》2010 年第 3 期，图一四改绘）

---

[1]　燕生东等：《山东广饶县东赵盐业遗址群调查简报》，《海岱考古》（第七辑），山东大学出版社，2014 年。

[2]　李浪林：《香港龙鼓滩煮盐炉及其盐灶分析》，《东方考古》（第 12 集），科学出版社，2015 年。

[3]　雷少、梅术：《浙江宁波大榭遗址》，《大众考古》2018 年第 2 期。

撑^①。这些材料均可印证我们对机械林场遗址所出烧土柱功用的推断。

前文对机械林场遗址盛满卤水的圜底瓮重量进行估算，一个装满卤水的圜底瓮至少重 45 千克，而一座盐灶内最多可摆放 50 个圜底瓮。基本可以肯定，若不使用支撑构件是不足以将圜底瓮从盐灶表面隔空架起来的。再联系上文对其他遗址出土陶质或土质支撑构件的推测，我们认为应是用泥土柱构件来支撑圜底瓮的。但需要说明的是，机械林场遗址的此类泥土柱集中发现在盐灶附近的灰坑底部（ⅠH7），并没有在盐灶的底部发现。推测ⅠH7应是专门用于存放备用泥土柱，或是废弃泥土柱（烧土块）堆积之处。

（四）灰坑与井的功用

遗址所见灰坑堆积比较简单，主要为草木灰和圜底瓮残片，中间夹杂少量红烧土块，最上层圜底瓮残片堆积形成之后便不再继续使用，应为存放盐业生产垃圾而形成。灰坑之间叠压打破关系极少，推测其使用时间不会太长，盐灶周围相关灰坑很可能对应着某次季节性煮盐活动。灰坑内均少见生活垃圾，只有极少数日用陶器残片，说明该遗址为功能单一的制盐作坊。该遗址灰坑与昌邑唐央遗址的不规则灰坑的性质比较近似，而不见唐央遗址中较规整的圆形坑与椭圆形灰坑，这也能看出虽同为战国时期的盐业遗址，但遗址的功能与性质也是有明显区别的。机械林场遗址功能比较单一，而唐央遗址应是具有生产和生活双重功能的综合性盐业聚落。

遗址仅见ⅢJ1，直径 1.8、深 1.5 米，井口较小、深度较浅，故推测应不是挖取地下卤水的盐井，可能是与制盐有关的储卤井（图一四，4）。昌邑唐央遗址也见有类似井（图一四，2），其中 J2、J8 的深度均为 1.5～1.6 米，且无论从形制还是井内堆积，都与寿光机械林场 J1 接近。据晚商西周几处盐业遗址发掘资料，其挖取地下卤水的盐井都较大，口部直径 4～5 米，深度 2.5 米左右，且井壁往往有芦苇围护，用于过滤地下卤水和支撑井壁（图一四，1）。此种形制在魏晋北朝盐业遗址中也能看到，东营广北农场遗址即有这种盐井，口部直径 6～8 米，清理至 2.5 米深处仍未到底（图一四，3）^②。由此可知，魏晋北朝时期盐井较晚商西周时期有所增大，这可能与制盐技术提高或者地下卤水深浅变化有关。这些遗址同处于鲁北沿海浅层地下卤水分布带，所以盐业生产可能仍沿用之前的部分传统，推测战国时期盐井不太可能在二者中间骤变为直径约 2、深约 1.5 米的小井，并且井内也不见芦苇草秆围护的痕迹，故机械林场和唐央这两处战国时期遗址中的小井可能都不是用于挖取地下卤水所用，而是作为淋卤坑或储卤坑使用。

① 勿日汗、哈丽娜：《内蒙古发现 2000 多年前的制盐手工业遗址》，新华社通讯，后收录于《遗产与保护研究》2017 年第 1 期。

② 山东省文物考古研究院等：《东营广北农场一分场一队东南盐业遗址发掘简报》，《海岱考古》（第十辑），科学出版社，2017 年。

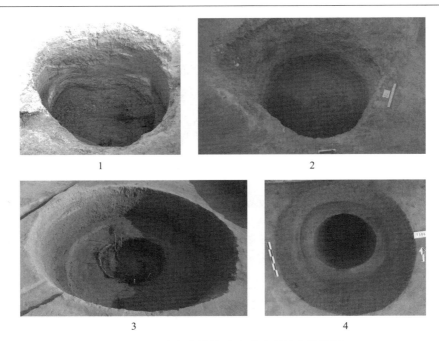

图一四 山东北部沿海盐业遗址所见盐井举例
1. 寿光双王城 2. 昌邑唐央 J2 3. 东营广北农场一队东南 J1 4. 寿光机械林场ⅢJ1

二、遗址空间布局分析

机械林场遗址战国遗存可粗分为早、晚两段，但具体到特定时段的盐灶、灰坑等遗迹布局较杂乱，仅能从大的时段依据盐灶位置、遗迹组合类型与分布等将其分为三处组合区域。Ⅰ区以现代沟为界可分两处区域，东部 YZ1、YZ3 与周边灰坑为一处，西部 YZ2 与周边灰坑为一处。Ⅲ区 YZ1 及周围灰坑可形成另一处区域。

Ⅰ区 H1、H2、H3 堆积主要为草木灰与少量红烧土，H6、H7、H13、H14 这 4 座面积较大的灰坑堆积主要为圜底瓮残片；ⅢJ1 位于 YZ1 南侧，YZ1 周边灰坑的分布也没有规律。据前文分析，ⅠH4、ⅢH6 应是盐灶的附属设施，Ⅰ区 H2 与 H4 可能同时为 YZ3、YZ1 服务。关于Ⅰ区西端的 YZ2，可能在该灶西侧未发掘区也有相应的草木灰堆积坑，起到操作间或存放燃灰的功能。Ⅲ区 J1 则可能是附属于北侧 YZ1 的储卤坑，负责为 YZ1 输送卤水。此外，受发掘面积所限，推测Ⅲ区 H5 附近也应有与其年代对应的早期盐灶未被揭露，H5 很显然是属于早期的圜底瓮废弃坑，与其配合使用的盐灶应位于近处。三处区域以盐灶为中心的空间布局不能形成独立的生产单元，这与晚商西周时期制盐作坊布局完全不同，在南河崖和双王城遗址中，盐灶周围分布着不同功能的制盐设施，尤其还有挖取地下卤水的盐井和刮卤摊场存在，每处盐灶及其周围遗迹能够组成相对独立的生产单元。根据以上分析，我们对机械林场遗址早段和晚段的制盐作坊空间结构和相互关系做出复原（图一五～图一七）。

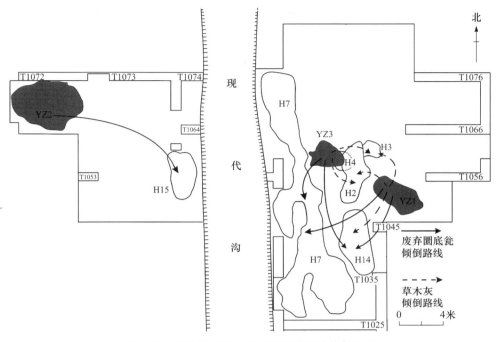

图一五　机械林场遗址Ⅰ区早段遗迹功能复原图

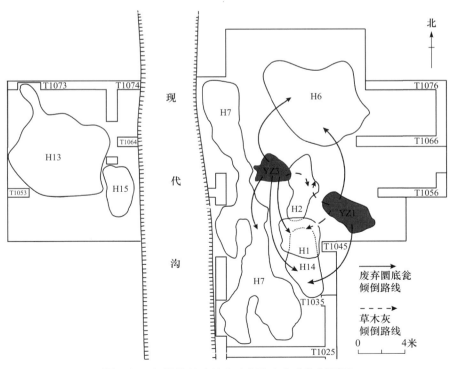

图一六　机械林场遗址Ⅰ区晚段遗迹功能复原图

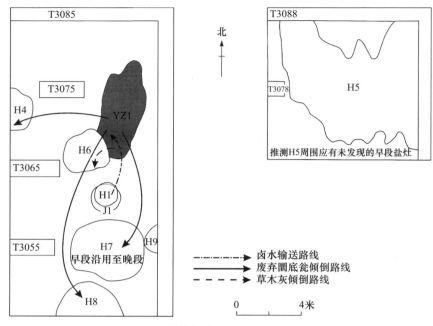

图一七　机械林场遗址Ⅲ区遗迹功能复原图

　　遗址发掘区内未发现获取地下卤水的盐井，J1 应是淋卤坑或者储存卤水用的储卤坑。另外，遗址也未发现与卤水提纯有关的遗迹。勘探显示，遗址周边 1 千米内也未发现摊场类遗迹。我们认为，战国时期齐国制盐作坊内，盐井可能位于距离煮盐区较远的独立作坊内，呈现出卤水制备区与煮盐区空间分离的形态。王青先生在研究元明清三代的盐业遗址空间结构布局时，发现了这种制卤摊场与盐灶空间分离的问题[①]，另有学者认为魏晋时期的盐业作坊内即出现了此种现象[②]。是故，机械林场遗址可能也是类似布局，即战国时期齐国部分制盐作坊中，煮盐作坊与卤水制备作坊可能是两个相对独立的作坊区。这样的生产布局类似《熬波图》中所记载的元代官方管控的盐业生产空间结构[③]，即将储卤坑和盐灶集中建在最终煎煮成盐的团城内，而将卤水井和淋卤坑集中设置在海边的卤水制备区，由卤水制备区提取地下卤水并就地提纯净化，再将提纯后的卤水运送至煮盐作坊区（图一八）。这样可以使制盐流程中的各个环节更加专业化从而提升生产效率，是一种规模较大的生产模式，同时又能防止食盐走私外流，是官方对盐业生产加以严控管制而产生的一种生产布局形态。

　　战国或可上推至春秋晚期应是齐国盐业生产的大发展时期。其目的也很明确，一是

① 王青：《关于山东北部盐业考古的新思考》，《东方考古》（第 14 集），科学出版社，2015 年。

② 王子孟、孙兆峰：《鲁北沿海魏晋、北朝时期制盐业的考古学观察——东营市广北农场一分场一队东南遗址的个案分析》，《东方考古》（第 12 集），科学出版社，2015 年。

③ （元）陈椿著，李梦生等笺注：《熬波图笺注》，商务印书馆，2019 年，第 81 页。

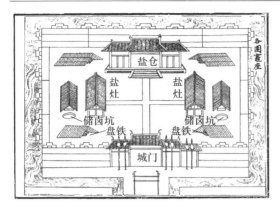 

图一八　《熬波图》中团城设置（左，由笔者置字）和卤水输送示意图（右）

［引自（元）陈椿著，李梦生等笺注：《熬波图笺注》，商务印书馆，2019 年，图二、图十六］

为了增加税收和财政收入，二是把食盐作为一种战略资源，"恶食无盐则肿，守圉之本，其用盐独重"[1]，通过控制食盐外销来制约其他诸侯国。对于如此重要的资源生产，应该有官方的直接参与。赵平安先生曾对几枚传世"徙盐之玺"字样的战国齐玺进行过分析，认为这类"徙盐之玺"是齐国在食盐流通过程中使用的官印（图一九）[2]。另有学者在山东北部沿海盐业遗址调查中发现了青铜器及武士墓地，并推测这些墓地的主人生前很可能是监管制盐的官员或者军士[3]。此外，战国时期盐业遗址内大量出土烧制良好的圜底瓮，以及制盐作坊的细化分区，都反映了一种大规模的专业化生产模式。统观之，我们认为战国时期齐国的盐业生产应该有官方直接参与，而卤水制备区与煮盐作坊区分开建设也有利于管控，这种布局下的制盐作坊应被官方直接管辖。

图一九　齐国"徙盐之玺"举例

（引自赵平安：《战国文字中的盐字及相关问题研究》，《考古》2004 年第 8 期，图一）

---

① 黎翔凤：《管子校注》，中华书局，2004 年，第 1397 页。

② 赵平安：《战国文字中的盐字及相关问题研究》，《考古》2004 年第 8 期。

③ 燕生东等：《渤海南岸地区发现的东周时期盐业遗存》，《中国国家博物馆馆刊》2011 年第 9 期。

三、制盐工艺流程复原

对于盐业考古来说，工艺流程的复原是最基础也是最重要的问题。一般从辨别遗迹功能入手，据其在作坊内的空间分布及排列组合情况探讨彼此之间的逻辑联系，进而复原制盐工艺。目前经正式发掘的战国盐业遗址仅有机械林场与唐央两处，我们在系统梳理两处遗址发掘资料的基础上，借鉴以往其他盐业遗址的研究成果，参考《管子》《熬波图》等反映海盐生产工艺的文献记载，重点对制盐前期准备和制卤工艺进行分析，再结合前文对煮盐环节的探讨，对整个制盐工艺流程进行了简要复原。

（一）制盐前期准备

关于煮盐原料。莱州湾南岸是浅层地下卤水浓度最高、储量最大的区域[1]，富集适于煮盐的高浓度卤水资源，域内分布着数量众多的商周时期盐业遗址，古人从晚商时期即挖掘盐井汲取地下卤水煮盐。所以，对处在浅层地下卤水带的机械林场遗址，有用之方便、取之不竭的煮盐原料——地下卤水。

关于煮盐所用燃料。《管子》记载"君伐菹薪"，"菹薪"应为干枯的芦苇或者草本类植物，《熬波图》中元代下砂场的煮盐燃料即是芦苇[2]。而芦苇是盐碱地常见的植物，这种植物产量大且易获取、易燃烧且热量高。我们在机械林场遗址灰坑、盐灶草木灰堆积中，就看到大量烧残的苇秆遗存，甚至部分圜底瓮外壁黏附的烧土块中也有苇秆痕迹。所以，当时煮盐所用燃料应是适宜盐碱地生长的芦苇和其他草本植物。其来源既可能是在煮盐作坊周边割取，也可能由附近综合类聚落统一输送。梳理机械林场遗址出土遗物，并未发现割取柴薪所用之刀、镰、锯等工具，故柴薪很可能是从综合类聚落运送而来。

关于煮盐陶器。前文所述，机械林场与唐央遗址煮盐器具应为圜底瓮。其数量众多，但类型单一、形制趋近、大小相同，总体呈现标准化趋势。无独有偶，这可从晚商西周煮盐器具——盔形器研究中略见端倪。魏岭巍对盔形器不同位置的厚度测量数据进行分析，探讨了晚商西周时期盐业作坊遗址内的盔形器标准化程度，认为其生产极有可能是由专业陶工在短时间内集中化生产的[3]。崔剑锋等对渤海南岸地区制盐遗址所出部分盔形器进行化学成分分析，发现其制作所用黏土来源统一、窑址可能只有两个，且生产存在严格的规模化、专业化迹象，认为陶器作坊与制盐作坊相对独立、具有明确分工，由专

① 韩有松等：《中国北方沿海第四纪地下卤水》，科学出版社，1994 年，第 13～20 页。

② （元）陈椿著，李梦生等笺注：《熬波图笺注》，商务印书馆，2019 年，第 107 页。

③ 魏岭巍：《鲁北商周盐业生产组织初步研究：以盔形器为例》，《东方考古》（第 12 集），科学出版社，2015 年，第 228～243 页。

业化的陶器作坊生产盔形器再统一分配至诸制盐作坊①。所以，这从侧面可以推断，圜底瓮应该也由陶器作坊或综合性聚落专业化烧制而成，再分配至煮盐作坊进行使用。

关于食物、淡水等生活资源。付永敢对商周煮盐作坊的聚落形态与空间分布进行研究，提出晚商西周时期煮盐作坊密集分布于央子和湖沼附近，聚群态势明显。认为其布局形态与地貌类型有相关性，选址倾向易于建设盐灶和获取淡水的地方。到了东周时期，盐业遗址虽略有聚群之势，但呈现更为分散的特点，体现出脱离淡水、食物等资源限制的分布趋势，而是由附近的大型聚落提供主要的生活物资②。徐倩倩梳理研究小清河下游系统调查所发现东周盐业遗址，认为遗址群中有层级结构、分化出了具有管理功能的生活遗址点③。王青先生认为东周尤其战国时期齐国盐业大幅发展，此时期盐业遗址单位应有生产和管理两种不同类型④。因此，战国时期盐业遗址可能分为两类，一为罕见生活类遗迹的功能单一的煮盐作坊，二为包含生产和生活遗存的综合性聚落。一个综合性聚落周边应分布着多个次级煮盐作坊。机械林场和唐央遗址发掘情况可为旁证，机械林场遗址未见居住遗迹、应仅为功能单一的煮盐作坊，唐央遗址应是集生活聚落、制陶和煮盐于一体的"综合性聚落"。亦言之，战国时期煮盐作坊所需食物、淡水、生产工具等生活资源应由附近更高一级的综合性聚落提供。

总之，制盐应预先准备的原料、燃料、陶器、食物、淡水等相关物资，不再是煮盐作坊选址所迁就考虑的首要条件。随着政府对盐业生产的管控加强，相关生产、生活物资应由具有管理功能的综合性聚落进行统一调度，分配至各煮盐作坊。

（二）制 卤 工 艺

直接从盐井中提取的卤水，浓度太低，需要经过充分提纯才能变成可煎煮的高浓度卤水。所以，围绕卤水提纯净化的制卤工艺是制盐流程中极为重要一步，是煮盐技术的关键核心。发掘资料及文献表明，煮盐过程中均有卤水提纯环节。王青先生据寿光大荒北央和广饶南河崖遗址发掘材料，并结合《熬波图》《天工开物》等古代文献，最早提出晚商西周时期采用"摊场刮卤"来提纯卤水的制卤工艺⑤。燕生东先生则认为，用晚段文献记载来比附商周时期渤海南岸地区制盐工艺，所得结论可能并不准确。他通过分

① 崔剑锋等：《中国渤海沿岸商周时期盐业遗址出土陶器的成分分析及其所反映的专业化生产问题》，《京津冀鲁四省（市）海盐历史文化暨文物保护学术研讨会论文集》，北京燕山出版社，2021年，第75～84页。

② 付永敢：《山东北部晚商西周煮盐作坊的选址与生产组织》，《考古》2014年第4期。

③ 徐倩倩：《小清河下游商周制盐遗址聚落考古分析》，山东大学硕士学位论文，2011年，第42页。

④ 山东大学考古系等：《山东北部小清河下游2010年盐业考古调查简报》，《华夏考古》2012年第3期。

⑤ 王青：《环境考古与盐业考古探索》，科学出版社，2014年，第262～266页。

析寿光双王城遗址发掘资料，并结合科技检测成果，提出区别明显的制卤工艺，即先从坑井取出卤水，再经过蒸发池的沉淀，最后蒸制成高浓度卤水[①]。我们认为这是两种不同的研究思路，在盐业遗址发掘较少的情况下，遗址之间彼此较大差异会导致不同的研究成果。

结合机械林场遗址发掘情况，未发现蒸发池、坑、沟等明显指向利用蒸晒技术提纯卤水的遗迹，有数个堆积单纯为草木灰的灰坑，有的还与盐灶灶口相接。极有可能是把草木灰从盐灶扒出后专门储存起来，以便用于摊灰刮卤。这与专门储存烧土柱的灰坑一样，都是盐业生产专业化的反映。我们认为，机械林场遗址应利用摊场和草木灰对地下卤水进行提纯净化。可概括为，挖井将卤水从地下提取后，利用草木灰和大面积的摊场进行摊灰刮卤，利用草木灰吸取卤水中的盐分并晾晒蒸发水分，再将吸足盐分的草木灰放入淋卤坑进行淋滤，从而获得高浓度卤水。

（三）制盐工艺流程复原

综合前文分析，可对战国时期齐国制盐工艺流程进行复原，即主要由挖井取卤→摊灰刮卤→筑坑淋卤→设灶煮盐→破器取盐几个流程组成，亦可以成为原始淋煎法。

当时制盐活动可能分两个作坊区域进行，分别是卤水制备区和煮盐作坊区。其中，卤水制备区需挖掘盐井或卤水沟来获取地下卤水，并建设刮卤摊场和淋卤坑等设施来提纯卤水，再将提纯后的高浓度卤水输送至附近的煮盐作坊区内。煮盐作坊区则需先就地构建盐灶和储卤坑，先将高浓度卤水放置在储卤坑中，同时将捏制的泥土柱置于盐灶底部，将圜底瓮放在泥土柱之上摆放平稳，并用草拌泥填充圜底瓮之间的空隙并封闭盐灶表面，使灶面以下形成一个较为封闭的空间，然后再将卤水倒入圜底瓮中，在灶口及火膛内填充芦苇并点燃，开始熬煮卤水。在熬煮过程中可能需要多次添加卤水，经过长时间的熬煮之后，圜底瓮内的卤水逐渐变成固体盐分，最后破罐取盐，将盐运至官方设立的区域储存或者外销。而破损的圜底瓮残片及灶内灰烬则弃置于盐灶附近的灰坑中，然后重新开始下一轮的制盐工作。

四、与晚商西周制盐遗址的比较分析

对机械林场遗址与寿光双王城、东营南河崖等遗址进行比较分析可知，战国时期制盐遗址在盐灶形制、煮盐陶器、作坊内部结构诸方面，都比晚商西周时期有了较大进步。

盐灶形制方面。结构更为精简，便于就地建设，也方便圜底瓮的摆放。战国时期盐灶较小，内部结构简单，应是就地挖设灶坑，地表无工作棚等设施，灶内出烟口、灶

---

① 燕生东：《商周时期渤海南岸地区的盐业》，文物出版社，2013年，第77～100页。

室、火膛、灶口的大小区别也不明显，不同于晚商西周时期"Y"形大型盐灶的结构。这种简化应与所使用的煮盐陶器变化有关，其地下式结构可以使盐灶底部承受更多的重量，挖筑起来较为方便。

煮盐陶器方面。战国时期圜底瓮的体量比晚商西周时期的盔形器增大许多（图二〇），不仅容量增加、制作也更精良。我们专门对此进行了统计，圜底瓮的尺寸、容积远大于盔形器，前者容积一般为30000～40000立方厘米，而后者多为3000～5500立方厘米，相差约10倍之巨（表一、表二）。圜底瓮通体呈青灰色，显示烧成温度更高，外壁纹饰更加复杂细致、内壁也拍印方格纹，质地精良，可显著提高其使用寿命，与盔形器相比在制作工艺上有了极大进步。总之，圜底瓮可以盛放更多的卤水，也可以增加卤水的受热面积，器壁变薄使其导热更快。推测发生这种改变的原因，很可能与官方对食盐的大量需求密切相关，当然也与制陶工艺的进步有关。

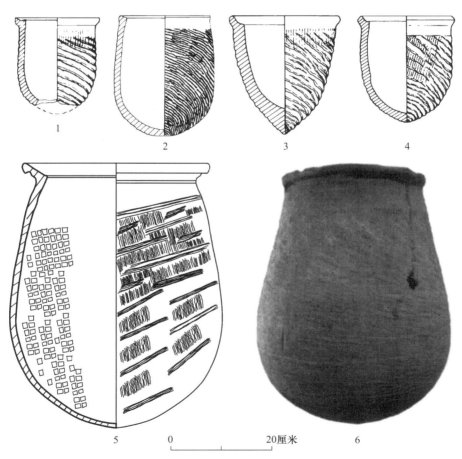

图二〇　盔形器与圜底瓮对比图

1. 寿光大荒北央 TG1 ②∶3　2. 寿光双王城 014AH35∶1　3. 东营南河崖 YZ3 ③∶01
4. 东营南河崖 F3 ①∶03　5. 寿光机械林场ⅢYZ1∶9　6. 昌邑唐央遗址出土圜底瓮
（6. 引自燕生东等：《渤海南岸地区发现的东周时期盐业遗存》，《中国国家博物馆馆刊》2011 年第 9 期，图二〇）

表一　盔形器尺寸及容积统计表

遗址	器物编号	口径（厘米）	高（厘米）	容积（立方厘米）
阳信李屋	H46：6	17.1	22.5	3132
阳信李屋	H33：4	16.6	22.5	3030
寿光大荒北央	采：10	22.6	22	5348
寿光大荒北央	采：1	22	22.8	5068
东营南河崖	F3①：03	18.3	21.7	3393
东营南河崖	YZ3③：01	21.9	24.7	5575
东营南河崖	T0105YZ1①：03	18.4	21.6	3510
寿光双王城	014BHK1：7	17.1	23.5	3253
寿光双王城	014AH30：1	19.2	27.1	4902
寿光双王城	014AH30：1	19.2	26.8	4864

表二　圜底瓮尺寸及容积统计表

遗址	器物编号	口径（厘米）	高（厘米）	容积（立方厘米）
昌邑唐央	H30：1	35	约60（复原）	37201
昌邑 Ab 号遗址	82：1	38.4	约54.6（复原）	40148
昌邑 Bb 遗址	32：1	32.5	约55.4（复原）	29311
寿光机械林场	ⅢYZ1：9	36	54	35286

　　制盐作坊功能与布局方面。晚商西周时期制盐作坊内部空间紧凑，一个制盐作坊内有多种功能互补的设施，包括卤水井、摊场、淋卤坑、盐灶等，彼此距离较近，便于配套使用，使其在较小空间内就可以完成制卤和成盐过程（图二一）。而战国时期已出现了功能分区，如寿光机械林场遗址就没有发现摊场、盐井，应是专门的煮盐作坊，其配套的卤水制备区可能位于另一区域，两个区域互相独立分布，体现了盐业生产分工专业化的趋势。同时表明，制盐流程中的不同工序开始细化分工，是一种组织严谨、管理成熟的生产模式，形成了盐业的规模化生产。昌邑唐央遗址则表现出综合性盐业聚落的特征，不仅从事盐业生产，还可能负责为次级功能单一的两种制盐作坊提供淡水、食物及圜底瓮等生产和生活物资，而在季节性制盐生产停止的一段时间内，则作为正常的生活聚落使用，为制盐作坊的下一次煮盐活动制备生产和生活物资。

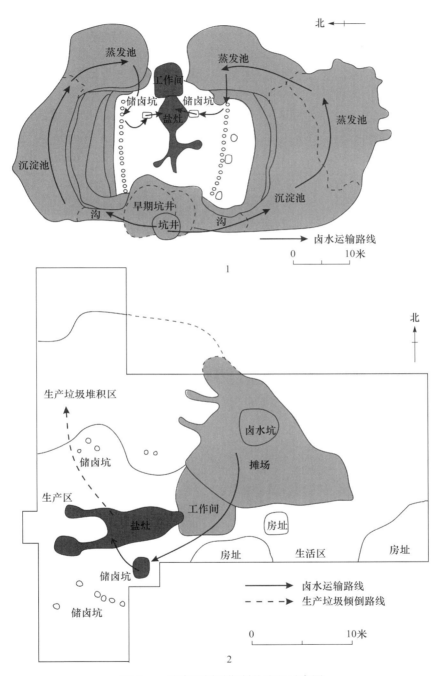

图二一　晚商西周时期制盐流程示意图

1. 双王城 014A 遗址　　2. 南河崖遗址

[1. 据山东省文物考古研究所等：《山东寿光市双王城盐业遗址 2008 年的发掘》，《考古》2010 年第 3 期，图九改绘；2. 据王青：《关于山东北部盐业考古的新思考》，《东方考古》（第 12 集），科学出版社，2015 年，图八改绘]

五、结论和余论

紧紧围绕考古发掘材料并结合学界已有研究成果，我们初步总结了东周尤其战国时期齐国盐业生产的工艺流程、作坊布局、产业模式等方面的内容。

制盐工艺此时依旧采用原始淋煎法进行海盐生产，但与晚商西周时期相比，已有明显进步。具体表现于盐灶形制变小和煮盐器物体量变大方面，盐灶结构更为精简，便于就地建设，灶内空间紧凑，充分利用热量；圜底瓮体量变大，能盛煮更多卤水、增加受热面积，制作精良，能提高使用寿命，器壁变薄，能增加导热性能。同时，可以看出，盐灶与煮盐器物的变化应是彼此之间相互促进的。此时期盐业遗址数量大为增加，空间布局上具有成群分布的现象，群内盐业遗址已分化出不同类型，既存在少量主要功能是盐业生产但同时又可能担负对周围数个遗址的生活和生产资源进行协调的综合性聚落，也有仅以产盐为目的的生产作坊，生产作坊又可能分为卤水制备作坊和煮盐作坊。遗址分层明显，彼此之间存在一定的资源互补、功能配合，体现出了规划性、统一性及产业化特征。这种布局形式类似于元代《熬波图》中记载的摊场和团城，不仅仅意味着时代的先进性，更反映出，此时盐业生产应受到政府统一管控，应是齐国食盐官营制度在生产层面的体现。

基于寿光机械林场遗址的个案研究，虽然使我们对东周齐国盐业有了些许了解，但需要指出的是，观察大时段的盐业经济，仅靠一两个遗址所提供的材料是远远不够的。受发掘面积、遗迹类型、遗物不足所限，研究过程无法得到充分的实物支撑，所得观点和结论难免存在偏颇，这些亟须将来多方面验证。这也说明，对东周齐国盐业考古的研究将是一项长期任务。

今后，我们应更加重视考古发掘和调查工作，注意对遗址的整体揭露发掘和对遗址周边更大范围的区域进行系统调查工作，为制盐工艺、作坊空间布局等问题的深入研究提供更多实物资料。除此之外，食盐流通与消费环节、沿海与内陆资源互动、盐政经略等也都是值得深入探讨的问题，而最终目的还是探讨食盐作为一项重要的战略资源对古代社会产生的影响。所以，全方位了解齐国盐业生产概况，需要我们一如既往地扎实工作来逐步进行。

附记：论文写作过程中，山东大学历史文化学院王青教授从章节框架、研究思路、行文表述等方面亲自把关、悉心指导，才使文章得以完成。在此，对导师王青教授表示衷心感谢。

科技分析方法在盐业考古中的应用

——以山东寿光侯辛庄遗址出土遗物分析为例[*]

杜星雨[1]　翟松岩[2]　燕生东[3]　崔剑锋[1]

（1.北京大学考古文博学院；2.潍坊市博物馆；3.山东师范大学历史文化学院）

食盐不仅仅是最重要的调味品，也是维持人体正常发育不可缺少的物质之一。从汉武帝开始明确规定盐铁官营，食盐就明确成为历代官府专营的产品之一。《元史·食货志》中记载"国之所资，其利最广者莫若如盐"，可见其在国民生计中的重要地位。

我国制盐历史悠久且食盐种类众多，包括海盐、池盐、湖盐、岩盐等都有产出，因此不同时代不同地区制盐所使用的卤水原料及制盐工艺不尽相同。从20世纪90年代开始，我国考古工作者开始对国内盐业遗址进行系统性发掘和保护，而如何确定制盐遗址的性质，以及对制盐遗物所呈现出来的信息解读是一个很重要的问题[①]。传统考古学通过揭露卤水坑、盐灶等遗迹单元及研究出土疑似制盐陶器来判断遗址性质和生产工艺[②]。随着科技的进步，越来越多科技分析手段在考古学上得到应用，而这些方法对于盐业遗址的判定和制盐工艺的复原可提供重要的科技支撑。本文以山东寿光侯辛庄唐宋时期制盐遗址出土遗物为例，介绍不同的科技分析方法在盐业考古中的应用。

一、盐业遗址出土遗物的科技研究方法

1. 成分分析

根据我们之前的研究，制盐遗址总是伴随着一系列标志性的遗物，如先秦时期作为制盐工具的尖底或圜底陶器（盔形器）和历史时期的金属制盐工具，还有坑池中淤土、灰坑中钙化物等[③]。对于遗物的初步定性判定需要成分分析。常用的成分分析方法有 X

---

* 本研究得到国家社科基金重大项目"渤海南岸地区盐业考古资料的整理与研究"（19ZDA229）的资助。崔剑锋为本文通讯作者。

① 李水城、罗泰：《中国盐业考古》（第一集），科学出版社，2006年。

② 燕生东、党浩等：《山东寿光市双王城盐业遗址2008年的发掘》，《考古》2010年第3期。

③ 崔剑锋：《山东寿光双王城制盐遗址的科技考古研究》，《南方文物》2011年第1期。

射线荧光光谱法（XRF）、电感耦合等离子发射光谱（ICP-AES）等。通过对遗物材质及残留物的判断，可以更好地对其形成过程或者功能用途进行深入分析研究。许多学者通过对陶器表面含盐量的检测，来判断陶器是否用于制盐。例如，朱继平曾对山东滨州市阳信李屋遗址和寿光市大荒北央遗址出土盔形器和土壤样品进行分析研究，发现盔形器样品中 Na、Cl 元素的含量远高于同地层其他陶器样品，认为盔形器类陶器与早期制盐有关 [1]。Flad 等使用扫描电子显微镜对重庆中坝先秦时期制盐遗址出土陶器进行分析，发现陶器内壁的 Na 和 Cl 浓度较高，且从陶片的内部到外部形成由高到低的浓度梯度 [2]。然而食盐作为极易溶于水的物质，在长时间的埋藏环境下极难保存，后期检测出的 Na、Cl 元素很有可能是土壤中的盐分而非原本制盐的残留物，所以通过分析陶器含盐量与制盐是否有关还是存在一定问题的，需要分析制盐遗址中可能遗留下来的不易流失的物质 [3]，如难溶性钙镁化合物等。

除了对制盐遗址的出土残留物分析外，还可以通过对遗址出土陶器、黏土的化学成分数据进行其他角度的解读。崔剑锋等通过对鲁北地区商周时期多处制盐遗址出土盔形器、炊器和黏土的成分分析，认为盔形器存在规模化、专业化生产，国家对于制盐生产活动有着强力的管控作用 [4]。综上，成分分析是对于样品定性或定量分析的第一步，有着至关重要的作用。

2. 物相分析

制盐遗址出土陶器内壁常附着白色凝结物，这在重庆中坝遗址 [5]、寿光大荒北央和双王城遗址 [6]、东营市南河崖遗址 [7] 出土制盐陶器中均有发现，且有些遗址发掘出白色沉淀物硬面堆积 [8]。对于该类物质仅进行成分分析是不够的，还需结合物相分析判断其形成过程。对于无机残留物的物相分析方法常为 X 射线衍射分析（XRD），该方法是根据物质具有的特定晶体结构特点进行物质结构的分析。朱继平等通过对阳信李屋遗址盔形器表面土样加水过滤蒸发后所得晶体的 XRD 分析，认为盔形器表层附着土中富含 NaCl，

---

[1]　朱继平、王青等：《鲁北地区商周时期的海盐业》，《中国科学技术大学学报》2005 年第 1 期。

[2]　Flad R, Zhu J P, et al. Archaeological and chemical evidence for early salt production in China. *Proceedings of the National Academy of Sciences of the United States of America*, 2005 (102): 35.

[3]　崔剑锋：《山东寿光双王城制盐遗址的科技考古研究》，《南方文物》2011 年第 1 期。

[4]　崔剑锋、燕生东等：《中国渤海沿岸商周时期盐业遗址出土陶器的成分分析及其所反映的专业化生产问题》，《京津冀鲁四省（市）海盐历史文化暨文物保护学术研讨会论文集》，北京燕山出版社，2021 年。

[5]　孙智彬、左宇等：《中坝遗址的盐业考古研究》，《四川文物》2007 年第 1 期。

[6]　燕生东、党浩等：《山东寿光市双王城盐业遗址 2008 年的发掘》，《考古》2010 年第 3 期。

[7]　王青、荣子禄等：《山东东营市南河崖西周煮盐遗址》，《考古》2010 年第 3 期。

[8]　王青、李瑞成等：《山东寿光市大荒北央西周遗址的发掘》，《考古》2005 年第 12 期。

从而证明盔形器与海盐生产有关，且盔形器内壁白色沉淀物主要成分为 $CaCO_3$[①]，这与重庆中坝遗址出土花边陶釜的内壁残留物物相相同[②]。崔剑锋等通过对寿光双王城遗址出土白色块状物及盔形器内壁白垢检测后认为，该类物质是以碳酸钙为主的钙镁碳酸盐类，是制盐过程中形成的类似水垢的物质[③]。卤水富含大量 Ca^{2+}、K^+、Na^+、Mg^{2+}、Cl^-、SO_4^{2-}、CO_3^{2-} 等离子，是盐业生产的重要原料。古人在使用盐灶煎盐时，由于卤水的蒸发，溶解度低的碳酸镁钙盐析出，从而形成了制盐的遗物保留至今，可将该类物质作为制盐遗址的判断标志。

3. 同位素分析——碳、氧、锶同位素分析

同位素地球化学方法在考古学中的应用也十分广泛。对于考古遗物中碳酸盐类物质的分析，碳氧同位素和锶同位素可以指征许多信息。有学者证实 $\delta^{18}O$ 可以指征碳酸盐的形成温度[④]，公式为：$t（℃）=16.9-4.2×（\delta^{18}O_{V\text{-}PDB}‰+0.22）+0.13×（\delta^{18}O_{V\text{-}PDB}‰+0.22）^2$。同时碳氧同位素数据可以用来对大理石、贝壳等物质进行产地研究。1964 年，Keith 和 Weber 提出利用石灰岩的 $\delta^{18}O$ 和 $\delta^{13}C$ 区分海相石灰岩和淡水石灰岩的公式：

$$Z=2.048×（\delta^{13}C+50）+0.498×（\delta^{18}O+50）\,[⑤]$$

其中，当 Z 值大于 120 时证明样本为海相石灰岩，Z 值小于 120 时则为淡水石灰岩[⑥]。但是由于样品受热过后，碳氧同位素会发生分馏从而导致数据发生变化，故用此方法判断热成因的碳酸盐究竟是海相和陆相来源还需商榷。

除碳氧同位素外，锶同位素常用于判断物质来源。锶在自然界有四种稳定的同位素：^{84}Sr、^{86}Sr、^{87}Sr、^{88}Sr。其中 ^{87}Sr 具有放射性成因，其来自长半衰期的放射性同位素 ^{87}Rb，在地球化学中，常通过 $^{87}Rb/^{86}Sr$ 与 $^{87}Sr/^{86}Sr$ 作图，拟合直线从而确定岩石的年龄，而在不同的地质体中的 $^{87}Sr/^{86}Sr$ 值不相同，所以可以通过锶同位素的数据判断某些物质的来源。在制盐遗址出土钙化物的分析中，由于锶和钙处于元素周期表同一主族，所以很容易发生类质同象置换现象，即在钙化物形成的过程中一部分锶元素会代替钙，且锶同位素在沉积过程中不会发生同位素分馏效应，因此可以通过锶同位素判断碳酸盐的来源。G. 福尔等曾分析了北大西洋表层海水的锶同位素，认为海水中锶同位素已经均一

---

① 朱继平，王青等：《鲁北地区商周时期的海盐业》，《中国科学技术大学学报》2005 年第 1 期。

② Flad R, Zhu J P, et al. Archaeological and chemical evidence for early salt production in China. *Proceedings of the National Academy of Sciences of the United States of America*, 2005, (102): 35.

③ 崔剑锋，燕生东等：《山东寿光市双王城遗址古代制盐工艺的几个问题》，《考古》2010 年第 3 期。

④ 王大锐，白玉雷等：《碳酸盐岩中稳定同位素对古气候的表征》，《石油勘探与开发》1999 年第 5 期。

⑤ $\delta^{18}O$ 和 $\delta^{13}C$ 均以 PDB 为标准。

⑥ Keith M L, Weber J N. Carbon and oxygen isotopic composition of selected limestones and fossils. *Geochimica et Cosmochimica Acta*, 1964, (28): 10-11.

化，且其平均 $^{87}Sr/^{86}Sr$ 比值为 0.7093 ± 0.0005[①]。因此海相碳酸盐的锶同位素比值也应该接近 0.7093，而非海相碳酸盐的锶同位素一般都高于该值。

如果将氧碳锶同位素相结合，可以提供碳酸盐的来源、形成温度等和制盐工艺密切相关的信息。崔剑锋等曾对寿光双王城遗址出土白色垢状物进行碳氧同位素及锶同位素分析，结果表明该地在商周时期以地下卤水为主要原料，且商周时期制盐温度为 60℃ 左右，宋元时期温度可达 100℃[②]。

综上所述，科技分析在盐业考古中可以发挥着重要的作用，能够较好地解决制盐遗址的判断、卤水的来源、制盐工艺的复原等问题。本文即利用前述科技手段对山东寿光侯辛庄唐宋时期制盐遗址出土遗物进行分析，以期进一步了解侯辛庄遗址的盐业生产属性和制盐工艺流程。

侯辛庄遗址位于山东省寿光市羊口镇，是一处唐宋时期的盐业遗存。与以往的盐业遗址发掘情况不同，该遗址首次在草木灰中发现了大量的渣状物、铁块、石灰石、碎砖块等。故侯辛庄遗址的生产属性或许并不只是单一的制盐遗存，该遗址的具体属性还需要借助一定的科技手段进行分析研究。

二、材料与方法

我们对寿光侯辛庄遗址出土的 19 件遗物进行了分析检测，根据样品类型主要将其分为钙化物和含铁物质。其中钙化物 9、含铁物质 10 件。使用仪器与方法如下。

1. 成分与物相分析

能量色散型 X 射线荧光分析（ED-XRF）、X 射线衍射分析（XRD）均在北京大学考古文博学院科技考古实验室进行。ED-XRF 型号为 Horida 公司的 XGT-7000。分析条件：Rh 靶；X 光管电压 30kV，电流 0.062mA；信号采集时间 100s。XRD 实验仪器为 OLYMPUS 公司生产的 TERRA-0677 型 Co 靶 X 射线衍射仪。

2. 锶同位素、碳氧同位素分析

标本的同位素分析在北京科荟测试技术有限公司进行。碳、氧同位素分析设备为赛默飞世尔公司的 253plus、Gas Bench。锶同位素分析设备为 Neptune plus 型多接收电感耦合等离子体质谱仪。

---

① Faure G. The isotopic composition of strontium in surface water from the North Atlantic Ocean. *Geochim. Cosmochim. Acta*, 1964, (29): 4.

② 崔剑锋、燕生东等：《山东寿光市双王城遗址古代制盐工艺的几个问题》,《考古》2010 年第 3 期。

三、结果与讨论

在侯辛庄遗址出土遗物中，根据主要元素含量的不同，我们将其分成两类，一类是钙化物，另一类是含铁物质。不同种类考古遗物所做科技分析数据及讨论如下。

（一）制盐标志——钙镁碳酸盐

从表一数据可以得出，所测白色块状物质（疑似钙化物）中元素含量最多的为 Ca［除 S1（2）］，大多含量都在 50% 以上。并且个别钙化物 Mg 含量也比较多，尤其是 S1（2）。碳酸钙、碳酸镁残留物是煮盐遗址的常见标志物。卤水富含大量 Ca^{2+}、K^+、Na^+、Mg^{2+}、Cl^-、SO_4^{2-}、NO_3^-、CO_3^{2-} 等阴阳离子，可形成种类丰富的无机盐类。使用盐灶煎盐时，由于卤水的蒸发，溶解度最低的碳酸镁钙盐首先析出，形成了制盐的遗物保留至今。

表一 钙化物成分表

序号	Na₂O	MgO	Al₂O₃	SiO₂	K₂O	CaO	TiO₂	MnO	Fe₂O₃
T2001（1）	n.d	10.08	7.23	19.24	0.40	61.15	0.04	n.d	1.86
T2001（3）	1.24	11.62	1.98	22.79	0.28	60.81	0.09	0.04	1.16
T2002（3）	0.43	2.83	3.22	16.00	0.38	75.72	0.09	n.d	1.33
T2002（5）	0.14	3.02	1.21	6.61	0.15	88.66	n.d	n.d	0.21
T2002（6）	0.82	11.68	5.14	31.67	0.76	47.16	0.2	0.03	2.54
S1（2）	n.d	28.15	3.48	40.29	0.25	26.07	0.14	0.03	1.59
Z1（11）	5.78	5.60	1.73	11.43	0.01	74.40	0.23	n.d	0.82
Z1（13）	1.04	6.75	1.74	14.29	0.11	74.85	0.05	0.05	1.13
Z1（5）	n.d	6.53	0.89	9.43	0.52	82.19	0.11	0.13	0.19

为进一步分析所得钙化物的具体物相结构，我们使用 X 射线衍射仪（XRD）对上述钙化物进行分析，所得数据如下（表二）。

表二 钙化物 XRD 解谱结果

序号	方解石	文石	白云石	石英
T2001（1）	大量	少量		
T2001（3）	大量	大量		
T2002（3）	大量	少量	少量	
T2002（5）	大量			极少量
T2002（6）	大量			极少量

续表

序号	方解石	文石	白云石	石英
S1（2）	大量	少量		
Z1（11）	少量	大量		
Z1（13）	少量	大量		
Z1（5）	大量	少量		

从分析结果可以看出，所取样品大多是由方解石或文石组成，少量含有白云石。方解石与文石即碳酸钙，白云石则是钙镁的碳酸盐。值得一提的是，在上述样品中除T2002（5）是石灰岩标本外，其他都是后期形成的钙化物，可能是作为难溶性盐从卤水中析出，也可能是由其他原因后期生成，如生石灰加水形成熟石灰后，逐渐与 CO_2 反应生成的碳酸钙。由于出土的钙化物不仅有作为难溶性盐形成的碳酸钙，还有石灰石矿物，所以该遗址发现的钙化物的来源和形成条件并不一致。故对上述部分钙化物又进一步进行了碳氧同位素测定，所得数据如下（表三）。

表三　部分钙化物碳氧同位素数据

编号	样品名称	$\delta^{13}C_{V-PDB}‰$	$\delta^{18}O_{V-PDB}‰$	Z	温度（℃）
T2001（1）	碳酸钙	−17.55	−19.83	81.48	149
T2001（3）	碳酸钙	−14.62	−11.86	91.46	83
T2002（3）	碳酸钙	−18.96	−22.46	77.29	175
S1（2）	碳酸钙	−14.24	−12.13	92.10	85
Z1（5）	碳酸钙	−14.77	−5.88	94.12	45
Z1（11）	碳酸钙	−15.44	−5.93	92.72	45
Z1（13）	碳酸钙	−14.59	−8.90	92.65	64
T2002（5）	石灰石	−4.26	−7.33	114.94	53

通过公式 $t（℃）=16.9-4.2 \times（\delta^{18}O_{V-PDB}‰+0.22）+0.13 \times（\delta^{18}O_{V-PDB}‰+0.22）^2$ 计算上述碳酸钙样品的形成温度，从表三可以看出，大部分碳酸钙的形成温度是在45℃以上，有的温度甚至达到85℃，这说明煮盐的工序烦琐，盐工们严格把控每一步的制盐温度。但是有两个数据的结果是高于100℃，这类钙化物的成因应与卤水中析出的难溶性盐原理不同。结合遗址中出土的大量石灰石矿物，我们推测该制盐遗址还兼备烧石灰的功能。而石灰可能是用于煎盐铁盘的修补拼接，也可能用来除去卤水中的杂质离子，从而起到提纯的作用。

（二）卤　水　来　源

渤海地区制盐卤水的来源有以下两种：海水和地下卤水。之前学者通过制盐遗存的分布推测古代制盐原料应是地下卤水。为进一步证明这一观点，我们选取了 8 件钙化物样品对其进行了碳氧同位素计算和锶同位素分析。根据公式 $Z=2.048 \times (\delta^{13}C+50) + 0.498 \times (\delta^{18}O+50)$ 计算出样品 Z 值全部小于 120，说明煮盐所得卤水均来自地下卤水而非海洋。根据图一所示，除了 T2002（5）样品是已知的石灰石标本外，其余的钙化物 $^{87}Sr/^{86}Sr$ 比值均在 0.7093 以上。这表明侯辛庄遗址制盐的卤水原料也是来自地下卤水而非海水。将侯辛庄钙化物锶同位素数据与双王城钙化物锶同位素数据对比发现，除 T2002（5）$^{87}Sr/^{86}Sr$ 比值低于 0.7093 外，其余数据都与双王城的数据接近，这也进一步证明侯辛庄地区制盐卤水与双王城相同，都是地下卤水。侯辛庄遗址距离双王城遗址仅 20 千米左右，同样是渤海湾第四纪地下卤水的分布区域，而该遗址距离海岸线有一定的距离，这说明使用地下卤水制盐是胶州湾至商周时即开启的传统。

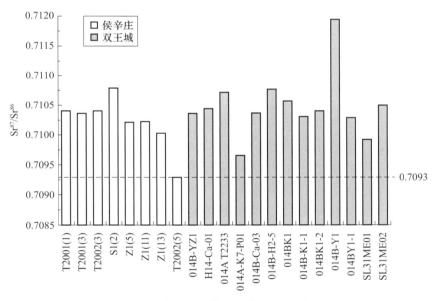

图一 部分钙化物锶同位素数据图

该批钙化物样品中，T2002（5）石灰石的锶同位素比值接近海相碳酸盐的锶同位素比值（$^{87}Sr/^{86}Sr=0.7093$）。虽然其 Z 值小于 120，但是受热行为对于碳氧同位素数值的影响较大，故其来源标准以锶同位素为主。这件石灰石标本很有可能来自沿海的石灰石矿山，经过漫长的地壳运动，海相化学沉积所形成的石灰岩逐渐裸露出来，古人开采此类石灰岩作为烧石灰的原料。但由于除石灰石标本外，其余石灰的锶同位素都高于 0.7093，故我们猜测烧石灰所用原料的来源不止一处，除了有海相石灰岩，应还有陆相石灰岩。

（三）制盐工具——盘铁煎盐

我们对含铁类样品进行了成分和物相分析，数据如下（表四）。

表四　含铁物质成分表

序号	Na₂O	MgO	Al₂O₃	SiO₂	K₂O	CaO	TiO₂	MnO	Fe₂O₃
T2000（2）	6.05%	12.20%	3.23%	59.19%	0.62%	0.83%	0.30%	0.08%	17.49%
T2001（4）	0.67%	3.09%	0.03%	0.72%	0.18%	1.62%	0.03%	0.06%	93.32%
T2002（1）	0.06%	2.53%	0.82%	20.24%	0.19%	0.34%	n.d	n.d	75.82%
T2002（2）	0.01%	0.40%	1.35%	20.11%	0.25%	0.52%	0.02%	0.01%	77.34%
T2003（2）	18.98%	8.11%	2.61%	12.13%	0.07%	5.59%	0.02%	n.d	52.48%
T2003（3）	4.94%	0.29%	0.53%	4.53%	0.06%	0.27%	n.d	n.d	89.38%
T2002（4）	8.57%	7.86%	0.08%	73.78%	3.05%	4.78%	0.13%	0.19%	1.56%
S1（1）	0.05%	4.08%	4.01%	7.81%	0.18%	0.83%	0.02%	0.18%	82.84%
S1（3）	1.17%	1.63%	1.68%	7.09%	0.23%	3.12%	0.02%	n.d	85.06%
Z1（7）	10.81%	5.25%	2.24%	33.54%	0.39%	3.93%	0.13%	0.05%	43.67%

由表四中数据可知，除了 T2000（2）和 T2002（4）样品为渣状物含铁较少外，其余的样品含铁量基本上都在 50% 以上。我们也对这些样品进行了 XRD 分析，但是由于铁的锈蚀产物过于复杂，在解谱的过程中许多 X 射线衍射峰过于杂乱而无法定性，但是部分样品的部分衍射峰还是可以表征。例如，T2001（4）样品中含有大量含碳物质，与铁的锈蚀产物结合在一起，T2002（2）、T2003（3）、S1（1）、S1（3）中含有大量针铁矿（铁的基本锈蚀产物），而样品 T2002（1）和 Z1（7）是未曾与土壤结合的铁片，经过 XRD 分析后，其主要组成成分为赤铁矿（Fe_2O_3）。

根据以上数据基本可以推测，侯辛庄制盐遗址所使用的煎盐工具应该为文献中所提到的"盘铁"或"牢盆"。由于铁器的锈蚀过于严重，不能通过其外观判断工具类型，但根据遗址出土的大量体积较大的铁锈块和用来修补盘缝的钙化物可以推断，所用制盐工具应为需要拼接的盘铁。由于铁器的便于携带性，所以古代盐工们在迁移的过程中很有可能将还可以继续使用的盘铁带走，故在侯辛庄遗址中较少出土完整的铁盘。并且由于铁制品的易锈蚀性，已经出土的含铁物质遗物则主要以铁的锈蚀产物为主。

四、结　　语

综上所述，侯辛庄遗址出土的钙镁碳酸盐物质作为当地制盐的标志，同时出土的石灰石标本证明该地不仅仅是一处单一的制盐遗址，同时还很有可能承担着烧石灰的工作。针对该遗址出土的制盐遗物进行了 XRF、XRD、锶同位素、碳氧同位素等科技分析，我们推测这些生石灰很有可能是用来加固或填补制盐时使用铁盘的缝隙。而出土的铁片、铁锈块无疑为山东地区使用盘铁煎盐提供了更加直接的证据。结合之前寿光双王城先秦制盐遗址的研究，本次研究对于丰富山东地区历史时期制盐工艺具有较大的参考价值。

河北黄骅大左庄遗址考古收获与性质探析

雷建红[1]　曹　洋[2]

（1. 河北省文物考古研究院；2. 南京大学历史学院）

大左庄遗址位于河北黄骅市羊二庄镇大左庄村东北 1500 米处的盐场区域，西约 2500 米为全国文物保护单位——金代海丰镇遗址，东距海岸线 15 千米（图一）。遗址东西 200、南北约 600 米，面积 12 万平方米。遗址所处为私人取土场，四周为盐池，黄石高速和朔黄铁路分别从遗址南部、北部过。

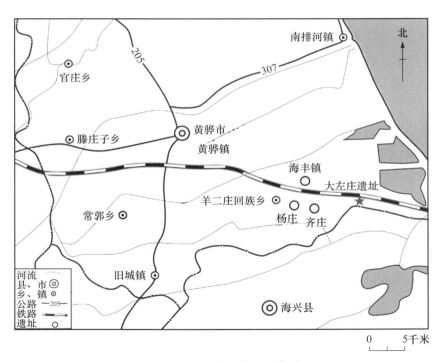

图一　大左庄遗址位置示意图

2016 年 10 月，由于村民挖土卖土作业，遗址北部遭受破坏，经考古勘探后，划定了东西 70、南北 60 米的保护范围。2016 年 10 月～2017 年 7 月，历时 9 个月，河北省文物考古研究院（原河北省文物研究所）、黄骅市博物馆、山东大学历史文化学院联合对该遗址进行抢救性发掘，发掘面积约 1000 平方米，清理了一批较有代表性的制盐遗迹，出土各类遗物百余件，初步认定大左庄遗址是一处隋唐时期的制盐作坊。本文就大左庄遗址考古收获进行简要阐述和梳理，对遗址年代进行推断，并进一步对遗址性质及其相关问题进行探析。

一、地 层 堆 积

由于取土破坏，遗迹大多数裸露于地表，仅在遗址西南部区域尚存很薄的文化层。以 TG1 为例对遗址地层进行介绍（图二）。

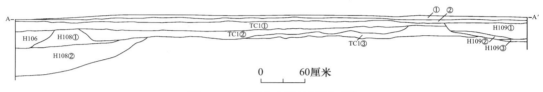

图二　TG1 西壁南段地层剖面图

第 1 层，黄褐色砂质黏土，夹杂较多炭屑、烧土颗粒、白色颗粒、贝壳等，最厚约 0.04 米，局部缺少该层。出土遗物主要有青釉及白釉瓷碗、黄釉及酱釉粗瓷罐、泥质红陶盆、罐等残片。该层下开口遗迹有 H103、Z7 等。

第 2 层，浅黄褐色砂质土，包含少量炭屑、红烧土粒、贝壳等，土质疏松，最厚约 0.05 米。开口于该层下的遗迹较多，包括 H106、H108、H109、H111、TC1 等。

根据遗迹间的打破关系及出土遗物的特征，将大左庄遗址以 G2 为界分为东、西两区，两区遗迹通过绿色硬面 TC4 与 G4 可串联起来，我们可以归纳出遗迹间的相对关系。按照由早到晚的顺序，列举如下。

西区：第一组 H106、H108；第二组 TC1、TC2、TC3；第三组 H94、H102、H109、H111、H117、H118；第四组 H97、Z17、H114、H115；第五组 Z7、Z15、Z11、H78、TC4；第六组 F1、F2、H6、H7、H18 等。

东区：第一组 H44、Z14、H54、Z6、J3；第二组 G4、J2、Z10、H5；第三组 H24。

TC4 不晚于 G4，东区第二组与西区第五组应大致相当。考虑到制盐作坊的布局情况，我们可将西区第一至三组、东区第一组看作早期作坊，西区第四至六组及东区第二、三组看作晚期作坊。遗址西侧众多灰沟暂时缺少判断依据，但也应该分属于早晚两期（图三）。

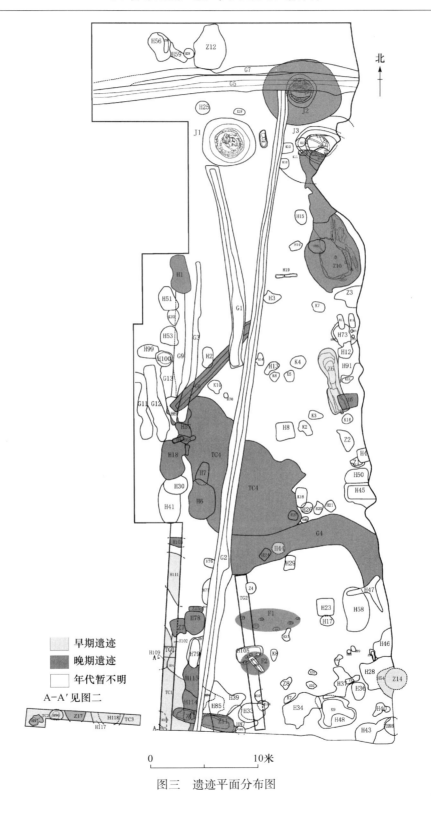

图三　遗迹平面分布图

二、主 要 遗 迹

本次发掘共清理各类遗迹 145 处，包括井 3 口，灶 17 座，灰坑 99 个，灰沟 11 条，草木灰堆积 4 处，柱洞 11 个。

（一）井

本次发掘共清理 3 口砖砌井，位于发掘区北部及东北部。J1 保存最完整，其东侧的 H22 是一个柱坑，推测 J1 上有棚屋之类的设施。

J1　平面呈圆形。井坑东西长 5.1、南北宽 4.7 米；距现开口 1.3 米以下为砖砌井圈，双井圈结构，外井圈东西长 2.4、南北宽 2.3、深 2.5 米；内圈开口处距现地表 3.65 米，东西长 1.65、南北宽 1.3、深 0.5 米。井深 4.15 米。外井圈为顺砖错缝平铺，共 41 层砖，最底下一层侧立砖；距开口 3.65 米内收形成内井圈，上部 4 层为顺砖错缝平铺而成，井圈最底部，为一层侧立砖，高 0.3 米。井砖均为沟纹青砖，长 0.3、宽 0.15、厚 0.05 米（图四）。

井内填土分为三层。第 1 层为灰褐砂质土，厚约 1.35 米，土质疏松。上部黄沙与灰土呈交替层理，包含草木灰、炭块、红烧土块、白色硬块等。出土沟纹青砖残块、泥质灰陶罐口、泥质红陶罐口及罐耳、白釉瓷碗口及碗底、黄釉瓷碗腹片、青釉瓷碗腹片、黑釉瓷瓶底、泥质红陶盆口及腹片、铁器残块、动物骨骼、蚌壳等；第 2 层为青灰色黏土，厚约 2.5 米，包含少量草木灰、炭屑、白色硬块。出土沟纹青砖残块、泥质灰陶罐口、泥质红陶罐腹片、白釉瓷碗腹片、白釉瓷碗口、白釉瓷碗底、动物骨骼、蚌壳等；第 3 层为青灰褐黏土，厚约 0.5 米，包含少量草木灰、炭屑、白色硬块等。出土泥质红陶罐腹片、动物骨骼等。距开口 2.55 米处出土 1 件残缺木质井架（图五），距开口 3.2 米处清理出两捆芦苇（图六）。

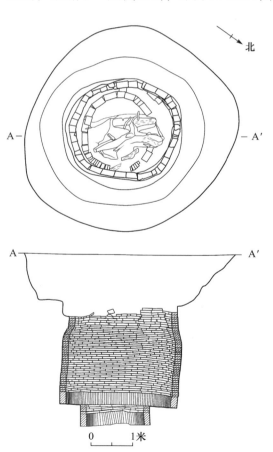

图四　J1 平、剖面图

图五　J1 出土井架

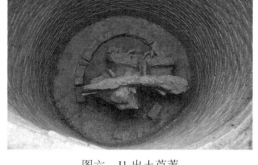

图六　J1 出土芦苇

H22　位于 J1 东部。平面形状为长条形，开口南北长 1.35、东西宽 0.5、残深 0.35~0.7 米。南北及西壁为斜壁，东壁为直壁。坑底南高北低，北部底面有 2 个凹坑，北侧凹坑平面近圆形，圜底；南侧凹坑平面近半圆形，圜底。坑内填土为灰褐砂土，较疏松，包含草木灰、炭块、红烧土块、白色硬块等，出土动物骨骼、夹砂灰陶瓮口沿、黄釉瓷碗口沿等（图七）。

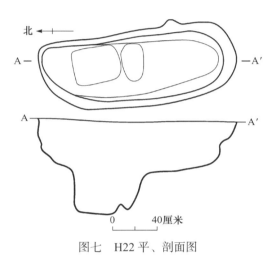

图七　H22 平、剖面图

（二）灰　　坑

共清理 99 座。此外，还清理了 20 座仅存底部的小坑，编号 K1~K20，限于篇幅不再介绍。按照形态及功能性质分类介绍如下。

1. 黏土坑

图八　H17（右）和 H23（左）

此类灰坑发现较多，大部分位于发掘区东南部，形状多为规整的方形或圆形，保存较好的壁面、底面可见工具痕迹，底面均为较平整的黏土面。这类坑可能存在一定的组合关系，如 H17 与 H23（图八），H5 与 K16，H45 与 H50，H114 与 H115，H99 与 H100，H20、H21、H26、H27、H29 与 H44 等。结合《熬波图》等文献记载与山东寿光双王城、东营南河崖、浙江洞头九亩丘等制盐作坊遗址的相关发现，我们推测这类灰坑为淋卤坑或储卤坑。

H8　位于发掘区东部，G2 东。平面形状呈圆角长方形，东西宽 1.6、南北最长 1.8、最深 0.5 米。坑壁为直壁，经过修整，有铁铲痕迹，长 0.2、宽 0.2、深 0.02 米。坑底较平整，东西宽 1.4、南北长 1.6 米。坑内填土分为两层：第 1 层为黄褐砂土，土质疏松，包含大量红烧土块及少量草木灰、白色硬块、黏土块等，厚 0.2～0.5 米；第 2 层为灰褐黏土，包含少量草木灰及白色硬块，最厚约 0.17 米。两层均出土沟纹青砖块、夹砂灰陶板瓦、夹砂红陶罐腹片等（图九）。

H17　位于发掘区中部偏南，G2 东。平面呈椭圆形，东西长 1.34、南北宽 0.99、深 0.46～0.64 米；底部东西长 1、宽 0.6 米。剖面形状不规则，西壁斜壁内收，剖面呈锅底状；东壁上半部斜壁内收，下半部直壁外扩，剖面略呈袋状，袋状部分进深 0.4、高 0.39 米。底部平整，有加工痕迹。坑内填土分为两层，第 1 层为深灰褐色砂土，最厚约 0.51 米，较疏松，无明显分层现象，包含草木灰、烧土块、白色硬块等，出土泥质红陶盆腹片、夹砂红陶罐腹片等；第 2 层为黄褐色黏土，厚约 0.13 米，包含草木灰及炭屑（图一〇）。

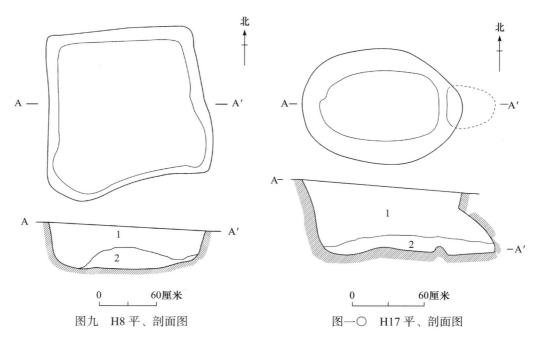

图九　H8 平、剖面图　　　　　　图一〇　H17 平、剖面图

H23　位于发掘区东南部，G4 南，南部被 H17 打破。平面呈正方形，东西长 1.6、南北长 1.7、深 0.65～0.68 米。坑壁较平直，有铁铲印，近平底。坑内堆积大体可分为五层：第 1 层灰褐色砂土，土质疏松，最厚约 0.19 米；第 2 层黑褐色砂土，土质疏松，包含大量白色硬块，最厚约 0.2 米；第 3 层灰黄色砂土，较疏松，包含黄色土块和草木

灰，最厚约 0.3 米；第 4 层灰褐色砂土，较疏松，厚 0.1～0.2 米；第 5 层黄褐色黏土，最厚约 0.18 米（图一一）。

2. 白色浅坑

仅发现 3 个，分别是 H9、H10、H11，平面形状为方形或椭圆形。填土均为白色粉末，其中还可见到大量贝壳碎屑，H10、H11 位于 Z6 与 Z10 之间。根据《山东盐法志》等文献的记载，用贝类烧制的蜃灰可用来粘合盐盘。据此，推测以上 3 个灰坑可能用于存放粘合盐盘的蜃灰。

H10　位于发掘区东部，Z6 与 Z10 之间。平面呈圆角长方形，南北长 1.57、东西宽 0.53～0.6、残深 0.11 米。斜壁近直，平底，坑壁、坑底经过加工，包含较硬的白色粉末和碎蚌片，厚 0.03 米。坑内填土为灰白色土，土质疏松，包含大量碎贝壳、少量草木灰、白色硬块、红烧土等（图一二）。

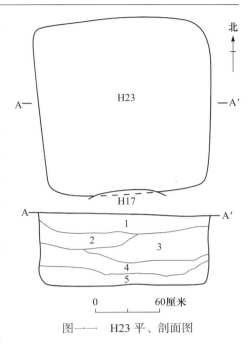

图一一　H23 平、剖面图

3. 储藏坑

这类坑开口形制规则，底面、壁面较为平整，多有小件遗物出土。坑的周围多有较大遗迹，如 H19 位于 Z10 西侧，H95 紧邻 Z10 的灶室，H25 位于 J1 东北侧，H93 位于柱洞及活动面之中等。

H19　平面呈长条形，开口东西长 2.01、南北宽 0.25～0.37、深 0.034～0.15 米。斜壁，坑底略有起伏，东西侧均较深，中部凸起。坑内填土为灰褐砂土，土质疏松，出土铁器残块、沟纹青砖残块等（图一三）。

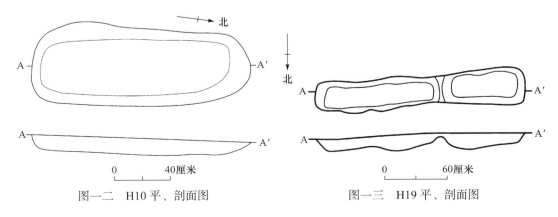

图一二　H10 平、剖面图　　　　　图一三　H19 平、剖面图

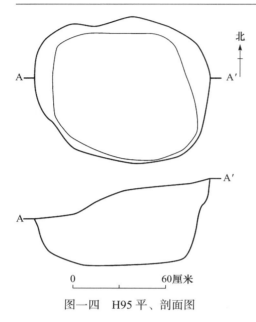

图一四　H95 平、剖面图

H95　位于发掘区东北部，打破 Z10 灶室，上部已被破坏。平面近圆形，直径东西 1.13、南北 0.97、残深 0.31～0.58 米。直壁，平底，底部平整，似经过处理。填土为深灰褐色砂土，疏松，颗粒较大，夹杂红烧土颗粒、白色颗粒和硬块，出土沟纹青砖块，夹砂灰陶板瓦片等（图一四）。

4. 不规则坑

此类坑平面、底面形状多样，多不规则，且较为粗糙，填土多为一次性形成。推测此类灰坑可能是垃圾坑。

H18　平面呈椭圆形，南北长 3.72、东西宽 2.38、深 0.32～0.54 米。斜壁近直，底近平，剖面呈锅底状，南部略低，底部南北长 3.28、东西宽 1.6 米。坑内填土分为两层：第 1 层为灰褐砂土，土质疏松，厚约 0.34 米，第 2 层为黑褐色黏土，厚约 0.23 米。两层均包含草木灰、炭块、红烧土块、白色硬块等，出土沟纹青砖残块、泥质红陶盆腹片、泥质红陶罐口沿、泥质灰陶罐腹片及底、白釉饼足瓷碗腹片及底、夹砂灰陶布纹板瓦、黑釉瓷瓮底、动物骨骼及蚌壳等（图一五）。

H97　位于发掘区最南端偏西。平面近圆形，整体较浅，直径 0.75～1.25、深约 0.1 米。斜壁，因未取出其中的动物骨骼，底部情况未知。填土为黄褐色砂土，疏松，填土没有明显分层现象，出土大量动物骨骼（图一六）。

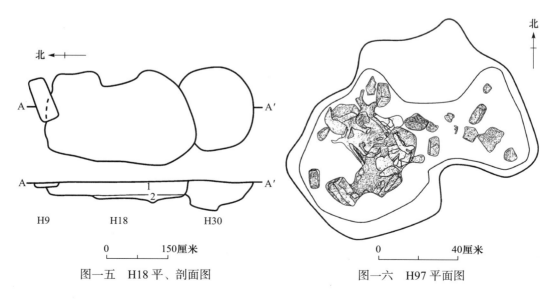

图一五　H18 平、剖面图　　　　图一六　H97 平面图

（三）灶

共清理 17 座，多数上部被严重破坏，仅余底部的烧结面。多数灶位于发掘区东部及东南部，少数位于南部。其中体量较大的 Z6、Z10 均为南北向，坐南朝北。

Z6　南北向，坐南朝北。平面呈长条形，南北长 6、东西宽 1.12～1.7、深 0.38～1.08 米，由工作间、火道、灶室、烟道四部分构成（图一七、图一八）。

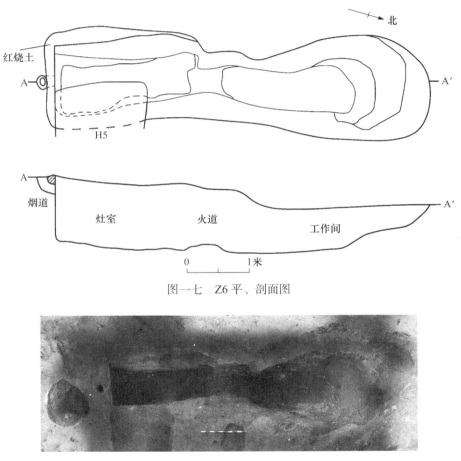

图一七　Z6 平、剖面图

图一八　Z6

工作间位于灶门北端，平面呈椭圆形，南北长 3.35、东西残宽 1.08～1.7、残深 0.38～1.03 米。工作间为斜壁，底部北高南低，北部底面东西长 1.56、南北宽 0.77、深 0.38 米；南部底面南北长 2.16、东西宽 0.58～0.79 米。底部有一层硬面，厚 0.03 米。填土分两层，第 1 层为青灰色土砂土，较疏松，厚 0.35～0.6 米，包含草木灰、炭块、红烧土块、白色硬块、动物骨骼及蚌壳、沟纹青砖残块、泥质红陶盆口沿及腹片等；第 2 层为灰白色砂土，土质疏松，厚 0.3 米，包含草木灰、木炭、红烧土块、白色硬块等。

　　火道位于灶室和工作间之间，顶部坍塌严重，现存部分深 0.94、东西长 1.1 米；底部南北长 0.53、东西宽 0.39 米。底部东、西两壁有烧结硬面，厚 0.03 米。火道内堆积基本为红烧土。

　　灶室位于烟道北部，平面呈长方形，南北长 2.16、东西宽 1.4～1.7、深 1.08 米。斜壁平底结构，底部南北长 2.07、东西宽 0.85 米，底部和东、西、南壁均有烧结面，厚 0.02～0.03 米。灶室内堆积分两层，第 1 层为红褐砂土，较疏松，厚 0.4～0.65 米，包含从壁面坍塌的大块红烧土及炭块、草木灰、白色硬块等，出土少量动物骨骼、沟纹青砖残块；第 2 层为黑褐砂土，土质疏松，主要成分为草木灰，厚 0.35～1.1 米，包含红烧土块、白色硬块。

　　烟道位于灶室南部，顶部被破坏，现存平面呈圆形，上部直径 0.17、下部直径 0.16、深 0.28 米。烟道内有烧结面、烟熏痕迹，烧结面厚 0.02 米。

　　Z6 的灶门两侧，灶室东、南、西三壁均有红烧土硬面，厚 0.05～0.25 米。

　　Z10　南北方向，坐南朝北。灶室西半部被 H95 打破，操作间、火道被现代沟打破。现存部分有工作间、火道、灶室，灶室北部有一圆形痕迹，可能是烟道残留。灶外围堆积有较多红烧土，围绕灶主体一圈，该层堆积中出土有铁器残片、铜球、夹砂红陶碗、黄白釉瓷瓶碎片等。火道、灶室东侧有一排白色硬块，整体略呈长条状，十分坚硬，敲碎后为粉状（图一九）。

　　工作间位于最北端，平面形状不规则，最宽约 2.4、残深约 0.63 米。底面经过修整，有一层硬面。填土为灰褐色砂土，土质疏松，包含红烧土颗粒、炭屑、白色硬块等。

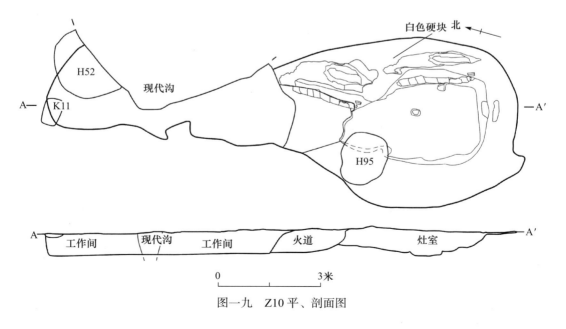

图一九　Z10 平、剖面图

　　火道平面呈椭圆形，长1.42、宽1.15～1.84、残深约0.63米。火道为斜壁平底结构，底部有烧结面，厚约0.03米。火道内填土分为三层：第1层位于北侧，黑褐黏土夹杂大量红烧土块，厚约0.18米，包含少量动物骨骼及贝壳、白色硬块、沟纹青砖块等；第2层填土呈层理状分布，可细分为8个小层，为黏土、草木灰层理状结构，每层厚度不一，总厚度约0.34米；第3层为深灰色垫土层，厚0.2～0.54米。东侧有砖砌外壁，长条形青砖一排，由上至下残留三层，由北向南逐渐加高，最南端与灶室底面基本齐平。

　　灶室平面呈椭圆形，南北长约4.7、东西宽约2.37、残深约0.73米。斜壁近直，平底，灶壁南端有局部烧结，其余部分烧结面保存较差。灶室中部和东侧各有一石块，可能用于支垫铁盘或铁锅。东侧上部有砖砌外壁，长条形青砖一排，由上至下残留两层，砖块下为黄褐色黏土。灶室内堆积分为三层，第1层为红烧土层，较疏松，厚约0.24米；第2层为黑褐色砂质黏土，厚约0.21米，土质疏松，包含有草木灰、红烧土块、白色硬块、动物骨骼、沟纹青砖块、泥质红陶盆腹片等；第3层靠近灶室底部，为红烧土堆积，厚约0.28米，土质疏松，包含物较少。灶室底部红烧土面厚约0.03米。红烧土面一下为灶室底部垫土，分别为黑褐色土、灰褐色土、绿色硬土。

　　根据灶的形状结构、内部堆积及出土遗物等情况综合分析，推测发现的灶均为用来煮盐的盐灶。

（四）草木灰堆积

　　在发掘区的中南及西南部发现4处比较特殊的遗迹，其底部平整，堆积层理明显，有一定的规律性，且土质致密，其中TC1～TC3结构较完整，TC4上部不存，仅保留一层绿色硬面和草木灰底面。

　　TC1　开口第2层下，东部被G2、Z11、H114、H115打破，北部被H109打破，南部被现代水坑打破。解剖部分南北长约3.8、东西宽约1米。斜壁近直，底部较平整。堆积分为三层：第1层为多层规律堆积，堆积顺序为黄土—草木灰—黄土—草木灰，土质较致密，每一小层厚5～10毫米；第2层为草木灰，含少量的白色钙化物颗粒，厚0.03～0.23米；第3层为草木灰与黄土混杂的黏土，较质密，最厚约0.2米。堆积中包含的陶瓷片极少且难辨器形（图二〇）。

　　TC2　开口于第2层下，南部、西部均被现代水沟破坏，东部被H117、H118破坏。解剖部分东西长约3.8、厚0.05～0.22米。斜壁近直，底部较平整。堆积可以分为

图二〇　TC1剖面

3 层：第 1 层堆积有一定的规律性，堆积顺序为黄土—草木灰—黄土—草木灰，土质较质密，厚 0.03～0.14 米，每一小层厚 5～10 毫米；第 2 层，深灰褐色黏土层，包含草木灰，土质较质密，厚 0.02～0.08 米；第 3 层，草木灰与黄土混杂黏土，较质密，未清理到底。堆积中仅见少数碎砖块、白釉瓷片等（图二一）。

图二一　TC2 剖面

TC4　开口于地表，上层被破坏，G2 打破其中部，东西分别被 H6、H27 等遗迹打破。现存部分平面呈不规则椭圆形，最长约 11.5 米，解剖部分长 9.2～10.8 米。底部平整，堆积可分为两层。第 1 层，灰绿色硬土，致密，厚 0.15～0.2 米；第 2 层，草木灰层，疏松，厚 0.1～0.2 米。解剖部分未见出土遗物，遗迹下方为黄褐色黏土。

根据《熬波图》《天工开物》等文献的记载，制盐作坊中存在一类重要的功能区，用于卤水提纯，即刮卤摊场。此前，宁波洞头县九亩丘宋代制盐遗址曾发现过该类遗迹，主要特征是有成片分布、底面平整、分层明显的草木灰层理堆积，与《熬波图》中对于"摊场"的描述较为吻合。大左庄遗址发现的这 4 处遗迹，底部平整，堆积层理明显，有一定的规律性。因此，推测可能属于摊场或与其相关的遗存。

（五）灰　　沟

共清理灰沟 11 条（表一）。部分遗迹的位置、堆积呈现一定的规律性：G1、G3、G6、G9、G11～G13 位于发掘区中部西侧，互相之间存在打破关系；G9、G11～G13 近乎平行分布，G9、G13 最下层均为黏土层，沟壁上可见铲痕；G11～G13 的填土中均发现较多的白色硬块、草木灰和红烧土。G4 位于发掘区中部偏南，其下仍叠压一条灰沟未清理。从 TG1 解剖的情况可知，G4 横贯发掘区东西部，可能是一条作坊中的分界沟。G2、G5、G7 应为近现代扰沟。

表一　灰沟统计表

编号	方向	底面	壁面	填土包含物
G1	南北	平底	斜壁，有加工痕迹	红烧土块、白色硬块
G2	南北	平底	斜壁	
G3	南北	平底	斜壁	红烧土块、草木灰、白色颗粒
G4	东西	圜底	斜壁	红烧土块、草木灰、白色颗粒

编号	方向	底面	壁面	填土包含物
G5	东西	平底	斜壁	红烧土块、白色颗粒
G6	南北	平底	斜壁	红烧土块、炭屑、白色颗粒
G7	东西	平底	斜壁	黏土块
G9	南北	圜底	斜壁，有加工痕迹	红烧土块、草木灰、白色颗粒
G11	南北	圜底	斜壁	红烧土块、草木灰、贝壳屑
G12	南北	圜底	斜壁	草木灰、红烧土粒
G13	南北	平底	斜壁，有加工痕迹	红烧土、草木灰、贝壳屑、白色颗粒

（六）建 筑 遗 存

在发掘区中部偏南共发现两组柱洞：第一组包括D1～D6、D11。除D11外，D1～D6均位于G2东侧，D11与其他柱洞东西可排成一列。几个柱洞略呈半圆形，圆心位置恰好有一个残灶底（Z4），这些遗迹应属于同一组房屋遗存，编号F1；第二组柱洞包括D7～D10，位于第一组柱洞南侧，H93周围。第二组柱洞围绕一个活动面，由三处相互叠压的不规则圆形组成，土色呈浅黄褐色，较坚硬，厚0.03～0.05米。这些遗迹也应属于一组房屋遗存，编号F2。

三、出 土 遗 物

本次发掘出土遗物较少，主要为陶器和瓷器，且大多不可复原，多陶、瓷残片。另有少量的铁器、石器、木器。除此之外，还发现有一定量的牛骨和贝壳等。

（一）瓷 器

多为日常生活用器，器型最多见的是碗，另有少量盏和盘。釉色有青釉、黄釉、白釉、黑釉。

瓷碗　修复11件。

H54∶1，微敛口，圆唇，鼓腹较深，饼足微内凹。外上部施青灰色釉，下部无釉，灰白胎，内部满釉，底部有3个支钉痕迹。口径12.7、底径6.4、高8.2厘米（图二二，1）。

①∶2，微敛口，圆唇，鼓腹较深，饼足微内凹。外部上施青釉，下部无釉，内部施满釉，可见2个支钉痕迹。口径12.4、底径6.7、最高7.7厘米（图二二，2）。

J1∶1，敞口，圆唇，斜腹较浅，饼足。外上部施白釉，下部无釉，可见灰白胎，内部满釉，可见1个支钉痕迹。口径13.1、底径8.1、高4.2厘米（图二二，3）。

H88：1，敞口，尖圆唇，深腹，饼足。外上部施青釉，下部未施釉，内部施满釉，底部1个支钉痕迹，外部可见灰白色胎，施化妆土。口径12.1、底径7、高7.1厘米（图二二，4）。

TC1：1，敞口，尖圆唇，浅腹斜收，饼足。外上部施白釉，下部未施釉，可见灰白胎，内部施满釉，有三个支钉痕迹。口径15、底径7.9、高5.2厘米（图二二，6）。

瓷豆盘　1件。Z14：1，侈口，尖圆唇，折盘。盘上部内凹，平底，柄部及底部残。通体施青釉，柄部断裂处可见灰白胎。口径12.8、盘深2.6、残高3.5厘米（图二二，5）。

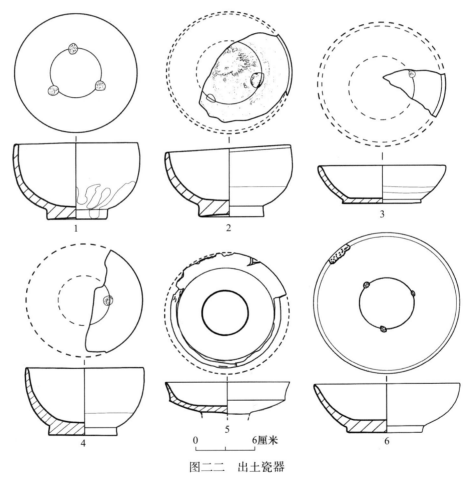

图二二　出土瓷器

1~4、6. 瓷碗（H54：1、①：2、J1：1、H88：1、TC1：1）5. 瓷豆盘（Z14：1）

（二）陶　　器

陶器主要是泥质红陶，常见器形主要为双系罐、盆、碗等。

双系罐　修复3件。

H2：2，夹细砂红陶，敞口，尖圆唇，卷沿，微束颈，溜肩，肩部饰 2 个环形耳，鼓腹，平底，素面。口径 17、腹颈 31、底径 14.7、高 30.7 厘米（图二三，1）。

G4：3，夹砂红陶，敞口，圆唇，微束颈，鼓肩，肩上对称 2 个环形耳，上腹较鼓，下腹斜收，下腹部饰 6 道弦纹，平底。制作较粗糙，双肩不等高。口径 12.3、底径 10.1、高 19.9～21.4 厘米（图二三，2）。

盆　修复 5 件。

H2：1，微敛口，有流，尖圆唇，口下有 2 道凸棱，上腹部饰 3 道弦纹，腹斜收，有刻划痕迹，平底，底部有 1 个圆孔。口径 24.4、底径 11、高 10、流长 2、孔径 0.5 厘米（图二三，3）。

H23：2，夹砂灰陶，敞口，方唇，唇部有一道凹槽，折沿，腹斜收，下腹部饰数

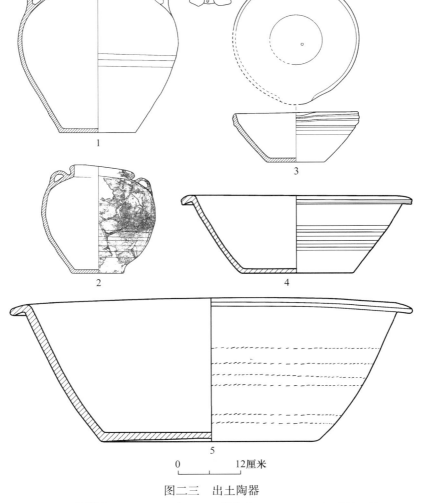

0　　　　12厘米

图二三　出土陶器

1、2. 陶罐（H2：2、G4：3）　3～5. 陶盆（H2：1、H23：2、H23：4）

道弦纹，平底。口径44.8、底径21.8、高15.3厘米（图二三，4）。

H23：4，夹砂红陶，敞口，方唇，平折沿，沿面有1道凹槽。下腹斜收，底部微内凹，腹部饰数道压印弦纹。口径77.9、底径41.5、高28.4厘米（图二三，5）。

纺轮　1件。H58：1，泥质灰陶，略呈圆形，制作粗糙，无打磨痕迹，中部有一圆孔。直径3、厚1.5厘米，圆孔直径1厘米（图二四，3）。

（三）铁　　器

出土铁器均锈蚀严重，器形难辨，可分为铁盘残片和铁构件两类。

铁构件　3件。H19：1，鼎足状，一头较宽，从较窄一侧断裂，器表遍布锈迹，难辨形制。残长17、厚3～8厘米。

铁盘　1片。Z11：1，圆饼状，布满锈迹，残长约10、厚2～3厘米，出土于Z11的火道中。

（四）骨、蚌器

骨簪　1件。H36：1，箭头状，头部呈三棱状，剖面近头圆形，下部一角残，磨制较粗糙，有刀削痕迹。残长5、最厚0.2厘米（图二四，1）。

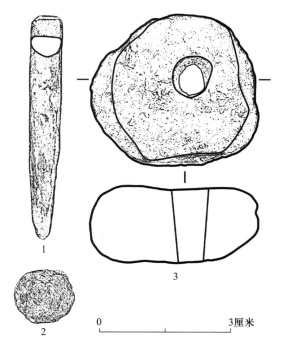

图二四　出土骨簪、铜球、陶纺轮

1. 骨簪（H36：1）　2. 铜球（Z10：3）　3. 陶纺轮（H58：1）

蚌铲　1件。H36：2，牡蛎壳制作，略呈椭圆形，边缘有刀割痕迹，有使用留下的磨痕。长21.3、宽5～5.8、厚0.1～1.3厘米。

（五）木　构　件

井架　1件。J1：4，平面呈方形，有5块木条组合而成，3根木条纵向嵌入上下2根木条中，2根横向木条上各有2个对称的榫眼。通体长约90、两端宽71～93、中部宽约55、中部木条直径约8厘米（图二五）。

图二五　木井架

（六）铜　　器

铜球　1枚。Z10：3，规则球状，表面布满锈迹，直径约1厘米（图二四，2）。

铜钱　共3枚。

五铢钱　2枚。G4：1，五字交笔较直，金字头呈等腰三角形，朱字头方折。直径2.3、穿径0.8、厚0.1厘米（图二六）。

开元通宝　1枚。锈蚀严重，字迹不清。

铜环权　1枚。有一道细裂缝，厚2.6、外缘直径3.6、内孔最大直径1.8厘米，重约100克（图二七）。

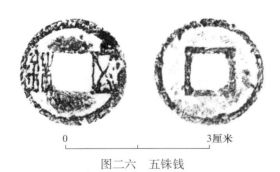

0　　　　　　　　　　3厘米

图二六　五铢钱

图二七　铜环权

图二八　石环权

（七）石　　器

石环权　1件。残缺不全，厚11.6、外缘直径21.3、内孔最大直径12.5厘米（图二八）。

四、年 代 推 断

大左庄遗址的年代信息主要来自遗址中出土的瓷片。从修复的器形来看，大部分与邯郸、邢台等地隋唐时期的窑址中出土的器物类似，如临水窑、邢窑等。青釉碗（H54：1），外壁上半部施青釉，釉色青灰，色泽较暗，饼足或微内凹，与临水窑第一期中青瓷碗（L8：8）类似。青釉盘（Z14：1）侈口折盘，盘底部有圆圈状粗弦纹，与临水窑第一期中青釉高足盘（L8：3）类似。深腹青釉碗（H88：1），外壁施釉至近底部，釉色青黄，施化妆土，饼足，与临水窑第二期中青釉碗（L11：10）较为相似。黑釉盏（H66：1），敛口，圆唇，浅腹，外壁施酱褐色釉，积釉处呈黑色，与临水窑第二期中黑釉盏（L10：17）类似。白釉碗（H57：1、J1：1、TC1：1等）均为内部及外上部施釉，外壁施白色化妆土，釉色发青，与临水窑第二期白釉碗（H17B②：2）相似[①]。

此外，遗址中出土的陶器也为年代判断提供了辅助。Z10：4（红陶饼足碗）与遗址中瓷碗器形相似，器形接近临城补要村中晚唐时期 M10：6 陶钵[②]。陶盆、陶罐也与临水窑中所见陶器类似，如 H23：1（红陶双系罐）与 H23：4（红陶盆）。根据临水窑遗址的分期情况，其第一期约相当于北朝晚期至隋代；第二期约相当于开元以前的初唐时期，其中 H17B②：2 年代晚至中晚唐时期。大左庄遗址中出土的五铢钱和开元通宝钱也与瓷器所体现的时代特征接近。综上，我们将大左庄遗址的年代初步断定为隋唐时期。

五、遗址性质分析

遗址位于渤海西岸长芦盐区，东距海岸线约 15 千米，属于第四纪卤水分布带，地下水为咸水。土地盐碱化严重，不适宜农作物生长，地表植被多为耐盐碱的芦苇、柽草等。长芦盐区本身有较为悠久的制盐历史，据《盐山县志》，本地因盐建城的历史至少可以追溯到魏晋北朝时期[③]。

近年来，渤海西岸地区已发掘了数处不同时期的制盐作坊遗址，如双王城遗址、南河崖遗址等。这些遗址中发现的主要遗迹为卤水坑（井）、盐灶、形状规则黏土坑等，

---

① 邯郸市文物保护研究所、峰峰矿区文物保管所：《河北邯郸临水北朝到元代遗址发掘简报》,《文物》2015 年第 8 期。

② 北京大学考古文博学院、河北省文物局、邢台市文物管理处：《河北临城补要唐墓发掘简报》,《文物》2012 年第 1 期。

③ 贾恩绂编：《盐山新志》卷一《疆域略》,《中国地方志丛书·华北地方》,台湾成文出版社,1976 年。

并发现大面积的草木灰、红烧土等。东周及更早的盐业遗址中还发现盔形器、陶瓮等大量制盐陶器的碎片，但汉代后的遗址中则不见。对比来看，大左庄遗址中的遗迹也是以井、灶、形状规则的灰坑为主，并发现了大片草木灰堆积，与双王城元明时期制盐作坊的面貌较为近似。比如，遗址北部的三口井形制均为大口、底部内收的砖井，井的南侧有多条水沟，多座较大的灶较为集中地分布在发掘区东侧等[1]。我们将 Z10 西侧发现的白色硬块样品、H111 中发现的白色粉末样品等送交北京大学科技考古中心进行成分分析，钙化物的含量占样品比重的 70% 以上（表二），说明这些白色块状物应该是制盐过程中析出的钙化物垃圾。

表二　科技检测成分分析表

	SiO_2	P_2O_5	SO_3	Cl	K_2O	CaO	Sc_2O_3	TiO_2	MnO	Fe_2O_3
H9	6.13%			0.95%		82.02%	6.75%	0.58%		2.88%
Z10	6.73%	0.57%	0.64%	1.5%	0.49%	80.07%	6.6%	0.54%		2.86%
H10	8.01%	1.06%	2.09%	1.7%		77.84%	6.64%		0.74%	1.9%
H11	9.36%			3.46%	0.69%	75.25%	5.74%	0.48%		4.97%
J2①-1	2.64%		0.78%	0.53%		87.6%	7.61%			0.62%
J2①-2	5.6%		1.08%	0.85%		83.69%	7.21%	0.31%	0.1%	1.15%
H111④	5.4%			0.06%		82.79%	6.81%			4.93%

同时，遗址中出土的石环权和铜环权是遗址存在盐交易环节的佐证。唐代是我国盐政史重要转折时期。唐代榷盐法是一种对盐实行就场专卖（官收官卖）的制度，大大提高了盐的产量和国家税收。权为古代度量衡器，为称重之用。环权是古代砝码的一种，为圆环形，成套使用。大型的石环权用于称重盐包，小的铜环权用于称重盐商购买官盐的金银。唐代是我国盐政史重要转折时期。唐代榷盐法只有史料记载，但缺少考古资料证明，两种环权的发现为此提供了实物证据。

因此，我们初步认为大左庄遗址是一处隋唐时期的制盐作坊。从《史记·平准书》可知，至迟从汉代开始，制盐作坊使用牢盆、盘铁等铁制品为制盐器具[2]。大左庄遗址中少见制盐器出土的原因可能与铁制制盐工具使用时间长、可重铸、可回收、易被腐蚀等特征有关。

---

[1]　山东省文物考古研究所等：《山东寿光市双王城盐业遗址 2008 年的发掘》，《考古》2010 年第 3 期；燕生东、赵守祥：《考古所见莱州湾南岸地区元明时期制盐工艺》，《盐业史研究》2016 年第 2 期。

[2]　（汉）司马迁：《史记·平准书》，中华书局，1975 年。

六、作坊布局与制盐工艺复原

　　大左庄遗址是渤海沿岸首次发掘的唐代前后的制盐作坊，目前对本地区同时期制盐工艺复原的研究较少。从文献记载和已发掘的其他时期盐业遗址的情况来看，煮盐时代的海盐生产工艺一般有三个主要步骤：原料获取、高浓度卤水制备、煎盐。从遗址中的遗迹及其布局来看，该作坊基本具备上述功能。

　　首先，发掘区北部地势最高处为盐井区。J1～J3 的深度为 3.55～4.35 米，在本地浅层卤水埋藏深度之内 [1]。其次，遗址西南部的四处草木灰堆积与东南部的多个形状规则的黏土坑为作坊中的制卤区。综合《熬波图》《天工开物》等文献的记载和既往考古发现，我们认为遗址西南部成片分布、底面平整、分层明显的草木灰堆积可能与"刮卤摊场"有关。在商周时期的双王城、南河崖制盐作坊中，已经发现了类似的遗迹现象，但学界目前对其性质仍有争论。大左庄遗址中的 TC1～TC4 具有一些新的特征。比如，其堆积由层层夯实的草木灰薄层构成，但层与层之间不见钙化物硬面。此外，在 H114、H115、G13 等遗迹的废弃堆积和 Z10 的西侧，发现了大量的白色钙化物。笔者认为这可能与盐工定期修治摊场，集中处理垃圾有关。我们观察到发掘区东部的规则黏土坑出现了多种组合关系 [2]。此前，在吉林大安尹家窝堡辽金制盐遗址、重庆郁山镇中井坝明清制盐遗址中均发现了组合形式的淋卤设施 [3]，大左庄遗址的发现可能会更新我们对于这类设施出现年代的认识。最后，煎盐区位于遗址的东部和东南部。本次发掘清理的 17 个灶，大小不等，朝向各异，应有不同用途。上文中提到的白色浅坑 H10、H11 位于 Z6 与 Z10 之间，坑中填土多为白色粉末或贝壳碎屑，它们的性质值得关注。《重修政和经史证类备用本草》中曾有记载："其煮盐之器，汉谓之牢盆。今或鼓铁为之，或编竹为之，上下周以蜃灰，广丈深尺，平底，置于灶，皆谓之盐盘。" [4] 因此，我们认为坑中之物很有可能是用于粘合煮盐器的"蜃灰"。这样一来，Z6、Z10 本身堆积中包含较多疏松、层理状分布的草木灰，Z10 一侧又发现了大量的制盐废弃物，它们的性质应是盐灶无疑。

　　简要来说，大左庄制盐作坊的制盐流程较接近《熬波图》中的记载：从盐井提取卤水；卤水通过西侧中部的灰沟运输到南部"刮卤摊场"；卤水在摊场初步浓缩，之后将

---

① 渤海湾沿岸上部浅层卤水埋藏最深为 15 米，参见韩有松、孟广兰、王少青等：《中国北方沿海第四纪地下卤水》，科学出版社，1996 年。

② 曹洋、雷建红：《黄骅大左庄隋唐代制盐作坊的制盐工艺及生产性质初论》，《考古》2021 年第 3 期。

③ 吉林大学边疆考古研究中心等：《吉林大安市尹家窝堡遗址发掘简报》，《考古》2017 年第 7 期；重庆市文化遗产研究院：《重庆彭水县中井坝盐业遗址发掘简报》，《南方文物》2014 年第 1 期。

④ （北宋）唐慎微：《重修政和经史证类备用本草》卷四，人民卫生出版社，1982 年。

湿灰运送到东侧的淋卤坑进行淋滤，收取浓度更高的卤水后存入储卤坑；将卤水从储卤坑中取出，放入铁盘或铁锅中煎煮，煎煮过程中舀出析出的钙化物，集中放置在灶旁一侧；收取食盐。

除了与制盐有关的遗迹外，遗址中也发现了与盐工临时生活有关的遗存，比如中部的 F1、F2，和位于东南缘的垃圾处理区及四周的小型灶、兽骨等。遗址的布局应有规律性可循：生产单元位于相对中心的位置，生活区和垃圾处理区位于边缘位置。大左庄遗址沿用了百余年，盐井区、刮卤摊场、淋卤储卤区、盐灶区、生活区、垃圾处理区分布体现着一种对于空间利用的共识性。该制盐作坊生产应有一定的组织性，且依地势高差规划合理。局部功能区的变化可能围绕着摊场位置的变化：作坊使用早期，刮卤摊场位于南部，到了晚期，刮卤摊场北移，南部成为生活区，出现了房屋和较多的小灶。大左庄遗址部分遗迹缺少开口层位信息，上文中仅对保存较好的遗迹划分了期别，其他遗迹只能依照形制、堆积特征粗略判断年代和性质。发掘后期进入雨季，水位上涨，G2两侧仍有一些重要遗迹没有清理，这都影响了对制盐工艺的复原。然而，本次发掘获取的资料使我们获取了遗址功能分区和年代的重要信息，为今后进一步研究隋唐时期渤海沿岸的盐业生产、管理、盐工生活等问题提供了线索。

渤海湾西岸地区盐业考古发现

张宝刚

（河北海盐博物馆）

　　黄骅市东临渤海，西倚运河，古为燕齐交壤之地，得天独厚的滨海潮道资源，为后世盐业繁荣发展奠定了坚实基础，"盐业"逐渐成为这一区域先民们维持生计、世代传袭的重要生产、生活方式。这里经历了煮海为盐、滩晒成盐等盐业生产技术革新，在中国的盐业史上起着举足轻重的作用。下面我就近些年黄骅地区及周边的盐业考古发现做一下简述。

一、盐 业 遗 址

　　海兴春秋时期制盐遗址：位于沧州市海兴县军区盐场南 200 米，遗址核心区南北长600、东西宽 20 米，地下遗迹呈条状和片状分布，文化层厚 1～2 米，包含有大量黑灰色草木灰、灰陶器具残片和灶台焦块，并夹杂少量铜铁残件等。此外，2006 年试掘该遗址时发现大量春秋时期制盐器具"盔形器"，此类器物在莱州湾南岸、黄河三角洲一带广泛分布（图一）。《汉书·地理志》记载："齐地负海泻卤，少五谷而人民寡"，又记"乃劝以女工为业，通鱼盐之利"。春秋中叶，齐相国管仲为谋富国强兵之道，建议齐桓公大规模"煮海为盐"，要"以鱼盐之利称雄天下"。文献记载与考古发现有力地证明了此遗址是春秋时期齐国北部重要的产盐区之一。

　　海兴青锋农场东南战国、汉代制盐遗址：位于海兴县青锋农场东南约 4725 米，北部紧邻 S12，遗址大部分已被现代盐池破坏，无法估算面积。在盐池之间的土垄上可发现大量战国和汉代陶片，可辨器型有夹砂灰陶制盐陶瓮、泥质灰陶豆、夹砂灰陶甑、夹砂灰陶板瓦等（图二）。

　　黄骅搬倒井村西战国、汉代制盐遗址：位于黄骅市搬倒井村西约 100 米处，地表遗物可见范围约 4 万平方米。通过钻探可知，遗址文化层厚约 0.5 米，钻孔中可见较多草木灰。遗址西侧有

图一　盔形器

图二　青锋农场战国、汉代制盐遗址

剖面一处，清刮后发现一座残灶及较多红烧土、草木灰等。采集遗物主要为陶器，可辨器型有夹砂灰陶盆、夹砂黑褐陶罐、夹砂灰陶板瓦等（图三）。据当地居民称，本地地名中存在"某灶""某井"等字眼的均与盐业生产有关，如"老灶上""十里河""刘李灶（即六里灶）""四里井""三里灶""二里灶""一里坨"等。

黄骅辛立灶村附近遗址群：位于黄骅市辛立灶村周边，总面积超过 50 万平方米，年代为战国、汉代、唐至元。遗址群大部分被现代盐池破坏，且部分被现代村庄叠压，目前尚存 3 处遗址。以辛立灶村西南遗址为例，该遗址陶片多散布于盐池间土垄上，可辨器形有红陶或灰陶绳纹制盐陶瓷、泥质灰陶豆、夹砂灰陶盆、夹砂红褐陶瓷、夹砂灰陶罐、夹砂灰陶板瓦等，年代为战国、汉代、唐至元（图四）。

黄骅市卯兮城遗址：所在地属黄骅市羊二庄镇前街村管辖，北距羊二庄镇政府 3 千米、西距八里庄约 4 千米，东距羊二庄村约 2.5 千米，南距南营村 5 千米。秦统一六国

图三　搬倒井遗址

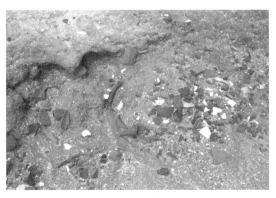

图四　辛立灶遗址

后，继而着手开发"享鱼盐之利"的富庶边贸地带，遂在境内上谷郡地设柳县（岠兮城附近），史上"上谷之饶"与盐有着密不可分的关系。2016 年 3 月河北省文物研究所（2019 年底更名为河北省文物考古研究院）对该遗址进行了试掘，发掘区位于岠兮城北城墙西部，南距黄冯公路约 300 米，东距四里横道 25 米。发掘区域地势平坦，地表种植小麦、玉米等农作物。本次发掘清理灶一座，距地表深约 160 厘米，直径约 80 厘米。平面呈圆形，包含大量烧土、部分红陶陶片（图五）。根据器物残片推断为战国晚期。

图五　岠兮城盐灶遗迹

黄骅大左庄遗址：位于海丰镇东南约 4 千米，朔黄铁路南石黄高速公路北。2016 年 6 月 6 日，河北省文物研究所和黄骅市博物馆在海丰镇以东盐场区域调查时发现。遗址现为取土场，且有数条水渠通过，大量遗迹、遗物裸露地表。河北省文物研究所、黄骅市博物馆联合山东大学历史文化学院组成了联合考古队对遗址进行了抢救性发掘。

2016～2017 年度，考古队发掘了横穿遗址大水沟的东侧区域，发掘区东西宽约 100、南北长约 200，面积约 20000 平方米。共发掘清理卤水井 3 座，刮卤摊场 4 处，灰沟 11 条，盐灶 17 座，灰坑 89 座（图六）。卤水井均为圆形砖井，双井坑结构，口大底小，井口直径 4～5 米，井底发现过滤地下卤水的成捆芦苇。盐灶多数仅余灶底，但仍有部分大型灶保存较好，如 Z6、Z10，灶室最长径均大于 3 米。灰坑性质多样，部分形制规整，其用途可能是淋卤坑或储卤坑。本次发掘还发现较多遗物，以陶瓷器为主，另有少量铁器、石器、木器等。陶瓷器以北朝隋唐时期常见生活器类为主，如青釉饼足瓷碗、白釉玉璧底瓷碗、黑釉瓷碗、夹细砂红陶盆、灰陶罐等。出土铁器都锈蚀严重，可能有部分是制盐盘铁残片。根据遗址内发现的遗迹功能、布局等判断，该发掘区应为一处制盐作坊。出土陶瓷器所反映的作坊主要使用年代为北朝隋唐时期。

图六　2016～2017 年度黄骅大左庄遗址考古发掘现场航拍图

2021 年度，考古队又发掘了大水沟西侧。本次发掘面积约 400 平方米，发现卤水井 2 座、摊场 1 处、灰沟 4 条、盐灶 2 座、灰坑 6 座（图七）。该年度发掘清理的遗迹相比上一年度修整得更为完善，丰富了作坊的内涵。2 座卤水井一大一小，J1 与上一年度发掘的三座卤水井相似，J2 为一座青砖砌小口井，井口直径 0.85～0.9 米，直壁。两口井各对应一条灰坑（G3、G4），两条灰沟底部砌砖，砖上铺设木板，很可能是输卤沟。刮卤摊场遗迹位于发掘区西南侧，可见 4 层使用面。6 座灰坑多为淋卤坑，其中 H2 坑底用长方形沟纹青砖平铺一层；H5 形状为较规整的圆角长方形，坑壁为斜壁，坑底为带小平台的平底，见有明显的精修痕。盐灶 Z1 灶门朝西，Z2 灶门朝南，灶室最大径都在 3 米以上，保存不太好。本次发掘出土的遗物很少，器类与上一年度发掘类似，但年代稍晚。大左庄遗址的发掘首次在渤海湾沿岸揭露了一处较为完整的北朝晚期至唐代晚期的制盐作坊，填补了河北省及渤海湾西岸地区盐业考古的空白。

图七　2021 年度黄骅大左庄遗址考古发掘现场航拍图

黄骅齐庄制盐遗址：2005 年 4 月为配合石黄高速公路基建建设，河北省文物研究所会同黄骅市博物馆对齐庄遗址进行抢救性发掘，因遗址破坏严重，受环境因素制约，本次发掘面积较小，出土各类遗物较少，遗迹仅发现灰坑、灰沟及灶。此次共发现三个灶，灶内包含物主要是草木灰（图八）。根据我们大范围调查，在齐庄遗址周围还存在大量类似的灶，结合遗址周围有大量的盐场考虑分析，推测这些灶是用来煮盐，因此推测齐庄遗址在宋金

图八　黄骅齐庄制盐遗址发掘出土的盐灶

时期是一处颇具规模的煮盐场地。

金代卤水井：该卤水井位于河北柏诺新材料科技有限责任公司施工区北端，基槽内形状呈圆形，卤水井口以上被施工破坏，井口距地表 4.15 米，直径 2.65 米，深 2.55 米，直壁，平底，井壁砖与土壁之间四周用麻绳竖立成直线（用长方形青砖顺砖平铺错缝而砌），井壁砌筑规整（图九）。井内填

图九　金代卤水井

土为灰褐土，土质较硬，内含为草木灰、红烧土颗粒、木炭颗粒、动物骨残片、木棍残块、蚌壳残片、黑釉瓷瓮口沿残片、瓮腹部底片、白釉瓷碗底残片、泥质灰陶盆口沿残片、泥质灰陶罐腹部残片、泥质灰陶布纹板瓦残片。在井口深 2.55 米处有一捆芦苇残长 70 厘米，直径 15 厘米。卤水井的结构和形制与大左庄制盐遗址内的卤水井相似。根据卤水井内清理出的遗物，推断卤水井年代为金代。

黄骅盐区金元制盐遗址：2020 年 4 月黄骅市博物馆在长芦盐区抢救性发掘一处盐业遗址，该制盐遗址位于河北省沧州黄骅市海丰镇村东北 6 千米处，西北距黄骅市约 26 千米，东距渤海湾约 9 千米。本次发掘共布七个探方，清理出房址两座、盐灶三座、灰坑十五个，共发掘 900 平方米。该遗址基本分为两个区，位于西北的生活区和位于东南的制盐工作区（图一〇）。生活区内发现的两座房址均为面阔三间，且带有连灶坑。但是，两座房址面积、结构都存在差别：F1 东西长 15.1、南北宽 5.7 米，面积约 86.7 平方米，为一单间一套间结构。F2 东西长 14.7、南北宽 9.4 米，面积约 138.18 平方米，三单间结构。房间内有一灶坑，坑内有大量烧土块、木炭块以及草木灰等，与火炕相连。两座房址功能可能存在差别，初步推测 F2 可能是盐工居所，从房屋大小、火炕等设施看居住条件尚可。在制盐工作区内，刮卤摊场遗迹堆积较厚，范围较大，打破盐灶 Z1、Z2，表明制盐设施间存在相对早晚关系，作坊使用时间可能较长。根据遗址出土遗物反映的年代信息，该遗址应当是金元时期的一处制盐遗址。该遗址的发掘，有助于了解金元时期制盐工艺以及盐场工人的生活状况，填补了沧州制盐历史中对金元时期研究的空白，同时对中国制盐业发展的研究也具有重要意义。

中王曼村近代盐业遗址：2017 年在滕庄子镇中王曼村文物调查中发现一处制盐遗址，该遗址曾在 20 世纪四五十年代用于制作土盐。当地村民称该遗址为"三台子"，意即三座土台，是制盐时留下的盐坨子（图一一）。据老盐工们描述，中王曼村共有约 150 多亩的土地因为寸草不生，富含盐碱，用来制盐。当时最大的盐坨子高达 3 米左右，长 10 多米，宽 4 米。据了解，20 世纪四五十年代，中王曼村掀起了生产土盐的一个小高潮，当地老百姓主要的食盐来源即是土盐。他们所生产的土盐除满足日常生活必

图一〇　黄骅盐区金元制盐遗址

图一一　中王曼村近代盐业遗址

需外，还用其交换一些生产、生活资料，是农民经济收入的重要来源之一。中王曼村的土盐熬制工序大致可分为取咸土、淋卤制卤、熬制等几个环节。

　　土盐制作是历史时代的产物，当时老百姓收入较低，无力购买质优价高的海盐。他们便因地制宜地开始了土盐生产，以满足自己食用所需。1978 年党的第十一届三中全会以后，农村开始实行家庭联产承包责任制，农民通过承包土地进行合理的开发利用，收益增加，有了足够的经济实力来购买海盐，也就不必再辛苦晒（熬）土盐。同时，在土盐生产上得到的经济利益无法与土地的产出成正比，因此在经济杠杆的调节下，土盐便逐渐结束了它的生产历史。

二、盐 业 文 物

隋唐铜环权、石环权：出土于大左庄制盐遗址。唐代是我国盐政史的重要转折时期，推行的榷盐法是一种对盐就场专卖（官收官卖）的制度。在产盐区设置盐官，向盐户统购盐，加价出售，后再将盐税加入卖与商人。这一制度使得盐的产量和国家税收大大提高。唐代榷盐法只有史料记载，但缺少考古资料证明。这两种环权的发现为此提供了实物证据。大左庄制盐遗址出土的大石环权残缺不全，厚 11.6 厘米，外缘直径 21.3 厘米，内孔最大直径 12.5 厘米；铜环权有一道细裂缝，厚 2.6 厘米，外缘直径 3.6 厘米，内孔最大直径 1.8 厘米，重约 100 克（图一二、图一三）。

图一二　唐代石环权

图一三　唐代铜环权

据史料记载大型的石环权用于称重较重的盐包，小的铜环权用于称重金银贵金属，这些金银是盐商用来购买官盐的。铜环权虽然很小，但意义重大，是遗址存在盐交易环节的有力佐证，说明遗址还周围存在一个商贾聚集的繁荣市镇，随着发掘范围的扩大，可能发现场部、官署、街区、盐仓以及必要的窖藏等更多市镇功能。

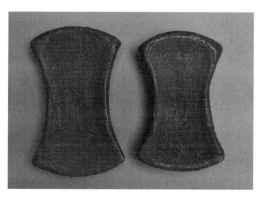

图一四　金代使司铭文束腰银铤

金代使司铭文束腰银铤：出土于黄骅市东 25 千米海丰镇金代煮盐遗址。通长 15、两端宽 9、腰宽 6、厚 2.2 厘米，分别重 2010 克和 2005 克。形状为圆首束腰砝码形，两端宽、中间窄，状似猪肾，因此有"猪腰银"之俗称（图一四）。金代使司铭文束腰银铤银铤是后世银锭、银元宝的前身，是一种具有独特形制的中国古代贵金属铸币。金代盐税缴纳，是通过国家实行盐业专卖进行的。海丰镇出土金代银铤，铤面铭有"使司""行人""伍拾两七分"等文字和各种形状的押印，应该是金代盐商向海丰盐使司购买钞引（贩盐许可证）的入纳银铤。这些盐使司银铤属于国家专卖收入的官银，而非一般的商税或常赋收入。据《金史·食货志》载："大定二十一年（1181年），沧州及山东各务增羡，冒禁鬻盐，朝论虑其久而堕法，遂并为海丰盐使司。……是后，惟置山东、沧、宝坻、莒、解、北京、西京七盐司。"金大定二十二年（1182年），沧州、山东两盐司合并为海丰盐使司，海丰镇成为渤海沿岸主要产盐区。该银铤的发现为研究金代黄骅地区盐业生产、盐课税制、客商制度等方面提供了第一手的实物资料，是黄骅海盐博物馆具有文献意义的、十分重要的馆藏文物。

元提控印：出土于吕桥镇下堡村。印为青铜所铸，印体方形，边长6.5厘米，扁长方橛形纽，印面阳文篆书"提控之印"。"提控"一职，在元代为掌管、管理某项事务的"参佐"官员，全称"提控案牍"，官阶有从八品和从九品两种。元朝时期国家为了管理盐业生产和盐业收入，在渤海西岸专门设立了"长芦都转运盐使司"，管理海丰、严镇等22个盐场。在使司衙门的属官之中，就有从九品的"提控案牍"一职。因此这枚"提控之印"，应该是当年在都转运盐使司衙门中供职的一名官员所用印信。

明代石权：明初在长芦旧22场的基础上，南北盐司各增一场，共计24场。实在境内者，海丰在杨二镇（今羊二庄镇），阜民在常郭（今常郭镇），利国在韩村（今黄骅镇），利民在沧州之毕孟（今常郭镇毕孟街西），严镇在沧州之同居（今齐家务乡同居村）。后来，盐运司在海丰场增设沧州分司衙门，衙署亦在羊二庄，"辖南司十二场"。

2018年3月在对齐家务镇同居村文物巡查过程中，了解到该村有两件与盐业有关的石锁。经文物工作者现场辨认，鉴定为石权，年代为明代。两件石权一大一小，为下粗上细的圆台形，上面造型为银铤纽状，与常见的秤砣形状相仿，均由石灰石制成。大的底部直径为24厘米，上部直径为21厘米，高21.5厘米，重43斤（图一五）；小的底部直径为22厘米，上部直径为19厘米，高20厘米，重34斤。"权"是我国古代用来称重的衡器之一，常见的有铜、铁、陶、瓷、石等多种，俗称秤砣、秤锤、秤权，是悬挂秤杆之上可以移动的砝码，用于称量物体的轻重。由于盐用量大且分量重，需用大秤来称，但铜、铁铸造的大权费用高，而且容易被盐腐蚀，造成称量的误差，所以古人制作了石权。依据这两件石权的形制特点，初步断定其为明代后期制造。石权的发现地齐家务镇同居村，在明代是长芦盐运司第二大盐场严镇场的衙署所在地，反映出当时的盐业产销两旺的状况。

明代重修韩村金沙镇华严寺敕修功德碑：2015年黄骅市常郭镇村民挖沟时发现明代崇祯年间"重修韩村金沙镇华严寺敕修功德碑"，后被博物馆收

图一五 明代石权

藏。此功德碑是明代崇祯年间，皇帝下令重修严华寺。整块石碑高 2.2、宽 0.89、厚 0.26 米。碑名为"重修韩村金沙镇华严古寺记"，碑文由赐进士出身山陕西管通省清军屯盐驿传按察使副使王公弼撰、巡抚西宁道陕西按察司佥事加俸一级邑人杨彤廷篆额、文安郎陕西西安府知鳌屋县事邑人杨王休书丹。其中王公弼明末任山东巡抚，清顺治二年（1645 年），授户部侍郎。碑文即有"长芦利国场盐课司大使"等字样，还有沈、范、贾、赵等当时黄骅名门望族捐修古寺的人名录、韩村镇及附近各村会首捐修的情况（图一六）。此功德碑为研究黄骅长芦盐业史及黄骅地方史提供可靠的实物依据，具有很高的文物价值。

明代创置先斯院赡田碑：发现于黄骅市官庄乡官庄村，系明朝崇祯九年（1636 年）时任长芦盐运使的韩应龙所立，距今已 386 年。碑身长 231、宽 75、厚 30 厘米，碑身正面的顶部为半圆形，依稀可辨篆体碑额"创置先斯院赡田碑记"（图一七）。碑记记载了韩应龙捐出俸禄救助残疾人的全过程，不仅纠正了乾隆八年《沧州志》、民国二十二年《沧县志》中所载碑文的一些谬误，而且为我们了解明末长芦盐业史及地方史提供了珍贵的史料。

图一六　明代重修韩村金沙镇华严寺敕修功德碑　　　图一七　明代创置先斯院赡田碑

清代同居桥头碑：2016 年由村民捐赠给博物馆。碑身长 93、宽 46、厚 19 厘米（图一八）。碑文记载清嘉庆年间，同居桥由于时间所摧，残破已甚，雨潦河涮已成危桥，行人贩夫共叹行路难矣。当地百姓多次欲修此桥，由于费重工繁而作罢。同居关帝庙住持僧人明德，大开募化，四游托钵，历数年，积少成多，募钱一千余贯，于是雇佣民夫，买石材。自嘉庆十二年（1807年）二月六日兴建，至七月初三竣工，历时六个月大桥建成。远望大桥如虹霓，横跨河上，驱车负担者络绎不绝。建桥之中，三月十二日大风之夜，运河之内船只皆覆没，惟独运石材船幸免于难，世传神之佑也。严镇场大使董允怀，字召堂，闻知造桥之事，捐出俸金，功居第一，众人咸服，莫不踊跃从事无惜费。大桥建成之后，当地士绅与商灶公议，凡路过此桥的

图一八　清代同居桥头碑正面

车户，每筐捐制钱一文，用以垫道修桥之费。此项钱文由同居关帝庙僧人收管，如有剩余，以资庙内香火。倘若该寺僧人始勤终惰听，由商灶人等告官查处。由此而知，同居古桥修建后管理可谓完备。桥头石碑完整记录了严镇场盐课司大使、当地士绅及盐商筹资建桥时的详情，为研究长芦盐业史提供了重要实证。

图一九　清代昭武云帮铭文铁权

清代昭武云帮铭文铁权：2013年南排河镇赵家堡村民捐赠一件铁权，铁权形制：高27、径24厘米，重25千克。体圆，底平，顶端有半环形纽，纽内套有铁环。权体两侧各有铸造的铭文，一侧为"昭武云帮较准针秤法（砝）码重伍拾斤"，另一侧为"道光十五年二月造"（图一九）。这枚大铁权出土于清代的盐场遗址（属当时的海丰场管辖），又铭以"较准针秤"的字样，应该是当年盐场专门用于称盐而特别制造的标准衡器。根据铁权上的铭文，得知铁权由一个"昭武云帮"铸于清代道光年间。这个"昭武云帮"是一个运销长芦盐的商帮名号还是其他？这留下了待解之谜，有待今后的进一步研究。

黄骅及周边地区古为"九河下梢"之地，盐碱土广布，秦汉以前极少见于文献记载。春秋时期管仲相齐，建议桓公兴鱼盐之利，作为齐国北部重要盐区，本地开始在历史舞台上崭露头角。换言之，黄骅地区的开发史就是一部"因盐而兴"的历史。本地盐业史以"官山海"为起点，绵延两千余年，自元代定都北京开始，黄骅所在的长芦盐区在七百多年间始终肩负着供应京畿地区食盐战略资源的重任。2016年以来，在考古文博工作者的努力下，本地盐业考古工作逐渐走向正轨，不仅从实证角度验证了文献记载，更以崭新发现填补了许多未见于史书的空白。通过上文梳理可见，黄骅地区的盐业史不仅悠久且未曾间断。在一系列考古发现基础上，相关学术研究已同步开展，并在业内权威期刊《考古》连续两期发表了大左庄盐业遗址的研究成果，引起了学术界对以黄骅地区为主体的渤海湾西岸盐业考古的关注。考古学研究以

兼容并包的视角，在重构、重塑区域盐业史的过程中极大丰富了学术研究的内涵，引领我们从传统宏观问题研究转向了古代盐业生产工艺、盐工基层组织及日常生活、盐业文化的发生与传承等反映古代科技发展水平且极具人文关怀的新问题。作为古今重要盐产区，黄骅所在的长芦盐区与国内其他盐产区在发展上既有共性的一面，也有特殊的一面，融入国内盐业考古和盐业史研究的大局是区域研究毋庸置疑的发展方向。目前，盐业考古研究方兴未艾，发展潜力有目共睹，相信黄骅地区的盐业考古与盐业史研究也能在目前基础上更上一层楼。

古史地文献中的渤海西岸盐业记载

张长铎

（沧州交通学院）

渤海西岸沧州东部一带，自新石器时代早期就有人类居住，早年因地处黄河下游与古黄河入海口附近，海陆交界，地势平坦，光照充足，卤水丰富，非常适宜盐业生产，实为中国海盐生产发祥地之一。

一、商周时期煮盐兴于姜齐

周王伐纣，姜尚为军师，牧野之战，灭商盛周。论功分赏，姜太公被封为齐国始祖，其封国建邦之初，确立了"煮盐垦田、富甲一方"的治国方针。据司马迁《史记》记载："太公至国，修政，因其俗，简其礼，通工商之业，便鱼盐之利。"[1]齐国以临淄为中心，其疆域有山东偏北大部，兼有河北东南部，全境东靠海，西临魏，南有泰山，北界燕赵。战国时期沧州境域东部南部多为齐国属地，齐燕分界大致沿今黄骅市境北部最大的泄洪河道子牙河走向。

《汉书·地理志》载："太公以齐地负海泻卤，少五谷而人民寡，乃劝女工之业，通鱼盐之利，而人物辐凑。"[2]齐国立国之初所临渤海湾一带，滨海土质多为盐碱之地，人稀地薄，的确不具备发展农耕条件。然而，广阔平坦的盐碱滩地却适宜盐业生产，传说中夙沙氏首创的煮海为盐在姜尚执掌齐国时期得以大力发展。

据何金垣《河北省盐业志》记载："盐田亦称滩地，最早官府把濒海之地拨给灶户作为恒产，称作灶地，供樵采煎盐柴草之地称作草荡。易煎为晒后，用于修筑盐池晒盐之地始称滩地。煮海为盐分直接煎煮和制卤煎熬两种方法。直接煎煮即把海水直接倒入器皿煎沸浓缩得盐，行于西周及春秋。制卤煎熬为两步，先制卤，后煎盐。汉代以后变革为此法，直至明朝中期。"[3]郭正忠《中国盐业史古代编》记载："商周之际或更早时代，人工煮海水为盐已经出现。周武王灭商纣、统一全国后，曾分封太公望于营丘建

---

① （西汉）司马迁：《史记》，江苏古籍出版社，2002年。

② （东汉）班固：《汉书》，江苏古籍出版社，2002年。

③ 何金垣：《河北省盐业志》，中国书籍出版社，1996年。

立齐国。齐国土地潟卤，农业生产很不发达，百姓也很少。太公望劝导百姓学习女工，'极技巧，通鱼盐'境内手工业、商业迅速发展，邻国百姓纷纷前来归附。"① 杨宽《战国史》也讲："春秋时代，齐国的海盐煮造业和晋国河东池盐煮造业都已兴盛。到战国时代，齐燕两国的海盐煮造业更加发达，所谓'齐有渠展之盐，燕有辽东之煮'（《管子·地数篇》）。海盐的产量比较多，流通范围比较广，所以《禹贡》说青州'贡盐'，而《周礼·职方氏》又说幽州'其利鱼盐'。"②

　　至于姜子牙励精图治推动齐国经济社会快速发展和沧州东部黄骅海丰镇一带煮盐历史探究，笔者在《黄骅史话》③ 有过专题论述。基本观点是西周时，黄骅一带属齐国北部范围，是海盐业生产的最早发祥地之一。其海丰镇煮盐的历史，可以上溯到商周时期，早在姜子牙被封于齐地，成为拥有征讨五侯九伯特权的齐国开国君主时，此地就以产盐著称。要比号称盐都的自贡井盐时间起码也早千年以上。最早的海盐生产开始地范围，自渤海西岸沿古黄河两侧到入海口附近。

二、春秋战国食盐官营起于管仲

　　春秋战国时期，随着社会生产力的提高，盐业生产发展也进入新阶段。公元前685～前643年齐桓公为齐国君主时，任用管仲为相，接受其"煮沸为盐"的建议，在沧州东部黄骅一带组织煮盐、实施专营，推动盐业生产运销，并鼓励对梁、赵、宋、卫等国的海盐贸易销售，开创了海盐生产大规模发展新局面。

　　据《管子·轻重甲》④ 载管仲与桓公对曰："今齐有渠展之盐，请君伐菹薪，煮沸水为盐，正而积之。"桓公曰："诺。"即管仲说："现在齐国占有渠展出产的盐，请求国君下令砍柴煮盐，然后由政府收缴而储存起来。"齐桓公说："好。"于是从每年十月开始收缴，一直到正月，共有盐三万六千钟。因此，桓公召见管仲询问："安可用此盐而可？"管仲答曰："孟春既至，农事且起。大夫无得缮冢墓，理宫室，立台榭，筑墙垣。北海之众无得聚庸而煮盐。若此盐必坐长而十倍。"如此，国库收入大增。这样既发挥了近渤海产盐所处区位优势，以鱼盐之利，赡贫穷，禄贤能，又大大增强了齐国国力，满足了当时社会发展需求与人民生活所需。

　　《管子·海王》载管仲说："海王之国，谨正盐策，给之盐策，则百倍归于上，人无以避此者。"这里管仲的意思是说，对全国食盐人口要有详细登记，由官府按时按册籍卖给食盐，寓租税于专卖之中，让人民无从逃税，国家盐利收入必达百倍。从上述记载

① 　郭正忠：《中国盐业史古代编》，人民出版社，1997年。
② 　杨宽：《战国史》，上海人民出版社，2016年。
③ 　张长铎：《黄骅史话》，气象出版社，2004年。
④ 　（春秋）管仲：《管子》，北方文艺出版社，2016年。

可见，管仲所创的食盐官营政策和盐禁之法实际上就是食盐民产，官府统购统销，此法虽不利于民却大利于国。管仲的食盐专卖，成效显著，既为国家增加了财政收入，又发展了民间盐业生产，因此，管仲被尊为盐政之祖可谓名副其实。

三、秦汉遍设盐官置于郡县

在秦汉统一全国，建立中央集权统治的 440 年期间，随着社会生产力的提高，食盐产销也有明显的发展。秦时商鞅是继管仲之后推行食盐专卖的第二人物，坚持实行盐业专卖制度，以获巨大财力为国富兵强之后盾。秦始皇统一全国以后，采用中央集权制的郡县制度，以郡统县，初时设三十六郡，后增设至四十余郡，汉承秦制，计一千五百余县。据《汉书·地理志》[①]中所置盐官的记载，分布于 27 郡，共有 38 处。

按周振鹤、张莉《汉书地理志汇释》[②]统计，在西汉沿海置盐官的地方有勃海郡章武（今河北黄骅市）、钜鹿郡堂阳（今河北新河县）、千乘郡千乘（今山东高青县）、北海郡寿光（今山东寿光市）、北海郡都昌（今山东昌邑市）、东莱郡曲成（今山东招远市）、东莱郡东牟（今烟台牟平区）、东莱郡㤄县（今山东黄县）、东莱郡昌阳（今山东文登市）、东莱郡当利（今山东莱州市）、琅琊郡长广（今山东莱阳市）、琅琊郡计斤（今山东胶州市）、琅琊郡海曲（今山东日照市）、会稽郡海盐（今浙江平市）、南海郡番禺（今广州番禺区）、苍梧郡高要（今广东肇庆市）、渔阳郡泉州（今天津武清区）、辽西郡海阳（今河北滦州市）、辽东郡平郭（今辽宁盖州市）等 19 处，占汉置盐官 38 处的半数。因此，可以说海盐在当时已占主导地位。其分布南方仅 3 处，其余 16 处均在北方，集中在渤海和黄海周边，绝大多数都是沿渤海湾与莱州湾和山东半岛在原齐国故地。仅渤海西岸及南岸就有章武、泉州、千乘、寿光、都昌、曲成、当利等 7 处，占当时全国沿海盐官总数的 1/3 以上，足见其地位之重要。其余 19 处井盐、池盐集中产区也设盐官。

据孔祥军《汉唐地理志考校·盐官考》记载："盐官之制，为我国经济史尤重一端，其制度之确立，始于西汉武帝时。《续汉书·百官志》：'凡郡县出盐多者置盐官，主盐税。'则盐官所置之所，皆是产盐之地。"[③]汉武帝时任用齐地"大煮盐"者东郭咸阳为大农丞，主管全国食盐官营事务，并令其乘驿遍巡郡国，取缔私营盐业，设置盐官署，负责经营食盐事宜。同时，采纳其建议，重禁山泽，不允许私自煮盐。山海均有官府管理，整个食盐业都由中央大司农经管，产盐区和中转站均设置隶属于大司农的盐官。盐官负责招募百姓，分配煮盐的场地和牢盆，收购产品并经营运销等。

---

① （东汉）班固：《汉书·地理志》，江苏古籍出版社，2002 年。
② 周振鹤、张莉：《汉书地理志汇释》，凤凰出版社，2021 年。
③ 孔祥军：《汉唐地理志考校》，新世界出版社，2012 年。

四、魏晋南北朝食盐专营在于军管

魏晋南北朝政权林立，是分裂割据的时代。自曹魏至北周，各朝代虽然在食盐产区设有盐官，但是常驻军队控制食盐专营，设置司盐校尉、司盐都尉等军官，采用军事管制手段控制盐业生产，强化其军事性质以管理煮盐事宜。

据王雷鸣《历代食货志注释》载："卫觊议为'盐者国之大宝，自丧乱以来放散，今宜如旧置使者监卖，以其直益市犁牛，百姓归者以供给之'于是魏武遣谒者仆射监盐官。"[1] 这里说的是建安四年（199年），曹操派遣谒者仆射"监盐官"卖盐，建安十年（205年）击败袁绍占有河北之后，更置司金中郎将统管盐铁诸事。其下，还置司盐都尉、司盐监丞，负责煮盐。蜀汉、孙吴也同曹魏一样，专置戎官统管食盐生产，其以典戎之官，管牢盆之政。

建安十一年（206年），为加强对渤海西岸盐业的控制和魏武定霸所需，曹操还分冀州刺史所领河间国之束州、文安、东平舒和勃海郡所属章武县，设置章武郡，当时郡县同治，治所在章武故城（今黄骅市常郭镇故县村）。宋王应麟《通鉴地理通释·三国州郡》载："魏据中原，有州十二，有郡国六十八，魏武置十二。"[2] 孔祥军《晋书地理志校注》也记载："魏武定霸，三方鼎立，生灵版荡，关洛荒芜，所置者十二，新兴、乐平、西平、新平、略阳、阴平、带方、谯、乐陵、章武、南乡、襄阳。"[3]

550年，高洋废东魏建齐，都邺，史称北齐。《历代食货志注释》载："自迁邺，于沧、瀛、幽、青四州之境，傍海煮盐。沧州置灶1484，瀛州置灶452，幽州置灶180，青州置灶546，又于邯郸置灶4，（合计盐灶2666）计总岁合收盐20万9千7百零2斛4升。军国所资，得以周赡矣。"从以上记载可见，当时，沧瀛两州（现渤海西岸沧州一带）盐灶总数占到海盐四州主产区72%以上，照此计算，沧瀛两州此时年产食盐为15万斛（石）以上。

五、隋唐五代海盐发展源于沧州

隋唐五代海盐生产除继承传统外，进入全面发展时期，得益于隋朝结束分裂割据，统一南北，为盐业发展创造了良好的外部条件。从而，使海盐产区面积和生产规模不断扩大，盐类品种与应用范围日渐增多，北方尤以渤海之滨与黄海之畔为主产区。

按《新唐书·地理志》《元和郡县图志》记载，唐时产地有沧州盐山、清池、鲁城，

① 王雷鸣：《历代食货志注释》（第一册），农业出版社，1984年。
② （南宋）王应麟：《通鉴地理通释》，中华书局，2013年。
③ 孔祥军：《晋书地理志校注》，新世界出版社，2012年。

棣州蒲台、渤海等。《隋书·食货志》记："当时傍海置盐官，以煮盐，每岁收钱，军国之资，得以周赡。"《隋书·地理志》载："盐山旧曰高城，开皇十六年又置浮水，十八年（598年）改高城曰盐山，大业初省浮水入焉。"唐武德四年（621年）唐高祖李渊将盐山县升格为东盐州，州治在今黄骅市旧城镇旧城村，辖清池（今沧县）和浮水县（今孟村县）。贞观元年（627年）撤东盐州和浮水县，复置盐山县。

《旧唐书·食货志》载："永徽元年，薛大鼎为沧州刺史，界内有无棣河，隋末填废。大鼎奏开之，引鱼盐于海。百姓歌之曰：新河得通舟楫利，直达沧海鱼盐至。昔日徒行今骋驷，美哉薛公德滂被。"又载："乾元元年，加度支郎中，寻兼中丞，为盐铁使。于是始大盐法，就山海井灶，收榷其盐，立监院官吏。其旧业户泊浮人欲以盐为业者，免其杂役，隶盐铁使。常户自租庸外无税，而国用以饶。"这里是说两层意思，一是薛大鼎任沧州刺史时奏开无棣河，引鱼盐于海，既改善了通商漕运，又使沧州海盐生产面貌大变，深受当地百姓拥戴。二是实施盐法变革，培植扶持灶户，发展盐业生产。

六、宋辽金元易煮为晒始于福建

中国海盐易煮为晒究竟始于何时？这是制盐技术史上值得深入探讨的重要课题。过来大都认为晒盐之法始于明代，近年学界趋向成熟的看法是提前到宋元时期已有易煮为晒的做法。

据孔祥铸《长芦晒法制盐始于何时》引述明何乔远《闽书》载：福建"盐有煎法，有晒法，宋元以前二法兼用，今则纯用晒法"。又引明章潢《长芦煎盐源委》"谓长芦盐区有部分盐场明代已开始用晒法制盐：'如海丰（今黄骅羊二庄）等场产盐出自海水滩晒而成，彼处有大口河一道，其源出于海，分为五派，列于海丰、深州海盈（今海兴苏基）二场之间，河身通东南而远去。先是有福建一人来传此水可以晒盐，令灶户高淳等于河边挑修一池，隔为大、中、小三段，次第浇水于段内，晒之浃辰则水干，盐结如冰。其后本场灶户高登、高贯等；深州海盈场灶户姬彭等共五十六家，见此法比刮土淋煎简便，各于沿河一带，择方便滩地，亦挑修为池，照前晒盐'。依此，则长芦用晒法制盐，当在正德十二年（1517年）至嘉靖元年（1522年）之间"。[①] 上述记载既说明长芦盐区在明朝中期就开始易煮为晒，同时又佐证了海滩晒盐是由福建兴起而向河北扩展的。

七、大元明清盐场广布行于长芦

1215年，成吉思汗攻金占领北京后，改中都为燕京，广收燕京附近濒临渤海原金

① 孔祥铸：《长芦晒法制盐始于何时》,《历史地理创刊号》1981年第1期。

代所设盐场。1271 年，忽必烈建立元朝后，更是大规模设场煮盐。

据《河北盐业志》记载："自蒙古太宗元年（1229 年）至元二十四年（1287 年）长芦盐区先后置场 22 处，其中今河北境内有 15 处。盐场始有规定场界，有派驻的官员。明沿元制，于洪武二年（1369 年）增置归化、海盈 2 场。场区划为南北两部分，各自设置分司来管理。南部称南场，属沧州分司，计有利国场（黄骅镇）、利民场（黄骅毕孟）、海丰场（黄骅羊二庄）、阜民场（黄骅常郭）、阜财场（海兴高湾）、益民场（海兴大范庄）、润国场（黄骅常郭）、海阜场（黄骅羊二庄）、深州海盈场（海兴苏基）、海盈场（海兴苏基）、海润场（黄骅冯家堡）等 11 场。北部称北场，属青州分司，包括严镇场（黄骅同居）、越支场（丰南越支）、石碑场（乐亭石碑）、济民场（滦南柏各庄）、惠民场（昌黎大蒲河）、归化场（秦皇岛西盐务），计 6 场。"

元极重盐利，《元史·食货志》载："国资所资，其利最广者莫如盐。太宗庚寅年（1230 年）始立河间税课所，置盐场，拨灶户 2376 隶之，每盐一袋，重 400 斤。甲午年（1234 年）立盐运司。宪宗二年（1252 年）改河间课税所为提举沧清深盐使所。至元二年（1265 年）改立河间都转运司，岁办 9 万 5 千袋。七年，始定例岁煎盐 10 万引，办课银 1 万锭。十二年，改立都转运使司，添灶户 900 余，增盐课 20 万引。十八年，以河间灶户劳苦，增工本为中统钞三贯。是年，又增灶户 786。二十五年，增工本为中统钞五贯。二十七年，增灶户 470，办盐 35 万引。至大元年（1308 年）又增至 45 万引。延祐元年（1314 年），以亏课，停煎 5 万引。自是至天历皆岁办 40 万引，所隶之场，凡二十有二。"时除浙、淮两产区外，长芦产盐属第三之位。

明代自洪武初，诸产盐地次第设官。盐政在各大产区设都转运盐使司 6 个，包括两淮、两浙、长芦、山东、福建、河东。据《明史·食货志》记载："明初，置北平河间盐运司，后改称河间长芦。所辖分司二，曰沧州，曰青州；批验所二，曰长芦，曰小直沽；盐场二十四，各盐课司一。"《旧志》："明初以二十四盐场判为南北，设运同于沧州境内治之。"

长芦乃古县名，按唐李吉甫《元和郡县图志》："长芦县，本汉参户县地，周大象二年，于此置长芦县，属章武郡。水经云：'长芦，水名也。水傍多芦苇，因以为名。'隋开皇初属瀛州，贞观后属沧州。"[1] 据宋乐史《太平寰宇记》"废长芦县，本汉参户县，今县西北四十六里有参户故城是，后汉省，俗亦谓之木门城。按本县理即周宣帝大象二年于参户故城东南置长芦县，属章武郡。隋初于今县西北三里置漳河郡，以县属焉；三年罢郡，仍移县于郡界，属瀛州；十六年于县置景州。大业三年废。唐武德四年又于此置景州。贞观初省，以县属沧州。县元在永济渠西，开元十四年，大雨，城邑漂沈；十六年移于永济渠东一里，即今县是也。皇朝乾德二年割入清池县。"[2] 清顾祖禹《读史方舆

① （唐）李吉甫：《元和郡县图志》，中华书局，1983 年。
② （北宋）乐史：《太平寰宇记》，中华书局，2007 年。

纪要》还补记："长芦，宋仍属沧州，熙宁四年省为镇，属清池县。元迁沧州于此。时州未有城，故仍以镇为名。"[①]

从上述记载可见，长芦在明朝虽为镇名，却因其居渤海沿岸二十四盐场之中央，监督管理十分便利，所以，用此镇名命名整个盐区称谓，且盐运司由河间移驻于此。对比江淮闽鲁省区大域，长芦因盐而名扬于世实属沧州之幸。明清时期，长芦更是仅次于两淮、两浙的全国三大海盐产区之一，据刘洪升点校《长芦盐法志》载："长芦盐区每年数十万两的盐课是封建王朝重要的财政收入来源，每年数十万乃至后来近百万引的盐产，更直接维系直豫两省一百八十四州县民食的正常消费。因此，长芦'盐筴之设，上裕国计，下便商民'，长芦盐直接与封建国家的国计民生攸关。民国时期长芦盐区还一跃而成为全国最大的海盐产区。"[②]

近年，随着环渤海盐业考古工作的深入与拓展，渤海西岸及南岸一带不断有海盐遗址被发现和发掘，更进一步印证了古史地文献中有关海盐产销资料的无比珍贵和巨大作用。2000～2005 年，通过对海丰盐场遗址的三次考古发掘，不仅发现大量煮盐遗迹，而且还发现其盐业和瓷器贸易的相关证据。因此，古海丰镇盐场作为沧盐的主要产地，兴起于商周时期，历经春秋战国、两汉西晋、至唐宋辽金达到鼎盛。据《金史·食货志》："大定二十一年（1181 年）沧州及山东各务增羡，冒禁鬻盐，朝论虑其久或隳法，遂并为海丰盐使司。"次年沧州、山东两盐使司合并为海丰盐使司。海丰镇盐场遂成为沧州、山东一带主要产盐区和盐业贸易的集散地。2006 年被国务院办公厅公布为第六批全国重点文物保护单位。

按冯恩学等《黄骅市海丰镇遗址发掘报告》[③]和《黄骅市海丰镇遗址出土文物》[④]载：海丰镇得名于北宋，原名韦家庄镇，宋仁宗景祐四年（1037 年）置，宋徽宗政和三年（1113 年）改名海丰镇。《元丰九域志》："盐山，州东六十里。四乡。会宁、通商、韦家庄三镇。有盐山、浮水。"[⑤]金代海丰镇隶属河北东路沧州盐山县，属四镇之首（海丰、海润、利丰、扑头），辽金元改为海丰镇，后世繁盛，皆以行盐之故。或许这就是金代中期朝廷把盐使司设在海丰镇的原因。

海丰镇遗址位于黄骅市羊二庄镇海丰镇村，是渤海西岸古柳河入海口，是我国北方最早的集水陆交通为一体的大型口岸遗址。秦末汉初即为运盐通商重埠。当时柳河水运繁荣，陆路驰道便利。前 125 年（汉武帝元朔四年）汉武帝刘彻封齐孝王刘将闾之子刘阳为侯，设柳侯国即在此地。因东临渤海，南靠柳河更是盐兴之地和运销重镇。后赵石

① （清）顾祖禹：《读史方舆纪要》，中华书局，2005 年。
② 刘洪升点校：《长芦盐法志》，科学出版社，2009 年。
③ 冯恩学等：《黄骅市海丰镇遗址发掘报告》，文物出版社，2015 年。
④ 冯恩学等：《黄骅市海丰镇遗址出土文物》，科学出版社，2016 年。
⑤ （北宋）王存：《元丰九域志》，中华书局，1984 年。

勒使王述煮盐于角飞城即是这里。

　　综观史地古籍中有关渤海西岸盐业的文献记载，可以看出无论是商周时期海盐生产发祥、春秋战国盐业官营、秦汉魏晋食盐专卖，还是隋唐辽宋盐业变法，以及金元明清易煮为晒和盐场增设都有着沧州东部长芦盐区的领衔发展。这也从一个侧面反映出沧州长芦盐之所以能够享誉中外是有着悠久历史渊源的。

山东寿光市机械林场东周盐业遗址发掘简报

山东大学历史文化学院　山东省文物考古研究院
山东艺术学院　寿光市博物馆

机械林场遗址位于寿光市西北双王城经济生态园区，具体在林海生态博览园东北侧、省道226和320交界处东南，南距寿光市区约30、东北距莱州湾约20千米。周围分布着双王城、大荒北央、南河崖等盐业遗址群，同处于莱州湾南岸沿海滩涂地带。

2017年春，为配合黄水东调水利工程建设，考古部门对工程沿线占压范围进行了细致考古调查、勘探，进而发现了机械林场遗址。遗址位于现代林场内，文化层较薄且分布不连续，20世纪60年代以来的植树造林对遗址造成较大破坏。2017年4~6月，我们依据前期勘探情况，于河道下挖范围内选择3个文化层堆积较好的区域进行发掘，分别编为第一地点、第二地点、第三地点（图一）。清理面积1500余平方米，其中第一地点除M1为晚期墓葬外，其余遗迹和第三地点遗迹同为东周时期文化遗存（图二、图三），现将发掘所获东周遗存情况简报如下。

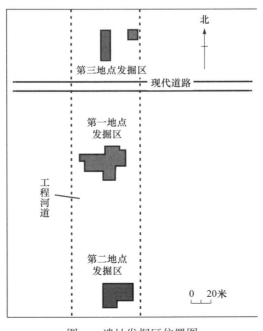

图一　遗址发掘区位置图

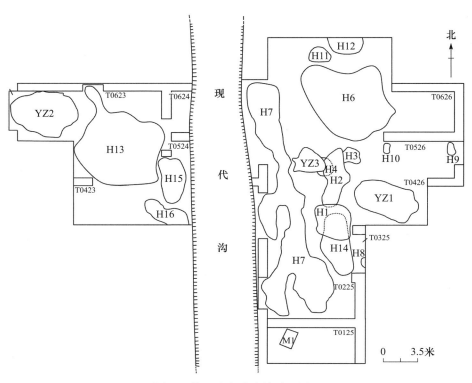

图二　第一地点遗迹总平面图

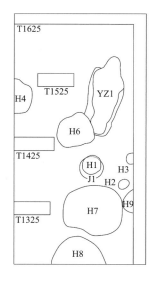
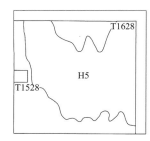

图三　第三地点遗迹总平面图

一、地 层 堆 积

发掘区整体文化堆积较薄，遗迹埋藏深度普遍较浅。第一地点地层堆积可分 3 层，第 1 层为表土层，第 2、3 层为东周地层，大多数探方第 1 层以下便是生土。个别探方第 1 层已经被工程清表所去除；第三地点地层堆积与第一地点相同，第 1 层为表土层，第 2、3 层为东周文化层，遗迹大多开口于第 2 层下。现以第一地点 T1045（探方编号首位数表示其所在地点）南壁剖面堆积为例进行介绍（图四）。

第 1 层：黄褐色粉砂土，土质疏松。堆积高地不平，厚薄不均，因工程清表仅分布于探方西侧，厚 0.05～0.1 米。内含大量树木根系、砖石碎渣、塑料薄膜和烧土块等，是现代人为形成的垫、耕土层。仅存在于发掘区西半部。

第 2 层：灰褐色粉砂土，土质松散，硬度较低。分布于全探方，厚 0.03～0.15 米。内含草木灰、烧土颗粒和少量陶片。为东周时期文化层。

第 3 层：浅黄色细砂土，土质较为疏松。分布于全探方，厚 0.05～0.2 米。包含物较少，发现少量草木灰、烧土颗粒及少量陶片。为东周时期文化层。

第 3 层下为生土层。黄褐色细砂土，土质松散，硬度较低，颗粒较小，渗水性强。

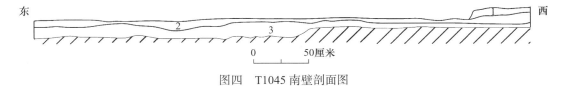

图四　T1045 南壁剖面图

二、遗　　　迹

本次对第一、第三地点的发掘，共清理各类遗迹 30 余处，包括灰坑、盐井和盐灶等。现将时代一致、保存较好和出土物较为丰富的遗迹单位分述如下。

（一）灰　　　坑

共发现 25 个。平面呈椭圆形或不规则形，大小不一，深度较浅，周壁及底部没有明显的加工痕迹。依内部堆积不同可分为两种，第一种堆积为大量制盐陶器碎片；第二种堆积为大量草木灰、烧土块和烧土颗粒。

第三地点 H5，位于第三地点东部，覆盖 T3078 与 T3088 大部分区域，向北向东延伸到发掘区外。开口于第 2 层下，打破生土层。平面呈不规则形，斜壁，底部高低不一。最大径 11、最深 0.65 米。坑内堆积可分 3 层：第 1 层，为草木灰堆积，间杂大量制盐陶器残片；第 2 层，为红烧土与草木灰掺杂堆积，出土陶片较少；第 3 层，浅灰色草木灰堆积，较薄，此层下有一层流水冲积形成的黄色细砂土，其间夹杂少量条状黏土。坑内出土大量陶片，均为圜底瓮残片，泥质灰陶，器表饰交错绳纹，内壁拍印方格纹（图五）。

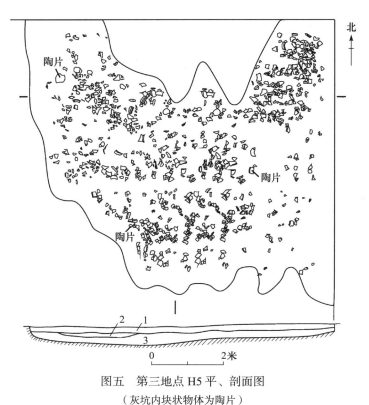

图五　第三地点 H5 平、剖面图

（灰坑内块状物体为陶片）

第三地点 H6，位于 T3075 南部，伸入 T3065 北隔梁下。开口于第 1 层下，打破 T3075Z1，打破生土层。平面呈椭圆形，下挖较浅，斜壁，圜底，壁面光滑。最大径 2.56、深 0.22 米。坑内堆积简单，包含大量草木灰，掺杂烧土颗粒，出土少量圜底瓮残片（图六）。

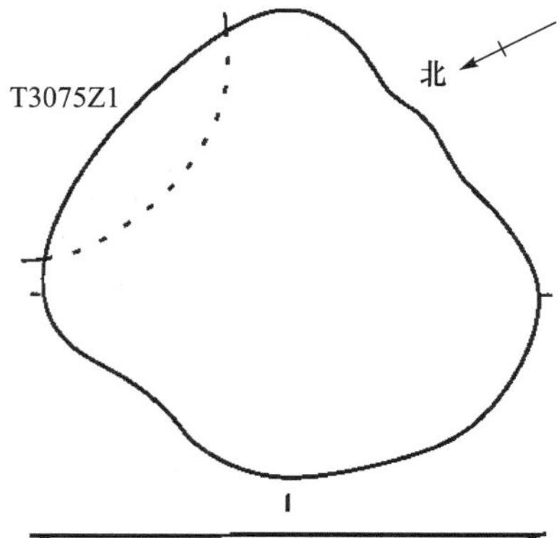

第三地点 H7，覆盖 T3065 南部和 T3055 北部。开口于第 1 层下，打破生土层。平面呈椭圆形，下挖较浅，斜壁，圜底，壁面光滑。最大径 4.47、深 0.7 米。坑内堆积简单，包含大量草木灰，掺杂烧土颗粒，出有少量圜底瓮残片（图七）。

第一地点 H1，位于 T1055 南中部，部分延伸至 T1045 北隔梁下。开口于第 2 层下，打破生土层。平面略呈椭圆形，斜直壁，底部东高西低。直径约 2.1、

图六　第三地点 H6 平、剖面图

深 0.1~0.2 米。坑内堆积可分 2 层；第 1 层，浅褐色砂土，质地疏松，夹杂较多烧土颗粒与红烧土块，包含大量陶片；第 2 层，黑褐色草木灰堆积，出有少量陶片（图八）。

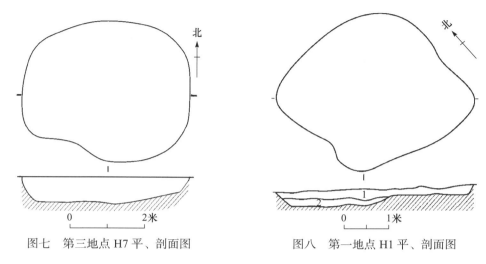

图七　第三地点 H7 平、剖面图　　　　图八　第一地点 H1 平、剖面图

第一地点 H7，位于第一地点发掘区中部，跨越多个探方。开口于第 2 层下，打破生土层。平面呈不规则形，斜壁，底部高低不平，最长 24.6、最宽 6.8、最深 0.7 米。坑内堆积较为一致，上部为大量圜底瓮残片，底部发现少量烧土块，填土主要为灰黑色粉砂土，土质松软，夹杂少量草木灰（图九）。

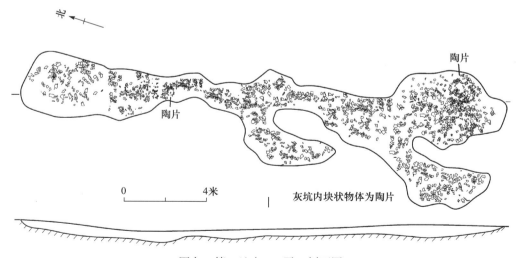

图九　第一地点 H7 平、剖面图

第一地点 H15，位于 T1053、T1054、T1063 和 T1064 相交区域。开口于第 2 层下，打破生土层。平面略呈长椭圆形，斜直壁，底部近平。长约 4.6、深约 0.43 米。坑内堆积简单，主要为灰黑色草木灰，土质松软，其中包含大量圜底瓮残片，于底部发现少量烧土块（图一〇）。

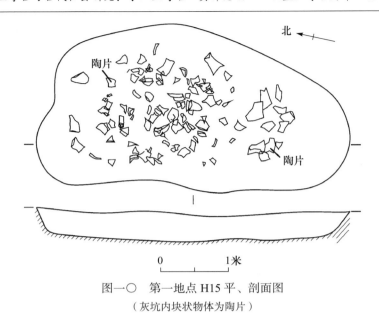

图一〇　第一地点 H15 平、剖面图

（灰坑内块状物体为陶片）

（二）盐　灶

共发现 4 座，其中 3 座位于第一地点，1 座位于第三地点。

第一地点 YZ1，位于第一地点东部，范围在 T1056 西北部和 T1055 东部。开口于第 2 层下，打破生土层。整体呈西北—东南向，方向为 280°。平面形状近长椭圆形，东西长 6.4、南北宽 3、深 0.2~0.8 米。从西向东由灶口、灶室和烟道三部分组成。灶壁内弧，较为光滑，灶壁整体呈浅红色，局部有青灰色。灶口位于最西端，平面略呈椭圆形，圜底、底部为黑褐色硬面。灶口以东为灶室，两者大致以灶西部"束腰"处为界，整体为长椭圆形，圜底，底面为烧烤形成的黑褐色硬面。灶内堆积较杂乱，上部堆积包含大量圜底瓮碎片，下部堆积可分为两部分，西半部灶口位置堆积以草木灰为主，中东部灶室部分为草木灰与红烧土混合堆积，局部呈分层现象，均掺杂圜底瓮碎片。灶东端有 3 处外凸的结构应为烟道，其顺弧形灶壁斜向上，呈长条形结构，其中中部和南部烟道顶部似存有圆形烟囱，烟道和烟囱周壁烧结轻、较疏松。北部烟道长 0.33、宽 0.23 米，中部烟道长 0.8、宽 0.39 米，南部烟道长 0.56、宽 0.36 米。烟道和烟囱内部堆积以草木灰和红烧土为主，近地表处存大量圜底瓮碎片（图一一）。

第一地点 YZ2，位于第一点西部偏北，覆盖 T1072 探方大部，西部和东部少许分别延伸至 T1071 和 T1073 内。开口于第 2 层下，自身打破生土层。整体呈西北—东南向，方向 273°。平面形状近椭圆形，东西长 6.8、南北宽 3.6、灶内最深 1.1 米。从西向东由灶口、灶室和烟道三部分组成。灶壁内弧，壁面光滑，灶壁整体呈浅红色，局部有青灰色，其最厚处约 0.8 米。灶口位于最西端，平面略呈椭圆形，长径 2.6、短径 1.5~2.2、深 0.9 米，底部倾斜呈圜底形，两侧壁面烧烤痕迹明显，经解剖发现壁有分

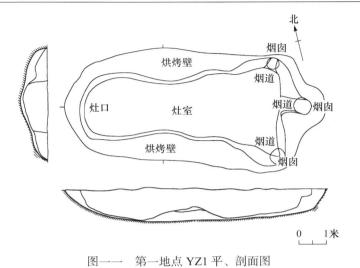

图一一　第一地点 YZ1 平、剖面图

层现象，应为使用一段时间后再用泥修补形成，灶口内残留大量草木灰。灶口以东较宽部分为灶室，两者大致以灶西部"束腰"处为界，整体为长椭圆形，长 2.7、宽 3、深1.1 米，圜底，底部较为平坦，残存草木灰较少。灶内堆积较为杂乱，表层有大量制盐陶器圜底瓮碎片，下部主要为黑褐土与酱绿色土相间堆积，其间夹杂大量白色硬化板结物和红烧土。灶东端有三条烟道，其顺弧形灶壁斜向上，呈长条形结构，烟道壁面内弧、整体烧结轻，其中南北两处遭后期破坏严重，中间一处近地面处有经火烤较硬的壁面。北部烟道长 0.65、宽 0.48 米，中部烟道长 0.67、宽 0.37 米，南部烟道长 0.6、宽 0.5 米。烟道内堆积以草木灰和红烧土为主，近地表处堆积有少量陶器碎片。灶外东侧有一圆形小坑，打破灶壁，直径约 0.5、深约 0.1 米，坑内填灰色粉砂土，质地松软，纯净无包含物，其性质不明确（图一二）。

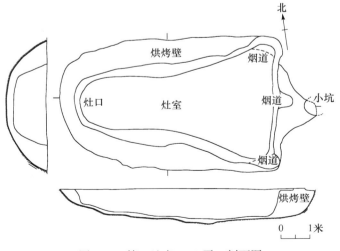

图一二　第一地点 YZ2 平、剖面图

　　第一地点 YZ3，位于第一地点 T1065 西南部。开口于第 2 层下，打破 H2、H4，打破生土层。整体呈西北—东南向，方向 97°。平面形状近似圆角三角形，东西长边 4.2、南北短边 3.4、深 0.9 米。分为灶口、灶室和烟道三部分。灶壁内弧，壁面光滑，呈经烧烤而成的浅红色，壁厚约 0.3 米，灶底高低不平有明显落差。灶口位于最东端，平面略呈椭圆形，圜底，内填黑褐色草木灰和红烧土，底部为烧烤形成的青灰色硬面。灶口以西较宽部分为灶室，平面整体呈长三角形，长 2.7、宽 3、深 0.9 米，圜底，底部为黑褐色硬面。灶内堆积可分三层，第 1 层填土为黑褐色粉砂土，夹杂大量圜底瓮碎片、红烧土颗粒和草木灰，质地疏松；第 2 层为灰褐色粉砂土，其中有较多草木灰与红烧土块掺杂在一起的花土，夹杂少量陶片；第 3 层为灰褐色粉砂土，土色泛绿，质地较前两层稍硬，夹杂少量草木灰，无陶片，较为接近生土。灶室西端南北对称分布有两条烟道，其顺弧形灶壁斜向上，呈长条形结构，烟道壁面内弧、整体烧结轻，北部烟道长 0.53、宽 0.26 米，南部烟道长 0.55、宽 0.28 米。灶东南侧与 H4 有小部分连接，两者可能存在同时搭配使用的关系（图一三）。

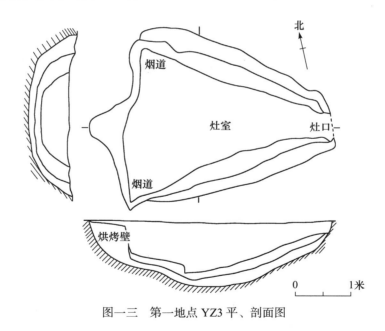

图一三　第一地点 YZ3 平、剖面图

　　第三地点 YZ1，位于第三地点北部偏西，范围包括 T3075 东部和 T3085 东南部。开口于第 2 层下，打破生土层。整体呈西南—东北向，方向 195°。平面形状近长椭圆形，南北长 6.5、东西宽 2.8、深 0.94 米。由灶口、灶室和烟道三部分组成。灶口位于南端，长 2、宽 0.6～1.8、深 0.74 米。两侧壁面烘烤痕迹明显，厚度较厚，经解剖发现有分层现象，应为多次用泥修补后形成。灶口内残留大量草木灰。灶室长 3.7、宽 2.7、深 0.74 米，底部较为平坦，存有少量草木灰，东西两侧烧烤壁面由南向北逐渐变薄且颜色逐渐变浅，呈浅红色。灶室内残存数件较完整的可复原圜底瓮，另有大量圜底瓮残片，可知为煮盐后所留。灶北端有 3 条烟道，仅残存少许部分，其壁面呈黑色且硬度较大，为烟熏痕迹。灶口西南部被 H6 打破，两者可能存在搭配使用的关系（图一四）。

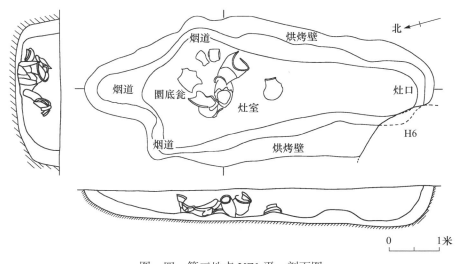

图一四　第三地点 YZ1 平、剖面图

（三）井

发现 1 口。分布于第三地点。

第三地点 J1，位于 T3065 北中部。开口于第 2 层下，打破生土层。井身平面近圆形，整体结构分为上下两部分，上部斜壁，壁面光滑，在 0.6 米深处明显内收，形成一周平台，井壁及平台土质紧密，有经工具拍打后形成的加工痕迹；下部整体呈筒状，斜直壁、平底。上口部直径约 1.86、下口部直径约 0.98、底径约 0.6、深约 1.52 米。井内为黄褐色粉砂土，质地松软，包含零星炭屑和少量陶片，井底有因历年积水而形成的薄层灰绿色淤砂（图一五）。

三、出土遗物

本次发掘遗物种类以陶器为主，另有少量铁块、烧土柱等。

（一）陶　器

器形有圜底瓮、鬲、豆、盆、罐、瓦，绝大部分为残片，以圜底瓮碎片为大宗。

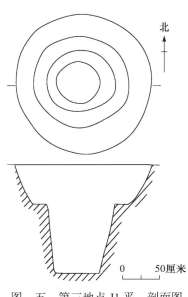

图一五　第三地点 J1 平、剖面图

鬲　2件。均残。可分二型。

A型　1件。T1055H7：4，夹细砂灰陶。方唇，直口，平折沿，短束颈，广肩，鼓腹，最大腹径略大于口径。上腹部饰竖向粗绳纹。口径26、存高6.4、壁厚0.6~1.4厘米（图一六，1）。

B型　1件。T1075①：6，夹砂褐陶。方唇，直口，坡折沿，短束颈，溜肩，鼓腹，最大腹径略大于口径。颈部有一周竖向刻划纹，腹部饰斜向粗绳纹。口径23.4、存高9.4、壁厚0.4~1厘米（图一六，2）。

釜　1件。T1053H16：7，夹砂红陶。口部微敛，尖圆唇，卷沿，束颈，广肩。颈部以下饰有粗绳纹。口径26、存高8、厚0.6~1厘米（图一九，5）。

豆　5件。均残，泥质灰陶。可分三型。

A型　2件。口部缺失、残留豆盘底部。T1045H14：15，弧盘，外壁近柄部有一十字形刻划纹。存高7、壁厚1.5~2厘米（图一六，5）。T1055H7：6，弧盘，柄部较粗。存高2.7、壁厚1~2.1厘米（图一六，6）。

B型　1件。T3075Z1：13，侈口，圆唇，浅盘，折腹。外壁可见轮制弦线。内壁底部饰有十字形刻划纹。口径19、存高6.1、壁厚0.7~1.7厘米（图一六，4）。

C型　2件。侈口，尖圆唇，浅盘，折腹明显，腹部近平。T1075①：7，外壁折棱下有一周凹弦纹，柄部中空。口径16.6、存高4.9、壁厚0.4~2.3厘米（图一六，3）。T1075H6：68，柄部残存部分较细。外壁可见轮制弦线。口径16、存高4、壁厚1厘米（图一六，7）。

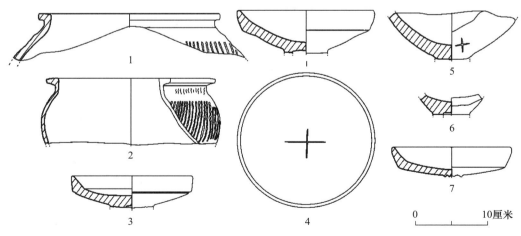

图一六　出土陶鬲、陶豆

1. A型鬲（T1055H7：4）　2. B型鬲（T1075①：6）　3、7. C型豆（T1075①：7、T1075H6：68）
4. B型豆（T3075Z1：13）　5、6. A型豆（T1045H14：15、T1055H7：6）

罐　5件。均为口沿残片。多为泥质灰陶。方唇，短颈。颈部以下饰绳纹。依据口沿、颈部之别，可分为三型。

A 型 2 件。T3055H7：7，口部微侈，方唇，卷沿，有领，广肩。颈部以下拍印竖向细绳纹。存高 6.7、壁厚 0.6～0.9 厘米（图一七，1）。T1063H15：14，微侈口，方圆唇，卷沿，束颈。肩部饰细绳纹。口径 20、存高 5、壁厚 0.7～1 厘米（图一七，2）。

B 型 1 件。T1073H13：30，近直口，方唇，卷沿，有领。颈部有数周凸棱纹。口径 19、存高 5.3、壁厚 0.8 厘米（图一七，3）。

C 型 2 件。T3075H4：7，夹砂灰陶。直口，方唇，斜折沿，有领，广肩。肩部饰竖向细绳纹。存高 6.6、壁厚 0.6～1 厘米（图一七，4）。T3075H4：5，夹砂红陶。口部微敛，方唇，斜折沿、沿面内凹。口径 40、存高 3.5、壁厚 0.9 厘米（图一七，5）。

壶 3 件。均为泥质陶。侈口，圆唇，颈部较长，呈现高领。可分三型。

A 型 1 件。T1063H15：13，红陶。口部微侈，圆唇，卷沿，肩部以下缺失。口径 14、存高 5.5、壁厚 0.7～1 厘米（图一七，6）。

B 型 1 件。T1075H6：70，灰陶。口部微侈，尖圆唇，卷沿，肩以下缺失。口径 14、存高 5.8、壁厚 0.6 厘米（图一七，7）。

C 型 1 件。T1063H15：15，红陶。侈口，方圆唇，卷沿。口径 13、存高 5.5、壁厚 0.7～1 厘米（图一七，8）。

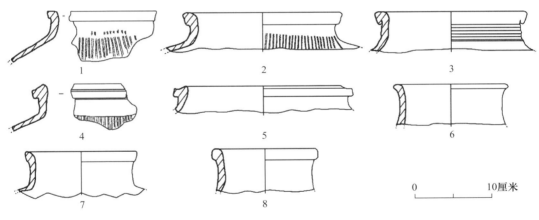

图一七 出土陶罐、陶壶

1、2. A 型罐（T3055H7：7、T1063H15：14） 3. B 型罐（T1073H13：30） 4、5. C 型罐（T3075H4：7、T3075H4：5） 6. A 型壶（T1063H15：13） 7. B 型壶（T1075H6：70） 8. C 型壶（T1063H15：15）

盆 9 件。均泥质陶。多为口沿残片。可分 A、B 二型，B 型细分为三式。

A 型 1 件。T1045H7：1，方唇，斜平沿。存高 3、壁厚 1～1.4 厘米（图一八，1）。

B 型 8 件。均为泥质陶。方唇、有叠唇趋向，敞口。

I 式：4 件。均灰陶。敞口，方唇，斜平沿、微卷。唇面内凹，上下各饰一道绳纹。T3075H4：1，存高 3.1、壁厚 0.8～1.4 厘米（图一八，2）。T3055H7：5，存高 2.8、壁厚 0.7～1 厘米（图一八，4）。T1075H6：64，存高 3、壁厚 0.8～1.2 厘米（图一八，7）。T3065H1：1，存高 3.6、壁厚 1～1.3 厘米（图一八，9）。

Ⅱ式：2件。均灰陶。T3055H8：2，敞口，方唇，宽平沿。唇面内凹，上下各饰有一道绳纹。存高3.4、壁厚0.8～1.4厘米（图一八，3）。T1075H6：67，敞口，方唇，宽平沿。唇面内凹，唇面上下各饰有一道绳纹。口径44、存高2.6、壁厚0.7～1厘米（图一八，5）。

Ⅲ式：2件。均红陶。T1075①：3，敞口，方唇，卷沿。唇面内凹。存高3.4、壁厚0.9厘米（图一八，6）。T3055H7：3，敞口，方唇，卷沿，斜收腹。素面。口径46、存高14、壁厚厚1～1.2厘米（图一八，8）。

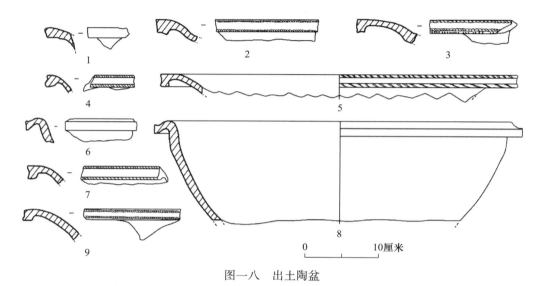

图一八　出土陶盆

1. A型（T1045H7：1）　2、4、7、9. B型Ⅰ式（T3075H4：1、T3055H7：5、T1075H6：64、T3065H1：1）
3、5. B型Ⅱ式（T3055H8：2、T1075H6：67）　6、8. B型Ⅲ式（T1075①：3、T3055H7：3）

板瓦　3件。均残缺。T3065H9：4，留存部分瓦头。夹砂灰陶。外壁饰数道瓦棱纹，内壁饰细密布纹。内切制作。残长11.8、残宽11.4、壁厚1.1～1.2厘米（图一九，1）。T3055②：3，泥质灰陶。外面饰竖向绳纹及抹划纹，内面素面。残长9.7、残宽8.8、壁厚1.5厘米（图一九，2）。T1075H6：66，泥质灰陶。外表饰竖向棱纹，内面素面。残长12、残宽10.5、壁厚1.3厘米（图一九，3）。

圆瓦当　1件。T3055②：6，仅余当头残片，按其形制应为圆瓦当。泥质灰陶。当面纹饰残缺，似为单线云纹，有边轮，内有四周凸弦纹。存高4.4、残宽8.2、壁厚1.6厘米（图一九，4）。

圜底陶瓮　数量极多，多见于灰坑及盐灶中。除T3075Z1内出土可复原器外（图二〇），其余均为残片。器物整体硕大，多为泥质灰陶，厚胎，鼓腹较深，圜底，腹部多饰交错粗绳纹，内壁拍印方格纹或麻点纹，多数陶瓮内壁留存白色沉淀物。圆唇、方圆唇及方唇均有，侈口，折沿，口径38～56厘米，完整器腹深50～70厘米。对口、腹部较为完整标本进行观察，依据唇、颈和腹部的变化将其分为三型。陶瓮演变轨迹表现为唇部渐

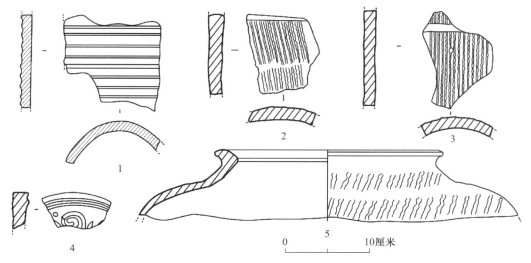

图一九　出土板瓦、圆瓦当和陶釜

1～3. 板瓦（T3065H9：4、T3055②：3、T1075H6：66）　4. 圆瓦当（T3055②：6）　5. 陶釜（T1053H16：7）

出棱角，唇下凸棱渐明显，并逐渐出现叠唇。

A型　选出标本15件。均泥质灰陶。方唇或叠唇，侈口，折沿，上腹部较斜直。可分四式。

Ⅰ式：3件。方圆唇，侈口，斜折沿，上腹较直。T1072Z2：6，腹外壁上部有数周凸棱纹，其下饰交错粗绳纹。口径44、存高26、壁厚2～2.8厘米（图二一，1）。T1072Z2：3，唇面略外凸，腹外壁饰交错绳纹。口径42、存高29、壁厚2～2.2厘米

图二〇　T3075Z1灶室内出土较完整圜底陶瓮

（图二一，2）。T1072Z2：11，外腹壁上部有极浅凸棱纹，其下饰交错粗绳纹。口径44、存高18、壁厚2～2.8厘米（图二一，3）。

Ⅱ式：3件。方圆唇，侈口，沿面内凹较明显，腹外壁饰交错绳纹。T1055H1：1，沿面内侧有不明显凸棱，上腹斜直。口径42、存高27、厚1～2.4厘米（图二一，4）。T1055Z2：9，唇下方有不明显凸棱，并出现叠唇趋势，斜直腹。口径42、存高32、壁厚1.5～2厘米（图二一，5）。T1055Z2：4，上腹斜直。口径约38、存高20、壁厚0.8～1.4厘米（图二一，6）。

Ⅲ式：5件。侈口，斜折沿，方唇下部出现明显叠唇。T1045H7：15，上腹斜直。外壁饰横竖向交错粗绳纹，内壁拍印麻点纹，麻点纹大小不一呈不规则排列。口径46、存高26、壁厚1.4～2.4厘米（图二一，7）。T1045H7：41，外饰交错绳纹，内壁拍印小方格纹。口径44、存高18、壁厚2～2.2厘米（图二一，8）。T1055H7：34，外壁饰

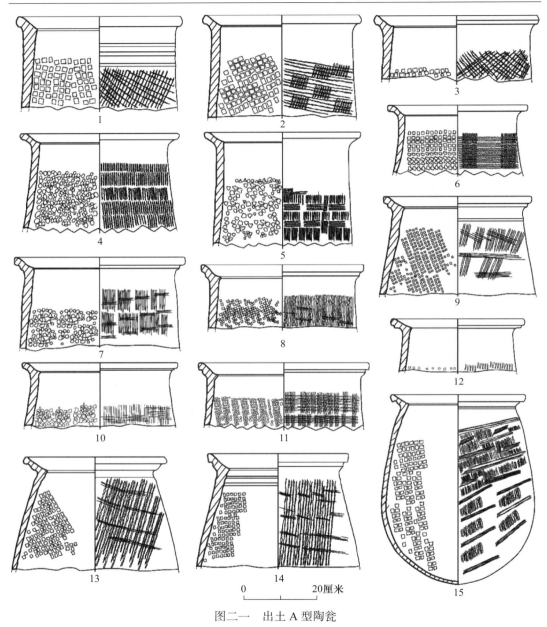

图二一　出土 A 型陶瓷

1～3. A 型 I 式（T1072Z2：6、T1072Z2：3、T1072Z2：11）　4～6. A 型 II 式（T1055H1：1、T1055Z2：9、
T1055Z2：4）　7～11. A 型 III 式（T1045H7：15、T1045H7：41、T1055H7：34、T1055Z1：23、T1055Z1：3）
12～15. A 型 IV 式（T1055Z3：9、T3075Z1：23、T3075Z1：18、T3075Z1：9）

斜向交错粗绳纹，内壁拍印较小方格纹，排列整齐。口径 40、存高 28、壁厚 1.4～2.6
厘米（图二一，9）。T1055Z1：23，外壁饰交错绳纹，内壁拍印麻点纹。口径 42、存高
18、壁厚 2～2.2 厘米（图二一，10）。T1055Z1：3，叠唇突出，外壁饰交错绳纹，内壁
拍印小方格纹。口径 46、存高 18、壁厚 1～2 厘米（图二一，11）。

Ⅳ式：4件。叠唇，侈口，斜折沿明显，上腹斜直，向下垂腹明显。T1055Z3：9，外壁饰竖向细绳纹，内壁拍印小方格纹。口径36、存高15、壁厚1.4～2厘米（图二一，12）。T3075Z1：23，外壁饰交错粗绳纹，内壁拍印方格纹。口径38、存高32、壁厚1.2～1.6厘米（图二一，13）。T3075Z1：18，上腹斜直。外壁饰斜向交错粗绳纹，内壁拍印规则方格纹。口径38、存高32、壁厚1.2～2.2厘米（图二一，14）。T3075Z1：9，保存较完好。上腹斜直，向下垂腹，圜底。外壁饰交错细绳纹，内壁拍印规则方格纹。口径36、高54、壁厚0.8～1.6厘米（图二一，15）。

B型　选出标本15件。均泥质灰陶。方唇或叠唇，侈口，斜折沿，颈部微束，上腹较鼓。依唇部变化可分四式。

Ⅰ式：4件。方唇，唇面微凸。T1055H1：24，外壁饰斜向细绳纹，内壁拍印规则小方格纹。口径38、存高14、壁厚0.6～1.8厘米（图二二，1）。T1045H14：20，外壁饰交错细绳纹，内壁拍印规则方格纹。口径36、存高14.2、壁厚0.7～2.3厘米（图二二，2）。T1055Z2：2，局部有红褐色火烧痕迹。外壁饰斜向细绳纹，内壁拍印小麻点纹。口径44、存高16厘米，壁厚1.8～2.2厘米（图二二，3）。T3088H5①：2，外壁饰交错向细绳纹。口径44、存高12.6、厚2.3～2.6厘米（图二二，4）。

Ⅱ式：4件。唇面下渐出棱角，有叠唇趋势。T3088H5①：3，唇面上有道凸棱。口径44、存高12、壁厚2.2～2.8厘米（图二二，5）。T1055Z2：6，外壁饰横向细绳纹，内壁拍印方格纹。口径38.4、存高15.4、壁厚1.8～1.8厘米（图二二，6）。T1065Z2：10，外壁饰竖向细绳纹、被数周抹断纹饰隔开，内壁拍印规则方格纹。口径38、存高15、壁厚0.8～1.4厘米（图二二，7）。T3088H5②：1，外腹壁上部饰数周凸棱纹，下为交错细绳纹，内腹壁拍印方格纹。口径40、存高17、壁厚1.8～2.3厘米（图二二，8）。

Ⅲ式，4件。沿部变厚，叠唇明显。T1045H14：1，外壁饰交错绳纹，内壁拍印坑状麻点纹。口径46、存高14.8、壁厚1.9～3厘米（图二二，9）。T1045H14：13，外壁上部有数周横向细绳纹，其下饰有交错绳纹，内壁拍印规则方格纹。口径42、存高16、壁厚1.5～3.2厘米（图二二，10）。T1065H14：13，叠唇明显。外壁饰交错绳纹，内壁拍印方格纹。口径36、存高23.6、壁厚1～1.6厘米（图二二，11）。T1045H14：6，外壁饰竖向绳纹，内壁拍印小麻点纹。口径44、存高16.2、壁厚1.5～3.2厘米（图二二，12）。

Ⅳ式，3件。叠唇，沿面较宽，沿外侧有一周或数周凸棱纹。T3075Z1：3，颈部下方有三道凸棱纹，外腹壁饰斜向交错粗绳纹，内壁拍印方格纹。口径42、存高47、壁厚1.4～2.4厘米（图二二，13）。T3075Z1：4，外腹壁饰斜向交错粗绳纹，内壁拍印方格纹。口径40、存高44、壁厚0.8～2.4厘米（图二二，14）。T3075Z1：6，束颈较为明显。颈下有数道凸棱纹。外壁饰交错粗绳纹，内壁拍印长方形方格纹、排列整齐。口径40、存高27、壁厚1.6～2.2厘米（图二二，15）。

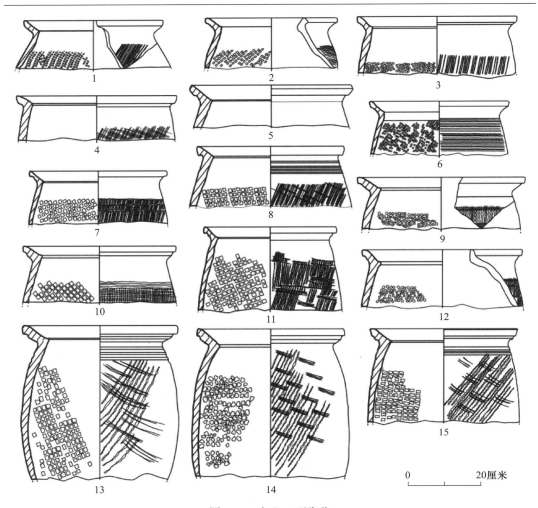

图二二　出土 B 型陶瓷

1～4. B 型 I 式（T1055H1：24、T1045H14：20、T1055Z2：2、T3088H5 ①：2）　5～8. B 型 II 式
（T3088H5 ①：3、T1055Z2：6、T1065Z2：10、T3088H5 ②：1）　9～12. B 型 III 式（T1045H14：1、
T1045H14：13、T1065H14：13、T1045H14：6）　13～15. B 型 IV 式（T3075Z1：3、T3075Z1：4、T3075Z1：6）

　　C 型　选出标本 11 件。均为泥质灰陶。方唇或叠唇，侈口，折沿。此型所选标本
残缺较为严重，腹部相对较直。依唇部变化可分三式。

　　I 式：3 件。方唇，斜折沿。T1065H4：9，沿面内凹明显。外壁饰交错细绳纹，内
壁拍印方格纹。口径 40、存高 16、壁厚 1.2～2.1 厘米（图二三，1）。T1055Z2：8，
外壁饰斜向细绳纹，内壁拍印规则方格纹。口径 38、存高 14.6、壁厚 1～1.4 厘米
（图二三，2）。T1055Z2：17，外壁饰交错绳纹，内壁拍印规则方格纹。口径 42、存高
15.6、壁厚 1～1.4 厘米（图二三，3）。

　　II 式：4 件。方唇，略显叠唇趋势，沿外侧有凸棱。T1045H14：7，外壁饰横向细绳
纹，内壁拍印排列整齐的小方格纹。口径 36、存高 15.8、壁厚 1～1.6 厘米（图二三，4）。

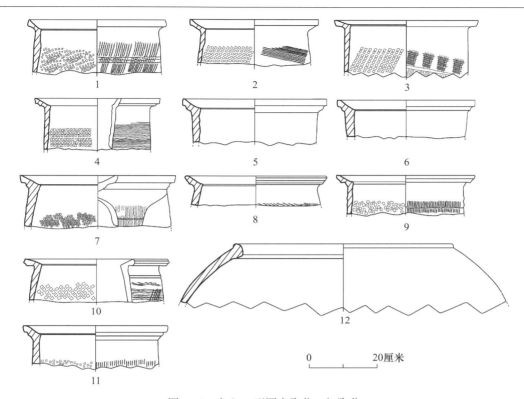

图二三　出土 C 型圜底陶瓮、红陶瓮

1～3. C 型 I 式（T1065H4：9、T1055Z2：8、T1055Z2：17）　4～7. C 型 II 式（T1045H14：7、T1055H1：6、
T1055H7：17、T1045H7：22）　8～11. C 型 III 式（T1073H13：22、T1063H15：5、T1073H13：19、T1055Z3：8）
12. 红陶瓮（T1075H6：65）

T1055H1：6，有火烧痕迹。口径 42、存高 13、壁厚 1.8～2.2 厘米（图二三，5）。
T1055H7：17，沿面微内凹。口径 38、存高 12、壁厚 1.8～2.3 厘米（图二三，6）。
T1045H7：22，沿面较平，内侧出棱明显。外壁饰交错细绳纹，内壁拍印小方格纹。口
径 46、存高 15.2、厚 1.6～2.8 厘米（图二三，7）。

III 式：4 件。叠唇，沿外侧有凸棱。T1073H13：22，腹外壁饰交错绳纹。口径 40、
存高 8.6、壁厚 0.9～2.2 厘米（图二三，8）。T1063H15：5，外壁饰竖向绳纹，内壁拍印
不规则方格纹。口径 40、存高 11.6、壁厚 1.2～1.6 厘米（图二三，9）。T1073H13：19，
唇面有一周凸棱，外腹壁上部有一周浅凸棱纹，下饰交错细绳纹，内壁拍印规则方格
纹。口径 42、存高 13.4、壁厚 1.2～2.1 厘米（图二三，10）。T1055Z3：8，外壁饰交错
绳纹，内壁拍印小方格纹。口径 42、存高 11.6、厚 1.8～2 厘米（图二三，11）。

另有一种红陶瓮，仅 1 件（T1075H6：65），余口和肩部。夹砂陶。圆唇，敛口，
广肩。素面。口径 64、存高 9、壁厚 1 厘米（图二三，12）。

（二）烧 土 柱

共计 37 件。多出土于 T1055H7 中。此类烧土柱大小不一，整体形状以长方形和椭圆形的实心柱体为主，直径 9～20、高度 10～35 厘米。均为泥质，质地细腻。表面呈粉红色，有严重的火烧痕迹，结构易碎呈粉末状。表面有浅凹痕，可能为当时手工制作留下的痕迹。这种烧土块应是简单加工制成的泥土柱，用于在盐灶底部支撑陶瓮，起到支撑作用（图二四）。因用盐碱土捏制，长时间使用会使其部分烧酥，极易破碎成烧土块。

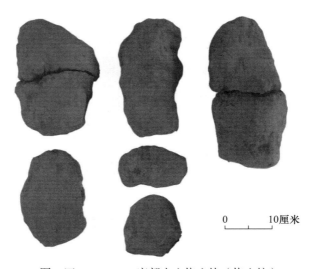

0 　 10厘米

图二四　T1055H7 底部出土烧土块（烧土柱）

四、初 步 认 识

（一）遗存分期与年代

寿光机械林场遗址文化堆积较薄，所见遗迹简单，且种类较少，这为分期带来一定困难。所发现遗物以圜底陶瓮碎片居多，伴出生活实用陶器较少。

根据圜底陶瓮和陶盆的器物形制变化特征，并结合部分遗迹的叠压、打破关系，可将出土遗存分为早、晚两段。其中 A、B、C 三型圜底陶瓮的 I、II 式口沿多为方唇折沿，III、IV 式多为叠唇折沿；A 型和 B 型 I 式陶盆为方唇斜平沿，B 型 II 式、B 型 III 式陶盆为叠唇卷沿。可知这两类器物的口部特征都沿着方唇向叠唇的方向发展，表现出明显的同步演化趋势。据此可将 A、B、C 三型 I、II 式圜底陶瓮和 A 型、B 型 I 式陶盆划为早段，A、B、C 三型 III、IV 式圜底陶瓮和 B 型 II、III 式陶盆划为晚段。A 型矮领罐的口部则有平折沿（A 型 I、II、III 式）向坡折沿（A 型 IV、V 式）的演变趋势，B 型高领罐则是圆唇（B 型 I、II 式）向方唇（B 型 III 式）的演变趋势，也能分别归入早、晚两段之中。

依据上述类型学分期，可将相关遗迹做出早晚两段的区分（表一）。

表一　机械林场遗址相关遗迹的分期统计

第一	早段	T1072Z2、T1065H4、T1055H1、T3088H5
地点	晚段	T1055Z1、T1065Z3、T1075H6、T1055H7、T1073H13、T1045H14、T1063H15
第三	早段	T3055H7
地点	晚段	T3075Z1、T3075H4、T3075H6、T3055H8、T3065H1、T3065H9、T3065J1

鉴于所出土的大量圜底陶瓮难以准确界定年代，只能以出土的少量鬲、豆等遗物与其他遗址所出同类型器物进行对比，大致推定其年代。分析遗址中与圜底陶瓮同出的日用陶器，出土早段圜底瓮和盆的 T1055H7 同出有平折沿鼓腹鬲，出土晚段圜底瓮的 T3075Z1 同出有浅盘折腹豆等（图二五）。其中，A 型豆（T1045H14：15）与章丘宁家埠 M67 出土豆（M67：3）相似[1]；C 型豆（T1075H6：68）与章丘王推官庄 M112 出土豆（M112：4）相仿[2]；C 型豆（T1075①：7）与邹平小巩 M2 出土豆（M2：3）类似[3]；B 型鬲（T1075①：6）与章丘宁家埠 M67 所出鬲（M67：1）大致相同[4]；B

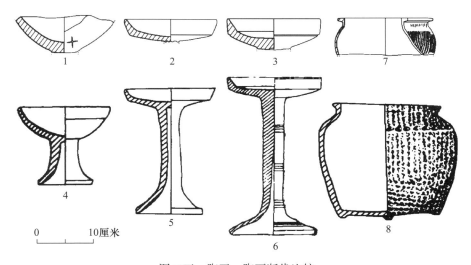

图二五　陶豆、陶鬲断代比较

1. A 型豆（T1045H14：15）　2、3. C 型豆（T1075H6：68、T1075①：7）　4. 章丘宁家埠豆（M67：3）
5. 章丘王推官豆（M112：4）　6. 邹平小巩豆（M2：3）　7. B 型鬲（T1075①：6）　8. 章丘宁家埠鬲（M67：1）

① 济青公路文物考古队宁家埠分队：《章丘宁家埠遗址发掘报告》，《济青高级公路章丘工段考古发掘报告集》，齐鲁书社，1993 年。

② 山东省文物考古研究所：《山东章丘市王推官庄遗址发掘报告》，《华夏考古》1996 年第 4 期。

③ 言家信、许宏：《山东邹平小巩出土的战国陶器》，《考古》1995 年第 8 期。

④ 济青公路文物考古队宁家埠分队：《章丘宁家埠遗址发掘报告》，《济青高级公路章丘工段考古发掘报告集》，齐鲁书社，1993 年。

型壶（T1063H15∶13）与曲阜鲁国故城 M47 所出陶罐（M47∶4）雷同[①]；C 型罐
（T3075H4∶7）与临淄齐故城阚家寨出土陶罐（71LKH127∶16）雷同[②]。据内陆地区诸
遗址或墓葬出土陶豆、鬲等日用陶器年代来看，早段遗存应在战国早期，晚段遗存应在
战国早期偏晚或战国中期。

　　所获遗存中数量最多的圜底陶瓮可在鲁北内陆遗址中找到形制基本相同者，如临淄
后李遗址即有出土[③]。也与同为沿海地区的昌邑火道—廒里遗址群 01（唐央）遗址所出
圜底瓮（原报告命名为盔形器）形制趋近[④]。这些遗存均断在东周时期。结合前述分析，
机械林场遗址时代主要界于战国早中期。

（二）遗址性质与功能

　　通过对遗址所在自然地理环境、周围区域遗存状况及发掘所获田野资料的系统考
察，初步明晰了遗址的性质与功能。首先，遗址东北距莱州湾约 20 千米，地处渤海南
岸地区的第四纪卤水分布带，地下富含适于盐业生产的高浓度卤水。其次，莱州湾地区
自古以来即是我国海盐的重要产地，遗址周围分布有同处于莱州湾南岸沿海滩涂地带的
双王城、大荒北央、南河崖等商周时期盐业遗址群。再次，遗址中遗迹仅有灰坑、井、
灶，类型较为简单。遗物以圜底瓮残片为主，类型较为单一，且罕见生活用陶器及相关
居住遗迹，表明发掘区应是某种特殊的生产区域。最后，参考邻近地区以往发掘成果，
机械林场遗址所发现的大量战国时期圜底瓮与昌邑唐央盐业遗址所出土圜底瓮（原称盔
形器）为同一类器形[⑤]，与小清河下游盐业遗址调查发现的圜底瓮也基本相似[⑥]，机械林
场遗址的灶址也与唐央遗址的盐灶形制相同。因此，判断机械林场遗址应为战国时期一
处盐业生产作坊。

　　莱州湾南岸地区分布有较多东周时期盐业遗址，经正式发掘的仅有昌邑唐央和寿光
机械林场两处遗址。考其煮盐设施、器具和遗迹类别、功能设置，制盐工艺应延续有学
者已复原的晚商、西周时期原始淋煎法进行海盐生产[⑦]，即先通过卤水井（或沟）获取

---

① 山东省文物考古研究所等：《曲阜鲁国故城》，齐鲁书社，1982 年。
② 山东省文物考古研究所：《临淄齐故城》，文物出版社，2013 年。
③ 济青公路文物考古队：《山东临淄后李遗址第一、二次发掘简报》，《考古》1992 年第 11 期。
④ 山东省文物考古研究院等：《昌邑火道—廒里遗址群 01（唐央）遗址发掘简报》，《海岱考古》（第十辑），科学出版社，2017 年。
⑤ 山东省文物考古研究院等：《昌邑火道—廒里遗址群 01（唐央）遗址发掘简报》，《海岱考古》（第十辑），科学出版社，2017 年。
⑥ 山东大学盐业考古队：《山东北部小清河下游 2010 年盐业考古调查简报》，《华夏考古》2012 年第 3 期。
⑦ 王青：《环境考古与盐业考古探索》，科学出版社，2014 年。

卤水，再把卤水泼洒于草木灰摊场之上晾晒，利用草木灰吸取卤水，吸取卤水后的草木灰再经淋滤环节，将草木灰中的盐分析出以达到提纯目的，最后将提纯后的卤水置入圜底瓮之中煎煮，直至成盐。梳理昌邑唐央遗址及众多考古调查资料得知，战国时期盐业聚落空间布局和功能定位进一步优化，既有负责提供生活物资、供盐工及管理者居住的生活遗址，也有以制盐为主的生产作坊，生产作坊又可能分为卤水制备作坊和煮盐作坊[1]。鉴于机械林场遗址出土遗迹以灶和灰坑为主，仅有1口井，依据井深和结构，其有可能是仅为储存卤水的井，提取卤水应有专门的盐井，所以机械林场遗址极可能是单纯的煮盐作坊区，这也可能是本次发掘没有发现刮卤摊场的原因。

文献记载表明，东周时期，齐国立足海盐资源丰富的优势，实行"官山海"政策，创制了食盐民制、官收、官运、官销的食盐官营制度，政府对盐业生产的管控进入了一个新的阶段。制盐工艺的进步、制盐作坊功能的优化分区、生产规模的扩大，应该是官方严格管控政策的产物。本次发掘，为深入研究东周齐国盐业生产和盐政制度增添了一批重要的实物资料。

附记：本研究为国家社科基金重大项目"渤海南岸地区考古盐业资料的整理与研究"（19ZDA229）阶段性成果。本考古项目负责人为崔圣宽，执行发掘负责人为王子孟。参加发掘的有考古技师马文立、李召恒、周世伟、周宽超，山东大学历史文化学院硕士研究生蒲坤杉、博士研究生曹洋，山东艺术学院刘剑老师带领艺术管理学院2003级、2004级部分本科生也参与了发掘工作。后期整理工作由王子孟、蒲坤杉承担，技师李召恒和山东大学历史文化学院博士研究生刘艳菲参与部分整理。山东大学历史文化学院王青教授对报告整理提供重要指导。

执笔：王子孟　蒲坤杉　崔圣宽　刘剑　王德明

---

[1] 燕生东等：《渤海南岸地区发现的东周时期盐业遗存》，《中国国家博物馆馆刊》2011年第9期；徐倩倩：《小清河下游商周制盐遗址聚落考古分析》，山东大学硕士学位论文，2011年；山东省文物考古研究所等：《山东昌邑市盐业遗址调查简报》，《南方文物》2012年第1期。

2018年渤海湾西岸地区盐业考古调查简报

曹　洋[1]　马小飞[2]　雷建红[2]　张宝刚[3]

（1. 南京大学历史学院；2. 河北省文物考古研究院；3. 黄骅市博物馆）

　　1999年以来，国内盐业考古研究首先在川渝地区和山东北部渤海沿岸开展起来，随后逐渐扩展到其他地区[1]。现代渤海自北向南由辽东湾、渤海湾、莱州湾三部分组成。目前，渤海沿岸的盐业考古研究主要集中于莱州湾沿岸，黄河三角洲以北的渤海湾沿岸虽有涉及但偏少。渤海湾西岸天津、黄骅、海兴等县市为历史上著名的"长芦盐场"所在，地方志记载本地盐业生产自秦汉时期开始兴盛[2]。近年来，相关部门在渤海湾西岸地区开展了一系列文物普查和盐业考古专项调查，所获发现提前了该区域盐业生产的起始时间。例如，2006年海兴县文物部门在大口河、漳卫新河入海口附近采集到商末周初的盔形器残片。其中有一件保存完整，敞口尖底，外壁饰粗绳纹[3]；2008年，沧州市文物部门在海兴杨埕水库附近10余处地点采集到东周时期制盐陶瓷。这些陶瓷壁厚4～5厘米，外壁饰绳纹，内壁密布窝点。上述盔形器、制盐陶瓷的形制与莱州湾南岸商末周初和东周时期制盐作坊中出土的煮盐陶器形制特征基本一致，说明在渤海湾西岸也存在一批商周时期的盐业遗址[4]。但除此以外，目前我们对这一地区其他时段的盐业遗址缺少发现与辨识，尤其对汉代以来较长历史时期内盐业生产的面貌知之甚少。

　　2016～2017年，河北省文物考古研究院等单位发掘了位于渤海湾西岸的黄骅市大左庄隋唐时期制盐作坊遗址，填补了渤海湾西岸地区盐业考古的一项空白[5]。以该遗址的发掘为契机，在此前考古工作的基础上，我们认为有必要弄清渤海湾沿岸历史时期盐业遗址的分布情况，方便本区今后盐业考古研究的进一步开展。2018年3～4月，河北省

---

① 陈伯桢：《中国盐业考古的回顾与展望》，《南方文物》2008年第1期；王青：《关于山东北部盐业考古的新思考》，《东方考古》（第12集），科学出版社，2015年；李水城：《中国盐业考古20年》，《中国考古学年鉴》（2017），中国社会科学出版社，2018年。

② （民国）孙毓琇修，贾恩绂辑：《盐山新志》卷二《法制略》，《中国方志丛书·华北地方》（第496号），台湾成文出版社，1976年。

③ 刘树鹏：《海兴出土春秋时期"将军盔"》，《燕赵都市报》2006年5月10日。

④ 郭天力：《河北沧州发现春秋战国煮盐业遗存》，《燕赵都市报》2008年3月7日。

⑤ 河北省文物考古研究院等：《河北黄骅市大左庄隋唐时期制盐遗址发掘简报》，《考古》2021年第2期。

文物考古研究院等单位对以黄骅市为中心的渤海湾西岸地区开展了盐业考古专项调查。现将此次调查的主要收获报道如下。

一、调查范围及调查方法

渤海沿岸北起辽东湾、南至莱州湾的广大地区存在一条形成于第四纪的地下卤水带。有学者研究,该卤水带在莱州湾与渤海湾沿岸地下可连成一片[1]。根据考古研究与现代盐业生产经验,地下卤水是渤海沿岸地区生产海盐的重要原料。莱州湾沿岸的盐业考古发现证明,本区开采地下卤水制盐的历史至少可追溯到商周时期。长期的开采活动造成了卤水分布带的变化,古代盐业遗址的分布范围与现代卤水带的范围并不完全一致。因此,现代地下卤水埋藏的范围不能准确指示古代盐业生产区的范围。有学者曾根据渤海沿岸现存的几道贝壳堤及古代遗址分布位置复原出了大汶口文化时期、龙山文化时期和商周时期的三条海岸线,并指出商周时期的海盐生产区在大汶口、商周时期两条海岸线之间[2]。这一结论综合了考古发现和地学材料,对我们的调查工作很有参考价值。

渤海沿岸近 6000 年以来数次海侵、海退活动交替出现,但海陆变迁的总趋势是海退。根据这个规律,战国以后的产盐区相较商周时期应向东有所扩展,这也符合本区历史上人类活动范围逐渐东扩的趋势。由于特殊的地理、地质构造,渤海湾西岸地区保留了全新世以来形成的数道贝壳堤,较为准确地指示了各时期海岸线的位置。根据以往报道,本区东周时期盐业遗址主要分布在黄骅市郛堤城、海兴杨埠水库一线[3]。这些遗址以东不远,有一道经天津张贵庄、窦庄子、黄骅市闫家房子、武帝台延伸至海兴、无棣境内的贝壳堤。根据岳军等的测年数据,该道贝壳堤形成的年代为距今（4740 ± 105）～（3955 ± 70）年[4]。这条贝壳堤上曾发现较多战国—汉代的遗址,此堤以东则多见隋唐至明清时期的遗址[5],基本符合我们此次调查关注的重点时段。因此,我们选择以这道贝壳堤作为调查的西界。本区最年轻的一道贝壳堤南起黄骅狼坨子,北经张巨河、岐口等地,与现代海岸线接近。其年代为距今（1080 ± 90）～230 年[6],应为宋—清代的海岸线,可作为此次调查的东界。此外,渤海湾西岸北部（今天津、黄骅市北一带）地势低洼,由于海侵的影响导致各时期遗址分布较其他地区偏西,因此这一带的调查区域沿子牙新河、北排河适当西扩至隋唐时期的北章武城（乾符城）遗址附近。

---

① 韩有松等:《中国北方沿海第四纪地下卤水》,科学出版社,1996 年。
② 王青等:《山东北部全新世的人地关系演变:以海岸变迁和海盐生产为例》,《第四纪研究》2006 年第 4 期。
③ 燕生东等:《渤海南岸地区发现的东周时期盐业遗存》,《中国国家博物馆馆刊》2011 年第 9 期。
④ 岳军等:《渤海湾西岸的几道贝壳堤》,《地质学报》2012 年第 3 期。
⑤ 黄骅市博物馆:《黄骅市文物志》,北京燕山出版社,2015 年。
⑥ 岳军等:《渤海湾西岸的几道贝壳堤》,《地质学报》2012 年第 3 期。

　　在调查开始之前，我们查阅了《黄骅市文物志》和《盐山新志》等材料，在上述范围内确定了五处区域作为本次调查的重点区域（图一）。对于重点区域，我们采用区域系统调查方法和钻探法结合的方式，并对当地居民进行了走访调查。重点区域由北向南依次为：齐家务乡乾符村至滨海新区红星村之间（一区）；南大港西南闫家房子村至武帝台遗址附近（二区）；黄骅盐场一场一组、一场二组与辛立灶、刘洪博村（三区）；羊二庄镇东和大浪淀排水渠以北（四区）；海兴县青锋农场东南至宣惠河（五区）。五处重点区域面积约 80 万平方米，共发现和复查战国至明清时期遗址 55 处，分别编号2018HY01～2018HY55（H 代表黄骅市，Y 代表盐业考古调查）。为节省篇幅，以下各遗址编号均省略"2018"字样）。除重点区域之外，为了今后系统研究渤海西岸地区的盐业经济，我们还重点复查了调查区西侧各时期遗址较密集的几个乡镇，包括旧城镇、常郭镇、羊二庄镇等。调查方法以踏查为主，对大部分遗址均采集了遗物标本并记录了位置。限于篇幅，本文仅报道重点调查区域的调查结果。

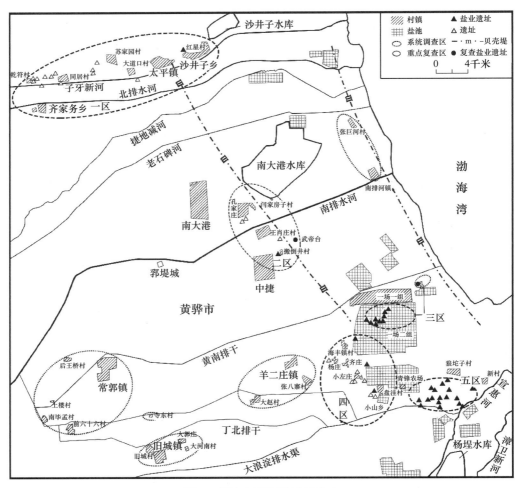

图一　调查区范围及遗址分布

二、遗址和采集遗物

本次调查主要发现了战国—汉代、唐代、宋金元、明清四个时期的遗址。其中战国—汉代遗址 14 处，包含 8 处制盐作坊遗址；隋唐时期遗址 11 处，其中 6 处发现了制盐作坊；宋金元时期遗址 42 处，其中 26 处发现了制盐作坊；明清时期遗址 16 处，暂未发现制盐作坊。

（一）战国—汉代

14 处遗址分散于各区，其中一区 2 处，二区 2 处，3 区 1 处，四区 6 处，五区 3 处。根据山东北部地区发现的制盐作坊遗址特征，我们将采集到制盐陶瓷，且同时发现红烧土、草木灰、残灶等堆积的遗址初步判断为制盐作坊。符合上述条件的遗址共有 8 处，分别为 HY13、HY16、HY18、HY23、HY32、HY34、HY36、HY41（图二）。

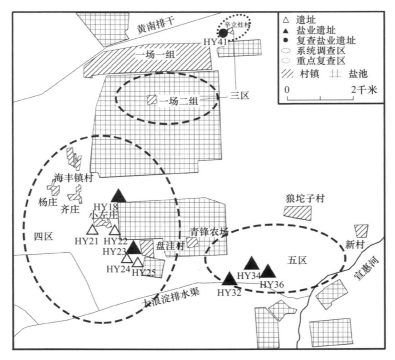

图二 三～五区战国—汉代时期遗址图

1. 典型遗址

制盐作坊遗址 HY16（东经 117° 49′，北纬 38° 41′）位于搬倒井村西约 100 米，地表遗物可见范围约 40000 平方米，为本次调查新发现。通过钻探可知，遗址文化层厚约 0.5 米，钻孔中可见较多草木灰。遗址西侧有剖面一处，清刮后发现 1 座残灶及较多红烧土、草木灰等。该灶仅存圆形灶室，残长约 1.5、厚约 0.5 米。采集遗物主要为陶器，可辨器形有夹砂灰陶盆、夹砂黑褐陶罐、夹砂灰陶板瓦等。据当地居民称，本地地名中存在"某灶""某井"等的字眼的均与旧时盐业生产有关；HY36（东经 117° 34′，北纬 38° 37′）位于海兴县青锋农场东南约 4725 米，北部紧邻 S12，为本次调查新发现。遗址大部分已被现代盐池破坏，无法估算面积。在盐池之间的土垄上可发现较多草木灰和大量战国、汉代的陶片，可辨器形有夹砂灰陶瓮、泥质灰陶豆、夹砂灰陶甑、夹砂灰陶板瓦等；HY41（东经 117° 68′，北纬 38° 37′）位于辛立灶村东南，地表可见遗物范围约 100000 平方米。遗址东侧已被现代盐池破坏，部分被现代村庄占压。本次调查在该遗址采集到战国时期的夹砂红褐陶瓮、夹砂灰陶盆、夹砂灰陶罐、泥质灰陶豆、夹砂灰陶板瓦等。陶片多散布于盐池间土垄上，陶片堆积中可发现较多草木灰、红烧土等。

其他遗址：HY21（东经 117° 59′，北纬 28° 26′）位于大左庄西南约 650 米处，地表可见遗物范围约 5000 平方米，为本次调查新发现。采集陶器主要为汉代常见生活器，可辨器形有夹砂灰陶盆、板瓦等；HY25（东经 117° 52′，北纬 38° 24′）位于盘洼村西南公路南侧，面积约 12000 平方米，"三普"时已发现该遗址，年代判断为金元时期。本次调查采集到部分汉代陶片，可辨器形有夹砂灰陶罐、夹砂灰陶瓮、夹砂灰陶板瓦等。

2. 遗物

本次调查采集的战国至汉代遗物主要有制盐陶瓮、瓮、盆、罐、豆、甑、缸、板瓦等。

制盐陶瓮　29 件。相较一般陶瓮来说，制盐陶瓮陶质更为粗疏，直口或敞口，器表多饰绳纹，内壁多饰方格纹。采集标本中口沿、底部较少，腹片较多，故未进一步分型定式。HY36：6，夹蚌、夹炭红褐陶，直口，圆唇，沿面有一凹槽，器表饰纵向绳纹，内饰方格纹。残高 5.9、残长 11、厚 0.7～1.5 厘米（图三，1）；HY41：6，夹砂红陶，器表饰交错绳纹，内饰方格纹。残宽 16.7、残高 14.7、厚 1.3～1.5 厘米（图三，2）；HY41：5，夹砂红陶，鼓腹，器表饰交错绳纹，内饰方格纹，残宽 21.5、残高 15.2、厚 2.1～2.6 厘米（图三，3）；HY13：1，夹砂红陶，鼓腹，器表饰交错绳纹，内饰方格纹。残宽 14.4、残高 24.5、厚 1.5～2.5 厘米（图三，4）；HY34：7，夹砂灰陶，鼓腹，器表饰绳纹，上部有一小孔。残宽 12.5、残高 9、厚 0.7～1.1 厘米（图三，5）；HY08：6，夹砂灰陶，器表饰绳纹，内饰方格纹。残宽 9.8、残高 8.7、厚 2.3 厘米（图三，6）。

陶瓮　可分为二型。

A 型　直领瓮，5 件。HY36：1，夹细砂灰陶，方唇，直领，鼓肩。口径 17、残高 7.3、厚 0.7～1.3 厘米（图四，1）；HY36：10，夹细砂灰陶，尖圆唇，直领。口径 16.8、残高 6.3、厚 0.8～1.8 厘米（图四，5）。

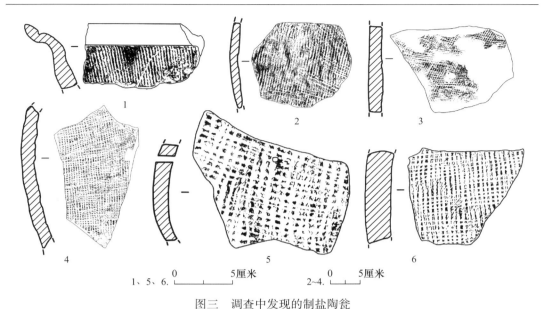

图三　调查中发现的制盐陶瓮

1～6. 制盐陶瓮（HY36：6、HY41：6、HY41：5、HY13：1、HY34：7、HY08：6）

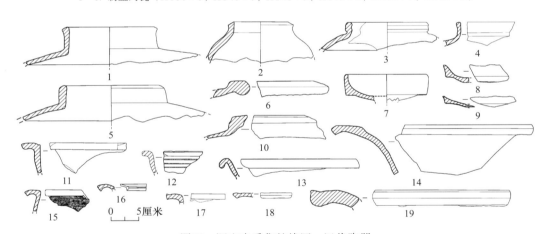

图四　调查中采集的战国—汉代陶器

1、5. A 型瓮（HY36：1、HY36：10）2～4. 罐（HY25：2、HY14：5、HY16：6）6、10. B 型瓮（HY34：6、
HY24：2）7. I 式豆（HY36：5）8. II 式豆（HY41：11）9. III 式豆（HY08：7）11、15～18. A 型盆
（HY23：22、HY34：2、HY18：15、HY16：4、HY16：2）12、13. B 型盆（HY32：4、HY32：6）
14. 甑（HY36：7）19. 缸（HY21：4）

　　B 型　敛口瓮，6 件。HY34：6，夹细砂灰陶，敛口，圆唇。残高 3.1、厚 1.5～2.7
厘米（图四，6）；HY24：2，夹砂灰陶，敛口，方唇，短颈。残高 4.3、厚 0.5～2.7 厘
米（图四，10）。

　　陶罐　8 件，均为矮领罐。

　　HY25：2，夹砂灰陶，尖圆唇，沿面有一道凹槽。口径 10、厚 1～1.4 厘米（图四，
2）；HY14：5，夹砂灰陶，直口，方唇，颈部饰两条弦纹。口径 14、厚 0.6 厘米（图

四，3）；HY16：6，夹砂灰陶，直口，方唇，微鼓肩。残长 8.7、残宽 4.5、厚 0.6～1 厘米（图四，4）。

陶豆 5 件，均为折盘豆，根据豆盘由深变浅可分为三式。

Ⅰ式：HY36：5，泥质灰陶，直口，折盘较深，柄以下残。口径 15、残高 4.7、厚 0.6～1.8 厘米（图四，7）。

Ⅱ式：HY41：11，泥质灰陶，敞口，尖圆唇，折盘较深。残高 3.4、厚 0.7～1.4 厘米（图四，8）。

Ⅲ式：HY08：7，泥质灰陶，敞口，尖圆唇，豆盘较浅，盘外壁微凹。残宽 8、厚 0.2～1.7 厘米（图四，9）。

陶盆 可分为二型。

A 型 折沿盆，13 件。HY34：2，夹细砂灰陶，方唇，口沿有一道凹槽，沿下饰横向绳纹。残高 4、厚 0.75～1.2 厘米（图四，15）；HY18：15，夹细砂灰陶，尖圆唇，唇部饰一道凹弦纹。残高 1.3、厚 0.6 厘米（图四，16）；HY16：4，夹砂褐陶，方唇，残长 6.1、厚 0.8～1 厘米（图四，17）；HY23：22，夹砂灰褐陶，尖圆唇，残高 5.6、厚 0.6～1.1 厘米（图四，11）；HY16：2，夹砂灰褐陶，尖圆唇，残长 5.7、厚 0.6～1 厘米（图四，18）。

B 型 卷沿盆，5 件。HY32：4，夹细砂红陶，方唇，沿上有一直径 0.6 厘米的圆孔，口沿以下饰三道弦纹，内壁拍印方格纹。残高 4.1、厚 0.5～0.8 厘米（图四，12）；HY32：6，夹细砂灰陶，方唇。残高 3.2、厚 0.7 厘米（图四，13）。

陶甑 1 件。HY36：7，夹砂灰陶，侈口，尖圆唇，卷沿，内壁饰凸棱。残长 24.7、残高 9.6、厚 0.7～1.5 厘米（图四，14）。

陶缸 2 件。HY21：4，夹砂灰陶，尖圆唇，折沿，沿面有一道凹弦纹。残长 26、厚 3 厘米（图四，19）。

板瓦 3 件。HY23：23，夹砂灰陶，瓦头残，瓦身外饰绳纹，内素面。残高 12.1、厚 1.8～2.5 厘米。

（二）隋 唐 时 期

渤海湾西岸地区历来发现的隋唐时期遗址数量较少，本次调查发现亦是如此。本时期遗址分散于各区，其中一区 3 处，二区 1 处，三区 3 处，四区 3 处，五区 1 处（图五）。由于战国以后开始使用铁器制盐，铁制牢盆、盐盘具有可回收、易氧化等特点，使得历史时期的制盐作坊遗址中较少发现完整的煮盐器具，因此较难定性。大左庄遗址发掘后，为渤海沿岸地区历史时期制盐作坊遗址的判定提供了重要依据。调查过程中，我们在 HY18、HY23、HY29、HY41、HY47、HY49 共 6 处遗址中发现较多草木灰、红烧土或盐井，初步认为其中包含制盐作坊。

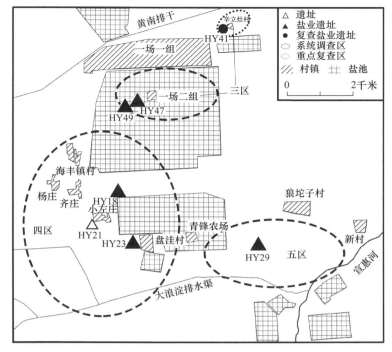

图五　三～五区发现的唐代遗址

1. 典型遗址

　　制盐作坊遗址　HY29（东经117°33′；北纬38°37′）位于海兴县青锋农场东南，北距新六十六排干约2213米，南距S12约765米，为本次调查新发现。遗址大部分被现代盐池破坏，无法估算面积，在盐池之间的土垄上可见大量瓷片及砖瓦。采集遗物主要为瓷片，可辨器形有青釉瓷碗、黄釉器盖、沟纹砖等；HY49（东经117°33′；北纬38°37′）位于一场二组西南，海丰镇遗址东北约3500米，为本次调查新发现。遗址周围为现代盐池，盐池间土垄上可见大量陶片、瓷片、砖瓦残块等，地表可见遗物范围约100000平方米。盐池中一处土垄上还发现一口废弃的盐井，井砖为沟纹砖。采集遗物类型有陶片、瓷片、唐三彩残片、砖块等，可辨器形主要有青釉及白釉瓷碗、黄釉瓷盆及执壶、夹砂红陶盆、夹砂灰陶罐、夹砂灰陶板瓦等。从采集到的大量瓷器碎片和三彩残片看，遗址中还包含居住区和墓葬区；HY41（东经117°68′，北纬38°37′）位于辛立灶村西南，"三普"时已发现该遗址。遗址西侧被现代盐池破坏，东侧被现代村庄叠压。遗址中陶片多散布于盐池间土垄上，采集遗物类型有瓷片、铜钱、石砚、镀金铜片等。瓷器可辨器形有青釉及白釉瓷碗、黄褐釉瓷盆等。从出土的石砚、铜片等遗物看，遗址中还包含居住区和墓葬区。

　　其他遗址：HY01（东经117°15′，北纬38°6′）位于乾符村东约600米处，遗物集中分布在一条田间水沟的两侧，地表可见遗物范围约700平方米，"三普"时已发现该遗址。采集遗物主要有瓷片、陶片、砖块等。可辨器形有青釉瓷碗、印纹红陶盆、泥质灰陶板瓦等；HY14（东经 117° 44′，北纬 38° 44′）位于孔家庄村南 500 米，遗址东侧为公路，地面可见遗物范围约 600 平方米，为本次调查新发现。遗址东侧有一条水沟，文化层暴露在水沟两侧，厚约 1 米。采集遗物主要有瓷片、陶片，可辨器型有青釉及酱釉瓷碗、夹砂灰褐陶盆、红褐印纹陶罐等。

2. 采集遗物

遗物种类较少。瓷器有碗、壶、器盖等，陶器有盆、罐等，还发现了少量圆陶片、铜钱、石砚及铁器。

瓷碗　13 件，可分二型。

A 型　深腹碗，6 件。根据底部由平变为内凹，可分为二式。

Ⅰ式：4 件。HY14：1，青釉，上部残，饼足微内凹。底径 6.1、高 7.2 厘米（图六，2）；HY41：21，灰胎，青釉，外壁施釉不及底，鼓腹，饼足，内底有支钉痕。底径 8.2、残高 3.7 厘米（图六，4）。

Ⅱ式：2 件。HY29：12，灰胎，青釉，外壁施釉不及底，敛口鼓腹，饼足微内凹，内底有支钉痕。口径 11、底径 5.9、高 7.6、厚 0.3～1.4 厘米（图六，1）；HY47：1，

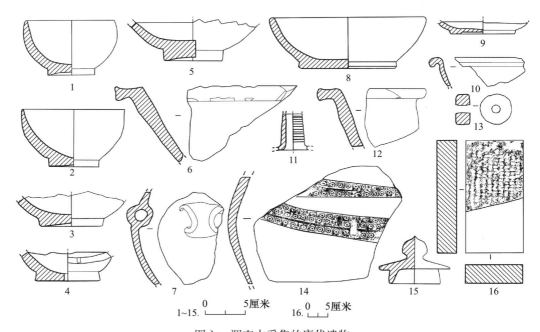

图六　调查中采集的唐代遗物

1、3、5. A 型Ⅱ式瓷碗（HY29：12、HY47：1、HY29：2）　2、4. A 型Ⅰ式瓷碗（HY14：1、HY14：21）

6、12. A 型陶盆（HY29：13、HY49：2）　7、14. 陶罐（HY29：7、HY01：6）　8. B 型Ⅰ式瓷碗（HY49：5）

9. B 型Ⅱ式瓷碗（HY41：25）　10. B 型陶盆（HY07：11）　11. 瓷壶流（HY49：7）　13. 陶纺轮（HY47：3）

15. 瓷器盖（HY29：16）　16. 砖（HY21：1）

灰胎，内壁施青釉，外壁施釉不及底，敛口鼓腹，饼足微内凹，内底有支钉痕。底径7.4、残高4、厚1～1.3厘米（图六，3）；HY29：2，灰胎，青釉，外壁施釉不及底，内底有支钉痕，饼足微内凹。底径7.4、残高5、厚0.8～1.5厘米（图六，5）。

B型　浅腹碗，7件。根据饼足演变成玉璧底，可分为二式。

Ⅰ式：3件。HY49：5，红胎，黄褐釉，底部未施釉，饼足。口径18、底径12，高6.5、厚0.8厘米（图六，8）。

Ⅱ式：4件。HY41：25，黄白胎，内壁施黄白釉，外壁施釉不及底，玉璧底。底径8、残高1.6、厚0.3～1.2厘米（图六，9）。

瓷壶流　1件。HY49：7，灰胎，褐釉，通体饰凸棱。残高4.5、口径2.4、厚0.4～0.5厘米（图六，11）。

瓷器盖　1件。HY29：16，僧帽式盖，灰胎，酱釉，仅外部施釉，沿面破损。沿面直径9、子母口径6.4、高6厘米（图六，15）。

陶盆　7件，可分为二型。

A型　折沿盆，4件。HY29：13，红陶，方唇，口沿微凹。残长13.4、残高9.8、厚1.1～2.1厘米（图六，6）；HY49：2，泥质红褐陶，沿面微凹，素面。残高7、残宽7.5、厚1.3厘米（图六，12）。

B型　卷沿盆，3件。HY07：11，红褐陶，黑色陶衣，方唇，素面。残高4、厚0.5～1厘米（图六，10）。

陶罐　4件。HY29：7，仅存肩部和腹部，夹细砂红陶，双系，鼓腹，内壁有加工痕迹。残高11.8、厚0.6～1.9厘米（图六，7）。HY01：6，仅存腹部，夹砂红褐陶，戳印两周圆圈纹。残高14、厚0.5～1.2厘米（图六，14）。

砖　7件。均为沟纹砖。HY21：1，夹砂灰陶，长30.3、宽15.2、厚5.1厘米（图六，16）。

陶纺轮　3件。HY47：3，泥质红陶，中间有一圆孔，素面。直径4、厚1.5厘米，中部圆孔直径1厘米（图六，13）。

石砚　1件。HY41：27，整体呈簸箕状，前窄后宽，砚堂从后向前斜淌，与三边相接形成折线，后部浮雕一龟。前部着地，后部两矮足，石质润滑。长13.8、宽5.9～8.4、高6厘米。

铜片　15件。HY41：28，锈蚀严重，部分表面保存较好，外部镀金。

铜钱　7枚。HY49：17，圆形方孔，有郭，对书"开元通宝"。直径2.5厘米，方孔边长约0.7、厚0.2厘米。

铁器　5件。HY49：18，圆柱形铁块，形状较规则。侧面直径约4、高15.6厘米；HY18：18，铁盘残片，形状不规则。长11.4、宽5.7，厚0.7厘米。

（三）宋金元时期

本时期遗址共 42 处。初步判断其中 25 处遗址可能包含制盐作坊，其中三区 9 处，四区 2 处，五区 14 处（图七、图八）。

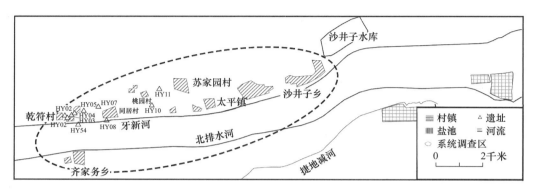

图七　一区发现的宋金元时期遗址

1. 典型遗址

制盐作坊遗址　HY43（东经 117° 33′；北纬 38° 37′）位于一场一组东南约 1200 米，北距北疏港路约 2600 米，为本次调查新发现。遗址现今为一处盐池包围的荒岛，面积约 5000 平方米。地表可见大面积红烧土及草木灰，经钻探文化层厚约 1 米，距红烧土不远处还可发现大量砖瓦残块及残存的房基。采集遗物主要为瓷片，可辨器形有白釉瓷碗、白地黑花瓷盆、夹砂灰陶板瓦等。

其他遗址：HY17（东经 117° 59′，北纬 38° 31′）位于海丰镇遗址东北约 2000 米，西邻铁路，为本次调查新发现。因修整盐池使大量遗物堆积在一处，以砖瓦类建筑遗存为主，另有大量瓷片，可辨器形有白釉盘及钵、黑釉铁锈花碗等。从大量砖瓦遗存初步推测有可能是一处盐业管理官署；HY07（东经 117° 18′，北纬 38° 6′）位于同居西村西北约 800 米，地表可见遗物范围约 25000 平方米，为本次调查新发现。采集遗物以瓷片为主，可辨器形有白釉瓷碗、红褐釉瓷罐、泥质红陶盆、夹砂灰陶罐、夹砂灰陶板瓦等。

2. 遗物

本次调查采集的宋金元时期遗物 200 余件，绝大多数为瓷器，陶器次之，另有少量砖瓦和铁器残块。瓷器中绝大部分来自磁州窑、井陉窑、定窑等周边窑口，少量来自钧窑、龙泉窑等。器形以碗为主，另有盆、罐、瓶、钵、器盖等。瓷碗形制多样，年代跨度较大，故仅按釉色加以初步区分。陶器主要器形有罐、盆、滴水、板瓦等。

瓷碗。白釉数量最多，其次为青白釉、青釉、酱釉、黑釉、黄釉，少量脱釉。

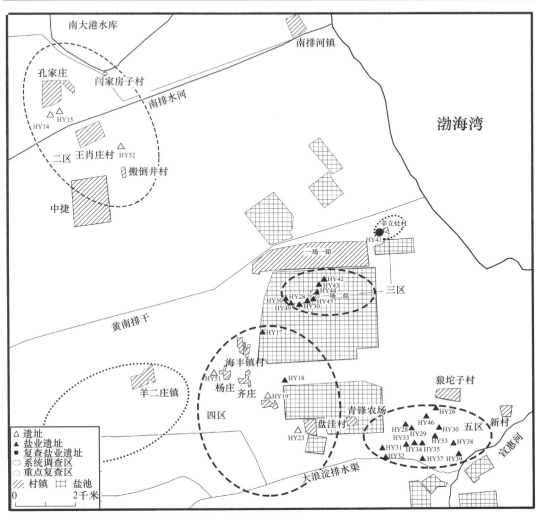

图八 二～五区发现的宋金元时期遗址

白釉碗 112件。HY17：3，灰黄胎，圈足。底径6、残高2.3、厚0.6～0.9厘米（图九，1）；HY43：11，底部未施釉，矮圈足。底径约4、厚0.6～0.9厘米（图九，2）；HY43：16，黑胎，圈足微外撇。底径5、残高3.7、厚0.8厘米（图九，3）；HY11：2，灰胎，内底有支钉痕，高圈足。底径11、厚0.5～1.7厘米（图九，13）；HY14：8，灰胎，内壁施白釉，圈足。底径5、残高1.3、厚0.3厘米（图九，6）；HY05：6，灰胎，矮圈足。底径6、残高4、厚0.6厘米（图九，18）；HY44：5，灰胎，敞口，尖圆唇，圈足。口径22、底径7、高9厘米（图一〇，3）；HY46：10，灰胎，敞口，尖圆唇，内底有支钉痕迹。口径17.9、底径7、高4.7、厚0.3～0.9厘米（图一〇，8）；HY49：1，白胎，外壁施釉不及底，尖圆唇，圈足。口径30、底径14.5、高13.5、厚0.6～1.3厘米（图一〇，10）。

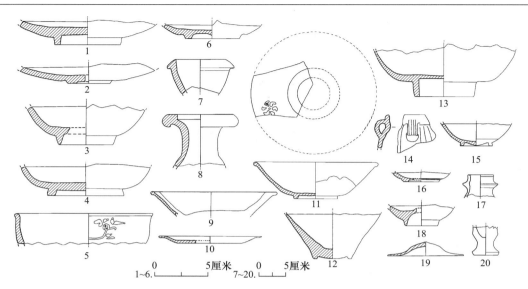

图九　调查中采集的宋金元时期瓷器

1~3、6、13、18. 白釉碗（HY17：3、HY43：11、HY43：16、HY14：8、HY11：2、HY05：6）　4. 酱釉碗
（HY14：7）　5. 盆（HY33：1）　7. A 型钵（HY23：11）　8. 梅瓶（HY49：6）　9. 青釉碗（HY32：1）　10. A
型盘（HY39：4）　11. 青白釉碗（HY49：2）　12. A 型罐（HY52：1）　14. B 型罐（HY37：6）　15. 黑釉碗
（HY52：2）　16. 脱釉碗（HY23：7）　17. 韩瓶（HY52：8）　19. 器盖（HY50：8）　20. 瓷杯（HY29：3）

　　青白釉碗　10 件。HY49：2，灰胎，外壁施釉不及底，敞口，圆唇，圈足，内底有刮圈，内壁饰花形褐彩。口径 22.5、底径 8、高 6.9、厚 0.4~0.8 厘米（图九，11）。

　　青釉碗　23 件。HY32：1，灰胎，敞口，圆唇。口径 23、残高 4.5、厚 0.5 厘米（图九，9）；HY26：6，灰胎，外壁施釉不及底。敞口，尖圆唇，外壁饰菊瓣纹。口径 14.2、残高 5.2、厚 0.4~0.8 厘米（图一〇，11）；HY39：12，白胎，内部无釉。底径 8、残高 3.3、厚 0.4~0.7 厘米（图一〇，13）。

　　酱釉碗　12 件。HY14：7，灰胎，外壁施酱釉，内壁施白釉，圈足。底径 7、残高 2.8、厚 0.4~0.8 厘米（图九，4）。

　　黑釉碗　12 件。HY52：2，灰胎，外壁施釉不及底，鼓腹，圈足，足心外凸。底径 6、残高 4、厚 0.5~0.8 厘米（图九，15）。

　　黄釉碗　8 件。HY45：3，黄褐色胎，圈足无釉。口径 21.2、底径 8、厚 0.5~1 厘米（图一〇，4）。

　　脱釉碗　6 件。HY23：7，灰胎，内外壁釉脱落，鼓腹，圈足，足底略凸，足壁内斜。底径 6.4、残高 1.8、厚 0.6~1 厘米（图九，16）。

　　瓷盘　可分为二型。

　　A 型　浅腹盘，2 件。HY39：4　白胎，青釉，釉层有开片。底径 12、残高 1.3、厚 0.2~0.5 厘米（图九，10）。

　　B 型　深腹盘，3 件。HY38：6 灰胎，白釉，内壁装饰刻划花纹。口径 20、残高

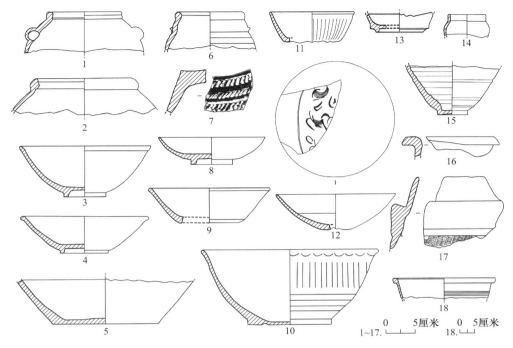

图一〇　调查中采集的宋金元时期遗物

1. 陶罐（HY46：5）　2、14. C 型瓷罐（HY46：8、HY53：7）　3、8、10. 白釉瓷碗（HY44：5、HY46：10、
HY49：1）　4. 黄釉瓷碗（HY45：3）　5、16. 陶盆（HY42：5、HY53：6）　6. B 型瓷罐（HY50：9）
7. 陶滴水（HY44：3）　9. B 型瓷钵（HY39：1）　11、13. 青釉瓷碗（HY26：6、HY39：12）
12. B 型瓷盘（HY38：6）　15. 瓷壶（HY45：8）　17. 陶板瓦（HY46：3）　18. 瓷盆（HY38：2）

6.1、厚 0.4～0.9 厘米（图一〇，12）。

瓷罐　可分为三型。

A 型　深腹罐，6 件。HY52：1，灰胎，褐釉，残存下腹部及底部，鼓腹，平底。底径 7、残高 8.5、厚 0.5～3 厘米（图九，12）。

B 型　双系罐，5 件。HY37：6，灰胎，黑釉，敛口，肩部有耳，饰凸弦纹。残高 6.5、残长 6.2、厚 0.5～0.9 厘米（图九，14）；HY50：9，浅褐胎，酱釉中有黑色斑块，口沿处有白色化妆土，双系残，圆唇，外壁有凸棱纹。口径有 11、残高 6.5、厚 0.5～1.2 厘米（图一〇，6）。

C 型　矮领罐，9 件。HY46：8，灰胎，青釉，敛口，方唇。口径 16.1、厚 0.5～1.5 厘米（图一〇，2）；HY53：7，白胎，黑釉，侈口，尖圆唇。口径 6、残高 4、厚 0.3 厘米（图一〇，14）。

瓷钵　可分为二型。

A 型　深腹钵，4 件。HY23：11，酱釉，残存口、腹部，尖圆唇，平沿，下腹斜收。口径 9.2、残高 6.5、厚约 1～1.8 厘米（图九，7）。

B 型　平底钵，3 件。HY39：1，灰胎，内施白釉，釉上有两条褐色条带状纹饰，器外施釉不及底。口径 20.2、高 6、厚 0.5～1 厘米（图一〇，9）。

瓷盆　25 件。HY33：1，灰胎，青釉，表面饰花纹。口径 12、厚 0.3～0.5 厘米（图九，5）；HY38：2，黄胎，白釉黑花，敞口，方唇，平沿，腹部饰两道凹弦纹。口径 34、残高 7、厚 0.6 厘米（图一〇，18）。

瓷韩瓶　1 件。HY52：8，褐胎，褐釉，双唇口，短束颈。口径 4.8、残高 4.3、厚 0.5～1.5 厘米（图九，18）。

瓷梅瓶　4 件。HY49：6，白釉，直口，广肩。口径 8、残高 5.5、厚 0.3～1.1 厘米（图九，8）。

瓷壶　1 件。HY45：8，红胎，酱釉，平底微内凹，下半部饰数道凸棱。底径 5、残高 8.5、厚 0.6～1.5 厘米（图一〇，15）。

瓷杯　1 件。HY29：3，灰胎，外部施黑釉不及底，平底。残高 5.5、底径 4.5、厚 0.6～1.2 厘米（图九，20）。

瓷器盖　2 件。HY50：8，黄白胎，青白釉，覆钵形盖。口径 14、残高 2.5 厘米（图九，19）。

陶罐　11 件。HY46：5，灰胎，直口，方唇，竖颈，双耳。残高 7、厚 0.8～1 厘米（图一〇，1）。

陶盆　35 件。HY42：5，夹细砂红陶，素面，平底，直腹。底径 18、残高 8、厚 0.9～1.6 厘米（图一〇，5）。HY53：6，夹细砂灰陶，卷沿，尖圆唇。残长 11.9、残高 3.5、厚 0.9 厘米（图一〇，16）。

滴水　1 件。HY44：3，夹砂灰陶，器表饰压印纹。残长 7.5、厚 1～2.5 厘米（图一〇，7）。

板瓦　15 件。HY46：3，夹砂灰陶，器表饰压印纹。残高 13、厚 0.8～2 厘米（图一〇，17）。

（四）明 清 时 期

本次调查发现的明清时期遗址遗存文化层较薄，基本与宋金元时期的遗址重合，限于篇幅不再详述，仅以 HY15 为例进行介绍。

HY15（东经 117° 44′，北纬 38° 44′）遗址位于孔家庄村东南，西北距孔家庄约 250 米，地表可见遗物范围约 2000 平方米，为本次调查新发现。采集遗物多为瓷片，基本来自磁州窑和龙泉窑，可辨器形有黑地白花瓷罐及瓷碗、青绿釉瓷盘、白釉瓷碗等。

三、结论及余论

本次盐业考古专项调查取得了重要收获，结合以往工作和相关研究，现提出三点初步认识。

　　首先，调查中共发现了战国至汉代的遗址 14 处，其中包括 8 处制盐作坊。从空间分布上看，它们大体上呈西北—东南走向，体现了盐业生产与海岸线变迁的密切关系。渤海湾西岸地区历史上水患频繁，河流泛滥和海侵不利于遗址的保存。加上近代以来的盐场建设，应该使包括盐业遗址在内的一批遗址遭到了破坏。本次调查采集到的制盐陶瓮虽与莱州湾沿岸地区所见东周制盐陶瓮形制接近，但数量远不及后者，可能是以上原因造成的。同理，本区实际上存在的战国至汉代的盐业遗址数量应多于调查记录的数量。本文开头提到，以往在武帝台贝壳堤以东发现的遗址多是晚于战国—汉代的。结合盐业调查材料可知，郛堤城、康庄等发现东周时期制盐遗址群或采集到制盐陶瓮的地点也都位于这道贝壳堤西侧[①]。因此，这一时期本区制盐业的中心应在武帝台贝壳堤附近及以西，调查的区域处于边缘地带。但是，我们在靠近现代海岸线的辛立灶村发现了战国—汉代的制盐作坊 HY41，该村周边还有 4 处战国—汉代的遗址点[②]，附近其他区域还未发现同时期或更早的遗址，这为研究本区战国—汉代时期本区的盐业生产布局和海陆变迁进程提供了新资料。本区在战国时期处于齐文化与燕文化的交界地带，采集的陶器也可反映这一特点。比如，浅折盘陶豆接近战国齐文化同类器，高领瓮（A 型瓮）等器物多见于燕文化[③]。根据以往学者从考古学、历史学等多角度的研究，以黄骅为中心的地区在战国时期基本属于齐国的疆域，虽然有燕文化器物的发现但已处于燕文化分布的边缘地带[④]。因此，我们初步推测本区在战国时期应是齐国的盐产区之一。

　　其次，本次调查发现的隋唐时期遗址仅有 11 处，这与本区既往调查的发现具有相似性。调查中未采集到魏晋北朝时期的典型遗物，青瓷碗形制与大左庄遗址的发现类似，不早于北朝晚期[⑤]。之所以出现这种情况，一方面与本区遗址遭到自然和人为因素破坏有关，另一方面可能与本区特定时间内海平面的升降有关。韩嘉谷、陈雍等先生此前曾围绕"渤海湾西岸西汉末年海侵"问题有过激烈讨论[⑥]，李凤林等先生近年来依据最新材料撰文详述了这次"海侵"事件的始末，同时补充提到了隋唐时期发生的一次新

① 燕生东等：《渤海南岸地区发现的东周时期盐业遗存》，《中国国家博物馆馆刊》2011 年第 9 期。
② 黄骅市博物馆：《黄骅市文物志》，北京燕山出版社，2015 年。
③ 王青：《海岱地区周代墓葬及文化分区研究》，科学出版社，2012 年；周海峰：《燕文化研究》，吉林大学博士学位论文，2011 年。
④ 钱林书：《春秋战国时期齐国的疆域及政区》，《复旦学报》（哲学社会科学版）1993 年第 6 期；李晓杰：《战国时期齐国疆域变迁考述》，《史林》2008 年第 4 期；周海峰：《燕文化研究》，吉林大学博士学位论文，2011 年。
⑤ 河北省文物考古研究院等：《河北黄骅市大左庄隋唐时期制盐遗址发掘简报》，《考古》2021 年第 2 期。
⑥ 韩嘉谷：《再谈渤海湾西岸的汉代海侵》，《考古》1997 年第 2 期；陈雍：《渤海湾西岸汉代遗存年代的甄别——兼论渤海湾西岸西汉末年的海侵》，《考古》2001 年第 11 期。

的小规模海侵[1]。唐代受到前后两次海侵事件的波及，这无疑对本地包括盐业生产在内的人类定居活动是较为不利的。虽然遗址数量有限，但仍可从调查材料中发现本时期盐业生产的两个特点。第一，采集瓷器的年代信息反映了隋唐时期本区盐业生产具有连续性。比如瓷碗中既有隋代和初唐常见青釉饼足碗（A 型 I 式），也有唐中晚期的玉璧底碗（B 型 II 式），H49：7 酱釉执壶流是晚唐时期的器物；第二，隋唐时期本区盐业生产具备一定程度的专业化水平，并且带动了经济的发展和市镇的兴起。上文中介绍的几处盐业遗址周围均分布着同时期的居址或墓葬，这样的情况与莱州湾沿岸元明时期盐业遗址的布局较为类似[2]。据《魏书》记载"迁邺之后，于沧、瀛、幽、青四州之境傍海煮盐，沧州置灶一千四百八十四"[3]，数量居四州之首；又根据民国《盐山县志》的叙述，本区在唐代因盐而兴起"通商镇"，是金代著名港口海丰镇的前身[4]。说明隋唐时期本区的盐业生产应是在恢复中发展，宋代以后本地盐业生产和港口贸易的繁荣可能得益于这时奠定的基础。

最后，本次调查发现的宋金元时期遗址数量较上一阶段显著增加，遗址聚群分布，说明本区盐业生产达到了一个高峰，这与史料记载是相符的。《宋史·食货志》中提到北宋时期渤海西岸有"沧州三务""滨州四务"等大型官办盐场[5]；《金史·食货志》中也记载海丰盐使司曾一度总管河北路、京东路的盐业生产[6]。此外，《盐山县志》记载宋金时期本地有"海丰""海润""利丰""扑头"四镇[7]，盐业生产与港口贸易并举，盛极一时。从上文中介绍的 HY17 等遗址可见本地很有可能存在较大规模的盐场及官署。这类遗址的发现对考证《宋史》中所载盐场的历史地理沿革问题提供了线索。

在取得上述收获外，本次调查工作尚存不足之处。从调查结果分析，重点调查区之外的地带也有可能存在与盐业有关的遗址，但由于时间原因本次调查未能覆盖这些区域，需要今后继续开展工作。此外，战国以后进入铁器制盐的时代，由于铁器的可回收性、易腐蚀性，调查和发掘中很少发现类似盔形器或陶瓮这类可明确标识遗址性质的制盐器具。所以，仅依据以往工作和地理环境、文献记载等提供的线索，可能会使制盐作坊的定性存在偏差。今后的工作中，应制定更有侧重性的调查计划，并结合部分遗址的重点勘探和试掘工作，对汉代以后制盐作坊的判别特征进行归纳，为盐业遗址的定性提

[1] 李凤林等：《渤海西岸全新世气候演化与海陆变迁》，《地质学刊》2014 年第 2 期。

[2] 燕生东等：《考古所见莱州湾南岸地区元明时期制盐工艺》，《盐业史研究》2016 年第 2 期。

[3] （北齐）魏收：《魏书》卷一一五《食货六》，中华书局，1997 年。

[4] （民国）孙毓琇修，贾恩绂编：《盐山新志》卷一《疆域略》，《中国方志丛书·华北地方》（第 496 号），台湾成文出版社，1976 年。

[5] （元）脱脱等：《宋史》卷一八一《食货下三》，中华书局，1985 年，第 4428 页。

[6] （元）脱脱等：《金史》卷四九《食货四》，中华书局，1975 年，第 1094 页。

[7] （民国）孙毓琇修，贾恩绂编：《盐山新志》卷一《疆域略》，《中国方志丛书·华北地方》（第 496 号），台湾成文出版社，1976 年，第 105 页。

供可靠依据。本次调查还考察了窦庄子—武帝台贝壳堤以西众多的战国至汉代城址和大部分遗址，并采集了标本，为研究该时段本区与盐业经济有关的诸多历史问题提供了材料，限于篇幅未收录本文，需另撰文进行专门报道和分析。

附记：本简报受到国家社科基金冷门绝学专项"熬波图校注与研究"（项目号：19VJX014）资助。简报撰写过程中得到了山东大学考古系王青教授的指导，厦门大学人文学院刘淼副教授协助鉴定了部分瓷器的年代，在此谨致谢忱！

附表　本次调查发现遗址点概况

序号	位置	年代	采集遗物	遗迹现象	制盐作坊
2018HY01	乾符村东南	唐—元	瓷碗，陶罐、盆、沟纹砖		
2018HY02	乾符村东南	唐—元	瓷碗、陶罐		
2018HY03	后齐家务村北	宋—元	瓷碗		
2018HY04	隆儿庄村西	宋—元	瓷碗、板瓦		
2018HY05	隆儿庄村东	宋—清	瓷碗、陶盆、板瓦		
2018HY06	隆儿庄村东南	宋—元	瓷碗		
2018HY07	同居村西北	唐—元	瓷碗、板瓦		
2018HY08	同居村南	战国—汉代、宋—元	瓷碗，陶豆、瓮		是
2018HY09	崔庄村南	明清	青花瓷碗		
2018HY10	桃园村南	宋—元	青花瓷碗、砖块		
2018HY11	苏家园村西	宋—元	瓷碗、陶盆、板瓦		
2018HY12	大道口村南	明清	瓷碗、陶罐、板瓦		
2018HY13	红星村北	战国—汉代	陶瓮		是
2018HY14	孔家庄村南	战国—汉代、唐—元	瓷碗，印纹硬陶，陶瓮、罐、板瓦	剖面可见灰坑等遗迹	
2018HY15	孔家庄村东南	宋—清	瓷碗、罐、盆		
2018HY16	搬倒井村西	战国—汉代	陶盆、罐、板瓦	剖面可见灶，钻探发现较多草木灰	是
2018HY17	海丰镇村东	宋—元	瓷碗、盘、陶板瓦		
2018HY18	大左庄村北	战国—汉代、唐—元	瓷碗、陶盆、罐、瓮、铜钱	卤水井、盐灶	是
2018HY19	大左庄村北	宋—清	瓷碗、板瓦		
2018HY20	大左庄村西南	明清	瓷碗、板瓦		
2018HY21	大左庄村西南	战国—汉代、唐	陶盆、板瓦、沟纹砖等		是

续表

序号	位置	年代	采集遗物	遗迹现象	制盐作坊
2018HY22	大左庄村东南	战国—汉代	陶盆、罐、板瓦		
2018HY23	盘洼村西南	战国—汉代、唐—清	瓷碗，陶盆、罐、板瓦		
2018HY24	盘洼村西南	战国—汉代、明清	瓷片，陶瓮、盆、井圈		是
2018HY25	盘洼村西南	战国—汉代	板瓦、罐、瓮		
2018HY26	狼坨子村西南	宋—元	瓷碗、盆、罐		
2018HY27	狼坨子村西南	宋—元	瓷盘，陶瓮、板瓦、盆		
2018HY28	青锋农场东	宋—元	瓷碗、陶缸		
2018HY29	青锋农场东南	唐—明	瓷碗、行炉，陶罐		
2018HY30	狼坨子村南	宋—明	瓷碗、盘		
2018HY31	青锋农场东南	唐—清	瓷碗		
2018HY32	青锋农场东南	宋—清	陶盆、瓮、板瓦，瓷高足盘、碗		
2018HY33	青锋农场东南	宋—清	瓷碗、盘		
2018HY34	青锋农场东南	战国—汉代、宋—元	瓷碗、盘		是
2018HY35	青锋农场东南	宋—元	瓷碗、盆、盘、韩瓶		
2018HY36	青锋农场东南	战国—汉代	陶瓮、豆、甑，板瓦		是
2018HY37	青锋农场东南	宋—元	陶盆、板瓦、瓷碗、梅瓶		
2018HY38	渔沟村南	宋—清	陶盆，瓷碗、盘		
2018HY39	渔沟村南	宋—元	陶罐、盆，瓷碗、盘		
2018HY40	渔沟村东南	金—清	瓷枕、碗		
2018HY41	辛立灶村西南	战国—汉代、唐—元	陶豆、瓮、盆、板瓦，瓷碗，石砚		是
2018HY42	一场二组东北	宋—元	陶盆、瓷碗		
2018HY43	一场一组南	宋—元	瓷碗、盘、板瓦	大片红烧土、草木灰、房基	是
2018HY44	一场二组东	宋—元	瓷碗		
2018HY45	一场二组东南	宋—元	瓷碗、直口钵，陶罐		
2018HY46	一场二组南	宋—元	瓷碗、盘，陶罐		
2018HY47	一场二组西南	唐	瓷碗		
2018HY48	一场二组西南	宋—元	瓷碗、行炉		
2018HY49	一场二组西南	唐—元	瓷碗、执壶、瓶，陶罐、盆、板瓦	卤水井	是

续表

序号	位置	年代	采集遗物	遗迹现象	制盐作坊
2018HY50	大孙庄村东	宋—元	瓷碗、盘，陶罐		
2018HY51	杨庄村西	宋—元	瓷碗、板瓦		
2018HY52	搬倒井村北	宋—元	瓷碗、盆		
2018HY53	狼坨子村西南	宋—元	瓷碗		
2018HY54	卸甲庄村南	宋—清	瓷碗		
2018HY55	武帝台南	战国—汉代	制盐陶瓷、板瓦、盆、罐等		是

(原载《南方文物》2022年第3期)

山东寿光八面河-西桃园盐业遗址
2020 年调查与勘探简报

山东省文物考古研究院　南京大学历史学院

在 2020 年春小清河复航工程建设过程中，施工方于寿光市桃园村至八面河村北部小清河南岸与南侧防洪堤之间东西 5 千米范围内，设置大小取土场 5 个，总面积约 47 万平方米。取土场位于寿光市北部，北与广饶县南河崖盐业遗址群隔河相望，东距莱州湾 24 千米，南距寿光市市区约 46 千米。地势平坦，地表多为荒地，排碱沟里多见芦苇，淤沙淤泥堆积厚约 0.3 米。2020 年 3 月 27 日～4 月 10 日，山东省文物考古研究院对取土场工作面的残留遗存进行考古调查与勘探，共发现盐业遗址点 7 处，自东向西依次编号为 N1～N7（图一）。受到取土活动的影响，7 处遗址均遭到不同程度的破坏。经系统勘探，我们基本掌握它们的范围、文化层等信息，并对部分已经被破坏遗迹剖面进行刮面并绘图。现将本次调查与勘探的情况报道如下。

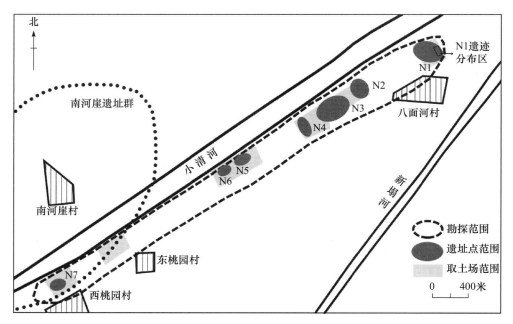

图一　本次调查与勘探范围

一、遗址概况

此次勘探总面积约 47 万平方米。根据取土场的所在位置、范围和地形特点，我们按 10 米间距划分网格进行布孔勘探，拍照记录及绘制堆积柱状示意图。

1. N1 遗址

位于八面河村北 100 米处，西北距小清河 200 米，南部紧邻小清河防洪堤。遗址东西长 160、南北长 250 米，形状呈圆角长方形，总面积约 3.5 万平方米，现存面积约 1 万平方米。地表主要为现代棉花地，地势平坦。遗址地表散乱大量陶器碎片，以板瓦、筒瓦为主，年代多为唐、宋时期。遗址文化层厚 0.1～0.5 米，有 2 处坑井，10 处灰坑裸露在地表，均进行解剖（图二）。

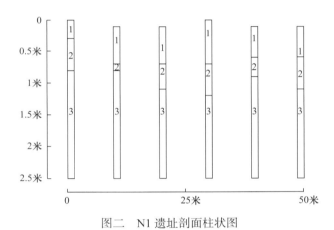

图二　N1 遗址剖面柱状图

2. N2 遗址

位于八面河村西 300 米处，西北距小清河 100 米，南部紧邻小清河防洪堤。遗址东西长 120、南北长 200 米，总面积约 2.5 万平方米，现存面积约 0.2 万平方米。地表主要为现代耕地，地势平坦。遗址地表可见少量陶、瓷片，年代多为唐、宋时期。遗址文化层厚 0.3～0.6 米，夹杂少量草木灰、烧土颗粒和瓷片，部分遗迹已经出露地表（图三）。

3. N3 遗址

位于八面河村西 500 米处，西北距小清河 100 米，南部紧邻小清河防洪堤。遗址东西长 380、南北长 250 米，总面积约 8.5 万平方米，现存面积约 8 万平方米。地表主要为现代耕地，地势平坦。根据地表采集的零星陶、瓷片判断，遗址年代应为唐、宋时期。遗址文化层厚 0.2～0.8 米，夹杂少量草木灰、烧土颗粒（图四）。

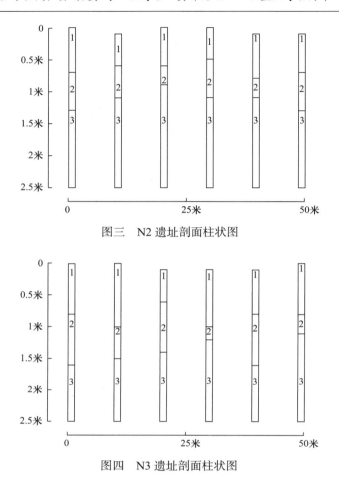

图三　N2 遗址剖面柱状图

图四　N3 遗址剖面柱状图

4. N4 遗址

位于八面河村西南 900 米处，西北距小清河 100 米，南部紧邻小清河防洪堤。遗址东西长 120、南北长 160 米，总面积约 9000 平方米，现存约 4000 平方米。地表主要为现代耕地，地势平坦。遗址地表散布较多陶、瓷片，器形主要有板瓦、盆等，年代多为唐、宋时期。遗址文化层厚 0.3～1 米，夹杂少量草木灰、烧土颗粒，部分遗迹出露地表（图五）。

5. N5 遗址

位于东桃园村东北 1.5 千米米处，西北紧邻小清河。遗址东西长 300、南北长 130 米，面积约 3 万平方米。地表主要为现代耕地，地势平坦，地表未见陶片。遗址文化层厚 0.3～1 米，夹杂少量草木灰、烧土颗粒（图六）。

6. N6 遗址

位于东桃园村东北 1.2 千米处，西北紧邻小清河。遗址东西长 180、南北长 140 米，

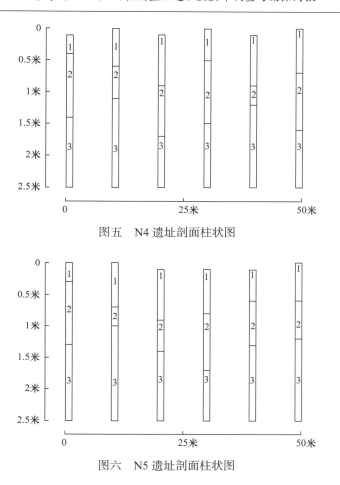

图五　N4 遗址剖面柱状图

图六　N5 遗址剖面柱状图

总面积约 2 万平方米，现存面积约 0.4 万平方米。地表主要为现代耕地，地势平坦。地表发现大量陶器残片，器形主要为板瓦，年代多为唐、宋时期。遗址文化层厚 0.3～1 米，夹杂少量草木灰，部分遗迹出露地表（图七）。

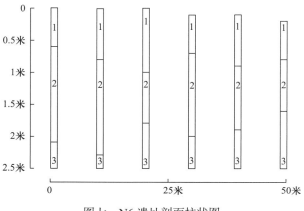

图七　N6 遗址剖面柱状图

7. N7 遗址

位于西桃园村北 200 米处，西北紧邻小清河。遗址东西长 190、南北长 150 米，总面积约 1.6 万平方米，现存面积约 0.5 万平方米。地表主要为现代耕地，地势平坦。遗址表面发现大量陶器残片，器形主要为板瓦、盔形器等，年代为商末周初、西汉。遗址文化层厚 0.3～0.6 米，夹杂少量草木灰。由于施工破坏，部分遗迹出露地表，包含 1 处坑井和 2 处灰坑。我们 2 处灰坑的剖面，并进行绘图与记录（图八）。

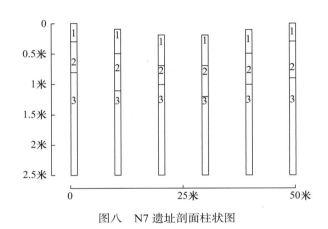

图八　N7 遗址剖面柱状图

二、遗 迹 概 况

根据 N1、N7 遗址所在的位置，分别将它们定名为八面河遗址、西桃园遗址。因时间限制，我们仅对 2 处遗址中受破坏已出露地表的遗迹进行解剖。在八面河遗址中，我们共解剖 2 处坑井，分别编号 BMHYJ1、BMHYJ2；1 座砖砌圆坑，编号 BMHH1；1 座圆形坑，编号 BMHLK3；1 座方形木构坑，编号 BMHH2；7 座形状不规则的灰坑，分别编号 BMHLK1、BMHLK2、BMHLK4～BMHLK8（为方便叙述，以下省略 BMH 字样）（图九）。在西桃园遗址中，我们清理 2 座灰坑的剖面，并记录堆积信息，分别编号 TYH1、TYH2。

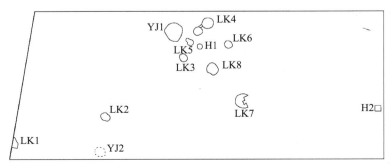

图九　八面河 N1 遗址点取土区平面示意图

（一）八面河遗址（N1）

解剖时所有遗迹均已被破坏，出露地表，推测遗迹原开口层位为表土下。

1. 遗迹

坑井，2座。其中YJ2水位较高，未进行解剖。

YJ1　平面略呈椭圆形，分为内、外两圈，呈同心圆结构，均为直壁、平底，外圈部分未清理到底。井口长径约3.61、短径约3.4米，井底直径约2.8、深约0.75米。外圈壁上围绕一周芦苇编织物，内圈壁上围绕一圈芦苇编织物。内、外圈之间填充青灰色细砂。井内填土可分3层：第1层为青灰色砂土，覆盖井口上部，厚约0.2米。第2层为内井圈中填土，呈青灰色，土质较质密。两层中均包含大量砖块、瓦片、陶片等。第3层为内、外圈中间填土，为青灰色砂土，疏松（图一〇）。

圆形砖砌坑，1座。

H1　平面圆形，斜壁、平底，口小底大，壁面为青砖垒砌而成，从上至下共6圈，与坑壁贴合不紧密。青砖垒砌方式为横排连接，最底部一圈为纵排连接。因青砖未取出，井壁未完全清理。井口直径约0.98、井底直径约0.72、深约0.5米。井壁青砖长0.24、宽0.14、厚0.04米。坑内填土为浅黄色细砂土，土质疏松，不分层，包含砖块、瓦片等（图一一）。

圆形坑，1座。

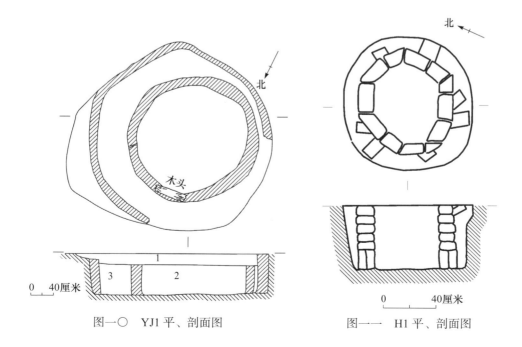

图一〇　YJ1平、剖面图　　　　图一一　H1平、剖面图

　　LK3　平面略呈圆形，直壁、平底，壁面上发现芦苇编织物。开口直径约 1.4、深约 0.76 米。坑内填土为灰褐色砂质土，包含少量瓦片，不分层（图一二）。

　　方形木构坑，1 座。

　　H2　平面呈规则正方形，直壁、平底，坑口有成圈木板加固。口部边长约 1.03、深约 0.13 米。壁外侧空隙处为青灰沙填土。坑内填土为浅黄色砂质土，不分层，包含物较少（图一三）。

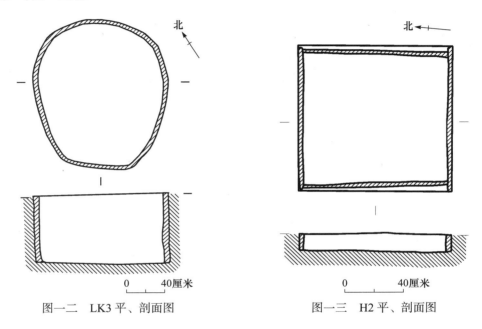

图一二　LK3 平、剖面图　　　　　　　图一三　H2 平、剖面图

　　不规则坑，8 座。

　　LK1　仅解剖北半部。南部剖面显示被晚期沟打破，平面形制不规整。口大底小，斜壁，底部近平，壁面凹凸不平。下半部似呈双圈结构，以细棍编织成内圈，内圈南部留出宽约 0.4 米空当，填土与周围相同。口部长约 2.2、宽约 1.1 米；底面直径约 0.72、深约 0.98 米；内圈直径约 1.06、深约 0.62 米。填土可分为 2 层：第 1 层为浅灰色细砂土，土质疏松，包含少量贝壳，厚约 0.44 米；第 2 层为青灰色砂质土，包含大量瓦片和少量陶片等，厚约 0.62 米（图一四）。

　　LK2　平面呈不规则椭圆形，可分为南北两部分，南部为木板。北部分西、中、东三部分，其中西部四周为芦苇编织物，深 0.34 米。中部底部平，为芦苇编织物，深 0.14 米。东部四周及底部为芦苇编织物，深 0.74 米。西、中、东三部分填土均为灰褐色砂质填土，无分层（图一五）。

　　LK4　平面呈哑铃状，可分为东、西两部分，中间有长条形孔道相连。东半部平面呈圆形，直径约 1.71、深约 0.8 米。直壁，平底，底面有较多碎木块，壁面有芦苇编织物；西半部平面亦呈圆形，直径约 2.2、深约 0.4 米。直壁，平底，芦苇编织物围绕壁

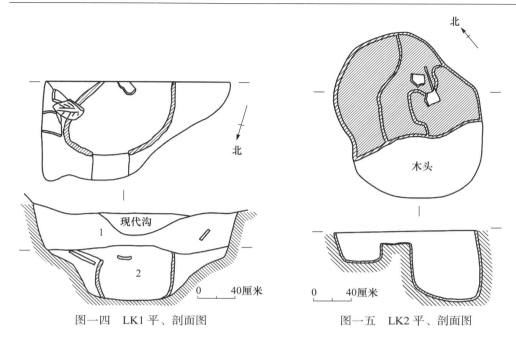

图一四　LK1平、剖面图　　　　　　图一五　LK2平、剖面图

面一周，其中穿插木棍固定。东西两部分填土均为灰褐色砂质土，不分层，包含兽骨、瓦片、砖块、瓷片等。坑中部的长条形通道长约0.6、宽约0.4、深约0.34米，填土为浅黄色细砂土，不分层，通道两端芦苇编织物断开（图一六）。

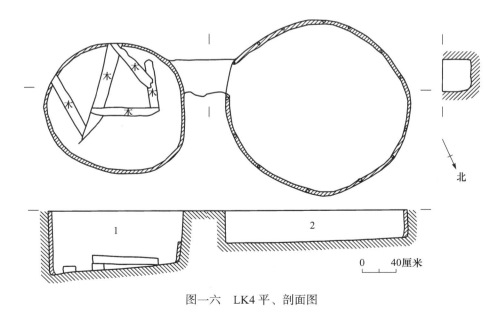

图一六　LK4平、剖面图

LK5　平面形制不规整，可分为南、北两部分。北半部较深，南半部较浅。北半部平面略呈圆形，直壁、平底，壁面有芦苇编织物，口部直径约0.94、深约0.44米；南半部平面形状不规则，斜壁、底部凹凸不平，包含较多瓦片、砖块、陶片等，似为坑上

设施塌陷所致，口部直径约 0.76、深约 0.32 米。坑内填土为灰褐色砂质土，填土不分层（图一七）。

　　LK6　平面呈圆形，直壁、平底，可分为南、北两部分。南半部较浅，北半部较深。南半部平面呈小半圆形，斜壁、平底，底部可见较多砖块、瓦片等，深约 0.08 米；北半部平面呈大半圆形，直壁，平底，壁面可见一圈芦苇编织物，深约 0.22 米。坑内填土为灰褐色砂质黏土，不分层，包含砖块、瓦片、木头等（图一八）。

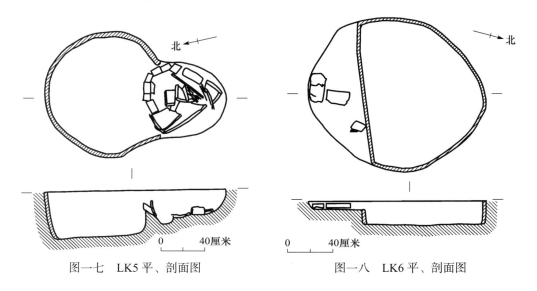

图一七　LK5 平、剖面图　　　　　　图一八　LK6 平、剖面图

　　LK7　平面形状不规则，东北部被现代扰坑破坏。直壁，平底，壁面有一圈芦苇编织物，直径约 2.8、深约 0.46 米。坑内填土为灰褐色砂质土，不分层，包含砖块、瓦片、陶片等（图一九）。

　　LK8　平面略呈椭圆形，直壁、底面不规则。底面呈阶梯状自北向南依次下降，剖面可见 2 级阶梯，南半部壁上围绕芦苇编织物。坑中北半部堆积有较多的砖块、瓦片等。口部长径约 2.44、短径约 2.14、深约 0.53 米。坑内填土为灰褐色砂质土，不分层，包含较多砖块、瓦片、木头等（图二〇）。

2. 遗物

　　主要为常见陶、瓷生活器和砖、瓦、瓦当等建筑构件。

　　瓷器。可辨器形有碗、高足盘、盆等。

　　钵　LK6∶1，口微敛，尖圆唇，鼓腹，下部斜收。口部施褐釉，釉色发黑，口部以下施褐釉。残高 9、宽 11.4、厚 0.7～1 厘米（图二一，1）。

　　高足盘　LK2∶2，青釉，釉色不均，仅余柄部，呈喇叭口状。残高 5.1、厚 0.7 厘米（图二一，2）。

　　碗　LK4∶10，仅余碗底。内、外壁均不见釉，白胎，饼形足微内凹。残高 8.4、

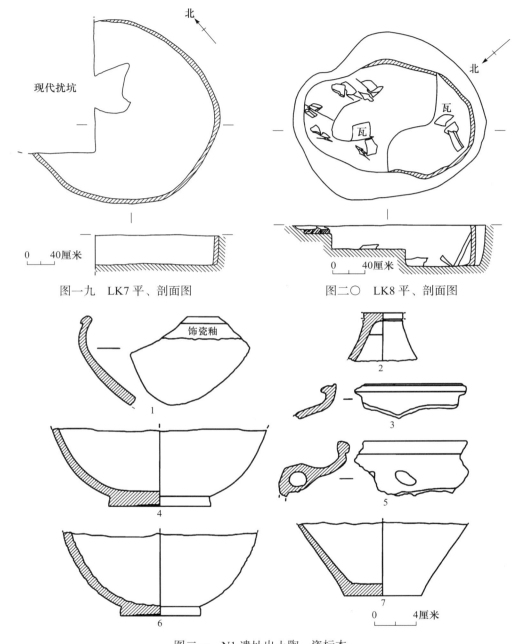

图一九　LK7平、剖面图　　　　　　图二〇　LK8平、剖面图

图二一　N1遗址出土陶、瓷标本

1. 瓷钵（LK6∶1）　2. 瓷高足盘（LK2∶2）　3、5. 陶罐（LK6∶2、YJ1∶2）

4、6. 瓷碗（LK4∶10、LK4∶3）　7. 瓷罐（LK4∶1）

厚0.8厘米（图二一，4）；LK4∶3，仅余碗底。内壁施黑釉，外壁不见釉，白胎，饼形足微内凹，残高8.4、厚0.8厘米（图二一，6）。

罐　LK4∶1，仅存底部，外部不施釉，内部施青釉。残高14.4、厚0.8～2.4厘米

（图二一，7）。

陶器。可辨器形有罐、盆等。

罐 LK6：2，夹砂灰陶，口微敛，圆唇，唇面有一道凹槽，束颈，鼓肩，腹部及以下残，残高3.5、宽11、厚0.7厘米（图二一，3）；YJ1：2，夹砂灰陶，敞口，方唇，束颈，鼓肩，肩部可见一耳，腹部及以下残，残高5.5、宽10.4、厚0.6～3.1厘米（图二一，5）。

盆 LK4：4，夹砂红陶，敞口，方唇，平折沿。素面，上腹部有一小孔，下腹及底残。残高12、宽8.3、厚1.1厘米（图二二，1）；LK2：1，泥质灰陶，折沿向下，腹部饰指甲纹。残高10.4、厚1厘米（图二二，2）；YJ2：5，夹砂灰陶，敞口，方唇，平折沿，沿上有一道凹槽，沿下有一小孔，腹部及底部残，残高5.6、宽15.9、厚0.9厘米（图二二，3）；LK8：1，夹砂灰陶，敞口，方唇，宽折沿，腹部斜收，下腹及以下残，残高8、宽16、厚1～1.3厘米（图二二，4）。

兽骨 牛肋骨1个，LK4：2，残长30.1、厚0.9厘米（图二二，5）。

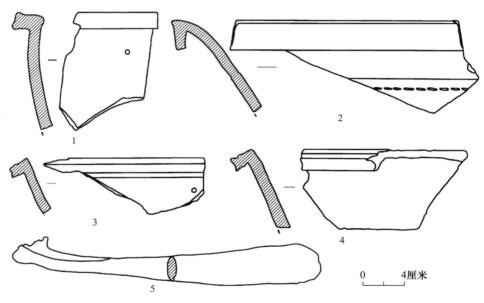

图二二 N1遗址出土陶、骨遗物
1～4. 陶盆（LK4：4、LK2：1、YJ2：5、LK8：1） 5. 牛肋骨（LK4：2）

建筑材料。主要包括砖、瓦、瓦当等。

筒瓦 YJ2：7，泥质灰陶，外背面饰浅绳纹，有抹痕，内部饰布纹。残长22.4、厚1.7～2厘米（图二三，1）。

瓦当 YJ2：2，仅余1/4，泥质灰陶，饰莲瓣纹。残高6.9、宽11.4、厚1.6～2.5厘米（图二三，2）。

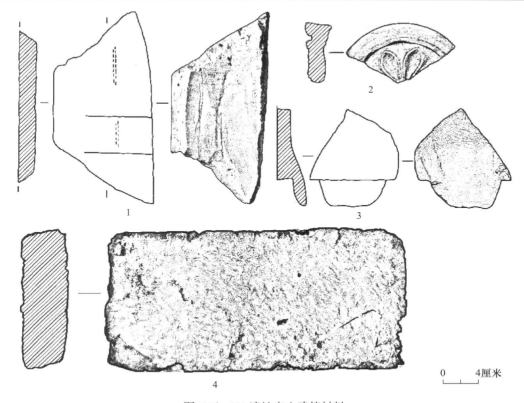

图二三　N1 遗址出土建筑材料

1、3. 筒瓦（YJ2：7、YJ2：1） 2. 瓦当（YJ2：2） 4. 青砖（LK4：14）

筒瓦瓦头　YJ2：1，泥质灰陶，外背部素面，背面左侧有刮削痕迹，内部饰布纹。残长 12.6、厚 1.8 厘米（图二三，3）。

青砖　LK4：14，表面饰绳纹。长 28、宽 13.6、厚 3.5 厘米（图二三，4）。

（二）西桃园遗址（N7）

1. 地层

从施工破坏的剖面观察，表土层为第 1 层，文化层为第 2 层，遗迹多开口于第 2 层下。

第 1 层：黄褐色砂土，疏松，厚 0.3～0.5 米。

2. 遗迹

灰坑，2 座。

H1　开口第 2 层下，被路土打破，仅清理剖面上出露的部分。斜壁较缓，圜底近平，底面、壁面均不规整。填土可分为 4 层：第 1 层为浅黄色砂土，厚约 0.88 米；第 2

层为浅褐色砂土，厚约 0.7 米；H1 第 1 层为灰褐色砂土，厚约 1.45 米；H1 第 2 层为黑褐色砂土，厚约 1.23 米；H1 第 3 层为深灰褐色砂土，厚约 0.6 米；H1 第 4 层为黄褐色砂土，厚约 0.65 米；路土为深黄褐色，厚约 0.66 米（图二四）。

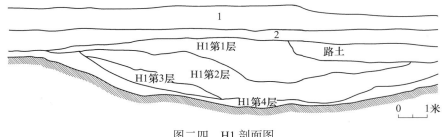

图二四　H1 剖面图

H2　开口第 1 层下，仅清理剖面上出露的部分。斜壁较缓，圜底近平，底面、壁面均不规整。填土可分为 12 层：第 1 层为深灰褐色砂土，厚约 0.25 米；第 2 层为草木灰层，包含大量草木灰，少量红烧土块，厚约 0.4 米；第 3 层为浅灰褐色砂土，含少量草木灰，厚约 0.11 米；第 4 层为浅灰褐色，含草木灰，厚约 0.12 米；第 5 层为灰褐色，厚约 0.36 米；第 6 层为灰褐色，夹杂大量红烧土，厚约 0.36 米；第 7 层为浅灰色沙土，含草木灰及灰褐色土块，厚约 0.55 米；第 8 层为灰褐色，厚约 0.16 米；第 9 层为灰褐色，夹杂红烧土，厚约 0.3 米；第 10 层为黑灰色，含大量草木灰。厚约 0.22 米；第 11 层，灰褐色，包含大块铁锅残片，厚约 0.48 米；第 12 层，浅灰色，厚约 0.08 米；第 13 层，黄褐色，夹杂较多青灰水锈，厚约 0.25 米（图二五）。

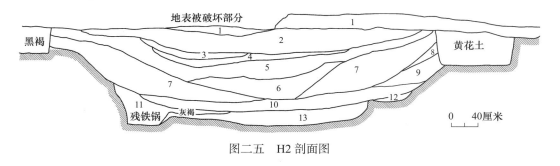

图二五　H2 剖面图

3. 遗物

遗物种类较少，包含清理剖面出土板瓦，以及地表采集遗物盆形器、罐等。

板瓦　H2：1，夹砂灰陶，外背部饰凸棱，内面为素面。残高 25.3、宽 17.6、厚 0.6~1 厘米（图二六，1）。

板瓦　H2：2，泥质灰陶，外背面饰绳纹，内面凹凸不平，素面。残长 17.7、厚 1.3 厘米（图二六，3）。

陶罐　西桃园采集：2，夹砂灰陶，方唇，沿面外翻，束颈，鼓肩，肩部以下残。

残高 3、宽 6.5、厚 1 厘米（图二六，2）。

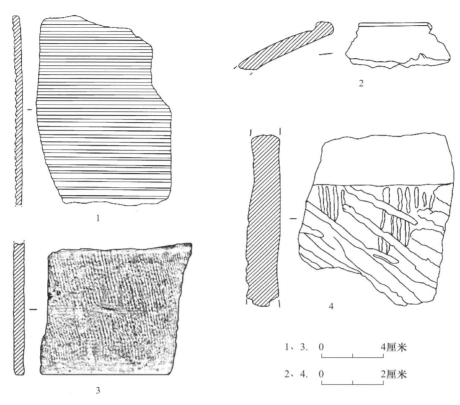

1、3.　0　　　　　　4厘米

2、4.　0　　　　　　2厘米

图二六　西桃园遗址 H2 和地表采集陶器标本

1. 板瓦（H2：1）2. 陶罐（西桃园采集：2）3. 板瓦（H2：2）4. 盆形器（西桃园采集：1）

盆形器　西桃园采集：1，夹砂灰陶，质地粗疏。底部残。直口，腹部饰粗绳纹。残高 11.4、宽 9.3、厚 2.1 厘米（图二六，4）。

三、初 步 认 识

根据钻探提供的信息，此次调查发现的 7 处遗址总体上呈现出较多相似性，性质可能趋同。从地理位置上看，调查区全部位于莱州湾西岸地区第四纪卤水带上，土地类型不适宜农耕。经过初步清理的八面河遗址、西桃园遗址分别位于调查区的东、西两端，与东营广北农场一分场一分队魏晋盐业遗址、广饶南河崖商周盐业遗址隔小清河相望，遗迹现象也与这两处制盐作坊相似[①]。综合考虑这些因素，我们认为此次发现的 7 处遗址

① 山东省文物考古研究院等：《东营广北农场一分场一分队东南盐业遗址发掘简报》，《海岱考古》（第十辑），科学出版社，2017 年；山东大学考古系等：《山东东营市南河崖西周煮盐遗址》，《考古》2010 年第 3 期。

均与古代盐业生产有密切关系，八面河遗址、西桃园遗址基本可认定为制盐作坊遗址。

根据采集和发掘出土的遗物，西桃园遗址年代约为商末周初、西汉时期，其余6处遗址年代约为唐代。就时代而言，7处遗址的发现在不同程度上都填补莱州湾西岸地区盐业考古的年代缺环。虽然八面河遗址、西桃园遗址仅解剖部分遗迹，但也为我们提供许多重要信息。

八面河遗址是目前小清河流域发现的位置最偏东的制盐作坊，也是一处少见的主体年代为唐代的制盐作坊。根据莱州湾西岸地区以往发掘的制盐作坊所见的现象与相关研究[1]，我们认为 YJ1、YJ2 均为卤水井，H1、H2、LK1～LK8 与淋卤、储卤功能有关。从结构和内部特征看，形制规整，底面、壁面经过细致修整的 H1、H2、LK3 很可能是储卤坑，其余7个灰坑似兼具淋卤、储卤功能。在后者中，LK2、LK4、LK5、LK6、LK8 保存较完整，虽平面形状各有差异，但内部均由一高一低两部分构成，且壁面、底部均利用芦苇编织物进行防渗加工。这种"深坑"+"浅坑"的组合模式与《熬波图》中"淋灰取卤""担灰摊晒"等幅中所描绘的淋卤坑与储卤坑高度相似[2]（图二七）。类似结构的灰坑在吉林省大安尹家窝堡辽金土盐作坊、河北省黄骅大左庄隋唐制盐作坊中都有发现[3]。与二者不同的是，本遗址中的 LK5、LK6、LK8 在较浅的一侧均发现砖块或木板，可能为辅助淋卤的支架残留。

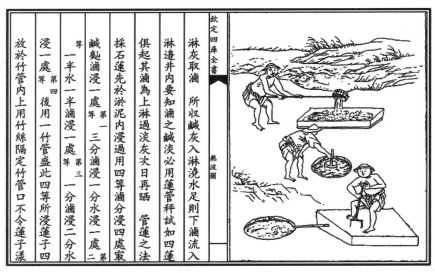

图二七　《熬波图》"淋灰取卤"幅

① 比如寿光双王城遗址、东营南河崖遗址、广饶广北农场一分场一分队东南遗址等。

② （元）陈椿：《熬波图》，《影印文渊阁四库全书·史部420·政书类》（第622册），台湾商务印书馆，1983年。

③ 河北省文物考古研究院等：《河北黄骅市大左庄隋唐时期制盐遗址发掘简报》，《考古》2021年第3期；吉林大学边疆考古研究中心等：《吉林大安市尹家窝堡遗址发掘简报》，《考古》2017年第8期。

从八面河遗址的平面图中可见，LK3～LK8、H1 均围绕着 YJ1 分布；YJ2 位于 YJ1 西南部，LK1～LK2 与它的空间位置接近；H2 距离上述遗迹都比较远。参考商周时期寿光双王城遗址、东营南河崖遗址等制盐作坊的布局特点①，每个坑井及其周边的淋卤设施可能代表一个基层生产单元。但是，由于在遗迹解剖过程中未发现盐灶存在的迹象，每个基层生产单元的功能似乎是不完整的。根据勘探获取的信息可知，八面河遗址西南部与之年代相近的 N1～N6 遗址中也未发现盐灶。除勘探面积限制、遗址本身破坏外，煮盐功能区的缺失可能是某种刻意安排的结果。根据《熬波图》的记载，为防止盗煮私盐，官营盐场采取将制卤环节与煎盐环节分离的措施②。类似的举措在山东地区也有发现。雍正版《山东盐法志》载，采取煮盐工艺的日照涛洛盐场中，刮卤摊场分布于滨海滩涂上，其后方集中分布着 4 座煮盐廒房③（图二八）。显然，这种布局方式应与盐场的性质有关。巧合的是，与八面河遗址隔小清河相望的东营广北农场一分场一队东南

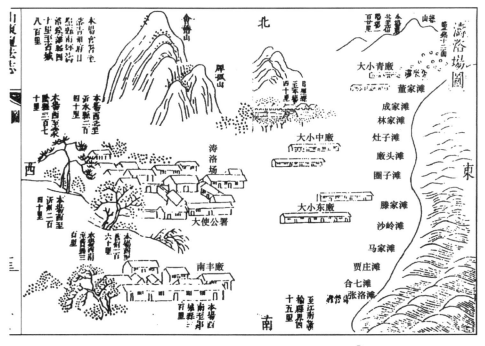

图二八　清代雍正年间日照涛洛盐场布局图④

---

① 山东省文物考古研究所等：《山东寿光市双王城盐业遗址 2008 年的发掘》，《考古》2010 年第 3 期；山东大学考古系等：《山东东营市南河崖西周煮盐遗址》，《考古》2010 年第 3 期。

② （元）陈椿：《熬波图》，《影印文渊阁四库全书·史部 420·政书类》（第 622 册），台湾商务印书馆，1983 年。

③ 莾鹄立：《山东盐法志》，《中国史学丛书》，台湾学生书局，1966 年。

④ 转引自王青：《关于山东北部盐业考古的新思考》，《东方考古》（第 12 集），科学出版社，2015 年。

魏晋制盐作坊亦是一处缺失盐灶的制盐作坊[①]。上述遗址在时代上可衔接，可能代表着莱州湾地区魏晋隋唐时期一种特殊的盐业管理体制。

　　莱州湾西岸地区是我国盐业考古研究工作较早开展的地域之一，与早期盐业相关的研究最为突出。由于研究的侧重性，本区历史时期的盐业考古研究相对滞后，尚有许多空白亟待填补。虽然此次调查与勘探工作时间较为紧张，但以八面河遗址为代表的一系列发现仍具有重要学术意义。八面河遗址的遗迹解剖为我们展示一处隋唐时期制盐作坊的面貌，无论是从制盐技术还是作坊布局方面，它都是较有特色的。特别需要指出的是，八面河遗址中的淋卤设施与《熬波图》等后世文献中的记载有着较大的相似性，这不仅体现隋唐时期制卤工艺的进步，也为证实后世文献的可信度提供有利证据。

　　此次考古工作时间较紧张，我们没有足够的时间对遗址进行系统的清理和研究，有一些问题也是较为明显的。例如，莱州湾地区以往发现的各时期制盐作坊中，多数发现大量的草木灰及与"刮卤摊场"有关的遗迹，这或许体现一种本地采用"淋煎法"制盐的技术传统。西桃园遗址中清理的 H1、H2 体量较大，呈层理状堆积，底部平整，可能与"刮卤摊场"相关。但是，在解剖八面河遗址时，我们未在任何一处灰坑的填土中发现草木灰。尽管在距离上述遗迹不远的一处剖面上，发现一些草木灰，但其堆积形态、特征似乎与"刮卤摊场"有一些差别。此外，根据东营广北农场一分场一队东南制盐作坊的发现，刮卤摊场的位置应距离卤水沟或卤水坑井不远，这一现象与《熬波图》《天工开物》等文献的记载也是吻合的。因此，我们暂时不确定八面河制盐作坊采用的制盐工艺是否属于淋煎法的范畴，只能留待发掘材料增多后再探讨此类问题。

执笔：赵国靖　曹洋　蒲坤杉

附图版

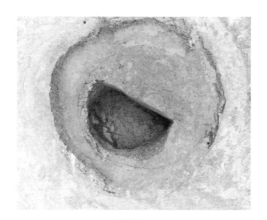

八面河 YJ1

八面河 H1

---

① 　山东省文物考古研究院等：《东营广北农场一分场一分队东南盐业遗址发掘简报》，《海岱考古》（第十辑），科学出版社，2017 年。

八面河 LK1

八面河 LK2

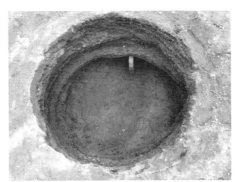

八面河 LK3

八面河 LK4

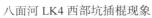

八面河 LK4 西部坑插棍现象

八面河 LK4 中间通道东侧坑部分
（芦苇编织物有意断开）

八面河 LK4 中间通道西侧坑部分
（芦苇编织物有意断开）

八面河 LK5

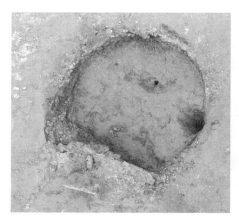

八面河 LK6

八面河 LK7

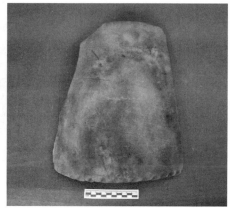

八面河 LK8

八面河陶板瓦 LK1：1

西桃园 H1 剖面

西桃园 H2 剖面

西桃园陶板瓦 H2：1

西桃园陶板瓦 H2：2

西桃园地表采集陶盔形器

黄骅大左庄盐业遗址 2020 年发掘收获

河北省文物考古研究院　黄骅市博物馆

一、前　言

　　大左庄制盐遗址位于河北省黄骅市羊二庄回族乡大左庄村东北约 1.7 千米处，北距朔黄铁路约 300 米，东距渤海湾约 15 千米，西距全国文物保护单位海丰镇遗址约 2.5 千米，海拔高程约 3 米。2016 年考古人员调查时发现该遗址，经勘察确认大左庄遗址地表散布遗物面积约 10 万平方米，遗址现存面积约 3000 平方米，有一条南北向的取土沟将遗址现存部分分为东、西两个区域。2016~2017 年因遗址周边取土破坏，河北省文物考古研究院联合黄骅市博物馆等单位抢救性清理了取土沟西侧部分区域，清理出了卤水井、灰沟、灰坑、盐灶等各类遗迹上百处，首次在河北地区较完整揭露了一处隋唐时期制盐作坊。由于遗址周边建设虾池工程规模不断扩大，遗址破坏加剧。为更好地保护该遗址，经国家文物局批准河北省文物考古研究院联合黄骅市博物馆于 2020 年 10 月对大左庄遗址进行了第二次抢救性发掘工作。本年度发掘区位于取土沟东部，与 2016~2017 年发掘区东西相对。

　　此次发掘共计布设 10 米 ×10 米的探方四个，由南向北分别编号 TN01W01、TN02W01、TN03W01 和 TN04W01。受后期扩方和现代沟破坏影响，共清理发掘面积约 460 平方米。发现各类遗迹总计 16 处，遗迹种类与前次发掘所见基本一致，但部分形制、规模略有不同，包括灰坑七座（分别编号 2020DZZH1-H7）、灰沟四条（分别编号 2020DZZG1-G4）、灶两座（分别编号 2020DZZZ1、2020DZZZ2）、卤水井两眼（分别编号 2020DZZJ1、2020DZZJ2）、摊场一处（编号 2020DZZTC1）。现将本次发掘收获介绍如下（图一）。

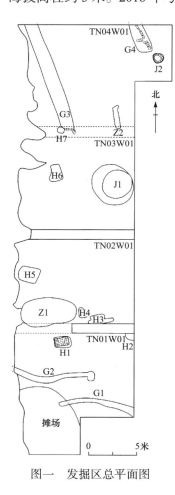

图一　发掘区总平面图

二、地层堆积情况

本次发掘区域位于现代废弃盐池区域，受现代盐业生产破坏严重，地层堆积较为单一，多数区域仅有一层文化层，仅在TN02W01西北部和TN03W01西南部区域见有两层文化层，所有遗迹均开口在第1层下，除2020DZZH5打破第2层和生土外，其他遗迹均直接打破生土层。现以TN02W01北壁为例简单介绍一下地层情况。

第1层为近代盐池垫土层，土质较硬，土色青灰色，层厚15～20厘米。内含少量残砖瓦、残石器和陶瓷片，见有少量的较碎的贝壳和动物骨骼等。

第2层为文化层，土色为灰褐土，土质较松软，层厚15～30厘米。内含物陶瓷片、砖瓦残块、木炭块、草木灰、动物骨骼残片、盐硝残块、贝壳残片和铁器残块等。

第3层为生土层，胶泥土，土质较硬，土质较纯，无遗迹、遗物。

三、主要遗迹概况

本次发掘共确认遗迹16处，均开口在第1层下，基本没有打破关系。种类有灰坑、灰沟、灶、卤水井和摊场遗迹。整体分布上来看，分为南北两组，其中南部以灶、灰坑、灰沟和摊场为主，北部主要是卤水井和灰沟为主。现分类介绍如下。

（一）灰 坑

该次发掘共清理7座灰坑，2020DZZH1、2020DZZH2、2020DZZH3、2020DZZH4和2020DZZH6均被破坏严重，保存较浅，2020DZZH5和2020DZZH7破坏相对较轻，保存相对较深、较好。从灰坑所在位置、组合关系、平面形状和形制等方面看，部分灰坑应有特殊的用途，例如2020DZZH1底部铺砖，四周涂抹细沙，且靠近灶1，推测应是煮盐有密切关系的遗迹；2020DZZH5整体较规整、保存相对较好，应为有意识加工过的淋卤坑，其北壁上的凹窝起到架设淋卤设施的作用；2020DZZH7平面近圆形、圜底，与2020DZZG3紧邻应是架设输卤设施的坑。现将各灰坑的具体情况介绍如下：

2020DZZH1，位于TN01W01西北部，开口第1层下，距地表深约0.2米。形状为圆角长方形（图二）。东西长约1.15米、南北宽约0.9米、残深约0.25米。直壁平底，坑四壁用细沙均匀涂抹一层，厚0.1～0.2米，坑底用长方形沟纹砖平铺一层。坑内填土为浅灰褐土，内含木炭块、青砖残块、盐硝残块、动物骨骼残片和贝壳残片等。

2020DZZH2，位于TN01W01东北角，部分被东隔梁和北隔梁叠压，开口第1层下，距地表深约0.2米。发掘部分平面形制为半圆形（图三）。东西约0.75米，南北约0.8米，残深约0.15米。坑壁为斜壁，坑底较平。坑内填土为浅灰褐土，土质较疏松，内含盐硝残块、动物骨骼和贝壳残片。

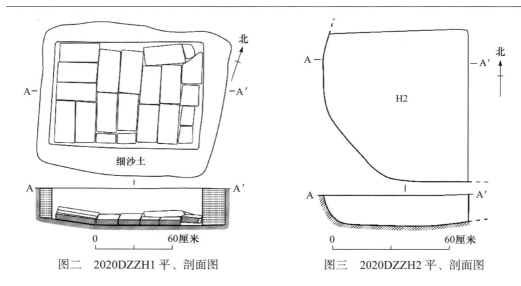

图二　2020DZZH1 平、剖面图　　　　　图三　2020DZZH2 平、剖面图

2020DZZH3，位于 TN02W01 东南部，部分延伸出探方外，开口于第 1 层下，距地表深约 0.2 米。平面形状不规则（图四）。东西长约 2.2 米，南北宽约 1 米，残深约 0.14 米。坑壁为斜壁，坑底略有起伏。坑内填土为灰褐土，土质松软，内含草木灰、木炭块、红烧土块、青砖残块、盐硝残块和贝壳残片。

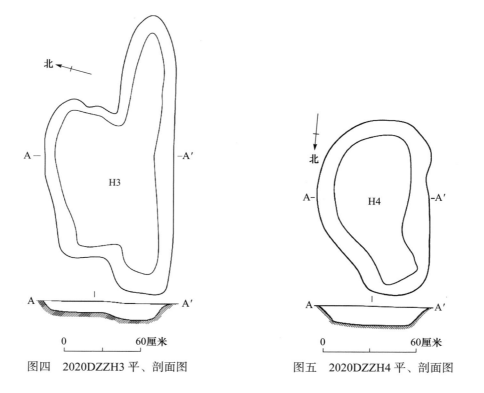

图四　2020DZZH3 平、剖面图　　　　　图五　2020DZZH4 平、剖面图

2020DZZH4，位于 TN02W01 南部，开口于第 1 层下，距地表深约 0.2 米。平面形

状为不规则形（图五）。东西宽约 0.71 米，南北长约
1.15 米，残深约 0.13 米。坑壁为斜壁，坑底为平底。
坑内填土为灰褐土，土质松软，内含木炭、红烧土
块、盐硝残块和贝壳残片。

2020DZZH5，位于 TN02W01 西部，开口于第
1 层下，距地表深约 0.2 米。平面形状为圆角长方形
（图六）。东西长约 1.65 米、南北宽约 1.55 米、残深
约 1.05 米。坑壁为斜壁，坑底高低不平，南部有一
平台，北壁上部有一方形凹窝。坑内填土为灰褐土，
土质松软，出土陶瓷残片。

2020DZZH6，位于 TN03W01 西北部，开口于第
1 层下，距地表深约 0.2 米，平面形状为不规则长方
形（图七）。南北长约 1.75 米，东北宽约 1.26 米，残
深约 0.11 米。坑壁为斜壁，坑底较平。坑内填土为
灰褐土，土质松软，内含草木灰、盐硝残块、贝壳残
片，出土有泥质灰陶罐残片和泥质灰陶板瓦残片等。

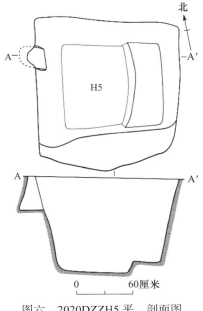

图六　2020DZZH5 平、剖面图

2020DZZH7，位于 TN03W01 北隔梁，开口于第 1 层下，东北部被 G3 打破，距地
表深约 0.2 米。开口平面形状近圆形（图八）。南北长约 0.7 米，东北宽约 0.65 米，深
0.25 米。坑壁为斜壁，坑底为圜底。坑内填土为灰褐土，土质松软，内含草木灰、青砖
残块、盐硝残块和贝壳残片等。

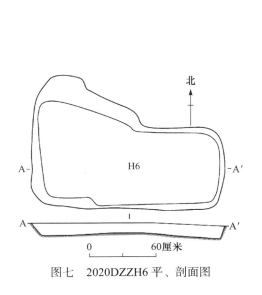

图七　2020DZZH6 平、剖面图

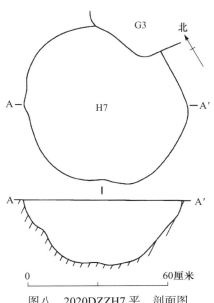

图八　2020DZZH7 平、剖面图

（二）灰　沟

本次发掘共清理四条灰沟，从分布位置、组合关系、走向和形制来看可大致分为两组，其中2020DZZG1和2020DZZG2为一组，两者大致平行分布，整体呈东西走向，形制规模大致相当，整体为在生土上直接开挖而成，未做细致的加工处理，其内填土也较纯净，不见明显多次使用和修缮的痕迹。2020DZZG3和2020DZZG4为一组，两者大致平行分布，整体呈西北东南走向，规模较大，其内见有较明显的使用痕迹，且都有在底部铺设木板的特殊处理，沟的东南部都与盐井相邻，推测应是输送卤水的沟渠。现将每条沟的具体情况介绍如下。

2020DZZG1，位于TN01W01东南部，开口于第1层下，距地表深约0.2米，东侧延伸出发掘区外，发掘部分平面呈弧状长条形，斜壁圜底（图九），发掘部分东西长约6.5米，南北宽约0.72米，深约0.25米。沟内填土为灰褐土，土质松软，内含草木灰、红烧土块和盐硝残块等。

2020DZZG2，位于TN01W01中部，开口于第1层下，距地表深约0.2米，平面呈"S"状的长条形，斜壁圜底，东端呈方坑状，西端被现代沟破坏（图一〇），东西残长约7米，南北宽约0.62米，深约0.6米。沟内填土为灰褐土，土质松软，内含动物骨骼残片、泥质灰陶罐残片、泥质灰陶板瓦残片和白釉瓷碗残片等。

2020DZZG3，位于TN04W01西部，开口于第1层下，距地表深约0.2米。开口形状为长条

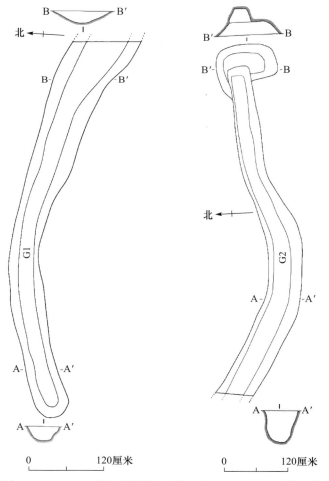

图九　2020DZZG1平、剖面图　图一〇　2020DZZG2平、剖面图

形，东南西北向，南端临近 J1，北端延伸至探方外，被现代沟破坏（图一一）。开口南北长约 11.7 米、东西最宽约 1.4 米、最深约 0.85 米。沟底呈缓坡状，南高北低，沟内见有多次使用的堆积，其中最后一次使用的堆积分为上下两层：上层铺设木板，下层平铺沟纹砖 3 排，砖长约 0.3 米、宽约 0.14 米、厚约 0.05 米；沟内填土为灰褐土，土质疏松，出土圆陶片和陶球等。

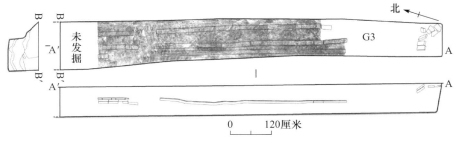

图一一　2020DZZG3 平、剖面图

　　2020DZZG4，位于 TN04W01 东北部，J2 西北部，开口于第 1 层下，距地表深约 0.2 米。开口平面形状为长条形（图一二），东南西北向，东南端与 J2 相邻，沟北端被近代取土活动破坏，南北残长约 3.12 米、东西宽约 1.3 米、残深约 0.91 米。沟壁为斜壁，沟底略呈平底，沟底部分铺沟纹青砖，砖长约 0.29 米、宽约 0.13 米、厚约 0.05 米。沟内填土为灰褐土，土质松软。见有木板腐朽痕迹，推测原也应有在砖上铺设木板的情况。内含盐硝残块、红烧土颗粒和少量陶瓷残片。

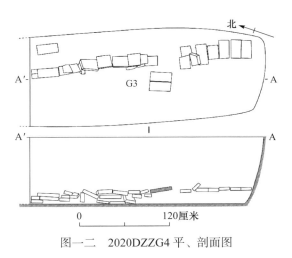

图一二　2020DZZG4 平、剖面图

（三）灶

　　本次共发掘两座灶，形制规模相差较大，2020DZZZ1 平面呈椭圆形，规模较大，参照 2016 年发掘情况应为煮盐灶，2020DZZZ2 平面呈窄长条形，规模较小，与原来发现的盐灶形制有所不同，推测可能有别的用途。现将两座灶具体情况介绍如下：

　　2020DZZZ1，位于 TN02W01 西南角，距地表深约 0.2 米，平面形状为椭圆形（图一三）。该灶西部被近代水沟破坏，仅保留部分灶膛，东西残长约 4.4 米、南北残宽约 3.24 米、残深约 0.5 米，红烧土残厚约 0.03 米。灶内填土分为两层，上层为灰褐土，土质松软，内含草木灰、木炭块、红烧土块和青砖残块，下层为红黄色土，土质较硬，内主要为红烧土块和黑灰等。

2020DZZZ2，位于 TN04W01 东南部，距地表深约 0.2 米，平面形状为长条形（图一四）。南北长约 3.3 米、东西宽约 0.5 米、残深约 0.17 米。红烧土厚 0.05～0.2 米。灶壁为斜壁，灶底为微平底。灶内填土为灰褐土，土质松软，内含草木灰、木炭块、红烧土块、青砖残块和盐硝残块等。

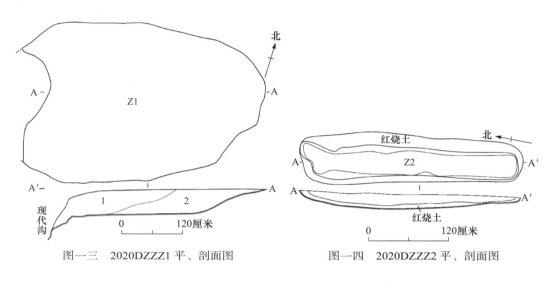

图一三　2020DZZZ1 平、剖面图　　　　图一四　2020DZZZ2 平、剖面图

（四）卤　水　井

该次发掘共发现 2 座卤水井，平面均为圆形，但尺寸和砌筑材料差别巨大，其中 2020DZZJ1 为大型的圆形土井，井壁用芦苇捆加固（图一五），2020DZZJ2 为小型的圆形砖井，为青砖块砌筑而成，具体情况介绍如下：

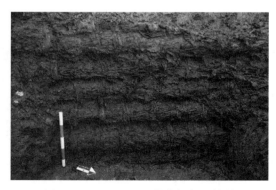

图一五　2020DZZJ1 芦苇捆加固情景

2020DZZJ1，位于 TN03W01 东部，井坑平面呈椭圆形（图一六），长轴长约 4.85 米，短轴宽约 4.2 米。井圈位于整个井坑的东北部，井坑西北和东南各有一个距地表深约 0.35 米和 1.6 米的二层台。井圈开口平面近圆形，直径约 3.2 米、井残深 3.3 米，井圈斜直壁，井底较平。井壁在距地表约 1.8 米深处自上而下布满芦苇捆，现存共 8 层。芦苇捆由草绳捆扎，捆与捆之间用木棍穿插。芦苇捆直径约 0.2 米，木棍间距约 0.4～0.5 米。井内填土为灰褐土，土质松软，内含盐硝残块、沟纹砖残块、红烧土块、草木灰、板瓦残片和陶饰件等。

2020DZZJ2，位于 TN04W01 东北部。井坑平面呈椭圆形，长约 1.5 米，宽约 1.2

米。井圈平面略近圆形，井壁为直壁，用长方形沟纹残砖砌筑，东西长约0.9米、南北宽约0.85米（图一七）。清理至距开口1.2米处时，因碎砖较多且地下水位较高未继续向下清理。井内填土为灰褐土，土质松软，内有大量的沟纹砖残块、泥质灰陶罐腹部残片、泥质红陶盆腹部残和贝壳残片等。

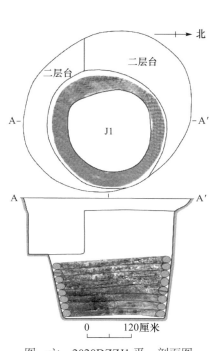

图一六　2020DZZJ1平、剖面图

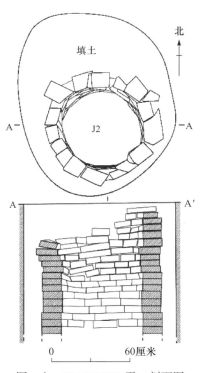

图一七　2020DZZJ2平、剖面图

（五）摊 场 遗 迹

摊场硬面遗迹（2020DZZTC1）位于发掘区（TN01W01）的西南角，部分超出发掘范围，已发掘区域平面略呈四分之一圆形，南北长约7.2米，东西宽约5.9米，厚约0.5米。摊场遗迹整体分为4层。内都含贝壳残片、木炭块、红烧土块和盐硝残块等，自上往下含量逐渐减少。

第1层为灰褐土，厚0.05～0.15米。土质较硬，内含物为少量草木灰、木炭块、红烧土块、盐硝残块、特别丰富的贝壳残片、泥质红陶罐腹部残片、青灰釉瓷罐腹部残片等。

第2层为深灰褐色，厚0.06～0.1米。土质略硬，内含物为木炭块、红烧土颗粒、盐硝残块、较多的贝壳残片等。

第3层为浅灰褐土，厚0.08～0.1米。土质较硬，内含物为木炭块、烧土颗粒、盐硝残块、贝壳残片等。

第 4 层为黄褐土，厚 0.02～0.25 米。土质松软，内含物较少，少量盐硝颗粒、红胶泥颗粒、贝壳残片。

四、出　土　遗　物

该次发掘出土的遗物较少，种类有陶器、瓷器、石器和铁器等。陶器有罐、盆等生活器，还有砖瓦等建筑材料，瓷器均为瓷碗。

（一）陶　　　器

双系罐　2020DZZH6：1，为泥质灰陶、拉坯成型结合手制。敛口，圆唇，束颈，圆肩，弧腹，肩部对置一对桥耳。残高 21 厘米，口径 13 厘米，壁厚 0.6～1.2 厘米（图一八，1）。

圆陶片　2020DZZJ1：1，泥质红陶器，手制而成。椭圆饼状，中心微凹，平底，底部有两个直径 0.2 厘米的钻孔，深 0.3 厘米。底径 2.4～2.9 厘米，器高 1.4 厘米，中心凹 0.6 厘米（图一八，14）。

陶球　2020DZZG3：2，夹砂灰陶球，手制，椭圆球形。直径 4.9～6 厘米（图一八，13）。

陶瓮　2020DZZG3：3，泥质灰陶瓮口沿残片，拉坯成型。敛口，外卷沿，束颈，沿内壁有一道凹槽。残长 14 厘米，残宽 4.4 厘米，壁厚 1.5 厘米（图一八，5）。

陶盆　2020DZZJ2：1，泥质灰陶盆口沿残片。侈口，平折沿，圆唇微上凸，斜直壁。残高 6.6 厘米，残宽 9.5 厘米，壁厚 1 厘米，沿宽 3 厘米（图一八，2）。

陶罐　2020DZZH5：1，泥质红陶罐口沿残片，拉坯成型。敛口，圆唇，束颈，广肩。残长 9.9 厘米，残宽 5.1 厘米，壁厚 0.8 厘米（图一八，8）。

陶盆　2020DZZH5：2，泥质红陶盆口沿残片，拉坯成型。侈口，平折沿，圆唇微上凸，斜直壁。残长 12.4 厘米，残宽 9 厘米，壁厚 1.5 厘米，沿宽 4.4 厘米（图一八，3）。

陶盆　2020DZZH5：3，泥质红陶盆口沿残片，拉坯成型。侈口平折沿，圆唇，斜直壁。周施灰白陶衣。残长 15.2 厘米，残宽 6.1 厘米，壁厚 0.8 厘米，沿宽 2.9 厘米（图一八，4）。

（二）瓷　　　器

瓷碗　2020DZZH5：4，白瓷碗底残片。弧腹，饼足。内外施釉，外施釉不及底，釉色光亮。内底见一枚支钉痕。残高 3.8 厘米，底径 10 厘米，饼足高 0.7 厘米（图一八，6）。

瓷碗　TN02W01①：1，白釉瓷碗，可复原，灰瓷胎。侈口，圆唇，弧壁，斜直腹微弧，圈足，挖足过肩。内外周施白化妆土。内外施白釉，外施釉不及底。内底见三枚支钉痕。残高 9.9 厘米，口径 19.6 厘米，底径 6 厘米，圈足高 1.2 厘米，内高 1.65 厘米（图一八，7）。

（三）砖、瓦

板瓦　2020DZZG3：2，泥质灰陶板瓦残块，模制。外素面，内饰布纹，见有切割痕，瓦沿施有单水波纹。残长 17 厘米，残宽 17 厘米，壁厚 2.2 厘米（图一八，10）。

陶砖　2020DZZJ1：2，泥质灰陶砖，模制。上饰细绳纹，下素面，侧面素面。残长 29 厘米，宽 14 厘米，厚 4.9 厘米（图一八，9）。

（四）石器、铁器

石臼　TN04W01①：1，石臼残块，花岗岩雕刻而成。直口，斜直壁。内外壁均有条状凿痕。残高 32.5 厘米，残宽 36 厘米，壁厚 10.2 厘米（图一八，11）。

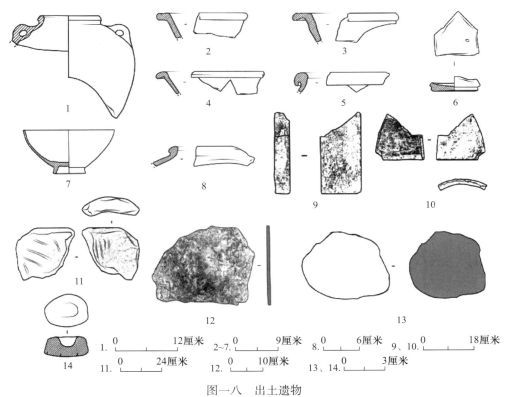

图一八　出土遗物

1. 双系罐（2020DZZH6：1）　2～4. 陶盆（2020DZZJ2：1、2020DZZH5：2、2020DZZH5：3）
5. 陶瓮（2020DZZG3：3）　6、7. 瓷碗（2020DZZH5：4、TN02W01①：1）　8. 陶罐（2020DZZH5：1）
9. 陶砖（2020DZZJ1：2）　10. 板瓦（G3：2）　11. 石臼（TN04W01①：1）　12. 铁器（地表采集）
13. 陶球（2020DZZG3：2）　14. 圆陶片（G3：1）

铁器　地表采集，整体呈四分之一圆盘状，锈蚀较严重，推测应为煮盐用的盘铁。残长 30 厘米，残宽 24 厘米，厚 0.8 厘米（图一八，12）。

五、结　语

2020 年大左庄制盐遗址发掘区位于 2016～2017 年发掘区东侧，二者仅相隔 1 条现代水沟，地层堆积基本一致，应为同一处遗址的不同制盐区域。年代上来看，本次发掘中出土的长方形沟纹砖与 2017 年发掘的卤水井所用砖为同一类砖，同时也是隋唐时期河北地区最为常见的砖。H6 出土的双系罐（H6∶1）与 2017 年出土的双系罐（H2∶2）类似，H5 中出土的白瓷碗（H5∶4）同 2017 年的白釉瓷碗（J1∶1、TC1∶1）①以及与临水窑第二期白釉瓷碗（H17B②∶2）②形制相似。故推测本次发掘区的主体年代与 2017 年一致应为隋唐时期。除上述遗物外，在第 1 层内还发现有可复原的白瓷碗（TN02W01①∶1）及白瓷残片，它们的年代应为宋金时期，推测原来应有宋金文化层，只是被后期破坏，现已不存。

结合大左庄遗址 2016～2017 年度的发掘，我们认为本年度发掘区清理的遗迹宜分作 2 组，代表 2 个独立的盐业生产单元。第 1 组包括发掘区北部的 J1、J2、G3、G4 等。通过 2016～2017 年的发掘，我们初步了解大左庄制盐遗址采用的制盐工艺包含取卤与输卤—摊场刮卤—卤坑淋卤—上灶煎盐几步③。第 1 组遗迹为两组卤水井（J1、J2）与输卤沟（G3、G4）相连的模式，两口卤水井通过与之临近的卤水沟输送卤水。因两条卤水沟均以卤水井为南起点，向北延伸，故我们认为从 J1、J2 获取的地下卤水很可能向北部的生产单元输送。第 2 组包括发掘区南部的盐灶 Z1、TC1、灰坑 H1、H5 等。该组遗迹与 2016～2017 年发掘区间有现代取土沟相隔，但盐灶、淋卤坑＋储卤坑等遗迹类型与隔沟相望的制盐作坊东部遗迹类型高度一致。此外，2016 年发掘区东侧盐灶灶门多朝北，而本年度清理的 Z1 灶门朝向为西，后者的使用季节可能与前者互补。因此我们认为第 2 组遗迹很可能属于 2016～2017 年揭露的制盐作坊的一部分。该组遗迹中的刮卤摊场与 2016～2017 年度发掘的 TC1～TC3 呈东西对称分布，空间上与 2016～2017 年度发掘的卤水井 J3 位置最近，摊场中的卤水可能来自 J3。

因此，2020 年大左庄制盐作坊反映的制盐工艺应大致如下：J1、J2 为卤水井，井中卤水通过与之相邻的输卤沟 G3、G4 向北部生产单元输送。因北部被破坏故该生产单元的制卤、煎盐工艺尚不可知；2016～2017 年发掘区 J3 卤水井提取的地下卤水可能通

---

① 河北省文物考古研究院等：《河北黄骅市大左庄隋唐时期制盐遗址发掘简报》，《考古》2021 年第 2 期。

② 邯郸市文物保护研究所等：《河北邯郸临水北朝至元代瓷窑遗址发掘简报》，《文物》2015 年第 8 期。

③ 曹洋、雷建红：《黄骅大左庄隋唐制盐作坊的制盐工艺及生产性质初论》，《考古》2021 年第 3 期。

黄骅大左庄盐业遗址2020年发掘收获　　　　　　　　· 183 ·

过卤水沟输送到刮卤摊场 TC1，之后在 H1、H5 中做进一步淋滤并储存，最后输送到盐灶 Z1 完成煎盐。

在 2020 年发掘的基础上，我们对大左庄制盐作坊的制盐工艺与作坊布局又产生了进一步认识。首先，本年度发掘的遗迹似经过了更细致的修整，如 G3、G4 下铺垫木板，H1 底部铺垫青砖等；其次，本年度发掘遗迹似体现了与之前稍有差别的制卤工艺，如 TC1 堆积中几乎很少发现草木灰痕迹，其使用场景有待进一步研究；最后，大左庄制盐遗址有多个独立生产单元构成似较为肯定。综合之前的发掘，我们至少发现了 3 个独立的生产单元，每个生产单元均具备从掘井取卤到上灶煎盐的完整制盐设施。这对我们进一步分析大左庄遗址的作坊布局、生产关系提供了重要线索。如此大规模且布局有序的制盐作坊可能是隋唐时期官营盐业的反映，为下一步更为深入地探讨该区域盐业的生产、管理和运输等问题提供了可能。

执笔：马小飞　雷建红　张宝刚

天津军粮城遗址唐代制盐遗存发掘收获

甘才超

（国家文物局考古研究中心）

军粮城遗址位于东丽区军粮城示范镇一期北部（原刘台新村），东距贝壳堤 0.5 千米，南距海河约 3 千米，西距市区约 25 千米，遗址北部和东部临近袁家河（图一），主体部分分布在原刘台村西南一个台地上，遗址区大部分被取土破坏，整体地势呈中北部高周围低。

图一　军粮城遗址全景

东丽区是天津考古的发轫之地，天津地区第一次正式考古发掘就是 1956 年对东丽区（当时称东郊区）张贵庄战国墓地的发掘[①]，而军粮城地区则是天津城区附近唐代文化遗存的重点分布区，1957 年在军粮城刘家台子西发现一座唐代石棺墓、1958 年在军粮城塘洼发现一座唐代砖室墓[②]，自 20 世纪 50 年代以来至 20 世纪 80 年代天津考古在军粮城区域内还陆续发现了白沙岭、刘台北、西南塈等唐代遗址和刘台中学、外贸仓库

---

①　天津市文物组、天津市历史博物馆联合发掘组：《天津东郊发现战国墓简报》，《文物参考资料》1957 年第 3 期。

②　天津市文化局考古发掘队：《天津军粮城发现的唐代墓葬》，《考古》1963 年第 3 期。

等唐代墓葬[①]，这些古文化遗存均分布于渤海湾西岸第二道贝壳堤附近。

　　因配合当地基本建设工程需要，2021 年 4 月至 2022 年 1 月天津市文化遗产保护中心对军粮城遗址开展了考古发掘工作，发现了一处唐代大型夯土台基和唐代制盐作坊区，清理出灰坑、灰沟、灶、井、窑、车辙等 200 余处遗迹，出土了一大批时代特征明显的器物标本，主要有陶罐、陶盆、青釉碗（盏）、白釉碗（盏）、黑釉碗（盏）、三彩罐等生活器皿，板瓦、筒瓦、莲花纹瓦当以及大量小方砖和粗绳纹砖等建筑构件，还出土有铜钱（开元通宝为主）、铜甲片、动物骨骼等标本。此外还发现了叠压于唐代夯土堆积之上的元明清时期灰坑、灰沟、灶、房基址 20 余处，出土大量陶罐、青花瓷碗、青釉碗、白釉碗、陶灯等生活用品和砖、瓦等建筑构件。

　　此次发掘是在考古勘探发现的遗迹集中分布区域内选择发掘地点，共划分为四个发掘区进行发掘清理，现将考古发掘情况介绍如下：

　　其中第一发掘区发掘面积 3000 平方米，共布设 5 米 × 5 米探方 120 个，发掘清理灰坑 138 座（图二）、沟 27 条、窑 2 座、道路 1 条，这些遗迹均叠压于现代耕土层之下，分别打破第 2、第 3 层，本区域发掘出土陶盆、陶罐、白釉盏、青釉碗（盏）、铜钱等器物标本百余件（图三），根据出土遗物初步判断其年代应为隋唐时期。第二发掘区发掘面积约 300 平方米，布设探方两个、探沟两条，发掘清理墓葬 2 座、灶 2 处，根据遗迹遗物判断年代应为清晚期。

 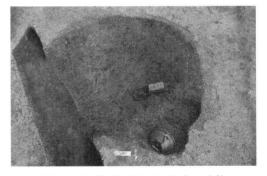

　　图二　Ⅰ区灰坑（H11）　　　　　　　图三　Ⅰ区灰坑（H95）及出土遗物

　　第三发掘区采用探沟解剖和探方发掘相结合的方法，共布设 2 米 × 10 米探沟 48 条、10 米 × 10 米探方 13 个，通过解剖发掘清理确认了一处约 0.9 万平方米范围的夯土台地，东西长约 200 米、南北宽约 45 米（北部边界已出此次工作范围，实际分布面积应该更大），夯土总厚度 0.6 米左右，直接开口于现代地层之下，在其西北部集中清理发现井 2 口（图四、图五）、灶 7 处（图一○、图一一）、灰沟 6 条（图一二）、灰坑 100 多处，初步确认出卤水井、灰坑、盐灶、滩场等制盐遗迹，应与取卤、制卤、煎卤

① 天津市历史博物馆考古部：《天津军粮城海口汉唐遗迹调查》，《考古》1993 年第 2 期。

和晾晒等制盐工序直接有关，上述遗迹共同构成了一个相对完整的唐代制盐作坊区，出土陶盆、陶罐、白釉盏、沟纹砖、木铲（图六）竹席（图七）、六边木器（图八、图九）等器物标本数十件，此外还出土了大量铁块、蜃灰等遗物，根据遗迹遗物判断其年代应为隋唐时期。

第四发掘区在勘探发现的 6 万多平方米夯土集中分布区布设南北、东西向两列十字形解剖探沟，在所有探沟里均发现了厚约 1 米的夯土台基遗迹，夯土台地约成方形，现残存长度南北约 255、东西约 240 米（结合前期考古勘探数据，推测其总分布范围可达

图四　Ⅲ区卤水井（J1）

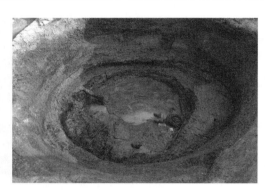

图五　Ⅲ区卤水井（J2）

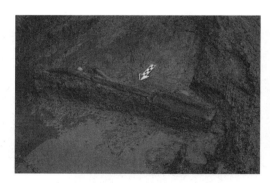

图六　Ⅲ区出土木铲（J2）

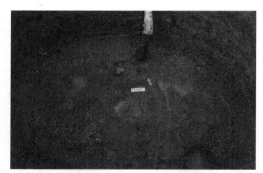

图七　Ⅲ区出土竹席（J2）

图八　Ⅲ区出土木器侧面（J2）

图九　Ⅲ区出土木器正面（J2）

图一〇　Ⅲ区灶址（Z5）　　　　　　　图一一　Ⅲ区灶址（Z7）

500 米 × 500 米），夯土夯层清晰、每层厚 0.1～0.15 米（图一三）。夯土台大部分因取土表层被破坏，仅东南部现状地表有部分保留，在这一区域布设探方进行了重点发掘清理，发现多个时期文化层堆积，自下而上依次叠压有唐、元、明清至现代文化层堆积，其中明清地层堆积厚约 1.5 米，发现遗迹遗物较为丰富；元代地层堆积厚约 0.3 米，未发现遗迹现象，出土遗物也较少；唐代地层堆积厚 0.3～0.5 米，发现灰坑、灰沟及水井

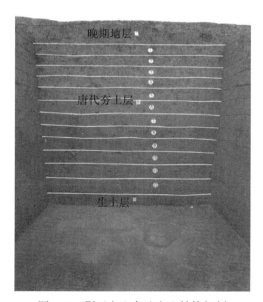

图一二　Ⅲ区灰沟（G4）　　　　　　图一三　Ⅳ区夯土台地夯土结构解剖

图一四　Ⅳ区唐代水井（J1）

（图一四）等遗迹近十处。出土青花碗、白釉碗、酱釉碗、陶罐、陶灯、沟纹砖、莲花纹瓦当等器物标本数十件，根据遗迹遗物判断其年代应为隋唐—明清时期。

本次发掘是天津地区首次发现面积如此之大、主体堆积为唐代的遗址。结合本地区以往考古发现来看，以前发现的唐代墓葬和小型遗址都以本次考古发现的大型夯土台基为中心，在其周围分布，共同构成了天津南部地区唐代等级较高的大型聚落体系。军粮城大型唐代夯土台基规划选址的中心地位和建筑体量，充分体现出在唐代极强的政治（或军事）组织管理下，这里是因特殊需求所进行的一次系统、超大规模的人工营建活动。这一发现为探讨天津地区唐代港口提供了重要依据，军粮城遗址所在区域应是目前探讨文献记载的唐代"三会海口"（"渔阳郡，东至北平郡三百里，南至三会海口一百八十里"）[①]的最佳选项。渤海湾西岸河流汉代以前是分散入海的，自曹操开凿平虏渠以后，形成了"清、淇、漳、洹、滱、易、涞、濡、沽、滹沱同归于海"的形势，尾闾部分称"派（泒）河尾"，即今海河。海河水系形成后经海河入海的河流到会合处只剩下了三条，即南来的清河、西来的滹沱河和北来的潮河，"三会海口"由此得名。军粮城之成为海口，是因为这里在唐代犹是海滨之地，位于渤海湾西岸的第二道贝壳堤[②]内侧，战国至唐宋时期一直是海岸线，军粮城以东的陆地，是宋代黄河到此入海后形成的。

唐初，为防备北方契丹、奚等游牧部落的骚扰，在幽燕地区驻重兵，设置范阳节度使，"临制奚、契丹，统经略、威武、清夷、静塞、恒阳、北平、高阳、唐兴、横海等九军"。"理幽州，管兵九万一千四百人，马六千五百匹，衣赐八十万匹段，军粮五十万石。"[③]由于当地无力筹措如此大数量军备物资，给养主要依靠江南地区供应。公元739年，在范阳节度使头衔之上添加"河北海运使"一衔，可见海运供应的重要性及其军事性质。唐代诗人杜甫于天宝年间随军北上时曾在《后出塞》诗中写道："渔阳豪侠地，击鼓吹笙竽。云帆转辽海，粳稻来东吴。越罗与楚练，照耀舆台躯。"在《昔游》诗中写道："幽燕盛用武，供给亦劳哉。吴门转粟帛，泛海陵蓬莱。肉食三十万，猎射起黄埃。"亦可佐证当时此地海运盛况。而此次考古发现，则为从遗迹遗物上实证军粮城地区在唐代作为海运港口提供了重要考古学支撑，这对研究天津古代港口变迁以及天津古代人地关系具有重要意义。

① （唐）杜佑撰，王文锦等点校：《通典》，中华书局，1988年。

② 赵希涛：《渤海湾西岸的贝壳堤》，《科学通报》1986年第6期。

③ （后晋）刘昫：《旧唐书卷四十二·志第十八·地理一》，中华书局，1975年。

此次发掘工作的另一项重要突破性收获是在第三发掘区内集中发现了由卤水井、灰坑、盐灶、滩场、灰沟等遗迹共同构成的较为完整的唐代盐业生产作坊区，上述遗迹应与取卤、制卤、煎卤和晾晒等制盐工序直接有关，构成了一个相对完整的唐代制盐作坊区。这是天津考古第一次发现古代制盐遗存，填补了天津盐业考古空白。此次军粮城遗址发现的盐业遗存与周边山东、河北地区的发现颇多类似。近年来，天津周边的河北、山东沿海地区相继发现了多处魏晋北朝至隋唐期制盐遗址，2013 年山东省文物考古研究所、东营市历史博物馆等单位发掘了东营广北农场一分场一队东南魏晋北朝时期盐业遗址 [①]，2016～2017 年，河北省文物考古研究院、山东大学历史文化学院、黄骅市博物馆等单位发掘了黄骅市大左庄隋唐时期制盐遗址 [②]，这些遗址均发现了卤水井、储卤坑、刮卤滩场、盐灶、输卤沟等基本完备的古代"煮海为盐"制盐系统 [③④]。军粮城遗址制盐作坊区发现的卤水井（J1）形制结构、构筑方式与东营广北农场一分场一队东盐业遗址卤水井（J1）基本相同，与黄骅市大左庄隋唐时期制盐遗址卤水井（J1）形制也非常相似。

渤海湾沿岸地区因独特的地质构造、地貌类型和气象水文，加上全新世以来历次海侵和环境演变，形成了埋藏于第四系海陆交互沉积层中的多个地下卤水层，自古以来即是我国海盐的重要产地 [⑤]。天津地区有明确记载的开场制盐历史始于五代，后唐同光三年（925 年），芦龙节度使赵德均在芦台开盐场（即今汉沽盐场前身），在新仓镇置盐仓 [⑥]，即今天津宝坻区所在地。辽金以降，北京地区成为北方乃至全国的政治、经济中心，天津地区则因为地缘和资源优势逐渐发展成为北方地区重要的制盐、储盐、销盐的中枢，制盐业在此后得到了快速发展。后唐清泰三年（936 年），石敬瑭献燕云十六州予辽；辽复置榷盐院于新仓（今宝坻区）。金大定二十五年（1185 年）置宝坻盐司，行盐中都路。元至元二年（1265 年），在葛沽设丰财场，即今塘沽盐场前身；同年又在三汊沽、大直沽一带设灶煮盐，出现了"万灶沿河而居"的盛况，史称三沽场，年办盐课五百余锭。明洪武二年（1369 年），将元泰定二年（1325 年）设置的大都、河间等路都转运盐使司，改称河间长芦都转运盐使司，署设长芦镇。明代中叶，天津盐产不断增多，加之地近京都，为南北水运枢纽，逐渐成为长芦盐的集散地，除供应津、京、冀地外，还销往河南的彰德、卫辉及山西的大同等地区。清政府为加强天津盐务管理，于康

① 山东省文物考古研究所、西北民族大学历史文化学院、东营市历史博物馆：《东营广北农场一分场一队东南盐业遗址发掘简报》，《海岱考古》（第十辑），科学出版社，2017 年。

② 河北省文物考古研究院、山东大学历史文化学院、黄骅市博物馆：《河北黄骅市大左庄隋唐时期制盐遗址发掘简报》，《考古》2021 年第 2 期。

③ 王子孟、孙兆锋：《鲁北沿海魏晋、北朝时期制盐业的考古学观察——东营市广北农场一分场一队东南遗址的个案分析》，《东方考古》（第 12 集），科学出版社，2015 年。

④ 曹洋、雷建红：《黄骅大左庄隋唐制盐作坊的制盐工艺及生产性质初论》，《考古》2021 年第 3 期。

⑤ 韩有松、孟广兰、王少青等著：《中国北方沿海第四纪地下卤水》，科学出版社，1996 年。

⑥ 天津市地方志编修委员会：《天津简志·大事记》，天津人民出版社，1991 年。

熙七年（1668 年）将长芦巡盐御史署从北京迁天津。九年后（1677 年），又将长芦盐运司署从长芦镇迁驻天津。盐业的兴盛，盐商的活跃，成为促进天津漕运、商业发展和都市形成的重要因素[①]。

而此次军粮城遗址唐代制盐遗存的发现，又将天津地区可确认的制盐历史向前推进了数百年，为解读、阐释天津厚重的盐文化历史，提供了新的不可替代的考古学支撑，也为系统研究、认识中国北方和渤海湾西岸地区古代盐业发展历史提供了最新的、重要的实物资料。

此次发掘还出土了种类和数量都非常丰富器物标本，主要有陶罐、陶盆、青釉碗（盏）、白釉碗（盏）、黑釉碗（盏）、三彩罐等生活器皿（图一六），板瓦、筒瓦、莲花纹瓦当（图一七）以及大量小方砖和勾纹砖等建筑构件，以及少量铜钱（开元通宝为主）、铜甲片、动物骨骼等标本（图一五）。此次出土的器物为天津地区唐代遗存提供了准确的断代标准，改善了目前天津地区唐代遗址遗物少的局面，具有十分重要的意义。

图一五　重要遗迹遗物清理及提取

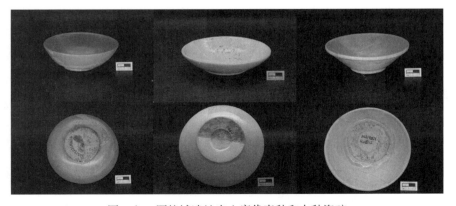

图一六　军粮城遗址出土唐代青釉和白釉瓷碗

---

① 来新夏：《天津近代史》，南开大学出版社，1987 年。

军粮城遗址此次发现的唐代文化遗存，是天津考古诞生近七十年以来首次经科学系统的考古发掘工作发现的，遗址规模大，遗迹遗物丰富，这一发现丰富了天津历史的内涵，活化了唐代天津的历史场景。下一步，天津市文化遗产保护中心将尽快启动发掘资料分析检测和整理研究，为全面解读、阐释发掘成果提供科学依据和专业支撑。同时，将持续对该地点考古发掘成果进行探讨研究，更加全面准确地揭示该遗址的文化内

图一七　军粮城遗址出土唐代莲花纹瓦当

涵，推动渤海湾西岸地区盐业考古研究和天津古代港口变迁以及天津城市起源研究更加全面深入。

山东北部沿海地区环境考古调查缘起与学术思路

中国国家博物馆考古院　山东省水下考古研究中心
山东大学历史文化学院

一、选题意义与调查缘起

　　作为考古学和第四纪地质学的交叉学科生长点，环境考古研究已经开展了多年，也取得了很多突破性进展，如近年来对二里头遗址地貌环境考察[①]、喇家遗址洪水与地震灾害分析[②]、良渚古城外围水坝等水利设施的复原[③]等。这些工作不仅关注自然气候环境，而且有效地将其与人类活动建立起联系。

　　山东北部沿海地区是多重自然要素和复杂文明因素汇集区，在中华文明和中华文化圈形成与发展过程中占有特殊地位。自然地理上，这里处于鲁中山地丘陵与华北平原过渡区，也位于河流冲积平原与海积平原交互影响区。受此影响，这里也成为陆地大河文化与海洋文化的交汇区，为中华文明注入了重要的海洋内涵，增强了中华文化开放包容的特性。尤其是在对外交流上，这里处于古代中国核心地带与辽东半岛、朝鲜半岛、日本列岛的交通要津，是中华文化向东北亚各国各地区辐射的前沿。考古发现和研究显示，山东半岛与日本列岛的文化交流在更新世晚期的细石器文化时期很可能已经开始[④][⑤]。在沿海地区，人类生存资源的来源和分配深受海陆变化影响，人类行为及文化适

① Zhang J, Zhang X, Xia Z, et al. Geomorphic changes along the Yiluo River influenced the emergence of the first urban center at the Erlitou Site, Central Plains of China. *Quaternary International*, 2019, 521: 90-103。

② 吴庆龙、张培震、张会平等：《黄河上游积石峡古地震堰塞溃决事件与喇家遗址异常古洪水灾害》，《中国科学：D 辑》2009 年第 39 卷第 8 期，第 1148～1159 页。

③ 刘建国、王辉：《空间分析技术支持的良渚古城外围水利工程研究》，《江汉考古》2018 年第 4 期，第 111～116 页。

④ 徐淑彬：《鲁南沂、沭河流域中石器时代文化研究——兼谈与日本九州细石器渊源关系》，《中日古人类与史前文化渊源关系国际学术研讨会论文集》，中国国际广播出版社，1994 年，第 35～58 页。

⑤ 张祖方：《关于沂、沭河流域与日本南部的细石器文化联系通路的探讨》，《中日古人类与史前文化渊源关系国际学术研讨会论文集》，中国国际广播出版社，1994 年，第 30～34 页。

应性 ① 也较内陆区域敏感而复杂，聚落、作坊等的选址、废弃，及其埋藏也有独特规律。

不少学者已从古地貌、孢粉、有孔虫、介形虫、同位素、粒度、黏土矿物、磁化率等角度，对区域更新世晚期以来的沉积物展开分析，建立了区域植物群落演化、气候变化和海岸线变迁的历史，但具体的阶段划分或相关认识仍有分歧 ②~⑰。尤其在海陆

① 张弛、洪晓纯：《中国沿海的早期海洋适应性文化》，《南方文物》2016 年第 3 期，第 1～13 页。

② 赵松龄、杨光复、苍树溪等：《关于渤海湾西岸海相地层与海岸线问题》，《海洋与湖沼》1978 年第 1 期，第 15～25 页。

③ 吕厚远：《渤海南部晚更新世以来的孢粉组合及古环境分析》，《黄渤海海洋》1989 年第 7 卷第 2 期，第 11～26 页。

④ 庄振业、许卫东、李学伦：《渤海南岸 6000 年来的岸线演变》，《青岛海洋大学学报》1991 年第 21 卷第 2 期，第 99～110 页。

⑤ 徐家声：《渤海湾黄骅沿海贝壳堤与海平面变化》，《海洋学报》1994 年第 16 卷第 1 期，第 68～77 页。

⑥ 张祖陆：《渤海莱州湾南岸平原黄土阜地貌及其古地理意义》，《地理学报》1995 年第 50 卷第 5 期，第 464～470 页。

⑦ 赵松龄、于洪军：《晚更新世末期黄、渤海陆架沙漠化环境的形成》，《第四纪研究》1996 年第 16 卷第 1 期，第 42～47 页。

⑧ 刘恩峰、张祖陆、沈吉：《莱州湾南岸滨海平原晚更新世以来古环境演变的孢粉记录》，《古地理学报》2004 年第 1 期，第 78～84 页。

⑨ 林防、王建中、李建芬等：《渤海莱州湾第四纪晚期以来微体化石组合特征和沉积环境演化》，《地质通报》2005 年第 9 期，第 879～884 页。

⑩ 薛春汀：《7000 年来渤海西岸、南岸海岸线变迁》，《地理科学》2009 年第 29 卷第 2 期，第 217～222 页。

⑪ 陈永胜、王宏、李建芬等：《渤海湾西岸 BT113 孔 35ka 以来的沉积环境演化与海陆作用》，《吉林大学学报（地球科学版）》2012 年第 42 卷第 S1 期，第 344～354 页。

⑫ 刘艳霞、黄海军、董慧君等：《渤海西南岸全新世最大海侵界线及其地貌特征》，《第四纪研究》2015 年第 35 卷第 2 期，第 340～353 页。

⑬ Wang H, Shang Z W, Jian Fen L, et al. Holocene shoreline changes and marine impacts on the muddy coast, western Bohai Bay, China. *Geological Bulletin of China*, 2010, 29 (5): 627-640.

⑭ Sun D, Tan W, Pei Y, et al. Late Quaternary environmental change of Yellow River Basin: An organic geochemical record in Bohai Sea (North China). Organic Geochemistry, 2011, 42(6): 575-585.

⑮ Yi L, Yu H-J, Ortiz J D, et al. Late Quaternary linkage of sedimentary records to three astronomical rhythms and the Asian monsoon, inferred from a coastal borehole in the south Bohai Sea, China, *Palaeogeography*, *Palaeoclimatology*, *Palaeoecology*, 2012, 329-330: 101-117.

⑯ Yi L, Deng C, Xu X, et al. Paleo-megalake termination in the Quaternary: Paleomagnetic and water-level evidence from south Bohai Sea, China. *Sedimentary Geology*, 2015, 319: 1-12.

⑰ Li J, Yang S, Li R, et al. Vegetation history and environment changes since MIS 5 recorded by pollen assemblages in sediments from the western Bohai Sea, Northern China. *Journal of Asian Earth Sciences*, 2020, 187: 104085.

变迁的研究上，贝壳堤和牡蛎礁作为两种不同成因的相对海面变化标志，也有一些实地调查或复原推测研究 ①②，还有研究结合考古遗址的分布来厘定全新世中晚期的海岸线变化 ③④。

　　胶东半岛是环渤海哺乳动物迁徙的必经之路，也是古人类生活栖息的理想之地。遗憾的是，莱州湾南岸此前发现的脊椎动物化石非常稀少，仅赵德三等报道过纳玛象（*Palaeoloxodon namadicus*）、披毛犀（*Coelodonta antiquitatis*）、原始牛（*Bos primigenius*）、野牛（*Bison* sp.）以及鸵鸟蛋壳 ⑤。据报道，潍坊武家村 ⑥⑦ 曾发现有可靠层位关系的更新世哺乳动物化石，化石层下还发现包含套海扇等海生软体动物的海相沉积层，这是与渤海海平面变化和海岸线变迁密切相关的实证。

　　胶东半岛旧石器时代至青铜时代的考古发现与研究较多，主要涵盖了考古学文化 ⑧～⑫、聚落与生业 ⑬⑭、人地关系 ⑮～⑰ 等方面的内容。较为系统的考古发现与研究也有诸

① 王宏：《渤海湾全新世贝壳堤和牡蛎礁的古环境》，《第四纪研究》1996 年第 1 期，第 71～79 页。
② 王宏、陈永胜、田立柱等：《渤海湾全新世贝壳堤与牡蛎礁：古气候与海面变化》，《地质通报》2011 年第 30 卷第 9 期，第 1405～1411 页。
③ 赵强、邹春辉、王爽等：《莱州湾南岸中全新世聚落遗址时空分布特征及其环境背景》，《地理科学》2018 年第 38 卷第 9 期，第 1560～1569 页。
④ 邹春辉、赵强、王爽等：《莱州湾南岸新石器时代文化遗址的时空分布特征分析》，《济南大学学报（自然科学版）》2018 年第 32 卷第 6 期，第 439～446、481 页。
⑤ 赵德三：《山东沿海区域环境与灾害》，科学出版社，1991 年，第 54～74 页。
⑥ 金昌柱：《山东潍县原齿象属一新种》，《古脊椎动物与古人类》1983 年第 21 卷第 3 期，第 255～265、282～284 页。
⑦ 金昌柱：《山东潍县武家村第四纪地层及哺乳类化石》，《古脊椎动物学报》1984 年第 1 期，第 54～59、87 页。
⑧ 李步青、王锡平：《胶东半岛新石器文化初论》，《考古》1988 年第 1 期，第 66～76 页。
⑨ 王锡平：《胶东半岛石器时代考古工作的回顾与展望》，《北方文物》1990 年第 4 期，第 8～13 页。
⑩ 段天璟：《胶东半岛和辽东半岛岳石文化的相关问题》，《边疆考古研究》（第 2 辑），科学出版社，2004 年，第 125～145 页。
⑪ 霍东峰：《环渤海地区新石器时代考古学文化研究》，吉林大学博士学位论文，2010 年。
⑫ 杨治国：《白石村遗址与胶东半岛新石器时代早期文化》，《华夏考古》2011 年第 2 期，第 43～45 页。
⑬ 史本恒：《胶东半岛聚落选址与农业发展的关系——一个土壤学的视角》，《农业考古》2011 年第 1 期，第 1～11、14 页。
⑭ 聂政：《胶东半岛大汶口文化早期的聚落与生业》，山东大学博士学位论文，2013 年。
⑮ 王富强：《胶东新石器时代遗址的地理分布及相关认识》，《北方文物》2004 年第 2 期，第 1～10 页。
⑯ 王莹：《胶东半岛新石器时代和青铜时代人地关系演变的初步研究》，山东大学硕士学位论文，2007 年。
⑰ 史本恒：《胶东半岛中全新世人类对环境的文化适应》，山东大学博士学位论文，2009 年。

多综述等内容①，区域新石器时代至青铜时代的考古学文化谱系基本建立（北辛文化白石村类型—大汶口文化北庄类型—龙山文化杨家圈类型—岳石文化—芝水二期文化—珍珠门文化），文化面貌与生业经济表现出海陆两重性。但是胶东半岛以西的莱州湾南岸地区相关研究较为薄弱。旧石器地点见诸报道的很少，且缺乏原生地层堆积和深入研究②～⑤。新石器时代，受气候环境、海陆变迁、文化发展等影响，自后李文化到龙山文化聚落显著增长（缺少北辛文化遗存的发现）且主要分布在洪积台地和冲积平原等海拔相对较高的地区（0～29米），岳石文化遗址的数量迅速减少⑥⑦。区域盐业遗址的相关研究开展得较早且取得了较为系统的认识，尤其是东周时期诸多盐业遗址群的发现、钻探与发掘，为研究山东北部沿海地区制盐工艺源流、聚落功能与海盐生产的关系、沿海与内地资源互动等问题提供了重要材料。

可见，区域既有的研究成果未见更新世晚期以来人地关系的直接记录，尤其是涉及海陆变迁、动物群演化以及早期人类活动的适应性反馈等。

有鉴于此，我们期望以考古学为基础，紧密结合第四纪地质学、古生物学以及其他人文或自然科学的理论和技术手段，对莱州湾南岸晚更新世以来的海陆环境演变与人类适应进行长尺度、高精度的综合研究，以深刻认识区域海陆资源开发利用的历时性变化，尤其是海洋资源的开发情况，帮助探讨海洋文化发展脉络及其在中华文明中的地位和作用，塑造新时期中国海洋价值观。

基于2018年中国国家博物馆部门机构改革调整方案中设置环境考古研究所的初衷和课题引导，2019年6月，中国国家博物馆与山东省水下考古研究中心及山东大学签署"山东北部沿海地区全新世中期以来的环境演变与人类适应"课题合作协议（注：目前本课题的研究时限已经延伸到更新世晚期），并商讨形成初步合作框架和工作方案。联合考古队于2019年6月下旬启动野外调查工作，实现对试点调查区域——潍坊市昌邑市的野外信息采集与部分环境、测年、动植物样品的采集，为后续系统调查和研究工作作准备。

---

① 赵紫君：《胶东地区先秦考古发现与研究述论》，烟台大学硕士学位论文，2020年。
② 尤玉柱、徐晓风、员晓枫等：《山东日照沿海发现的旧石器及其意义》，《人类学学报》1989年第8卷第2期，第101～106页。
③ 李步青：《山东蓬莱县发现打制石器》，《考古》1983年第1期，第70页。
④ 李步青、林仙庭：《胶东半岛发现的打制石器》，《考古》1987年第3期，第193～196页。
⑤ 李罡、孙波、王秀伟等：《平度市南村镇柏家寨发现的旧石器》，《文物春秋》2014年第1期，第32～37页。
⑥ 赵强、邹春辉、王爽等：《莱州湾南岸中全新世聚落遗址时空分布特征及其环境背景》，《地理科学》2018年第38卷第9期，第1560～1569页。
⑦ 邹春辉、赵强、王爽等：《莱州湾南岸新石器时代文化遗址的时空分布特征分析》，《济南大学学报（自然科学版）》2018年第32卷第6期，第439～446、481页。

二、研 究 内 容

（一）研 究 对 象

田野调查或考古发掘出土的动植物遗存、文化遗物和自然沉积物。

（二）总 体 框 架

1. 更新世晚期以来的海岸线变迁与环境演变

立足区域古海岸线调查与自然沉积物分析，重建区域植被演化历史与古环境演变过程。

2. 更新世晚期以来的人类活动

基于区域考古调查、钻探与发掘，开展实验分析，重建地方性植被景观与环境特征，与区域环境演变作比对，揭示深受海洋影响的人地关系。

3. 人地关系凝练出的海洋文化基因

基于区域人地关系实践，尝试揭示潜在的中华海洋文化基因，将其物化、活化。

（三）重 点 难 点

（1）深化和细化试点工作区域内（昌邑市）晚更新世以来的环境演变框架，将海岸线变化（范围、时间）尽量做实做透，为后续人地关系研究奠定坚实基础。

（2）推进区域人类活动与适应过程的研究，探索新的技术和方法，对海陆变迁区（尤其是大河下游冲积区）深埋遗址进行调查；根据已有线索和调查情况，重点加强对区域先秦考古遗址的研究；尝试对其孕育的海洋文化因素进行初步分析。

（3）探索环境考古研究的思路、新方法与规范，凝练学术与科学问题。

（四）主 要 目 标

（1）重建区域晚更新世以来的环境演变过程。

（2）厘清区域更新世以来的人类适应过程。

（3）建立沿海地区环境考古研究范例。

三、思 路 方 法

（一）研 究 思 路

本课题拟结合自然科学严谨求实的思路与人文社会科学的发散式思维，倡导田野调查（或发掘）和实验分析同步推进的研究方案（图一）。首先，立足已有研究成果和田野工作，科学获取待分析的自然样品和文化遗物。其次，通过多学科融合的分析手段，在绝对年代框架下开展古环境代用指标分析和文化遗存分析，如动植物遗存分析、残留物分析、稳定同位素分析、测年、空间分析技术等，多角度挖掘所获材料所蕴含的信息。以此为基础，糅合人类活动与古环境的研究结果，剥离出区域人类适应模式。最后，立足山东北部沿海的较大地理区位，探究晚更新世以来环境演化背景下凝练成的中华海洋文化基因。

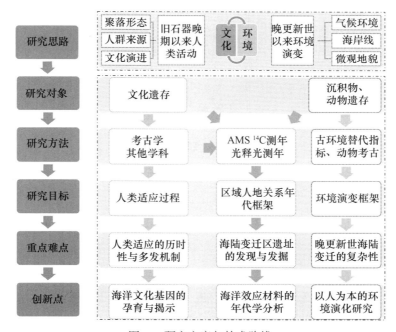

图一　研究方案与技术路线

（二）研 究 方 法

1. 田野调查

基于 GIS 系统，建立调查结果数据库，进行系统梳理与比对。通过以点带面的方式，分析贝壳堤（或牡蛎礁）所代表的海岸线变迁和考古遗址所反映的人类活动等问题。根据调查情况，选择有针对性的样品采集方案。

2. 考古发掘

立足调查工作，主要对贝壳堤（或牡蛎礁）地点、哺乳动物化石地点和考古遗址进行复查、钻探、剖面清理及考古发掘。在确认堆积原生性质的同时，获取典型标本用于测试分析与研究。

3. 实验分析

开展以动物考古、植物考古、环境考古等为主体的实验分析与测量比较，并选择适当样品尝试开展古蛋白、残留物或古 DNA 分析工作。

4. 绝对年代框架的构建

选取动物骨骼、贝壳或植物遗存等进行 AMS ^{14}C 年代测定，选取适当剖面进行光释光年代测定。测年样品的单位要尽量遵循系列样品原则。

5. 人地关系整合研究

基于已有研究成果，整合自然沉积和人为堆积的分析结果，构建晚更新世以来区域人地关系模式的演变过程。

（三）研究计划

本项目计划分三个阶段进行：

第一阶段　前期相关研究的整理与解析；

第二阶段　继续进行莱州湾南岸地区的田野调查、考古发掘与资料整理，完成样品采集工作；

第三阶段　全面开展实验分析和数据库建设工作，包括自然样品与文化遗物的整理与分类、动物骨骼鉴定、植硅体与孢粉提取、古蛋白分析等，选送 AMS ^{14}C 和光释光测年样品；实验数据对比分析与成果总结，撰写研究报告与学术论文，进行学术交流。

（四）可行性分析

1. 研究材料

近年，山东北部沿海地区持续开展考古工作，发现了可供继续深入研究的线索，相应的分析工作也逐渐有序展开。这些科学的田野工作，为获取地质样品、动植物遗存分析样品和残留物样品等提供了有力支撑，保障了样品来源的可靠性。

2. 研究方法

申请拟采用的关键分析技术——动植物遗存分析、古环境代用指标研究、^{14}C 测年和光释光测年以及古蛋白分析等颇为成熟，已有很多成功案例。

3. 项目成员

本项目配备了多学科背景的研究人员，有从事环境考古的研究者，有深耕水下考古的工作者，有教学相长经验丰富的高校师生团队，有熟悉田野线索的考古工作者，可以相互配合，分别承担项目中所需的多学科研究工作，有效地保障了本项目研究材料的科学性和可靠性。

4. 前期结果

基于上述研究思路和内容，初步田野工作和实验分析也表明本研究是切实可行的，主要前期结果如下：

（1）调查工作开展伊始，我们在山东大学（济南）与山东省水下考古研究中心、山东大学等合作方进行碰面会，并请山东大学王青老师介绍其前期对山东沿海地区的环境考古与盐业遗址的研究成果与重要经验。合作方明确了调查方向、调查目的和调查计划。

（2）基于区域古环境研究和考古工作等既有成果，实现对试点调查区域（昌邑境域）的部分野外信息及环境、测年、动植物样品的采集。

（3）初步的 ^{14}C 测年分析明确了部分盐业遗址的绝对年代范畴，有助于探讨区域盐业遗址群的形成与发展过程。

（4）地表踏查和钻探发现了反映海岸线变迁的贝壳堤（或牡蛎礁）线索，其形成与废弃深刻影响了人类活动。

由上，本项目研究思路清晰，目标明确，研究材料来源科学可靠，研究方案合理，拟采用的关键技术方法成熟可行，项目成员配备合理，并且已有了初步的前期研究结果，能够保证项目的顺利完成。

四、创 新 之 处

（1）研究思路方面，本项目尝试将沿海地区环境演变与人类适应作为一个生态系统进行考察，提炼中华民族的海洋基因，为探讨新阶段环境考古学的发展提供范例。

（2）研究方法方面，目前国内关于沿海地区人地关系的研究主要基于常规的古环境代用指标，对人类适应或反馈的直接证据关注较少，对考古遗址地方性环境的构建也存在争议。希望通过本项目的研究，探索人地关系整合性研究的应用前景。

（3）研究材料方面，山东北部沿海地区晚更新世以来环境考古的系统性和历时性分析相对缺乏。本项目拟弄清昌邑市境内贝壳堤（或牡蛎礁）、哺乳动物化石地点以及重点考古遗址的历时性分布等基本状况，并建立数据库，取得环境变迁与人类适应研究的相关成果。

五、研究价值

（1）获取区域反映人地关系的基础资料，为文物保护提供科研依据。

（2）立足本项目研究，建立联合考古工作站，便于各单位深度合作，也有助于地方文博事业的发展。

（3）通过后续分析和研究，为山东北部沿海地区环境考古课题提供材料支撑与研究思路，凝练相关学术问题。

本项目的最终研究成果主要将以学术论文等形式呈现，将用于考古学和古环境相关的学术会议交流、刊物发表等。同时，课题研究成果拟提交至国家科研管理部门，以便相关人员参考。调查所获科研标本及资料由各合作方共享，为文化遗产宣传与保护提供支撑。

附记：昌邑市博物馆对本调查项目提供了大力支持，谨致谢忱！

执笔：邱振威　刘丹　刘文晖

江浙地区盐业考古

宁波大榭遗址出土制盐相关遗物的科技分析[*]

周雪琪[1]　雷　少[2]　崔剑锋[1]

（1. 北京大学考古文博学院；2. 宁波市文化遗产管理研究院）

一、引　言

食盐（NaCl）是人类维持机能所需的一种重要物质，有着维持人体神经电流的运作、体液渗透平衡、体内酸碱平衡的作用。对于食肉者来说，肉类或贝类常常能够提供人体所需的盐量，但是在农耕社会，如果人类主要依赖淀粉类作物为食，则对盐的需求也可能相应地增加。除了人体本身对食盐的硬性需求，食盐还能够改变食物口味，经过食盐腌制的肉类、鱼类可以延长保存时间。作为一类在古代较为稀有且可以长距离运输和保存的物品，食盐的生产和贸易（分配）还能够从一定程度上反映当时的区域互动乃至社会复杂化程度等[①]。

目前，我国发现和确定的制盐遗存并不多，2015～2017 年宁波市文物考古研究所联合多家单位对大榭遗址进行了发掘，发现了目前国内最早的制盐遗址，为我国新石器时代的制盐历史提供了实证[②]。

大榭遗址位于浙江省宁波市北仑区大榭岛，至少距今 5000 年前就已有人类活动。制盐活动存续的年代可能在距今 4300～4000 年，制盐相关遗迹主要出现在大榭遗址二期遗存，时代大致相当于钱山漾文化时期，是目前已知我国最早的滨海盐业遗址，发现

---

* 　崔剑锋为本文通讯作者。

① 　傅罗文、陈伯桢：《新几内亚、乌干达及西罗马帝国的盐业生产、交换及消费——重庆地区先秦时期盐业生产的比较研究》，《盐业史研究》2003 年第 1 期。

② 　雷少：《我国古代海盐业的最早实证——宁波大榭遗址考古发掘取得重要收获》，《中国港口》2017 年第 S2 期。

有结构明确的盐灶（27 座）、卤水坑等制盐设施，并且存在多处制盐废弃物堆，出土有陶缸、陶盆、支脚等盐业生产用具，也存在日用陶器、石器等遗物[①]。大榭遗址既存在布局清晰、结构较完整的制盐遗迹，还出土了种类丰富、要素齐全的制盐遗物，并且这些遗迹、遗物与许多欧洲国家的盐业遗存较为相似[②]，对我国海盐手工业起源与发展的探索和研究有着深远的意义。

二、制盐遗址的鉴定与科技手段的应用

在盐业考古中，如何鉴定遗址的制盐功能，如何根据遗迹与遗物复原制盐工业流程，一直是重要的问题。从根本上来说，如果能够发现大量产品——食盐（NaCl）以及配套设施的存在，则能够直接证明制盐活动的发生。但是，由于食盐易溶于水，极易在埋藏环境中流失，出土后更难以检测到，所以想要利用食盐的存在作为寻找制盐作坊的线索，往往十分困难。基于此，学者们常常采用以多方面证据相结合的方式，最终确定一个遗址确实曾用以生产食盐。

目前认为，古代盐业生产作坊的遗址，往往具有一些共有的特性[③]，由此可将制盐遗址与其他类型的遗址区别开来。同时，这些共性甚至是在世界范围内可以观察到的。这些共性包括但不限于：①煮盐陶器基本上呈现两种类型，一为熬盐用的大锅，口大、壁厚、身浅，二为用于熬盐或者做模子的小型陶器，多为尖底或圜底；②遗址内具有极厚的陶器碎片堆积，这主要是由于盐分重结晶会使陶器易于破碎，同时取盐块、观察器底结晶状况时盐工也常打破陶器，所以制盐陶器常为一次性使用，就会形成大量陶片堆积；③由于制盐陶器易破碎，所以其做工也常较其他生活用陶器更为粗糙；④用于熬卤的陶器内壁多经处理以使其光滑，这样能够降低渗水性并使刮盐更为方便，但用于制模的陶器则具有更易渗的内壁，或者上有刻痕，易于水分流出和取出盐块；⑤制盐陶器上的使用痕迹，如内壁由于盐的重结晶作用而产生剥离的痕迹；⑥制盐陶器的标准化及最佳化倾向；⑦盐灶上遗留的钙化物遗留等。

当一个考古遗址的遗迹、遗物现象有几条符合上述特性，该遗址就可能是早期的食盐生产场所。除此以外，学者们也常常借助科技检测的手段分析其中一些遗存，为遗址功能的最终确定提供一些证据。

从科技考古的角度，显微观察、成分分析、物相分析等基础研究都可以提供很多信

① 雷少、梅术文、王结华：《海岛之光——浙江宁波大榭遗址的考古发现》，《大众考古》2019 年第6 期。

② 雷少：《我国古代海盐业的最早实证——宁波大榭遗址考古发掘取得重要收获》，《中国港口》2017 年第 S2 期。

③ 陈伯桢：《由早期陶器制盐遗址与遗物的共同特性看渝东早期盐业生产》，《盐业史研究》2003 年第 1 期。

息。2005 年，傅罗文（Rowan K. Flad）在中坝遗址制盐功能论证的过程中，除了考古学方面的证据，还从化学成分研究的角度，指出部分土壤、灰坑中存在钙、镁的富集，一些圜底器底部有 $CaCO_3$ 残留物；同时，电镜下用能谱检测陶器器壁的微量钠、氯含量，发现内壁钠、氯最高，越往外越低，暗示了煮盐过程中器壁与高浓度盐水的直接接触，并且这些离子随水进入陶器孔隙，还在一定程度上向外壁扩散[①]。2010 年，在寿光双王城制盐遗迹、遗物的研究中，崔剑锋指出，该遗址许多陶器内壁有钙、镁碳酸盐的白色结晶，其中还混有一定量食盐（NaCl）[②]，盐灶南侧草木灰堆积坑中也具有大量的氯化钠及钙、镁化合物，具有去除卤水中钙、镁杂质，提高卤水浓度的作用[③]，上述证据都对遗址功能的认定有重要的参考价值。

除此以外，还可进一步进行同位素研究。地质上常根据同位素交换平衡条件下的经验公式代入氧同位素值，来计算海洋软体动物壳体碳酸盐析出时的水体温度，以了解古温度的改变情况[④]。这一公式同样可以应用于陶器内壁以及遗址内其他碳酸盐物质析出温度的估算。崔剑锋曾对双王城遗址的碳酸盐进行氧同位素的分析，发现草木灰堆积中碳酸盐的形成温度在 32℃，这符合其常温下自然析出的预期。而其他商周时期的钙化物形成温度多在 50℃左右，而宋元时期钙化物的析出温度则达 81℃，这说明，商周时期煮盐时对陶器的加热速率非常缓慢，随着水分蒸发碳酸盐在较低的温度下析出。宋元时期采用铁盘煎盐，升温快、煎盐温度接近沸点，碳酸盐在较高温度下析出。除了温度的计算，还可进行锶同位素研究。由于 Sr^{2+} 的离子半径与 Ca^{2+} 非常接近，所以 Sr 能够在碳酸盐矿物中代替 Ca。锶同位素比值常用于判断研究对象的来源——是来自于海洋还是内陆。这是因为，岩石风化、侵蚀产物最终都从各个大陆汇入海洋，海水的 $^{87}Sr/^{86}Sr$ 则代表了世界风化大陆壳的平均锶同位素组成，在任何给定时刻，世界海洋的海水锶同位素比值是同质的（0.7092）[⑤]。如果研究对象的锶同位素比值不是 0.7092，则非纯海洋来源。同样是在双王城制盐遗物的研究中，发现碳酸盐的锶同位素平均比值为 0.7105，暗示用以制盐的卤水是与海水关系非常密切的地下卤水。

在总结前人的研究经验后，我们在大榭遗址出土遗迹、遗物的研究当中，采用了成分分析、物相分析、碳氧同位素分析、锶同位素分析等多方面的检测与研究，为遗址的

① Flad R, Zhu J, Wang C, et al. Archaeological and chemical evidence for early salt production in China. *Proceedings of the National Academy of Sciences of the United States of America*, 2005, 102 (35): 12618-12622.

② 崔剑锋：《山东寿光双王城制盐遗址的科技考古研究》，《南方文物》2011 年第 1 期。

③ 崔剑锋、燕生东、李水城等：《山东寿光市双王城遗址古代制盐工艺的几个问题》，《考古》2010 年第 3 期。

④ 王大锐、白玉雷：《碳酸盐岩中稳定同位素对古气候的表征》，《石油勘探与开发》1999 年第 5 期。

⑤ Bentley R A. Strontium Isotopes from the Earth to the Archaeological Skeleton: A Review. *Journal of Archaeological Method and Theory*, 2006, 13 (3): 135-187.

功能认证与流程复原提供了重要证据。

三、实验仪器与测试参数

样品成分、物相分析测试都在北京大学考古文博学院科技考古实验室进行。

成分分析：采用 ED-XRF（能量色散型 X 射线荧光光谱仪）进行测试，型号为 Horiba 公司的 XGT-7000，能够进行无损分析。分析条件：Rh 靶；X 射线管电压 30kV，电流 0.062mA；信号采集时间 100s。

物相分析：采用日本制造的奥林巴斯（OLYMPUS）XRD-Terra。2θ 在 5°～55° 之间，探测器类型为 1024×256 像素二维制冷电荷耦合器件（CCD），X 射线管电压为 30kV，功率为 10W，分析时间 20min。

标本的同位素分析在北京科荟测试技术有限公司测试完成。

碳、氧同位素分析中，设备为赛默飞世尔公司的 253plus、Gas Bench。色谱柱（熔硅毛细管柱：规格为 Poraplot Q，25m×0.32mm）温度为 70℃。

称量约 100μg 绝对量碳酸盐样品（200 目）加入到 12ml 反应瓶中，每次最多测量样品数为 88 个，其中 18 个为标准样品（分别为 NBS-18、IAEA-603、GBW04405 和 GBW04416）。使用高纯氦气（99.999%，流速 100ml/min）进行 600s 的排空处理。排空后加入 5 滴 100% 无水磷酸后置于 72℃ 加热盆中反应并平衡。样品与磷酸反应且平衡后的 CO_2 气体经过 70℃ 的熔硅毛细管柱（规格为 Poraplot Q，25m×0.32mm）而与其他杂质气体分离，进入到气体稳定同位素质谱仪进行测定。一般 18 个标样的测试结果的 $\delta18O$ 和 $\delta13C$ 测试精度均高于 0.1‰。

Sr 同位素组成分析过程与设备情况如下。称取 150mg 样品，加入 15mL Savillex 消解罐中，密闭加热 48 小时，取溶好的样品加几滴浓 HNO_3 蒸干后加入 1mL 3.5mol/L HNO_3，上柱。Sr 同位素分离采用 Sr 特效树脂（Triskem 公司生产，100～150μm），用 7mL 3.5 mol/L HNO_3 淋洗 7 次，然后用 4mL Milli-Q 水分 5 次加入淋洗 Sr；将提纯的 Sr 蒸干后，加几滴浓硝酸再次蒸干，之后加入 1mL 3% HNO_3，待测。

使用 Neptune plus 型多接收电感耦合等离子体质谱仪进行测试。将待测样品用 2% HNO_3 溶液引入质谱，使得 ^{88}Sr 的信号强度为 8V 左右（溶液中锶浓度约为 200μg/L），使用自由雾化器进样方式。样品测试完成后，使用 2%HNO_3 溶液清洗进样系统，然后开始下一个样品的测量。Sr 同位素比值分别采用 $^{88}Sr/^{86}Sr=8.375209$ 进行质量分馏校正。

四、结果与讨论

1. 成分、物相分析（表一、表二）

在大榭遗址出土的夹贝泥质陶盆、夹砂陶器中，均未观察到白色水垢状附着物，不过，陶盆底部泛白，其风华状况似乎较外壁严重，或可视为制盐陶器的使用痕迹。

对标本进行成分测试，部分陶盆（如样品 23、37、39 等）、夹砂陶器（如样品 29）的某些测试点位含有较高的 MgO 含量，结合物相分析，其中的 MgO 含量可能来自非均匀分布的少量辉石、白云石等。少部分 CaO 则也可能来自上述两种矿物。不过，由于陶盆原料包含大量的贝壳碎屑夹杂物，所以在陶盆内测到的大部分 CaO 与方解石应是来自于贝壳碎屑，如样品 17、20、25、27、34 等。贝壳的物相为文石，在陶器烧成的过程中生成氧化钙，遇水、二氧化碳（碳酸）最终形成的碳酸钙。

除陶盆以外，在遗址中还有发现一些形如姜石的小结核，集中出现在部分地层中，这些结核（样品 10、51、52）含有较高的方解石含量，或许与制盐过程中的初步晾晒工序有关联。大部分陶盆与土壤烧结面均含有辉石、石英、白云石、长石、伊利石（或白云母）等物相，根据散点图（图一，a）也可发现，烧土块和大部分陶盆与夹砂陶器的 MgO、Al_2O_3 含量相当，从数据上看它们的成分有较高的一致性，可能暗示了陶盆的原料来源。部分疑似古盐泥标本与现代滩涂盐泥成分相近，这类土壤标本可能由于含砂（石英）量相对较高的土而 Al_2O_3 含量均偏低，多小于 20%（图一，b）。57、60 疑为古盐泥，含长石、石英、白云母，我们所采集的现代盐田边的泥料与滩涂土样也主要由上述物相组成，这一结果支持古盐泥的性质判断。25、27 号为从陶盆上取下的掺有大量杂质的贝壳碎屑，故有一定的方解石含量。

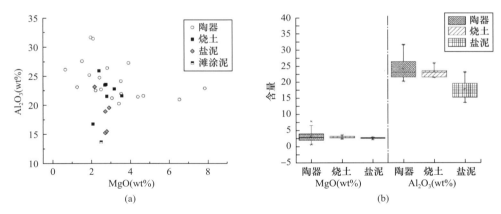

图一　陶器、烧土、盐泥、滩涂泥的 MgO、Al_2O_3 质量百分比含量
散点图（a）、箱式图（b）

表一 -a　陶盆与支具 XRF 成分分析结果

	Na_2O	MgO	Al_2O_3	SiO_2	P_2O_5	K_2O	CaO	Fe_2O_3
16（陶盆底部）	0.59	1.91	25.23	54.90	1.44	1.79	6.04	7.87
17*（陶盆底部）	3.03	1.28	23.12	57.42	0.55	0.40	9.71	4.36
20*（支具）	b.d.	4.57	23.79	46.92	1.86	1.50	11.49	9.66
21-a（米黄色泥器）	b.d.	2.11	31.45	49.04	2.38	2.45	3.07	9.37

续表

	Na$_2$O	MgO	Al$_2$O$_3$	SiO$_2$	P$_2$O$_5$	K$_2$O	CaO	Fe$_2$O$_3$
21-b（米黄色泥器）	0.78	3.55	21.96	56.50	1.73	2.45	3.43	9.51
23（陶盆底部）	0.36	4.68	21.60	56.37	0.26	1.34	6.03	9.26
24（陶盆底部）	1.65	3.43	20.29	60.80	1.07	3.24	1.94	7.51
25*（陶盆底部）	b.d.	6.06	22.94	36.57	0.94	0.94	23.08	9.18
27*（陶盆底部）	0.87	5.28	10.32	28.81	0.45	0.57	48.39	3.91
28（陶器口沿）	b.d.	0.67	26.19	50.45	4.24	2.72	4.12	10.60
29-a（陶器口沿）	b.d.	6.54	20.99	57.04	3.54	1.77	3.15	6.54
29-b（陶器口沿）	b.d.	1.98	31.66	48.61	2.83	2.93	2.15	9.71
29-c（陶器口沿）	b.d.	3.92	27.32	50.88	2.52	1.54	4.61	9.09
31（陶盆底部）	0.78	2.51	22.70	60.81	0.86	2.62	1.47	8.15
32（陶盆口沿）	b.d.	2.44	24.77	46.74	1.56	0.72	8.75	14.41
33（陶盆底部）	b.d.	1.53	27.65	53.19	1.31	3.30	3.17	9.75
34*（陶盆口沿）	0.54	2.74	19.82	48.63	0.49	2.47	15.76	9.28
35（陶盆器壁）	b.d.	2.23	22.53	60.87	0.39	2.69	2.82	8.43
36（疑似支具）	4.53	3.53	24.16	52.20	0.18	1.56	4.79	8.91
37（支脚）	b.d.	7.84	22.92	51.57	0.96	0.43	5.55	10.06
38（支脚）	1.65	2.83	26.44	53.84	0.55	3.26	3.66	7.72
39-a（陶盆底部）	0.50	3.07	21.22	62.85	0.38	2.56	2.11	7.12
39-b（陶盆底部）	b.d.	4.40	21.44	59.70	0.72	0.79	6.61	6.15

* 号表示该标本受到贝壳的影响，钙含量升高，该数据并不等同于胎体成分

表一 -b 钙质结核物 XRF 成分分析结果

	Na$_2$O	MgO	Al$_2$O$_3$	SiO$_2$	K$_2$O	CaO	Fe$_2$O$_3$
10（姜石状结核物）	—	2.52	8.58	26.34	1.53	56.24	4.16
51（姜石状结核物）	—	3.20	14.53	58.06	2.96	13.97	6.46
52（姜石状结核物）	—	4.85	10.28	33.21	1.82	41.20	5.64

表一 -c 土样 XRF 成分分析结果

烧土	Na$_2$O	MgO	Al$_2$O$_3$	SiO$_2$	SO$_3$	Cl	K$_2$O	CaO	Fe$_2$O$_3$
22（疑似泥器的烧土块）	2.30	3.20	22.83	56.80	0.01	b.d.	4.58	1.69	8.00
41（填土）	b.d.	2.76	23.61	59.15	0.33	0.06	3.59	1.29	8.54
26（烧土块）	1.75	2.69	19.49	60.53	2.26	4.09	7.74	1.07	8.83
44（烧结面）	0.42	3.58	21.60	59.25	0.34	0.01	3.52	1.29	9.21
45（烧结面）	b.d.	2.71	23.49	57.84	0.32	0.01	3.74	1.49	9.60
46（烧结面）	1.10	2.81	21.53	61.04	0.20	b.d.	3.54	1.15	7.99

盐泥	Na$_2$O	MgO	Al$_2$O$_3$	SiO$_2$	SO$_3$	Cl	K$_2$O	CaO	Fe$_2$O$_3$
57（疑似古盐泥）	b.d.	2.92	19.57	64.37	0.03	b.d.	3.15	2.30	7.47
59（疑似古盐泥）	b.d.	2.73	15.25	69.02	b.d.	0.02	2.62	2.47	6.40
60（疑似古盐泥）	b.d.	2.18	23.16	63.46	0.24	0.03	3.17	2.26	5.22
61（疑似古盐泥）	0.75	2.73	18.93	63.16	b.d.	b.d.	3.48	1.04	9.52
68（盐田土样）	1.27	2.80	15.51	68.82	1.01	0.19	2.49	2.52	5.18
66（盐田废渣）	20.11	0.73	2.40	9.19	24.85	17.62	0.56	21.61	2.48
71（滩涂土样）	7.31	2.52	13.66	54.62	2.31	6.23	2.37	4.99	5.82

表二　XRD 物相分析结果

测试编号	可能主要包含的物相
10（姜石状结核物）	石英、钠长石、方解石、蒙脱石
20（支具）	钠长石、石英、透辉石、白云石，可能存在：伊利石
21（米黄色泥器）	钠长石、石英、透辉石、白云石，可能存在：伊利石
23（陶盆底部）	钠长石、石英、白云母、透辉石、白云石
24（陶盆底部）	钠长石、透辉石、石英、白云石
25（陶盆内嵌的碳酸钙粉末）	石英、钠长石、白云母、方解石
27（陶盆内嵌的碳酸钙粉末）	钠长石、石英、方解石、透辉石、白云母、白云石
28（陶盆底部）	长石（正长石）、透辉石、石英、白云母、白云石
34（陶盆含内嵌碳酸钙粉末）	伊利石、白云母、石英、钠长石、方解石
39（陶盆底部）	钠长石、透辉石、石英、白云母
44（烧结面）	正长石、透辉石、钠长石、石英、白云母、伊利石、白云石
51（姜石状结核物）	方解石、石英、长石
52（姜石状结核物）	方解石、石英、长石
57（疑似古盐泥）	白云母、钠长石、石英
60（疑似古盐泥）	白云母、石英、钠长石
68（盐田土样）	石英、钠长石、白云母
70（盐田土样）	石英、钠长石、白云母
71（滩涂土样）	白云母、石英、钠长石、方解石

2. 锶同位素分析

由于陶盆内部未发现疑似煮水析出的碳酸钙类物质，对遗址内出土的钙质料姜石锶同位素比值进行测定（表三）。

表三　Sr 同位素分析结果

原样号	$^{87}Sr/^{86}Sr$	2s
52	0.710223	0.000007
51	0.710336	0.000004

经测试，姜石状结核物的碳酸盐来源虽非海相，但其锶同位素比值约在 0.7102 左右，与海相较为接近，应与海水有密切的关系。有学者对大榭遗址多处堆土来源进行了分析，指出大榭遗址中有存在一些海相滩涂盐泥堆积以及受海水影响的陆相堆土（与黄土接近）[1]。在成分分析中我们也基本证实了古代滩涂盐泥堆积在遗址中的存在，故推测姜石状结核物的来源可能受到海陆相两种端元的综合影响。

3. 氧同位素研究

在一定的前提下，碳酸盐的氧同位素能够指示该标本的形成温度。大榭遗址的陶器内壁无煮水析出的钙化物，而存在其他两种成因的碳酸钙矿物，一类是地层中的姜石状结核物，一类是陶盆中夹杂的贝壳碎屑。表四中为部分含碳酸钙标本的氧同位素测试结果，根据碳酸盐氧同位素温度计算公式 $1000\ln\alpha_{方解石-水}=2.78(10^6 T^{-2})-3.39$[2]，各标本的近似形成温度也列于表中。需要指出的是，只有在同位素交换平衡状态下发生的氧同位素分馏，才符合上述公式，否则生成物的氧同位素会受到反应物的氧同位素值影响，所以表中对温度的测算仅为估计[3]（表四）。

表四　O 同位素分析结果

测试编号	测试部位	$\delta 13C_{V\text{-}PDB}$‰	$\delta 18O_{V\text{-}PDB}$‰	$\delta 18O_{V\text{-}SMOW}$‰	t
51	结核物外部白色粉末	−11.9	−5.3	25.5	37
52	结核物外部白色粉末	−11.4	−5.5	25.2	38

其中，姜石状结核物中碳酸钙的析出温度为 38℃，可能接近真实情况。现代制盐工序中常常有晾晒这一过程，包括晾晒盐泥和海水。在曝晒的过程中，随着水分蒸发，会先析出硫酸钙、碳酸钙等微溶盐与难溶盐。这些姜石状结核物出现的区域，或许就是晒盐区域。结合 Sr 同位素的钙质来源研究，可以认为在晾晒过程中，土壤中原本的钙

---

① 栗文静、雷少、王张华等：《浙江大榭史前制盐遗址人工土台的堆土特征及来源分析》，《古地理学报》2018 年第 20 卷第 6 期。

② 崔剑锋、燕生东、李水城等：《山东寿光市双王城遗址古代制盐工艺的几个问题》，《考古》2010 年 第 3 期；O'Neil J R. Oxygen isotope fractionation in divalent metal carbonate. *Journal of Chemical Physics*, 1969, 51(12): 5547-5558.

③ O'Neil J R. Oxygen isotope fractionation in divalent metal carbonate. *Journal of Chemical Physics*, 1969, 51(12): 5547-5558.

质与盐泥中的钙质混合并析出，最终形成了这种非海相但与海水关系紧密的碳酸钙结核物。

五、结　语

大榭遗址出土的陶器，尤其是陶盆上显示出煮盐的使用痕迹——内壁风化较为严重。根据成分、物相对比，发现陶盆的原料应为当地黏土。同时，疑似古盐泥的性质与当地滩涂泥类似。结合锶同位素研究结果与前人对于大榭遗址土质的来源判断，可以认为大榭遗址中有较多滩涂盐泥的堆积。氧同位素研究结果显示，遗址中有许多形成于37℃左右的碳酸钙结核，可能暗示了碳酸盐在盐泥晾晒过程中的缓慢析出。

综上，我们认为大榭遗址的制盐方法或许可以概括为"晒煮结合"。尽管晾晒海水的做法到比较晚近的时期才出现，但是利用太阳的能量自然晾晒滩涂含盐泥土的做法则可能能够追溯到新石器时代。我们所发现的姜石状结核物中的方解石相碳酸盐生成于38℃左右的温度，可能曾有富碳酸钙的饱水盐泥在该处曝晒。之后，对盐泥进行冲洗和淋滤，获得浓缩后的卤水。最后，根据陶盆内壁的风化现象，我们认为陶盆应曾用来煮水，即对卤水进行加热浓缩，最终产出食盐。

舟山马岙遗址群出土的古代盐业遗存*

梁国庆[1] 任记国[2]

（1. 国家文物局考古研究中心、山东大学历史文化学院；2. 舟山市文物保护考古所）

18 世纪以来，随着法国塞耶（R. Seille）河谷等制盐遗址的考察和发掘工作的开展，盐业考古逐渐成为西方考古学研究的一个热点，并引起了广泛的关注。2000 年以来，我国考古学家开始关注这一领域，并不断取得重要收获[1]。

近年，随着浙江宁波大榭遗址[2]、洞头县九亩丘盐业遗址[3]、玉环前塘垟，以及香港龙骨滩[4] 等一系列盐业遗址的发掘和研究，为辨识我国东南沿海盐业遗存和开展相关盐业考古工作奠定了基础。

20 世纪 70 年代以来，由于村民或窑厂取土，在浙江省舟山市定海区马岙镇发现了数十处土墩遗址，由于土墩距离较近，一般统称为马岙遗址，实际应称为马岙遗址群。20 世纪 90 年代，该遗址群因发现良渚时期粘有稻壳的陶片而受到学界的关注。2017 年国家文物局考古研究中心（原国家文物局水下文化遗产保护中心）、舟山市文物保护考古所和舟山市博物馆联合对该遗址 20 世纪末调查采集的文物标本进行了整理，发现一定数量的盐业遗存，包括盐灶、平底煮盐器及支脚状陶具、棍状陶具等煮盐工具等。现将相关材料简单介绍如下：

---

* 本文为教育部重大课题"中国海洋遗产研究"（19JZD056）——中国海洋遗产调查与评价子课题阶段成果。

① 李水城：《中国盐业考古十年》，《考古学研究九——庆祝严文明先生八十寿辰论文集》，文物出版社，2012 年，第 362～380 页。

② 雷少：《我国海盐业的最早实证——宁波大榭遗址考古发掘取得重要收获》，《中国港口》2017 年第 2 期，第 83～90 页。

③ 浙江温州市文物保护考古所、浙江洞头县文物保护所：《浙江省洞头县九亩丘盐业遗址发掘简报》，《南方文物》2015 年第 1 期，第 111～122 页。

④ 李浪林：《香港沿海沙堤与煮盐炉遗存的发现与研究》，《燕京学报》（新二十四期），北京大学出版社，2008 年，第 239～274 页；李浪林：《香港龙鼓滩煮盐炉及其堆积分析》，《东方考古》（第12 集），科学出版社，2016 年，第 305～314 页。

一、马岙遗址群概述

马岙古称马岙庄、景陶，位于浙江省舟山市舟山本岛的西北部，东与干礁毗邻，南与盐仓接壤，西与小沙为界，北与岱山隔海相望，三面环山一面临海，中部为 10 多平方千米的马岙平原，北部即为三江浦，是历史上连接岱山、宁波、上海等地的民运商埠。

马岙遗址群分布于浙江省舟山市马岙镇南端卧佛山脚下，距离海口约 3 千米，在三胜村至狮子山长约 1.6 千米，凉帽蓬遗址公园向西南方向约 300 米的范围内，发现有 29 个土墩，每个土墩即为一处遗址，共同组成马岙遗址群（图一）。

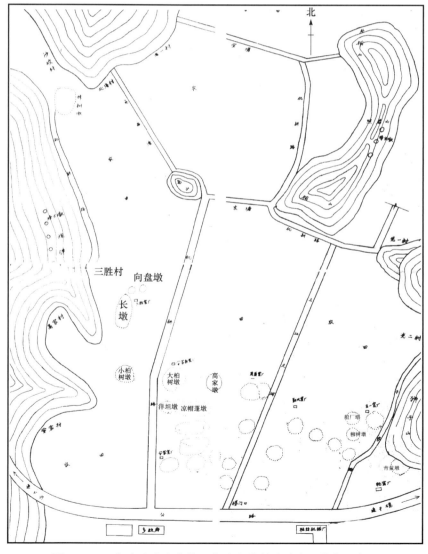

图一　1988 年舟山市文物管理办公室绘制马岙遗址分布示意图

1979 年初，村民在舟山市定海县马岙公社安家大队附近烧窑取土时首先发现唐家墩遗址，同年浙江省考古研究所与舟山地区文管会对其中的唐家墩遗址进行了试掘，采集和出土了一批陶器和石器[①]。1988 年 1 月，舟山市文物办专门组织文物普查，在浙江省舟山市定海县马岙公社调查发现土墩遗址 29 处，呈扇形分布于岙中，其中新石器时代遗址 12 处，商周时期遗址 8 处，其余遗址年代不详[②]。1994 年 10 月，社科院考古研究所、浙江省文物考古研究所、舟山市文物办及舟山市博物馆对洋坦墩遗址进行了发掘。

2017 年国家文物局水下文化遗产保护中心、舟山市文物保护考古所和舟山市博物馆共同整理了 20 处遗址调查采集的标本，数量上千件，在船厂墩、大柏树墩、高家墩、凉帽蓬墩、柳树墩、青蓝墩、长墩、桑子墩、小柏树墩、洋坦墩、向盘墩和茂盛墩等 12 处遗址采集标本中发现有制盐工具，其中向盘墩遗址曾发现过煮盐盐灶[③]。由于大部分遗址已经破坏殆尽，有的遗址仅存标本，位置难寻，现根据实际情况择要介绍：

1. 向盘墩遗址

位于马岙镇三胜村窑厂东 30 米，长墩遗址东北 200 米处。1991 年窑厂取土时被发现，破坏严重，仅存残缺的墩沿。遗址面积约 800 平方米，文化层厚约 0.5 米，内有大量红烧土和泥质灰陶陶片，现为马岙镇文物保护点，年代为东周。

2. 大柏树墩遗址

位于马岙镇三胜村东 100 米，面积约 7000 平方米。文化层厚 0.8 米左右，内有红烧土坯。采集有夹砂红陶、泥质红陶、泥质灰陶残片。纹饰以素面为主，还有绳纹、划纹。陶器有釜、罐、豆、纺轮、鱼鳍形鼎足等。石器有斧、锛、镞，通体磨制，年代为新石器时代。

3. 柳树墩遗址

位于马岙镇船厂墩南 30 米，面积约 2500 平方米，文化层厚约 1 米，内有大量红烧土坯。采集陶器以印纹硬陶片为大宗，纹饰有方格纹、米字纹、回纹等。石器有斧、锛、犁，皆磨制。现已全部破坏。年代为东周。

4. 长墩遗址

县（区）级文物保护单位，位于浙江省舟山市定海区马岙镇三星社区三胜村东南

---

① 王明达、王和平：《浙江定海县唐家墩新石器时代遗址》，《考古》1983 年第 1 期，第 71、72 页；王和平：《浙江定海唐家墩又发现一批石器》，《考古》1984 年第 1 期，第 86、87 页。

② 王晓东：《马岙新石器时代遗址群》，《千年马岙》，文化艺术出版社，第 32 页。

③ 舟山市文物保护考古所内部资料。

30 米处，分布面积约 2000 平方米。属商周时期文化遗址，1993 年 6 月被公布为定海区级文物保护单位时改名为马岙土墩遗址。文化层厚约 1 米，内有大量红烧土。曾出土有泥质红陶、泥质灰陶、印纹硬陶片，火候较高。可辨器形有罐、支座、鼎足。石器有斧、锛，通体磨制。

5. 高家墩遗址

位于浙江省舟山市定海区马岙镇三星社区三胜村以东约 250 米处，分布面积约 300 平方米，据出土文物分析最早为新石器时代。曾采集有泥质红陶、泥质灰陶、印纹硬陶片。纹饰有弦纹，方格纹，米字纹等，可辨器形有鼎足、豆把、支座。石器有斧、锛、镞，皆磨制。

6. 船厂墩遗址

位于浙马岙镇死人墩东 100 米，面积约 3000 平方米，文化层厚约 0.8 米。采集大量印纹硬陶片，纹饰有方格纹、回纹、米字纹、叶脉纹等。陶器有支座，石器有斧、锛，皆磨制，年代为东周。目前已经全部破坏。

7. 凉帽蓬墩遗址

位于马岙镇三星社区安家村东北侧约 200 米处羊坦里，平面呈不规则的长方形，长 42 米，宽 40 米，西北东南走向，面积约 1700 平方米。1983 年取土时发现，文化层厚约 1.5 米，出土文物有陶片、石器、红烧土和土坯等。

8. 洋坦墩遗址

位于马岙镇三星社区三胜村东侧约 50 米洋坦里，东距凉帽蓬墩 40 米，面积约 2400 平方米。1994 年曾仅考古试掘，出土有夹砂红陶、泥质褐陶陶片及石锛等生产工具。因出土夹砂陶片上粘有稻谷痕迹，曾引起学术界的高度重视。年代为新石器时代。

9. 小柏树墩遗址

位于马岙镇大柏树墩西 30 米，面积约 1000 平方米，文化层厚约 0.8 米。采集有印纹硬陶片，纹饰有米字纹、方格米字纹、回纹、方格米筛组合纹等。石器有斧、锛，皆磨制，年代为东周。

10. 青蓝墩遗址

位于马岙镇五一村狮子山下，面积约 4500 平方米，文化层厚约 0.8 米。采集有印纹硬陶残片，纹饰有回纹、方格纹、米字纹等。可辨器形有鼎足、支座等。石器有刀，通体磨制。年代为东周。

二、相关盐业遗存

主要包括发现的煮盐盐灶遗迹和采集的煮盐工具，包括平底煮盐器、支脚状陶具、棍状陶具等。马岙遗址群遗物皆为采集品，辨识是否为盐业相关遗存的主要根据宁波大榭遗址[①]、浙江省洞头县九亩丘盐业遗址[②]、玉环前塘垟、香港龙骨滩[③]等盐业遗址考古发掘成果，现介绍如下：

（一）遗　　迹

盐灶　仅发现于向盘墩遗址。1991 年窑厂在向盘墩取土时，发现盐灶 4 座和大量红烧土块、红烧土柱，灶壁高 0.5 米，边长 0.45 米，呈方正形，每灶间隔 2 米左右。目前遗址已经保护回填（图二）。

图二　向盘墩遗址及发现的盐灶

① 雷少：《我国海盐业的最早实证——宁波大榭遗址考古发掘取得重要收获》，《中国港口》2017 年第 2 期，第 83～90 页；雷少：《浙江宁波大榭岛盐业遗址群的考古发现概述》，《京津冀鲁四省（市）海盐历史文化暨文物保护学术研讨会论文集》，北京燕山出版社，2021 年，第 85～94 页。

② 浙江温州市文物保护考古所、浙江洞头县文物保护所：《浙江省洞头县九亩丘盐业遗址发掘简报》，《南方文物》2015 年第 1 期，第 111～122 页。

③ 李浪林：《香港沿海沙堤与煮盐炉遗存的发现与研究》，《燕京学报》（新二十四期），北京大学出版社，2008 年，第 239～274 页；李浪林：《香港龙鼓滩煮盐炉及其堆积分析》，《东方考古》（第 12 集），科学出版社，2016 年，第 305～314 页。

（二）遗 物

目前，在国内宁波大榭、温州洞头九亩丘、玉环前塘垟、香港龙鼓滩等地发现的海盐盐灶内多发现有数量较多的红烧土柱状陶器，其名称尚未形成统一意见[①]。本文根据其形状，将柱状陶器简单分为支脚状陶具、棍状陶具和支座状陶具三类。

马岙遗址采集遗物主要包括平底煮盐器、支脚状陶具、棍状陶具、支座状陶具和其他类等。

1. 平底煮盐器

发现不多，皆为残件，平底直腹，红陶夹蚌壳，为马岙遗址群采集发现，具体采集位置不明。该器型与宁波大榭遗址二期发现的陶盆类似[②]。

马岙采36，夹蚌红陶器底，直腹，平底，夹杂大量蚌壳残片。底径13.8、残高9.5、壁厚2厘米（图三）。

图三 马岙遗址群采集平底煮盐器（马岙采36）

---

① 例如李水城：《漫谈制盐陶器：Briquetage》，《南方文物》2019年第1期，第84～92页；刘团徽：《浙江盐业考古初探》，《东方博物》（第七十五辑），2020年第2期，第28～37页；李浪林：《香港龙鼓滩煮盐炉及其堆积分析》，《东方考古》（第12集），科学出版社，2016年，第305～314页。

② 雷少：《我国海盐业的最早实证——宁波大榭遗址考古发掘取得重要收获》，《中国港口》2017年第2期，第83～90页。

2. 支脚状陶具

采集的支脚状陶具多为圆锥形足状，顶部多有凹槽，素面，多制作随意，高度多在10厘米以内。根据陶质可以分泥质和夹砂两类。

（1）泥质红陶

皆为红陶，可以分为红胎白衣陶和红陶两类。

①白衣红陶

马㿟采 53，支脚状陶具，马㿟遗址采集。泥质红胎白衣，不规柱状，截面圆形，实心，顶面有"U"形凹槽，上粗下细。残高 9.3、宽 7、厚 2.6 厘米（图四）。

马㿟采 54，支脚状陶具，马㿟遗址采集。泥质红胎白衣，不规则长柱状，截面椭圆形，中间有孔，顶面有"U"形凹槽，上粗下细。高 11、宽 3.5、厚 2.9 厘米（图五）。

图四　马㿟遗址群采集白衣红陶支脚（马㿟采 53）

图五　马㿟遗址群采集白衣红陶支脚（马㿟采 54）

②泥质红陶

桑子墩采 02，支脚状陶具，桑子墩遗址采集。泥质红陶，整体呈圆柱状，截面为圆形，中间有孔，制作随意，素面（图六）。

图六　马岙遗址群采集泥质红陶支脚（桑子墩采 02）

凉帽蓬墩采 9-1，支脚状陶具，凉帽蓬墩遗址采集。泥质红陶，不规则矮锥形，截面为椭圆形，实心，顶面为"U"形凹槽，素面，制作较随意（图七）。

图七　马岙遗址群采集泥质红陶支脚（凉帽蓬墩采 9-1）

大柏树墩采 02，支脚状陶具，大柏树墩遗址采集。泥质红陶，整体呈细长圆柱形，截面为圆形，实心，顶面有"U"形凹槽，素面（图八）。

马岙采 58，支脚状陶具，马岙遗址采集。泥质红陶，呈圆锥状，截面为圆形，顶面倾斜，上粗下细，泥质素面。残高 5.9、宽 2.6、厚 1.4～2.3 厘米（图九）。

图八　马㕛遗址群采集泥质红陶支脚（大柏树墩采 02）

图九　马㕛遗址群采集泥质红陶支脚（马㕛采 58）

（2）夹砂红陶

小柏树墩采 04，支脚状陶具，小柏树墩遗址采集。夹砂红陶，素面，整体呈不规则矮圆柱形，截面为圆形，顶部有"U"形凹槽。残高 8.2、厚度 4.6 厘米（图一〇）。

图一〇　马㕛遗址群采集夹砂红陶支脚（小柏树墩采 04）

小柏树墩采 03，支脚状陶具，小柏树墩遗址采集。夹砂红陶，素面，整体呈不规则矮圆柱形，截面为圆形，顶部有"U"形凹槽。残高 7.2、厚度 4.1 厘米（图一一）。

大柏树墩采 05，支脚状陶具，大柏树墩遗址采集。夹砂红陶，呈圆锥状，截面为圆形，素面。残高 4.5 厘米（图一二）。

图一一　马岙遗址群采集夹砂红陶支脚（小柏树墩采 03）

图一二　马岙遗址群采集夹砂红陶支脚（大柏树墩采 05）

马岙采 16，支脚状陶具，马岙遗址采集。夹砂红陶，整体为圆柱形，截面为圆形，顶面为"U"形凹槽，素面。高 9.5、宽 4.8、厚 3.45 厘米（图一三）。

马岙采 17，支脚状陶具，马岙遗址采集。夹砂红陶，整体为圆柱形，截面为圆形，顶面为"U"形凹槽，素面。高 7.8、宽 4.9、厚 4.9 厘米（图一四）。

图一三　马岙遗址群采集夹砂红陶支脚（马岙采 16）

图一四　马岙遗址群采集夹砂红陶支脚（马岙采 17）

图一五　马㟆遗址群采集夹砂红陶支脚
（马㟆采 49 ）

马㟆采 49，支脚状陶具，马㟆遗址采集。夹砂红陶，表面有剥落痕迹，顶面有凹槽。残高 6、宽 4.6、长 16.5 厘米（图一五）。

3. 棍状陶具

马㟆遗址群采集的棍状陶具皆为红陶，分泥质红陶、夹砂红陶和夹草拌泥红陶三类。

（1）泥质红陶

可以分为施白衣和无白衣两类。

①白衣红陶

马㟆采 56，棍状陶具，马㟆遗址采集。泥质红陶施白衣，素面，短圆柱状，截面呈圆形。残高 4.5、宽 2.5、厚 2 厘米（图一六）。

马㟆采 57，棍状陶具，马㟆遗址采集。泥质红陶施白衣，素面，短圆柱状，截面呈圆形。残高 6.7、宽 2.5、厚 1.8 厘米（图一七）。

图一六　马㟆遗址群采集白衣红陶棍状陶具
（马㟆采 56 ）

图一七　马㟆遗址群采集白衣红陶棍状陶具
（马㟆采 57 ）

②无白衣红陶

大柏树墩采 03，棍状陶具，大柏树墩遗址采集。泥质红陶，素面，呈短柱状，截面为圆形，实心，一侧有一条凹槽（图一八）。

凉帽蓬墩采 9，棍状陶具，凉帽蓬墩遗址采集。泥质红陶，素面，整体呈短圆柱状，截面为圆形，实心。残高 7.2、厚度 4.7、宽度 5.2 厘米（图一九）。

马㟆采 59，棍状陶具，马㟆遗址采集。泥质红陶，圆柱状。残高 6.8、宽 2.3、厚 1.5 厘米（图二○）。

马㟆采 60，棍状陶具，马㟆遗址采集。泥质红陶，圆柱状。残高 7.3、宽 2.6、厚 1.9 厘米（图二一）。

图一八　马岙遗址群采集泥质红陶棍状陶具（大柏树墩采 03）

图一九　马岙遗址群采集泥质红陶棍状陶具（凉帽蓬墩采 9）

图二○　马岙遗址群采集泥质红陶棍状陶具　　　图二一　马岙遗址群采集泥质红陶棍状陶具
　　　　（马岙采 59）　　　　　　　　　　　　　　　　（马岙采 60）

（2）夹砂红陶

大柏树墩采 09，棍状陶具，大柏树墩遗址采集。夹砂红陶，整体呈圆柱形，截面为圆形，两端皆残。残高 7.8、宽 2.7 厘米（图二二）。

图二二　马吞遗址群采集夹砂红陶棍状陶具（大柏树墩采 09）

马吞采 18，棍状陶具，马吞遗址采集。夹砂红陶，素面，整体呈圆柱形，截面为圆形。长 5.4、宽 3.4、厚 3.4 厘米（图二三）。

马吞采 19，棍状陶具，马吞遗址采集。夹砂红陶，整体呈圆柱形，截面为圆形，实心。残长 5.7、宽 2.3、厚 2.3 厘米（图二四）。

图二三　马吞遗址群采集夹砂红陶棍状陶具　　图二四　马吞遗址群采集夹砂红陶棍状陶具
　　　　　　（马吞采 18）　　　　　　　　　　　　　　　（马吞采 19）

马吞采 45，棍状陶具，马吞遗址采集。夹砂红陶，素面，呈圆柱状，表面粗糙，质地疏松。残高 9.5、宽 1.7、厚 6 厘米（图二五）。

马吞采 50，棍状陶具，马吞遗址采集。夹砂红陶，圆柱状，两端皆残。残长 7.6、宽 5.6、高 3.2 厘米（图二六）。

马吞采 51，棍状陶具，马吞遗址采集。夹砂红陶，圆柱状，两端皆残。残长 9.3、宽 4.8、高 3.5 厘米（图二七）。

青蓝墩采 05，棍状陶具，青蓝墩遗址采集。夹砂红陶，整体呈圆柱形，截面为圆形，夹杂大量砂粒。底径 3.6、残高 9.7 厘米（图二八）。

图二五　马岙遗址群采集夹砂红陶棍状陶具（马岙采 45）

图二六　马岙遗址群采集夹砂红陶棍状陶具（马岙采 50）

图二七　马岙遗址群采集夹砂红陶棍状陶具（马岙采 51）

图二八　马岙遗址群采集夹砂红陶棍状陶具（青蓝墩采 05）

桑子墩采01，棍状陶具，桑子墩遗址采集。夹砂红陶，整体呈圆柱状，截面为圆形，制作随意，素面（图二九）。

图二九　马岙遗址群采集夹砂红陶棍状陶具（桑子墩采01）

洋坦墩采01，棍状陶具，洋坦墩遗址采集。夹砂红陶，素面，整体呈圆柱形，截面为圆形，夹杂大量砂粒。残高6、直径2.5厘米（图三〇）。

图三〇　马岙遗址群采集夹砂红陶棍状陶具（洋坦墩采01）

（3）夹草拌泥红陶

马岙采41，棍状陶具，马岙遗址采集。红陶夹杂草拌泥，整体呈圆柱形，截面为圆形。残长14.2、宽6.2、厚5.1厘米（图三一）。

图三一　马岙遗址群采集夹草拌泥棍状陶具（马岙采41）

马岙采 42，棍状陶具，马岙遗址采集。红陶夹杂草拌泥，整体呈圆柱形，截面为圆形，一面为平面。残长 14.3、宽 5.3、厚 5 厘米。

高家墩采 02，棍状陶具，高家墩遗址采集。红陶，可见夹杂稻草或草拌泥，整体呈圆柱形，截面为圆形。长 15.4、宽 6.2、厚 5.5 厘米（图三二）。

图三二　马岙遗址群采集夹草拌泥棍状陶具（高家墩采 02）

4. 支座状陶具

马岙遗址群所见支座状陶具也为柱状，截面多为圆角方形或半圆形，一般体型较大，并带有一定弧度，多为泥质，制作相对较为精细。

马岙采 48，支座状陶具，马岙遗址采集。泥质红陶，素面，柱状，剖面为一侧平面的圆角方形，制作较为规整。残长 14、宽 5.8、高 5.2 厘米（图三三）。

图三三　马岙遗址群采集泥质支座状陶具（马岙采 48）

图三四　马岙遗址群采集泥质支座状陶具（马岙采43）

马岙采43，支座状陶具，马岙遗址采集。泥质红陶，表面有层层剥落痕迹，素面，柱状，剖面为一侧平面的圆角方形，有一定弧度。残长16.5、宽6、厚6厘米（图三四）。

马岙采44，支座状陶具，马岙遗址采集。泥质红陶，表面有层层剥落痕迹，整体呈圆柱形，截面为圆形，一面为平面，有一定弧度。残长19.6、宽5.8、厚5.8厘米（图三五）。

图三五　马岙遗址群采集泥质支座状陶具（马岙采44）

马岙采46，支座状陶具，马岙遗址采集。泥质红陶，表面有剥落痕迹，有一定弧度。残长24.8、宽5.4、厚5.6厘米（图三六）。

图三六　马岙遗址群采集泥质支座状陶具（马岙采46）

马岙采 47，支座状陶具，马岙遗址采集。泥质红陶，呈长条圆柱状，截面近圆形，有一定弧度。残长 22.3、宽 5.3、高 6.5 厘米（图三七）。

图三七　马岙遗址群采集泥质支座状陶具（马岙采 47）

马岙采 61，支座状陶具，马岙遗址采集。泥质，圆柱状，剥落痕迹严重。残高 20.8、宽 8.3、厚 9.3 厘米（图三八）。

图三八　马岙遗址群采集泥质支座状陶具（马岙采 61）

5. 其他

长墩采 01，长墩遗址采集。疑似篾盘红烧土块，边缘为圆形，内含大量草根。残高 12.6、宽 6.5 厘米（图三九）。

图三九　马岙遗址群采集疑似篾盘的烧土块（长墩采 01）

图四〇 马岙遗址群采集疑似箅盘的烧土块
（凉帽蓬墩采 05）

凉帽蓬墩采 05，凉帽蓬墩遗址采集。疑似箅盘残存。夹蚌壳烧土块，残块，较平整，夹杂大量蚌壳残片。残长 9.5、残宽 9.3、厚度 2.8 厘米（图四〇）。

马岙采 40，马岙遗址采集。红烧土块，中部有一凹槽，反面底部内凹，红陶，表面有草拌泥痕迹。残长 10.2、宽 10、高 6、厚 5 厘米（图四一）。

图四一 马岙遗址群采集凹槽烧土块（马岙采 40）

马岙采 52，马岙遗址采集，红烧土块。泥质，表面有逐层剥落痕迹，内部有夹杂草秆痕迹。残高 5.3、长 10.1、宽 5.3 厘米（图四二）。

图四二 马岙遗址群采集烧土块（马岙采 52）

马岙采 55，马岙遗址采集。块状红烧土一角，泥质红陶，表面粗糙，内部有稻壳痕迹。残高 13.5、宽 9、厚 7.5 厘米（图四三）。

图四三　马岙遗址群采集烧土块（马岙采 55）

三、初步认识

1. 遗址性质与环境变迁

马岙遗址群所在位置曾是古代海滨地带，现在的马岙平原是随着海洋动力沉积和人工活动，不断淤积而成。钻芯数据显示，距今 7000 年前，马岙平原大部分为古基岩海湾①。根据文献记载，明崇祯年间，马岙平原中部的乌龟山东西两侧围筑有龟西塘和龟东塘，康熙二十八年（1689 年），乌龟山北约 1300 米处围筑有万安塘②，今天的海岸线为 1975 年围筑的胜利塘。距今 5000 年左右，三胜村经马岙遗址群至狮子山一线所在位置应为山前平原的古海滨地带，所以马岙遗址群的先民在此煮盐是可信的。

马岙遗址群的煮盐可能追溯到新石器时代晚期，东周时期已经出现规模化和专门化作业。该遗址群采集的煮盐工具，特别是柱状陶具，数量较多，器型也较为丰富，根据刘团徽对浙江省盐业考古的研究③，这些煮盐工具应存在一定的早晚关系，结合采集和发掘出土的陶器及石制工具，马岙遗址群的盐业遗存年代早期可能与大榭遗址二期时代相近。向盘墩遗址发现了布局规整的四个煮盐盐灶，这应该与煮盐作业的规模化和专门化有关。

2. 煮盐工具与煮盐传统

马岙遗址群发现数量众多、类型丰富的柱状红陶器，十分有特点。结合浙江宁波的大榭、温州洞头县九亩丘、玉环前塘垟、广东珠海淇澳岛东澳湾以及香港龙鼓滩等盐业

---

① 李伯根：《舟山岛马岙岸段海岸演变与水下岸坡冲淤动态》，《海洋学报》（总 29 卷第 6 期）2007 年 11 月，第 64～73 页。

② （清）史致驯、黄以周等编纂，柳和勇、詹亚圆点校：《定海厅志》，上海古籍出版社，2011 年，第 433 页。

③ 刘团徽：《浙江盐业考古初探》，《东方博物》（第七十五辑）2020 年第 2 期，第 28～37 页。

遗址的考古发掘和研究，应该与煮海盐的盐灶有关。目前该类遗物仅发现于我国东南沿海，而在盐业考古开展较早、考古发掘和研究工作相对成熟的渤海湾沿岸区域，例如山东寿光双王城、山东东营南河崖[①]、河北黄骅大左庄[②]、吉林尹家窝堡[③]等盐业遗址，年代从商周至宋元，皆未发现该类遗存。由此可见，我国沿海的煮盐技术南方与北方存在不同的体系。当然，目前盐业考古资料相对较少，进一步的探讨和研究，需要未来更多的考古发掘工作支撑。

四、结　语

长期以来，马岙遗址群的研究主要集中于稻作农业方面，马岙遗址群盐业遗存的发现与辨识，使我们对马岙遗址有了新的、更加全面的认识，同时也填补了舟山盐业考古的空白。

舟山群岛地处东海之中，制盐历史悠久。早在唐宝应至永泰年间（762～766年）盐铁使刘晏在舟山设富都监，管理舟山海盐生产[④]。有宋一代，盐场林立，设有正监、东江、岱山、高南亭、芦花等盐场正场以及晓峰、东江和桃花等盐场子场。清嘉庆年间（1796～1820年）舟山岱山盐民王金邦首创板晒，并推广各地，至民国初，发展成为两浙盐区一种新的主要结晶方式[⑤]。马岙遗址群盐业遗存年代跨度长、类型丰富，为舟山乃至我国东南沿海盐业史、早期海洋经济等研究领域提供了新的材料。

---

① 山东大学考古系、山东省文物考古研究所、东营市历史博物馆：《山东东营市南河崖西周煮盐遗址》，《考古》2010年第3期，第37～49页。

② 河北省文物考古研究院、山东大学历史文化学院、黄骅市博物馆：《河北黄骅市大左庄隋唐时期制盐遗址发掘简报》，《考古》2021年第2期，第51～67页。

③ 吉林大学边疆考古研究中心、吉林省文物考古研究所：《吉林大安市尹家窝堡遗址发掘简报》，《考古》2017年第8期，第59～69页。

④ 宁波地方志编纂委员会整理：《宋元四明六志·大德昌国州图志》卷五，宁波出版社，2011年，第129页。

⑤ 朱去非主编：《舟山盐业志》，中国旅游出版社，1993年，第37、66页。

浙江盐业考古初探

刘团徽

（温州市文物考古研究所）

　　食盐乃"国之大宝"，它不仅是人类日常生活的必需品，更是极为重要的战略资源。中国古代政府历来重视盐业发展，设立繁杂的律法制度和专门的管理机构，严格掌控产、运、销等环节，并严厉打击私盐贩售。古今有关盐业的文献记载可谓卷帙浩繁，但囿于资料局限，以往的盐业研究多以历代盐法、盐政、盐业史和盐业地理等为主题和方向而展开。21世纪以来，随着各地考古工作的不断深入，四川盆地井盐、渤海南岸海盐和岭南粤港地区海盐的考古发现和研究都取得了重要进展，对古代盐业生产的认识迈入新的阶段。

　　浙江自古富渔盐之饶，盐业生产历史悠久。史料记载，春秋时期浙江地区盐业生产已经开始。《越绝书》卷八"朱馀者，越盐官也，越人谓盐曰馀"，是浙江海盐生产的最早文献记载。汉初，吴王刘濞"招致天下亡命者盗铸钱，煮海水为盐，以故无赋，国用富饶"[①]。唐代"盐铁重务，根本在于江淮"[②]，宋室南迁以后，"东南盐利，视天下为最厚"[③]，"二浙产盐尤盛他路"[④]，江淮、两浙地区逐渐成为我国主要海盐产区。据统计，包括裁废、兼并者在内，两浙已知盐场多达56个，大多为南宋时期出现，盐产区遍布东部沿海，基本奠定了浙江盐业格局[⑤]。元代以后浙西盐场衰退，两浙盐业生产重心由浙西转向浙东[⑥]。

　　近年来，随着温州洞头九亩丘、台州玉环前塘垟和宁波大榭三处盐业遗址的考古新发现，浙江地区的盐业考古也有了可喜的突破性进展。三处遗址保存状况并不十分理想，但各类遗存都非常具有代表性，这也为盐业考古的研究提供了可能。笔者有幸作为主要成员参加了前两个遗址的考古发掘和整理工作，本文拟就浙江地区的盐业遗存分

---

① （汉）司马迁：《史记》卷一百六《吴王濞列传》，中华书局，1959年，第2822页。
② （唐）杜牧：《上盐铁裴侍郎书》，《全唐文》卷七百五十一，中华书局，1983年，第7784页。
③ （元）脱脱等：《宋史》卷一百八十二《食货下四》，中华书局，1977年，第4438页。
④ （宋）方勺：《泊宅编》卷三，《唐宋史料笔记丛刊》，中华书局，1983年，第14页。
⑤ 吉成名：《中国古代食盐产地分布和变迁研究》，中国书籍出版社，2013年，第148页。
⑥ 周洪福：《两浙古代盐场分布和变迁述略》，《中国盐业》2018年第4期。

期、制盐灶具变化和工艺流程演进等方面进行初步的梳理和探讨，以期对盐业考古研究有所裨益。

一、盐业遗存分期

就目前发现而言，浙江盐业遗存大致可以分为五个阶段：

（一）史 前 时 期

目前浙江地区同时也是国内发现最早的海盐生产遗存当属宁波大榭遗址的二期遗存（图一），属于新石器时代末期的钱山漾文化，^{14}C 测年数据在公元前 2400～前 2100 年。发现盐灶 27 座、疑似卤水坑的灰坑 5 个和尖底缸、陶盆、支座等制盐废弃物堆积 18 处。盐灶位于一个垫土增筑的台上，为半地穴式，仅余灶底，相互之间多有叠压关系，成群分布在三片区域。发掘者根据地层堆积和包含物，将其分为早、中、晚三个发展阶段。早段盐灶均为椭圆形单体灶，两个一组，每灶可放 1 件夹砂陶尖底缸；中段盐灶体积增大，结构更合理，成行排列，每灶可放 7 件夹植物碎屑的陶盆，底部和边缘使用陶支座和石块支撑；晚段盐灶规模更大，为四眼大灶，灶眼两大两小，与之配套的还有两个一组的单眼小灶和临时盐灶，这个阶段使用夹植物碎屑并羼和少量贝壳碎屑的陶盆煮盐[1]。

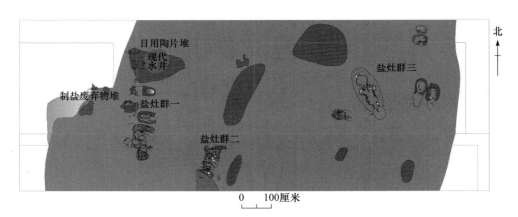

图一　大榭遗址二期制盐区遗迹分布图

盐灶集群分布，相互叠压，表明该盐场沿用时间久，制盐为集群作业，盐业生产应该已经分化出来，成为专门的手工业门类，这对于史前社会复杂化进程的研究有着重要

---

① 雷少、梅术文：《我国古代海盐业的最早实证——宁波大榭遗址考古发掘取得重要收获》，《中国文物报》2017 年 12 月 29 日第 8 版。雷少、梅术文、王结华：《海岛之光——浙江宁波大榭遗址的考古发现》，《大众考古》2019 年第 6 期。

意义。卤水坑和制卤工艺若能经科技检测证实，对于以往煮海为盐的认识将具有突破性意义。大榭二期盐业遗存的发现，将浙江盐业生产的历史向前推进到新石器时代晚期。

（二）商 周 时 期

大榭遗址还发现有多处商周时期的盐业遗存，遗物主要为少量的小型陶支座。同类遗存在玉环前塘垟遗址下层也发现有 8 件（图二）[①]。根据类型学观察比较，支座形制、规格等颇为相似，其用途和采用的制盐工艺应基本一致。支座整体呈圆柱状，捏制而成，高度不足 10 厘米，一端稍细，端面略平，另一端较粗，断面呈浅"U"形内凹。这表明此类支脚应与圆柱状横梁结构配套使用，共同形成炉架。我们推测，这一时期的盐灶和锅具等的体量不大，单次成盐量应比较有限。遗憾的是，两处遗址均未发现同期的灶、坑类制盐遗迹，玉环前塘垟遗址下层也未发现其他可供断代的器物标本。

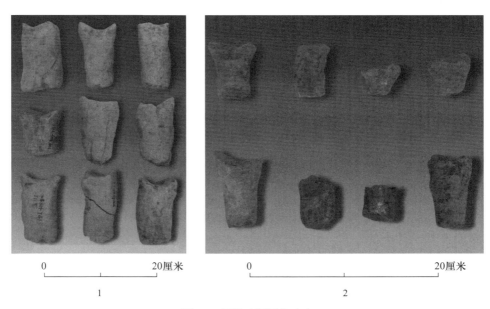

图二 商周时期制盐遗存
1. 大榭遗址商周时期 2. 玉环前塘垟遗址下层

（三）北宋至南宋早期

这一时段的考古遗存主要为玉环前塘垟遗址上层的盐业作坊（图三）。主要发现长方形地穴式盐灶 2 座，方形连排蒸发沉淀池 7 个，引水沟 1 条，泥料坑 1 个，方形石砌盐卤池 1 座，圆形灰坑 2 个，坑内发现有部分贝壳碎屑。盐业作坊沿古海塘呈东西向带

[①] 温州市文物保护考古所、玉环市文广新局等：《浙江省玉环市前塘垟盐业遗址发掘简报》，待刊。

图三　玉环前塘垟盐业遗址航拍图

状分布，遗迹密度大，集群程度高，分布有规律，应当经过统一规划，近海制卤，聚团公煎。盐场总体布局分明，以盐业作坊为中心，大致呈现出"北海—西河—南荡—东居—中作坊"的分布规律。与之共出的，还有大量的圆柱状陶支座以及少量三角形陶支臂、灶算类板状烧土块、靴形陶支座等制盐遗存。

统一的遗迹形制和紧凑的整体布局，表明该遗址属于宋代官方盐场。结合史料记载，我们推测此为天富北监下辖密鬻场的一处较为完整而独立的制盐作坊。

（四）南 宋 时 期

代表遗存为温州洞头九亩丘遗址下层盐场[①]（图四）。发现椭圆形地穴式盐灶 3 座，灶口直径 1.45～2.25 米，灶深 0.3～0.54 米；圆形圜底泥料坑 1 座；人工摊灰场 1 处，探明面积超过 100 平方米，灰层厚 0.2～0.45 米；山岙内周边发现有配套的引水渠和蓄水池。盐灶内及周边还发现有较多圆柱状、圆饼状的陶支垫具。南宋时期，温州有天富北监、长林、永嘉、双穗和天富南监五大官营盐场。九亩丘盐场孤悬海外，不在五大盐场之列，发现的盐灶体量小，营建工艺简单，整体布局分散，应系盐户自营的民间私煎盐场。据调查，陶支座在洞头岛多地均有发现，说明零散盐场颇多，也反映了这一时期私盐制贩之盛。

---

① 北京大学、温州市文物保护考古所：《浙江洞头九亩丘制盐遗址的最新收获》，《中国文物报》2014 年 3 月 28 日第 8 版。温州市文物保护考古所、洞头县文物保护所：《浙江省洞头县九亩丘盐业遗址发掘简报》，《南方文物》2015 年第 1 期。

图四 洞头九亩丘盐业遗址航拍图

1. 早期盐灶 2. 早期盐卤坑 3. 早期摊灰场 4. 晚期盐灶 5. 晚期盐卤坑
6. 晚期泥料坑 7. 晚期盐卤坑 8. 晚期工棚 9. 晚期房址 10. 瓦砾堆积

（五）元　代

代表遗存为洞头九亩丘遗址的上层遗存（图四）。遗迹分布于岙口面向海湾的沙堤之上，发现大型椭圆形石砌盐灶 1 座。据村民反映，沙堤上原有另外 2 座同类的石砌大灶，沿沙堤一字排列，发掘时已被毁，仅个别位置见到少量石块。盐灶分内外灶室，外为环形火道，中有火门联通，据测算，盐灶长径可达 10 米，短径约 6 米，体量巨硕；椭圆形淋卤坑 3 个，直径逾 4 米，坑壁涂抹 2 层厚约 0.1 米的防渗层，坑内堆满草木灰；椭圆形泥料坑 4 个。盐灶、淋卤坑等遗迹中还出土有较多圆柱状及方柱状陶支脚、圆饼状垫具、板块状及马鞍形曲面的烧土块，部分标本中贯篾孔。遗址东部还发现有同期共存的简易石砌房址和连片瓦砾堆积，房址内部也发现数个圆形浅圜底灰坑和成片成堆的贝壳堆积，应是供盐工休憩及成盐存放的工棚类临时场所。

盐灶体量、营建方式及支座等附属构件与早期遗存迥然不同，表明此时的盐场性质和生产组织形式已经发生显著变化，转为聚团作业的官营或官督民制盐场。

二、制盐灶具变化

古代煎煮法制盐的革新重点在于盐灶和煎煮容器的变化，考古发掘出土的陶支座、垫具、支臂、算盘等各类结构性附件正是煎煮成盐技术演进的佐证。

大榭遗址二期的盐灶均为半地穴式盐灶（图五），营建工艺比较一致。早晚段之间，盐灶结构由单体灶演变为多眼联体灶，容器增多，体量增大，可以更加充分利用灶室和

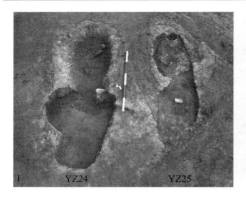

图五　大榭遗址二期盐灶及制盐陶器
1. 盐灶 YZ24、YZ25　2. 盐灶 YZ1、YZ22　3. 陶盆　4. 陶缸　5. 支座

烟道的热量；制盐容器由单件尖底缸演变为多件广口陶盆，熬煮制盐，下垫支座或石块，受火面积和蒸发面积增大，可见盐工对水分蒸发、盐分析出已经有更深的经验性认识，制盐效率进一步提升。

　　从世界范围内看，人类早期的制盐灶具存在较多相似性和普遍性。相比于德国施瓦比哈尔地区公元前 6 世纪至公元前 3 世纪存在的"容器—支座"的两种组合形式（图六）①，以及巴盐先生对英国埃塞克斯红丘遗址发现的前罗马铁器时代晚期到罗马时代早期公元前 100 年至公元 100 年的炉灶复原（图七）②，大榭遗址二期制盐遗存已经比较先进，封闭式盐灶和尖底缸、陶盆的组合明显更有利于减少热量散失。同样，四川中

① 〔德〕马丁·赫斯：《德国西南部的史前盐业生产》，《中国盐业考古》（第二集），科学出版社，2010 年。
② 〔美〕巴盐：《中坝遗址与南英格兰埃塞克斯红丘出土制盐陶器的比较》，《中国盐业考古》（第二集），科学出版社，2010 年。

坝新石器时代晚期的制盐陶器也是使用一种夹砂陶花边口厚唇尖底缸进行熬煮[1]；广东珠海东澳湾遗址发现的夏商时期的两处圆形灶颇为相似，周围也散布着较多夹砂陶釜和陶支座[2]；渤海南岸鲁北地区商周时期盐业生产中则普遍使用粗糙厚重的尖底或圜底的深腹盔形器[3]。

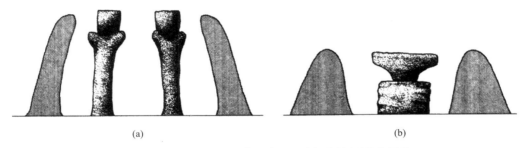

(a)　　　　　　　　　　　　　　　　(b)

图六　马丁·赫斯所绘德国施瓦比哈尔盐灶复原示意图

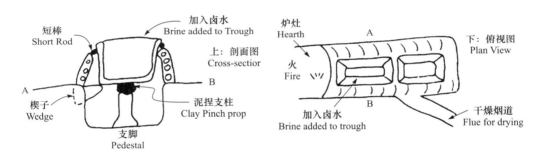

图七　巴盐先生所绘英国埃塞克斯红丘炉灶复原示意图

　　玉环前塘垟遗址上层发现的 2 座盐灶（图八～图一〇），均为长方形半地穴式灶，灶室内部存在上下分层结构，上部火膛空间较大，下部为落灰区。灶底解剖表明，盐灶曾多次维修，沿用时间较长。因残缺严重，未发现灶门，推测应朝向西北侧，同侧上部可能开有多个投柴孔。出土的各类陶支座、支臂、箅盘等均为灶内结构件，并未发现类似篦盘的遗存，推测可能使用铁盘煎盐。宋代铁盘是由官方铸造提供，并作为课税的依据。作为贵重难得的生产资料，铁盘或已回收重铸，或已在盐民逐海迁徙时被携带至新的作坊。山东寿光双王城遗址也发现有宋元时期的长方形盐灶，并在灶室内发现铁盘残片，煎盐锅具可能为长方形铁盘[4]。

---

① 四川省文物考古研究所等：《忠县中坝遗址发掘报告》，《重庆库区考古报告集·1997 年卷》，科学出版社，2001 年。
② 广东省博物馆、珠海市博物馆：《广东珠海市淇澳岛东澳湾遗址发掘简报》，《考古》1990 年第 9 期；李岩：《试析东澳湾遗存》，《考古》1990 年第 9 期。
③ 方辉：《商周时期鲁北地区海盐业的考古学研究》，《考古》2004 年第 4 期。
④ 山东省文物考古研究所等：《山东寿光市双王城盐业遗址 2008 年的发掘》，《考古》2010 年第 3 期。

图八　玉环前塘垟遗址上层盐灶

图九　玉环前塘垟遗址出土灶算类板状烧土块及靴形支座

图一〇　玉环前塘垟上层盐灶结构臆想示意图

　　洞头九亩丘遗址下层所发现的 3 座南宋盐灶（图一一），均为椭圆形半地穴式灶，灶坑低浅，灶门位于西北向低位。据测算，单灶的灶口面积均逾 2 平方米，所用篾盘当更大。浙江属亚热带季风气候，四季分明，夏半年盛行偏南风，光照强，蒸发快，卤水易成，是古代盐民煎煮海盐的旺季。而此盐场采用半地穴式封闭盐灶，并将灶门置于西北向，不同于一般炉灶类"火借风势、风助火威"的布局设置。盐灶的营建方式和布局设置有其特殊性和规律性，应与当地使用篾盘煎盐工艺是相适应的，便于控制灶温。火势过猛，则篾盘易焦灼焚毁，所煎海盐也会变得色黄味苦。相对体量不大的盐灶和篾盘，也便于单一亭户独立进行生产作业。

洞头九亩丘遗址上层发现的元代石砌
盐灶（图一二），是浙江发现的首座地上垒
砌的盐灶，形制与《熬波图》砌柱承盘之
图相仿，灶内有环形石墙支撑，灶室与火
道间有火门相通，石砌灶壁外围有沙堆围
护以保温，后置排烟道。从灶内出土的各
类陶支座和中贯篾孔的烧土块来看，仍是
使用篾盘煎盐。盐灶体量巨大，绝非一家
一户所能经营。盐灶形制的演进，主要在
于生产组织和运营形式的变革，此时的盐
场可能已成为官营或官督民制盐场。大型
石砌盐灶的出现，可能也存在抱团生产抵

图一一　洞头九亩丘遗址下层盐灶

御自然灾害的诉求，从早晚期遗迹中间隔着厚厚的匀净海沙层来看，下层盐场的废弃，
极有可能是南宋时期风暴潮大海溢的结果。

图一二　洞头九亩丘遗址上层盐灶

　　史料记载，铁质牢盆作为煎煮制盐器具自汉代就已开始。铁质牢盆一般为官方铸造
提供，"'因官器作鬻盐，官与牢盆'。如淳曰：今煎盐之器谓之盘，以铁为之，广袤数
丈，意盆之遗制也"①。从成都蒲江县高河场发现的实物来看，汉代牢盆仍是深腹大盆。
而如淳为三国时期曹魏人，其注所言名曰"盘"且"广袤数丈"，形制尺寸与汉代牢盆
相去甚远，反与《熬波图》第三十六所绘之铁盘形制相似。本文认为，三国时期北方沿

---

① 《汉书》卷二十四下《食货志》，中华书局，1962年，第1162～1165页。

海地区制盐器具已由深腹牢盆演变为平底或浅圜底的浅阔盐盘。江苏沿海曾发现过各类圆形（分为整块和组合式）、矩形的宋代盘铁实物[①]。目前浙江地区尚无此类发现。不过，据研究，文献中"煮盐"和"煎盐"之称以唐代为界，唐代开始"煎盐"增多并逐渐替代"煮盐"之称[②]，这也为多个深腹容器煮盐向单个大型浅阔盐盘煎盐转变的研究提供了重要的参考。

伴随制盐器具的演进，盐灶体量也在变大，灶门增多，盐盘受火、蒸发面积扩至与灶口相当，操作面宽阔开放，潦洒卤水可迅速成盐，制盐效率明显提升。

宋元时期，浙江已普遍使用大型盐盘煎盐，但各地盐场所用煎盐盘也不尽相同，大致可分为浙西铁盘和浙东篾盘两种。"盐官、汤村用铁盘……杨村及钱清场织竹为盘，涂以石灰……石堰以东，虽用竹盘，而盐色尤白，以近海水咸故尔。"[③]《熬波图》亦称"浙东以竹编，浙西以铁铸，或篾或铁，各随其宜"[④]。宋代铁盘亦由官制，"今盐场所用皆元丰间所为，制作甚精，非官不能办"[⑤]。煎盐盘有明显的地域差异，一则源于官方对铁盘供应的控制，沿海场灶数量众多，每灶一盘，每盘动辄数千斤，铁耗巨甚，私煎盐场断然无法使用，官方盐场也难以全数供给；二来由于各地海水含盐度和制卤工艺不同，盐工在日常生产中就地取材，因地制宜地探索出篾盘制作使用的一套成熟工艺，效率比之铁盘虽有不及，但胜在制造简便、耗费低廉，能保证基本盐产，当然所产盐品质量也因之不同。篾盘易裂，内外"涂以蜃灰，火热不焦"[⑥]，控制火势以延长盐盘寿命，也有利于提升盐品成色。

篾盘（竹盘）曾广泛流行于东南沿海地区。东晋时期广南地区已有使用篾盘的记载，《南越志》所谓织篾为鼎，和以牡蛎是也"[⑦]，"东官郡煮盐，织竹为釜，以牡蛎屑泥之，烧用七夕一易"[⑧]。唐代"野盐"煎制仍在使用，"广南煮海……用竹盘煎之，顷刻而就。竹盘者，以篾细织竹镬，表里以牡蛎灰泥之。自收海水煎盐，谓之野煎"[⑨]。20世纪以来，香港沿海沙堤调查发掘了百余座南朝至唐代的煮盐炉灶，还有少量或为制卤

① 南通博物馆：《南通发现古代煎盐工具——盘铁》，《文物》1977年第1期；盐城市海盐文化研究会、连云港博物馆：《江苏沿海古代煮盐工具初探》，《汉唐社会经济与海盐文化学术研讨会论文集》，盐城市海盐文化研究会，2008年。

② 王月婷：《"煮盐""煎盐"考辨》，《西南交通大学学报（社会科学版）》2007年第8卷第4期。

③ （宋）方勺：《泊宅编》卷三，《唐宋史料笔记丛刊》，中华书局，1983年，第14页。

④ （元）陈椿：《熬波图》卷下，《四库全书》本。

⑤ （宋）徐度：《却扫编》卷中，《四库全书》本。

⑥ （明）姜准：《岐海琐谈》，《温州文献丛书》，上海社会科学院出版社，2002年，第190页。

⑦ （宋）唐慎微：《重修政和经史证类备用本草》卷四《玉石部中品·食盐》，人民卫生出版社，1982年，第104页。

⑧ （宋）李昉等：《太平御览》卷七百五十七《器物部二》引（晋）裴渊《广州记》。

⑨ （宋）李昉等：《太平御览》卷八百六十五《饮食部二十三》引（唐）刘恂《岭表录异》。

池的三合土沟槽及大量陶支座，李浪林先生根据灶口和放射式烟道的布局，对当时的煎盐篾盘（即图中牢盆）进行了复原（图一三）[①]。

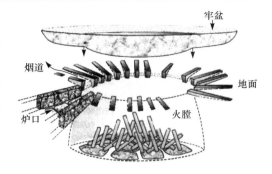

图一三　李浪林先生所绘深湾村遗址 11 号炉灶复原图

文献中有关浙江地区使用篾盘煎盐的记载最早可追溯至两宋之际，而隋唐北宋时期的盐盘形制尚无明确记载。《泊宅编》记载了元丰初年至南宋时期"织竹为盘"的工艺；《嘉泰会稽志》详述当地竹盘形制，"编竹为盘，中为百耳，以篾悬之，涂以石灰，才足受卤。燃烈焰中，卤不漏而盘不焦灼，一盘可煎二十过"；《却扫编》卷中亦称"有编竹为之而泥其中者，烈火然其下而不焚"。洞头九亩丘盐业遗址出土的部分中贯篾孔的板块状烧土块（图一四）应当就是篾盘的残件，但篾盘制作工艺的由来尚无法确知。基于广南地区东晋以来数百年间早已成熟的篾盘煎盐技术和当时的交通条件，东南沿海应该存在煎盐技术的交流传播。这对于制盐技术的推广和东南盐产规模的迅速扩大都有重要意义。当然技术传播的具体路线还有待于进一步的考古发现和研究。

图一四　洞头九亩丘遗址上层篾盘类烧土块

前述各期制盐遗存中均出有大量陶支座类器物。早期者多呈圆柱状，器体较小；宋代形体变大，最长者达 30 厘米（图一五、图一六）；元代出现方柱状、鼎足状或圆饼状（图一七），系捏制而成，常见手指捏塑痕迹，部分尚存指纹，形状、大小无定制，制作较为随意，烧成温度不高。此类器物在灶、坑及地层中均有发现，横躺竖卧错杂一处，当属废弃堆积。本文认为，此类器物应属于盐灶和煎煮容器之间的结构性附件，主要用

① 李浪林：《香港沿海沙堤与煮盐炉遗存的发现和研究》，《燕京学报》新二十四期，北京大学出版社，2008 年；李浪林：《香港沿海煮盐炉遗址的发现及其意义》，《中国文物报》2008 年 7 月 25 日第 7 版。

图一五　玉环前塘垟遗址上层出土陶支座

图一六　洞头九亩丘遗址下层陶支座

于灶内，部分三角形支臂可能用于灶口，起支撑加固作用，可称为陶支垫具。支垫具部分器身两端有承压形成的褶皱，个别支座和垫饼有上下叠压粘连现象，使用时应是素坯入灶，支座与盐盘的结合部常见圆形痕迹。篾盘强度不高，受火易损，每盘各异，支垫具也随形就势而各有高低。旧盘毁弃，同批支垫具多数不再适用新盘，便会产生大量废弃堆积。

图一七　洞头九亩丘遗址上层出土陶支座及垫饼

　　从世界范围来看，德国施瓦比哈尔[①]、越南圩于厨[②]等遗址均见有此类红烧土棒，多为三尖锥状陶支座，与浙江早期制盐工艺有相通之处，但也存在较大差异。英国埃塞克斯红丘遗址出土的支座、陶火棍和煮盐盘则与浙江宋元时期盐业遗存具有较大相似性（图一八）。巴盐先生所绘赤夏县罗马时代的制盐过程复原图（图一九）具有很大的启发

1　　　　　　　　　　　　　　　　2

图一八　三角形陶支臂
1. 英国埃塞克斯红丘遗址出土　2. 玉环前塘垟遗址上层出土

---

① 〔德〕马丁·赫斯：《德国西南部的史前盐业生产》，《中国盐业考古》（第二集），科学出版社，
　　2010年。
② 〔德〕安德列斯·芮内克：《越南盐业生产的早期证据：考古发现、历史记录和传统方法》，《中国
　　盐业考古》（第二集），科学出版社，2010年。

意义^①。国内香港地区龙骨滩、深湾村及二浪等遗址中也出土有大量此类陶支具。李浪林先生认为，长达 0.6 米的长条状烧土棒可能用于搭建栅格支架，圆形"陶棍"则是用来黏结栅格支架，或起连接作用，具体方式尚难以准确复原（图二○）^②。以上都是对阐释烧土棒功能颇为有益的探索，此类遗存也成为辨识古代煎煮海盐遗址的一个特征物。

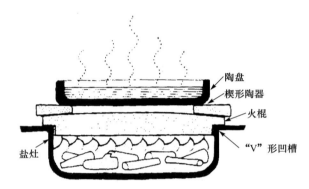

图一九　巴盐先生所绘赤夏县罗马时代制盐过程复原图

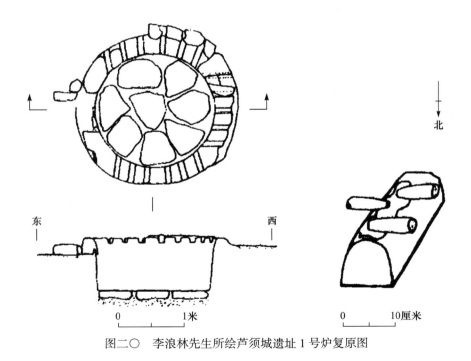

图二○　李浪林先生所绘芦须城遗址 1 号炉复原图

---

① 〔美〕巴盐：《中坝遗址与南英格兰埃塞克斯红丘出土制盐陶器的比较》，《中国盐业考古》（第二集），科学出版社，2010 年。

② 李浪林：《香港龙骨滩煮盐炉及其堆积分析》，《东方考古》（第 12 集），科学出版社，2015 年。

三、工艺流程演进

海盐生产的工艺流程大致经历了煎煮到日晒的过程。煎煮法是浙江古代制取海盐最主要的方式，日晒法制盐在明清以后才开始出现、流行并逐渐完全取代煎煮法，此不赘述。根据器用，煎煮法分为熬煮法和淋煎法两个阶段，代表着盐民对用火和蒸发效率认识的提高。

熬煮法又分煮海和煮卤两种，所煮之物究竟是自然海水还是提纯卤水，具有突破性意义的制卤技术究竟何时出现，卤水制取和灶具改进是同时发生还是前后催动，尚待考古验证。直煮海水成盐是人们对早期制盐的朴素认识，早期文献多有"煮海""煮海水为盐"出现，学界基本认可这一阶段的存在，但仍有争议，田野考古的确证也存在难度。煮卤成盐在鲁北地区商周时期即已出现，而大榭二期制盐遗存的发现也为这一问题提供了重要线索，遗址中发现的5座灰坑是否为蓄卤坑，若能证实，对中国海盐生产技术的认识将具有重要意义。

淋煎法阶段，制卤技术已经成熟。制卤技术的发现和改进是制盐工艺的重大突破，又分刮咸淋卤和摊灰淋卤两种方式。

刮咸淋卤工艺至迟唐代已经出现，并备受推广。刘晏任盐铁使时，"以盐生霖潦则卤薄，旱则土溜圿，乃随时为令，遣吏晓导，倍于劝农"[1]。所谓"咸"分为咸沙和咸泥两种。《岭表录异》记载唐代广南地区已采用刮咸淋卤工艺，"但将人力收聚鹹沙，掘地为坑……潮来投沙，鹹卤淋在坑内"。乐史《太平寰宇记》详细记载了宋代江淮地区成熟的"刺土成盐法"。就浙江而言，刮咸淋卤法在唐代已开始使用，到北宋则已非常普遍，一直沿用至明清时期，并有验卤工艺。时任永嘉盐监官的顾况在《释祀篇》中记载，"龙在甲寅，永嘉大水，损盐田"，盐田（可能为蒸发沉淀池）的存在说明当时浙南永嘉场应已使用盐田制卤；时任明州昌国县晓峰盐场盐监官的北宋著名词人柳永在《鬻海歌》中也记录了刮泥淋卤的工艺；宋《重修政和经史证类备用本草》也辑录了"每潮汐冲沙，卤咸淋于坑中"的刮咸淋卤工艺。玉环前塘垟遗址上层发现的连排卤水坑（图二一），体量大，边壁防渗涂层制作考究，底部淤积有约0.4米厚的海涂泥，表明刮泥淋卤的工艺已十分成熟普遍。

摊灰淋卤工艺在国内出现较早。王青先生认为鲁北地区海盐生产的淋煎法至迟在商代晚期就已产生，寿光大荒北央遗址发现的草木灰层和白色沉淀物硬面就是摊灰淋卤的证据[2]。崔剑锋先生研究认为双王城遗址西周时期开始采用摊灰淋卤法获取高浓度

① （宋）欧阳修、宋祁：《新唐书》卷五十四《食货志》，中华书局，1957年，第1378页。
② 山东大学东方考古研究中心、寿光市博物馆：《山东寿光市大荒北央西周遗址的发掘》，《考古》2005年第12期。山东大学考古系、山东省文物考古研究所、东营市历史博物馆：《山东东营市南河崖西周煮盐遗址》，《考古》2010年第3期。王青：《淋煎法海盐生产技术起源的考古学探索》，《盐业史研究》2007年第1期。

图二一　玉环前塘垟遗址上层卤水坑和蓄卤池

1. 成排卤水坑　2. 单体卤水坑　3. 石砌蓄卤池

卤水[①]。另外，东营市广北农场一分场一队东南遗址也发现了魏晋、北朝时期的储卤坑（沟）、刮卤摊场等遗迹[②]。浙江地区到南宋时期才开始采用摊灰淋卤法制卤，并一直沿用至明清时期。《泊宅编》载浙西盐官盐场"盐色或少黑，由晒灰故也"；《熬波图》描绘了下砂场摊灰淋卤的工艺技术和生产场景。洞头九亩丘遗址中部沙堤下发现的摊灰场面积大、灰层厚，淋卤坑体量大，坑壁涂抹厚厚的防渗层，制作精细，坑内堆满草木灰，表明该盐场在南宋至元代已能熟练使用摊灰淋卤法制取盐卤水（图二二）。

　　《泊宅编》载"自鸣鹤西南及汤村，则刮碱以淋卤……而盐官盐色或少黑，由晒灰故也"，说明两种制卤工艺在宋代各盐场并存共生；《明实录》记载浙西"下砂、青村等场晒灰，余场俱取泥土晒之"，则是明代制卤工艺差异化的延续。刮咸淋卤法并没有因为摊灰淋卤法的产生或引入而消亡，两种工艺在宋元明清时期的浙江长期共存，各场因地制宜，表明制卤效率可能相差不大。同时，成盐质量品相的好坏，不仅与煎烧锅具、火势控制、结晶物有关，制卤工艺和盐卤质量也发挥着重要作用。

---

①　崔剑锋：《山东寿光双王城制盐遗址的科技考古研究》，《南方文物》2011 年第 1 期。

②　王子孟、孙兆锋：《鲁北沿海魏晋、北朝时期制盐业的考古学观察——东营市广北农场一分场一队东南遗址的个案分析》，《东方考古》（第 12 集），科学出版社，2015 年。

图二二 洞头九亩丘遗址下层摊灰场及上层淋卤坑

四、问题及展望

食盐在人类文明形成和文明社会运行中都发挥着不可替代的作用，盐业考古是一项具有普遍意义的世界性课题。据李水城先生介绍，中国盐业考古始于20世纪末期，虽然工作起步较晚，不过短短20余年光景，已有许多重要的考古发现和研究成果，未来前景可期[①]。

作为古代产盐重地，浙江地区拥有丰富的地下盐业遗存，是沿海人民向海而生的重要实证，然而以往考古发掘工作中却少有发现和涉及。究其原因，一是由于食盐具有高度水溶性，田野发掘中一般很难直接发现，在以往工作中没有得到足够重视；二是制盐器具和附属品具有独特性和易损性，制作随意，遗物类别较为单一且数量巨大，濒海分布，可能会被视作建筑废料而未被辨识出来。

浙江盐业考古的工作目前刚刚起步，尚有许多未解之谜，诸多研究有待深入，比如：盐业遗存状况需要系统性地摸底调查；时代序列尚有较多缺环，先秦时期遗存尚未发现或辨识出来；地域分布存在较多空白，东部沿海产盐区大有可为，滨海滩涂并非地下文物净地，远离大海的西部山地在历史时期主要依赖海盐运销，但早期是否存在本地来源也未可知；工艺技术演进存在断层；正式发掘的盐业遗址数量较少，分布零散，工作中限于面积、时间等未能完整揭露，已发掘的遗址保存状况也并不理想，盐灶、坑池等重要遗迹多损毁严重，东南沿海独具特色的篾盘至今仍犹抱琵琶半遮面等，诸如此类，这一切都有待于日后的考古工作去发现和解答。本文暂作初步梳理和粗浅探讨，旨在抛砖引玉。

附记：本文的写作得到了梁岩华、雷少、杨青等的帮助和支持，特此致谢！

① 李水城：《中国盐业考古十年》，《考古学研究（九）——庆祝严文明先生八十寿辰论文集》，文物出版社，2012年；李水城：《中国盐业考古20年》，《中国考古学年鉴2017》，中国社会科学出版社，2018年。

浙北盐场的历史研究

周建初

（海宁市文物保护所）

一、引　言

我国南方沿海是历史上重要的产盐区，主要包括两淮和两浙两大海盐产区，其中两浙区又包括今钱塘江南岸迄东、南的浙东诸盐场，以及钱塘江北岸迄东北至上海、苏南地区的浙西诸盐场。浙西原来是两浙西路的简称，浙北是近代对钱塘江以北、浙江省内区域的说法，历史上的盐场主要位于现在的上城区、钱塘新区、海宁市、海盐县和平湖市境内，各个时代盐场的分合变化和所属辖区略有变化（表一）。

表一　浙北盐场历史沿革简表

	钱塘县	仁和县	海宁县			海盐县		
东吴			南场设6团					
唐			杭州场			嘉兴场		
宋	钱塘场	汤镇场 仁和场 茶槽场	岩门场 蜀山场 许村场 上管场 盐官场 下管场	新兴场　南路场 袁花场　黄湾场	鲍郎场	海盐场	沙腰场	芦沥场
元	钱塘场	仁和场 茶槽场	许村场	南路场 西路场	鲍郎场	海盐场	沙腰场	芦沥场 独山场
明	仁和场		许村场	西路场	鲍郎场	海沙场		平湖设县 辖芦沥场
清	仁和场		许村场	西路场	乾隆五年从 西路场分出 黄湾场	鲍郎场	海沙场	芦沥场

二、盐场历史

据考古资料显示，2017年，宁波市文物考古研究所在钱塘江口岸大榭遗址中发现了目前我国最早的史前时期的海盐业遗存，遗迹主要有盐灶 27 座、灰坑 5 个、陶片堆 2 处、制盐废弃物堆 18 处，其年代在公元前 2400～前 2100 年间[1]，可知杭州湾悠久的制盐历史。

（一）先秦、两汉时期

浙北地区的制盐历史也相当悠久，吴国是周朝的诸侯国，主要活动地区是今天江苏南部、浙江北部以及上海市，据《汉书》卷二八《地理志》记载，秦国灭楚国后，在这里设置了海盐县，隶属于会稽郡。根据县名推测，先秦时期这里已经生产海盐了[2]。《咸淳临安志》记载[3]，吴王刘濞设立了盐官（司盐之官），这是见于文献记载的我国历史上最早设立的盐官地之一。据上推测，秦汉时期钱塘江北岸已经开始生产海盐了，《两浙盐法志》载"芦沥场本隶海盐县，东吴时名南场"[4]，这是所见最早的盐场名称记载。

（二）魏 晋 时 期

《三国志》卷四八《吴书・三嗣主传》曰："（永安七年）秋七月，海贼破海盐，杀司盐校尉骆秀。"晋咸康七年（341 年）马皋城为海盐县治，晋郭璞《盐池赋序》曰："吴郡沿海之滨有盐田，相望皆赤卤。"从以上资料可知，海盐沿江一带盐产丰盛，国家对盐业管理进一步提升，利用军队编制校尉来管理盐业生产，可见盐业的重要性，但未见盐场的具体记载。

（三）隋 唐 时 朝

《两浙盐法志》载："自管夷吾兴其利（盐策）而历代承之，濒海居民遂成恒业，唐干元（758～760 年）时有涟水、湖州、越州、杭州四场。"唐顾况《嘉兴监记》云："淮海闽骆，其监十焉，嘉兴为首。"《两淮盐法・海河场图说》曰："唐置十监，嘉兴其一，领海盐，是设官置场，惟海盐最古。"《太平寰宇记》曰："嘉兴监，本秀州嘉兴县煎盐之所，皇朝升为监。"杭州、嘉兴设置盐监，为产盐的重要地区，唐代嘉兴海盐地区更是海盐主产区[5]。

[1] 雷少：《我国古代海盐业的最早实证——宁波大榭遗址考古发掘取得重要收获》，《中国港口》2017 年第 A2 期，第 86 页。
[2] 吉成名：《论浙江海盐产地变迁》，《中国盐文化》（第 12 辑），西南交通大学出版社，2019 年，第 123 页。
[3] （宋）潜说友：《咸淳临安志》卷一六，第十七页，浙江古籍出版社，2012 年，第 82 页。
[4] （清）延丰：《两浙盐法志》卷二，第十九页，浙江古籍出版社，2012 年，第 679 页。
[5] 王娟：《古代嘉兴海盐盐业史研究》，《兰台世界》2015 年第 12 期，第 120 页。

（四）两 宋 时 期

《咸淳临安志》卷五五记载了临安府有 1 个盐事所，2 个盐仓和 14 个盐场。都盐仓在艮山门外，天宗仓在天宗门（武林门）里。卷一六盐官县境图中标明了盐官县治向西的范蠡塘和捍海塘，以及县治向东至尖山的六十里塘，塘外向南的广阔滩涂地上则是密集分布的 8 座盐场，其中标有袁花场和黄湾场，在盐官县城内标有运盐厅、监盐厅和盐仓。宋《澉水志》对于鲍郎盐场的创建和变迁记载甚详，共有二亭、九灶。《两浙盐法志》记载宋代嘉兴府有 4 个盐场，鲍郎场、海盐场、沙腰场、芦沥场。据明嘉靖《海宁县志》记载，北宋初太平兴国四年（盐官县）置买纳等场，场在盐官县南 200 步，总出纳 8 场盐课，岁额 13.39 万石，南宋淳祐四至五年（1245～1246 年），又在盐官县筑仓廒 11 间。从记载来看，浙北沿海大小盐场总计有 18 个（图一），盐官县（海宁县）盐场最多，可见宋时浙北盐场的繁荣。

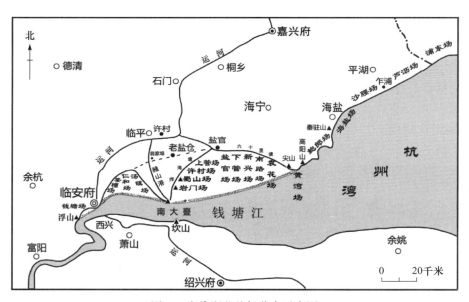

图一　宋代浙北盐场分布示意图

（五）元　　代

元代陈椿撰《熬波图》，书中插图 47 幅，并配以简要文字说明，这是现存最早系统地介绍盐场结构的一部专著。陈椿时为浙西下砂场盐司，书中记载盐场情景应与浙西之杭州、嘉兴盐场类同。杭州、嘉兴地区盐业生产隶属两浙都转运盐使司集中管理，《元典章》卷九《吏部三》曰："浙西盐司场十一处：江湾、黄窑、浦东、横浦、袁浦、鲍郎、下沙、青村、芦沥、沙腰、海沙。杭州盐司场九处：茶槽、仁和、北栅、许村、南路、西兴、钱清、钱塘、西路。检校秤盐三处：杭州、庆元、嘉兴。"以上资料可见，杭州与嘉兴是盐产的重要地区，盐场的结构、管理制度与制盐技术已经相当成熟了。

（六）明　代

明初以来，从事盐业生产的灶户待遇比较优厚，煎盐的铁盘、提供煎盐柴薪的草荡、摊晒用的灰场都由政府提供。同时，设两浙都转运盐使司于杭州，辖嘉兴、松江、宁绍、温台四分司，杭州、绍兴、嘉兴、温州四批验所，盐场共 35 处。盐业专志明崇祯《重修两浙鹾志》，共二十四卷，纪录颇详，其中"盐场界头"一节记载浙北 6 个盐场，分别是仁和场、许村场、西路场、鲍郎场、海沙场和芦沥场，还记载了各场的界域、滩荡、滩场、草荡、煎盐铁盘等情况[1]。明代天启年胡震亨辑着的《海盐县图经》中详细记载了洪武初鲍郎场、海沙场与芦沥场的盐课、官盘、灶丁、滩场等情况。明代嘉靖蔡完修的《海宁县志》中记载，嘉靖二十六年（1547 年）许村场灶丁 3391 丁，西路场灶丁 5373 丁等情况。明末，由于钱塘江三亹的变迁，钱塘、仁和、海宁的草荡、滩场受潮水的冲刷而坍塌，盐场开始收缩。

（七）清　代

清代盐法沿用明制，史料格外丰富。《嘉庆余杭县志》记载[2]，仁和场所产盐斤配仁和、钱塘、余杭三县，肩引场署在省城。乾隆三十九年（1774 年），盐署移建清泰门外，仁邑会保之五图盐场内，各团隘口均设肩贩引房，就团稽查。《海宁州志稿》记载[3]，乾隆五年（1740 年）以前海宁仍分许村、西路两座盐场，按丁征课，每丁给与荡地。其后，地少丁多，荡地坍陷，而丁课仍存，造成盐工生产和生活负担较重。乾隆五年，从西路场分出东 3 围和尖山 4 围、5 围的 1 团至 6 团，增置为黄湾场，场署在旧仓地方，延袤二十五里。黄湾闸建盐仓，各团均有沙，足资淋刮，柴薪则采自富、桐及舟、象等山。自分置后，西路场所辖仅一十五里，盐灶锐减，民国时期无存。《海盐县志》记载[4]，清朝鲍郎场与海沙场为嘉松分司所辖，鲍郎场盐署在澉城外盐仓桥，道光间废未建。海沙场在县东北十八里沙腰村，延袤六十余里，灶舍错立于石塘与土备塘内外，盐场署在沙腰村白马庙，光绪后废未建。《平湖县志》记载[5]，芦沥场东至横浦场

① （明）王圻：《重修两浙鹾志》卷三，17 页，明崇祯间刻本。

② （清）张吉安修，（清）朱文藻纂：《嘉庆余杭县志》卷一四，上海聚珍仿宋印书局，1919 年，重刊本，第 10 页。

③ （清）李圭、许传沛、刘蔚仁：《海宁州志稿》卷一一《盐法》，民国十一年（1922 年）铅印本。

④ （清）王彬：《海盐县志》卷一〇，光绪三年（1877 年），第 34、37 页。

⑤ （清）彭润章：《平湖县志》卷八，光绪十二年（1886 年），第 1、3、11 页。

界，西至海盐县界。盐灶聚于海塘外，课荡 9.4306 万亩，税荡 0.4654 万亩，海滩 4767
弓，雍正六年盐署迁至全公亭。《两浙盐法志》记载了浙北七大盐场的图说、引目、场
灶、沿革等情况，还对盐场的团额、锅盘、仓厫、课荡与灶丁进行了详细记录（表二）。

表二　清代各盐场简况表

序号	盐场	煎盐团额	锅盘（副）	仓厫	现额课荡（亩）	灶丁（丁）
1	仁和场	4	83	3 所	26199.82	17714
2	许村场	21	195	16 所		3263 减到 353
3	西路场	18	198	2 仓		5373 减到 2915
4	黄湾场	16	138	2 所 226 间		2458
5	鲍郎场	20	161	266 间	10290.34	3141
6	海沙场	23	141	112 间	24275.68	5720
7	芦沥场	13	105	7 间	94306.49	8811

（八）民国及以后

1923 年的《两浙盐务汇编》记录了浙北各盐场的情况，仁和场煎灶均用铁盘，纵
二丈，横八尺，高一丈二尺，架铁板为盘，盘身之后置有铁锅两只用以蒸卤，每一昼夜
煎十二盘，每盘用卤十二担，煎成毛盐三百五十余斤。许村场所产之盐均系煎制，其法
以铁板架于泥灶之上，四围用竹片和泥灰筑成篾帘，称为铁盘，中注鲜卤，下用叶柴烧
煎。黄湾场、鲍郎场、海沙场、芦沥场等煎制法同上，其中芦沥场于 1920 年 12 月废除
煎灶改为晒板。

1929 年，浙北芦沥、海沙、鲍郎、黄湾、许村和仁和等盐场总年产量为 1.74 万吨，
1931 年，许村场裁废并于黄湾场，1947 年裁废黄湾场。1950 年，裁废零星小盐场，
1958 年，海宁境内盐场产量为 0.17 万吨。1963 年，海宁、海盐、平湖和余杭等总年产
盐量仅为 0.4 万吨[①]。

三、盐业遗存

（一）海宁朱家园煎盐遗址

2020 年 10 月在浙江海宁发现朱家园煎盐遗址，面积约 1800 平方米。遗址内清理
了一座煎盐灶坑和两个盐卤井。经清理，盐灶坑平面呈不规则长方形，中间下凹略呈圜
底，上面剩有炭灰，最厚处约 10 厘米，下面是被火烤红的土层，最厚处达 20 厘米。盐
灶坑长 5、宽 2.7~3.6 米，面积约 15 平方米（图二）。在盐灶坑内发现多块大小不一的

① 浙江省盐业志编纂文员会：《浙江省盐业志》，中华书局，1996 年，第 106、114 页。

铁块，腐蚀严重，外面粘有杂质杂物，应是煎盐铁盘的残片。最大铁块长 18、宽 8 厘米，可确认铁质最厚处达 1 厘米。两个盐卤井均为土坑壁，井口圆形，上大小下，与一般的水井不同。朱家园煎盐遗址南侧的鱼鳞海塘建于乾隆二至八年间（1737～1743 年），在未建成鱼鳞石塘前，石塘外滩涂是煎盐活动场所，故推测朱家园煎盐遗址使用年代应该在乾隆时期及之后，煎盐所用盐卤从余姚石堰场、上虞等处运来。按《两浙盐法志》记载，每灶铁盘一面，锅一口，温卤锅三口，那么此次发现的盐灶坑面积为 15 平方米，应当比较符合历史记载。

2020年朱家园煎盐遗址盐灶坑遗迹

图二　海宁市朱家园煎盐遗址盐灶坑

（二）许村场盐署照壁

照壁位于盐官古城北寺巷西端，明清时期建筑。照壁为东西向"一"字形，由青砖一斗一盖砌成，无底座，墙面用石灰粉刷，局部粉刷层脱落处可以看出石灰粉刷层有 8 层。墙顶用青瓦做成屋脊形，两端向上翘起成"哺鸡脊"。照壁长 8、高 4.5 米，墙上端厚 0.3 米，下端厚 0.5 米。据《海宁州志稿》记载，永乐九年（1411 年）移建许村场署于安国寺东，经调查研究，1931 年，许村场署合并黄湾场，裁撤盐运署，设立秤放局，这是目前盐官古城内唯一遗留下来的有关盐业的重要遗迹。

（三）奉宪严禁盐枭扳害碑

碑刻 1 通，年代为清雍正六年（1728 年），现存于许村镇上塘河（古运河）北岸。青色石质，高 2.03、宽 0.9、厚约 0.15 米，为省级文物保护单位。碑文 16 行，满行 55 字，楷书阴刻 800 余字，叙述了雍正年间许村一带贩私盐成风、县府予以打击并立石永禁一事，文如："……蒙发卑县查议详报，遵查卑邑地处滨产盐之所，查禁私贩未尝稍懈，除不法人等，构通枭徒，私买窝藏，于盐犯供出行诬□，从前例禁，固属森严。嗣后，拿获贩私有诬扳人者，即以拒捕伤人律治罪。其巡盐兵役，有指使诬扳者，□捕役指使盗贼扳陷平人治罪。但此辈枭徒不能尽白中。奉查律内，凡犯罪拒捕，殴所捕人至折伤者，绞，监候。今遵奉部行，凡枭犯诬扳平人者，审定，照依拒捕伤人律□绞问罪……"[1] 该碑是研究清代浙北上塘河盐业运输管理的重要资料。

---

① 海宁市文物保护所内部资料。

（四）黄湾盐场勒索脚价碑拓片

拓片 1 件，现藏海宁市博物馆。乾隆二十五年（1760 年）"禁止黄湾盐场勒索脚价碑记"①，拓片长 1.59、宽 0.72 米，碑文约 540 字。文中略云，黄湾盐场的煮盐柴、卤由外地运来，柴卤抵塘后挑运艰难，有地棍昂勒强挑，"两浙嘉松分司黄湾场管理盐务候选杨知县，奉宪批核准挑运柴卤，按日给发工食钱六十文，若有棍徒阻挑，立即严拿详究"②。

（五）海盐澉浦煎盐铁盘

据《浙江省盐业志》记载：1978 年底，在海盐县澉浦镇汤家团海涂中发掘出土了铁盘碎片及工具，藏于海盐县博物馆。经实物查看，铁盘残片正面平整，反面呈浅凹坑状，应是火烧热胀崩缺所致。残片有厚薄之分，最厚处达 3.5 厘米，薄处仅 0.2 厘米（图三）。其中有 3 块铁盘残片带有錾耳，1 号錾耳长 20、宽 15 厘米；2 号錾耳有残缺，残片最长处 65 厘米；3 号錾耳略小于 1 号；4 号铁盘残片未发现錾耳，一侧有 3 厘米的缺口，用于安装吊子。《浙江省盐业志》中所提到的工具，实则为吊子，是插在两块拼合铁盘之夹缝中，上悬于梁，使铁盘拼合成同一水平。海盐博物馆藏有 3 个吊子，5 号吊子一端有钩，系绳挂于梁上，另一端为大于吊杆的方柱体，正好嵌于 4 号的缺口中；6 号吊子一端为孔，另一端为直角挂板，挂板受力面积大，应是用于铁盘较薄的位置；7 号吊子与 5 号吊子相同，一端的方主体已残缺。

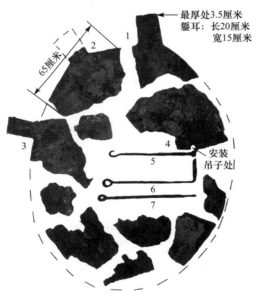

图三　海盐县博物馆藏拼合煎盐铁盘与吊子
（推测拼合煎盐铁盘直径约 2 米）

（六）史 料 碑 记

流传至今的古代碑记文字资料丰富，碑文记载南宋以来各盐场盐业的管理情况，是

---

① 海宁市博物馆内部资料。
② 海宁市博物馆内部资料。

研究浙北盐业史的珍贵资料。其中南宋碑记 7 篇，清代盐业碑名 7 个。

（1）淳熙十六年（1189 年）谈钥撰"催煎厅题名记"，共 528 字。文中提到了岩门、蜀山、上管和下管盐场，吴兴人谈钥授任催煎官，超额完成盐课获得三万钱，故命工镌刻碑记。

（2）庆元三年（1197 年）王墀撰"买纳厅题名记"，共 505 字。文中略记盐官县治南一里许设有盐监厅，总纳八个盐场。

（3）开禧三年（1207 年）朱锷撰"宋监税厅题名记"，共 68 字。记录了南宋以来历任盐监官的姓名，为朱锷访问故老所得，原碑立于"厅事之栋间"。

（4）淳祐五年（1245 年）应㒩撰"新建南路盐仓记"，碑文 920 字。文云：嘉定年间钱塘潮水冲毁了新兴盐场，损失严重，嘉熙年间盐官陈桂主持恢复生产并在盐场就近兴建盐仓，以方便灶丁纳盐。新盐仓中间为厅事，前为大门，门左右及东西二庑为六个仓廒；后陈桂又疏浚了二十里的河道，并在河边创建亭子三所，以便停船卸盐；岁终又以朝廷给正盐钱 2 万缗增建房屋 13 间，为五个盐仓。盐仓告成，南路市遂复归繁荣。

（5）淳祐五年陈桂撰"南路盐场题名记"，碑文 232 字。文中略云，催煎官职位卑微，然盐课重大，岁额六万五千多石；以前催煎官都是武臣，嘉定十五年后改用文臣，并把吴文林以下数任刻之石间，"以示后其摄职者"。

（6）嘉定十七年（1224 年）福建路转运司主管李昌宗撰"鲍郎场题名记"[①]，碑文 556 字。文云：绍兴壬申至嘉定辛巳年间，鲍郎场列 9 个盐灶，经创新管理，使得盐课增加，岁课三万五千另六石，"新羡比及三年，视诸荡为冠"。

（7）淳祐五年（1245 年）常棠书"鲍郎场政绩记"[②]，碑文 426 字。文云：淳熙 7 年（1180 年）鲍郎场被奸人把持，官府不敢拿办，催煎更是难为。东阳厉梦龙为官后，尽心而为，复盐灶一所，盐丁四十余户，盐额一万六千另八十七石，是为有功于盐场，以记政绩。

（8）收录于《海宁州志稿》清代碑名 7 件，碑身及碑文已无存，只存碑名。康熙四十年（1701 年）许村场署大使、赭山司巡检侯明桂立"永禁盐场陋弊碑"；康熙四十年（1701 年）立"严饬石贩支盐挑回行走道路碑"；乾隆二十八年（1763 年）知县黄世簪、许村场大使程钟元立"拿获私盐定界究拟碑"；乾隆四十四年（1779 年）许村场大使初之椿立"永禁船户偷漏引盐碑"；乾隆五十九年（1794 年）知州富龄、许村场大使梦孟廷琅立"永禁赎盐舍碑"；乾隆六十年（1795 年）知州张玉田、许村场大使孟廷琅立"永禁找赎煎舍碑"；嘉庆五年（1800 年）许村场大使陈楠立"永禁商舍改肩灶舍迁移碑"。

---

① （宋）常棠：《澉水志》下第十一页，《宋元方志丛刊》，中华书局，1990 年，第 4673 页。
② （宋）常棠：《澉水志》下第十五页，《宋元方志丛刊》，中华书局，1990 年，第 4675 页。

四、结　　语

目前浙北还保存着许许多多与盐有关的地名、河流，如运盐河、老盐仓、旧仓、新仓、出盐港、卖盐埭，平湖市的新仓镇等，综合上文中提到的盐业史料、遗址和遗存，这为浙北盐场的历史研究提供了重要的依据。这也是钱塘江文化、潮文化研究中的重要组成部分，对研究钱塘江文化具有重要的历史文化价值，可以弥补钱塘江文化和海宁潮文化研究的不足，推动钱塘江的申遗工作。

《熬波图》盘铁煮盐的考古学探索

王　青　代雪晶

（山东大学历史文化学院考古系）

　　我国拥有漫长的海岸线，沿海地区历史上盛产海盐，产盐规模在宋代以来达到鼎盛时期，海盐的行销范围也达到了黄河长江中下游和岭南地区的大部分地域（图一）。反映在制盐工艺上，主要是这时期采用了一种大型煮盐器具——盘铁，盘铁也成为宋元明清王朝盐铁官营制度的重要体现。元代成书的《熬波图》是我国现存年代最早的制盐典籍 [1]，以 47 幅插图和必要的文字说明及题诗，详细记录了宋末元初的煮盐工艺流程，其中有 10 节图文是关于盘铁铸造与使用的，为研究这种大型煮盐铁器提供了珍贵史料。近年来，随着盐业考古在各地陆续开展，盘铁也逐渐引起学界关注。1977 年江苏南通首先报道有盘铁块出土 [2]，此后各地又有不少发现，2008 年有关学者对江苏北部出土的盘铁块做了初步研究 [3]。2019 年和 2020 年，笔者赴苏北、上海及浙西地区做了专题调研，在《熬波图》和盘铁等方面增进了很多认识。本文拟在前人研究的基础上，结合相关文献记载及实地调研收获，对宋元明清时期的盘铁煮盐诸问题进行考古学探索，以期进一步促进历史时期晚段盐业考古的开展。

一、发现概况

　　笔者根据已报道资料和有关博物馆官网资料的初步统计，目前所知已在 20 处地点发现了与盘铁有关的考古遗存，这些遗存主要包括盘铁实物、盘铁铸造厂遗址，以及使用盘铁煮盐的盐灶遗迹等，其中以苏北盐城和南通沿海发现的盘铁实物最多，其他种类的遗存和其他地区发现较少（表一）。本节先就盘铁实物的发现情况做一梳理，铸造厂和盐灶等遗存留待下文再述。

---

① （元）陈椿：《熬波图》，景印四库全书珍本，台湾商务印书馆，1981 年。

② 南通博物馆：《南通发现古代煎盐工具——盘铁》，《文物》1977 年第 1 期。

③ 盐城市海盐文化研究会、连云港博物馆：《江苏沿海古代煮盐工具初探》，《汉唐社会经济与海盐文化学术研讨会论文集》，盐城市海盐文化研究会，2008 年。

表一　盘铁遗存发现地点统计表

序号	发现地点	盘铁遗存	资料出处
1	南通通州区（原南通县）杨家港	盘铁	南通博物苑官网资料
2	南通通州区（原南通县）金西	盘铁	《南通发现古代煎盐工具——盘铁》
3	南通通州区（原南通县）唐洪	盘铁	同上
4	南通海门市刘浩	盘铁	同上
5	南通如东县九总	盘铁	同上
6	南通如东县岔南	盘铁	同上
7	南通启东市某地	盘铁	南通博物苑展陈资料
8	盐城市区县前街与纯化街交汇处	盘铁	《江苏沿海古代煮盐工具初探》
9	盐城滨海县陈涛乡苏北灌溉总渠沉船中	盘铁	同上
10	盐城大丰县范公堤以东（草堰镇）沉船中	盘铁	同上
11	盐城大丰县白驹镇附近	盘铁	施耐庵纪念馆资料
12	盐城市新兴镇小学	盘铁及盐灶	《江苏沿海古代煮盐工具初探》
13	盐城建湖县上冈镇"铁屎湾"遗址	盘铁铸造厂	同上
14	泰州市区铁炮巷一带	盘铁铸造厂	《咸鹾赡溢：泰州盐业史话》
15	连云港市某地	盘铁	《山海集珍——连云港市第一次全国可移动文物普查》
16	上海金山区永久村九组	盘铁	金山区博物馆资料
17	海盐县澉浦镇汤家团	盘铁	《浙江省盐业志》
18	潍坊寿光市双王城遗址	盘铁及盐灶	《考古所见莱州湾南岸地区元明时期制盐工艺》
19	东营市广饶县高港东遗址	盘铁铸造厂	同上
20	潍坊市滨海开发区韩家庙子 11 号遗址	盘铁铸造厂	同上

据南通市文博部门报道，该市于 1975～1976 年间不断发现盘铁块，包括南通县（今通州区）金西、唐洪，海门县刘浩，如东县九总、岔南等地都有出土[①]，另据南通博物苑官网和展陈资料，在通州区杨家港和启东市等地也有发现，南通博物苑目前收藏的盘铁块应超过 10 件。这些盘铁块都硕大厚重，最长超过 1 米，厚在 10 厘米左右，重四五百千克，均锈蚀严重，表面普遍剥落，凹凸不平。如通州杨家港出土的 1 块为不规则形，一侧有明显的弧边，应为盘铁的原边缘，长边近 1、短边 0.65 米，厚 8 厘米，年代推断为清代（图一，2）；如东县九总出土的 1 块也为不规则形，最长 1.21、最宽 0.75 米，最厚 10 厘米，一侧也有盘铁的弧形原边，并带一个錾耳，推测年代为明代（图一，

---

① 南通博物馆：《南通发现古代煎盐工具——盘铁》，《文物》1977 年第 1 期。

3）①。另据报道，1990 年在南通县石港镇九总（疑为如东县九总）又发现了 2 块，其中较大的 1 块通长 2.12 米，重约 1000 千克，有明显的弧边并带一个錾耳，弧边最宽处 1.36、錾耳长 0.3 米，据此测算完整盘铁的内圆周长应有 10.1 米，半径约 1.6 米，面积 9.2 平方米，年代推断为宋元时期（图一，1）②。

盐城市发现的盘铁实物也较多。据有关报道资料，该市建湖县上冈镇的"铁屎湾"一带早在 20 世纪 40 年代就发现了 20 余块，后被新四军军工部门收去回炼③。1991 年在盐城市区县前街出土了 1 件，为整块一体的圆形小盘铁，重 2000 余千克，内径（内圆直径）1.6、外径（带錾耳）2 米，厚 9 厘米，外缘有 10 个齿状排列的錾耳（图二，1），

图一　苏北地区出土盘块举例
1. 南通通州区（原南通县）石港镇九总出土　2. 南通通州区杨家港出土
3. 如东县九总出土　4. 滨海县苏北灌溉总渠沉船中出土　5. 连云港博物馆藏品

① 南通博物馆：《南通发现古代煎盐工具——盘铁》，《文物》1977 年第 1 期，及 http://www.ntmuseum.com/colunm2/col1/jinshu/list_158_5.html 南通博物苑官网资料。
② 张荣生编：《南通盐业志》，凤凰出版社，2012 年；张荣生：《南通大运河文化带盐运文化史迹》，《南通大运河文化带历史文化遗产保护利用研究》，江苏人民出版社，2020 年。
③ 盐城市海盐文化研究会、连云港博物馆：《江苏沿海古代煮盐工具初探》，《汉唐社会经济与海盐文化学术研讨会论文集》，盐城市海盐文化研究会，2008 年。

耳上铸有铭文，因锈蚀严重而不识。清理人员推测是明清时期县衙附近的仓库中遗物[①]。据笔者对这件实物观察，其中一个錾耳的铭文应有二字，上一字的笔画较多且有"广"字边，下一字的笔画较少，约略可读为"庆元"（南宋宁宗年号）。1992 年在盐城滨海县陈涛乡苏北灌溉总渠南岸发现一艘沉船，从中出土了近 30 件盘块，每块重 500～800千克，其中多数约可拼成两副圆形盘铁，其余 7 块应可拼为两副矩形盘铁，每块厚 9 厘米，面积约 50 平方厘米，各有 4 个长条形錾耳（图一，4；图二，2、3）。清理人员以南宋黄河夺淮入海之后的海岸线变迁趋势推断，这艘沉船及盘块的年代为明代早期[②]。除此之外，盐城大丰县博物馆藏有 1 件盘块，出自该县范公堤以东（草堰镇）沉船中[③]，

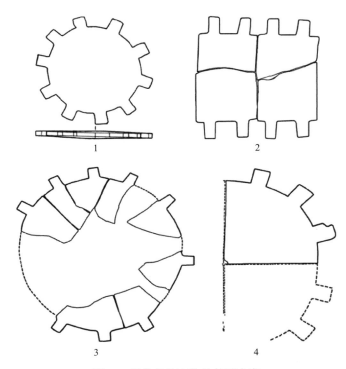

图二　部分盘铁实物的复原方案

1. 盐城县前街出土的整块一体盘铁　2. 滨海县沉船出土矩形盘铁复原方案

3. 滨海县沉船出土圆形盘铁复原方案　4. 连云港馆藏圆形盘铁复原方案

---

① 盐城市海盐文化研究会、连云港博物馆：《江苏沿海古代煮盐工具初探》，《汉唐社会经济与海盐文化学术研讨会论文集》，盐城市海盐文化研究会，2008 年。

② 盐城市海盐文化研究会、连云港博物馆：《江苏沿海古代煮盐工具初探》，《汉唐社会经济与海盐文化学术研讨会论文集》，盐城市海盐文化研究会，2008 年，及 http://www.chinahymuseum.com/中国海盐博物馆（盐城市博物馆）官网资料。

③ 盐城市海盐文化研究会、连云港博物馆：《江苏沿海古代煮盐工具初探》，《汉唐社会经济与海盐文化学术研讨会论文集》，盐城市海盐文化研究会，2008 年；曹爱生：《东台古铁镤考》，《盐业史研究》2009 年第 3 期。

大丰白驹镇施耐庵纪念馆也曾藏有 2 件盘块，均有弧边并带錾耳，保存较好，可见盘边略有凸起，出土地点应在附近①。

　　其他地区的发现目前比较零散。如连云港博物馆现藏有 1 件扇形盘块，具体出土地点不详，半径近 1.6 米，厚 8 厘米，有弧形原边，应为一副圆形盘铁的四分之一，带有 3 个錾耳，每个约长 30、宽 29 厘米，耳上均铸有铭文，分别为"字二""熙宁""七年"（图一，5；图三）②。从文献记载可知，苏北沿海应是使用盘铁煮盐的重点地区，连云港市沿海的古盐场也曾大量使用盘铁，有待考古工作的加强。上海金山区永久村九组曾出土了 1 件盘铁块，具体形制已不明③。上海地区沿海也是使用盘铁煮盐的重点地区，《熬波图》就是以这里的元代下砂盐场资料写就的，有待继续发现盘铁实物。与金山邻近的浙江海盐县澉浦镇汤家团在 1978 年出土了 12 件盘铁块，较薄较破碎，还有数件铁质工具④。另外，山东寿光双王城遗址近年发掘的元明时期盐灶中出有铁盘残片，很可能是盘铁块（详下）。

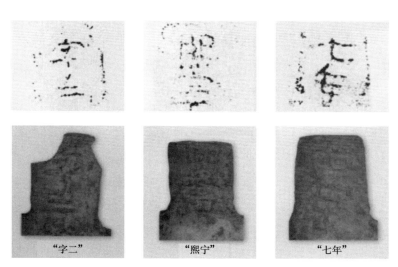

"字二"　　　　　"熙宁"　　　　　"七年"

图三　连云港博物馆藏盘铁块的纪年铭文

　　以上盘铁块发现地点至少有 20 处（含盐城市新兴镇小学盐灶中出土者，详后），各地博物馆已公布的现藏盘铁块数量约 50 件（含各馆官网资料），如果加上尚未公布和尚未识别者，估计应有百余件，已经出土未能保存下来的更多。

---

① 承泰州博物苑黄炳煜先生告知，并惠示照片。
② 连云港市文物局：《山海集珍——连云港市第一次全国可移动文物普查》，凤凰出版社，2016 年。
③ 上海金山区博物馆记录资料。
④ 浙江省盐业志编纂委员会：《浙江省盐业志》，中华书局，1996 年。

二、形制与铸造

《熬波图》"铁盘模样"节云："盘有大小阔狭，薄则易裂，厚则耐久。……桦大块数则多，少者盘缝却省，边际龟脚靠阁桦墙。""捞洒撩盐"节载："非但卤难成盐，又且火紧，致损盘铁。"可知当时将这种煮盐盐盘称为铁盘（桦）或盘铁，后世则多称为盘铁，如《清盐法志·两淮四》载："煮盐之器有盘铁……盘者合数角为一。"关于盘铁的形制，《熬波图》的"铸造铁桦""排凑盘面"等节记载："盘有大小不等，或如木梳片、或三角、或四方、或长条、或小碎"；"大桦大小十余片，中盘四片小盘二。"对此"铁盘模样图"已有较为准确的图示，其拼合的盘铁形制均为圆形，边缘均有数个窄条形鋬耳（龟脚），呈齿状排列（图四）。由此可知，圆形盘铁具体可分为大、中、小三种规格，大者由十余片拼成，中者由四片拼成，小者由两片组成或整体一片，每片又称块或角（后世多称为盘角），形状则有木梳片、三角形、四方形、长条形及碎小块等多种，处于外缘的盘块多有数个小鋬耳。这种由多件组块拼合而成的盘铁，就是宋元明清时期沿海地区专用于煮盐的盐盘，每件完整盘铁称为一副、一面或一盘。

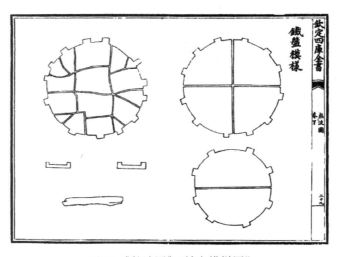

图四 《熬波图》"铁盘模样图"

针对上述苏北地区的部分馆藏盘块，有学者于 2008 年首次做了详细分类与复原，认为拼复的盘铁可分为圆形和矩形两类，其中前者又分为整块一体（如盐城市区县前街出土者）、四分（如连云港馆藏品）、多分（如滨海县沉船出土的十余块）三种形制，后者目前只见于滨海县沉船所出 7 块拼成的矩形四分盘铁（见图二）[①]。这一意见为进一步

[①] 盐城市海盐文化研究会、连云港博物馆：《江苏沿海古代煮盐工具初探》，《汉唐社会经济与海盐文化学术研讨会论文集》，盐城市海盐文化研究会，2008 年。

研究盘铁形制奠定了重要基础。若对照《熬波图》的相关记载来看，圆形多分盘铁应为大型，圆形和矩形四分盘铁应为中型，圆形整块一体盘铁和二分盘铁应属小型，熬书图示的圆形二分盘铁尚未见出土报道，而已有出土的矩形四分盘铁则未见于熬书记载。若以目前的考古发现数量来看，大型圆形多分盘铁的组块出土最多，中型和小型盘铁的组块发现较少。

　　此外需要指出的是，最近泰州的江苏省盐税博物馆工作人员与钢厂技师合作，通过对盐城和连云港等地馆藏盘块的实地调研，并参照《熬波图》的相关记载反复试验，成功铸造仿制了两副完整的原大盘铁，分别为圆形四分和多分（16块）盘铁，内径都有约3.5米，厚在10厘米左右（图五）①。这为进一步研究相关问题提供了重要参考依据。从内径尺寸可知，半径都在1.75米左右，而前述连云港馆藏盘块和南通石港出土盘块的半径都约有1.6米，与仿制的这两副盘铁的半径相差不大，由此可推知，大型和中型圆形盘铁的半径应在1.6~1.7米②，石港出土品的内圆面积为9.2平方米，可作为面积值的参考基数。小型圆形盘铁从盐城县前街出土品看，半径应在0.8（内径1.6）米左右，约为大中型的一半。

图五　江苏省盐税博物馆仿制的盘铁展品
（黄炳煜提供）
上：圆形四分盘铁　下：圆形多分盘铁

　　另据明代彭韶《彭惠安集》记载：盘铁中"大盘八九尺，小者四五尺"，也是倍半之数，小盘的内径五尺约合今1.6米，大盘的内径九尺约合2.9米（按一丈计算则为3.2米），小型与现在发现的盘铁实物尺寸基本相符，大中型则略有出入。明《天工开物·作咸》载："其盆周阔数丈，径亦丈许。"上述仿制的两副盘铁的内径都约有3.5米，符合"径亦丈许"的记载，而南通石港出土盘块的内圆周长据测算应有10.1米，即明制三丈有余，也符合"周阔数丈"的记载。另外，县前街这件小型盘铁重达2000余千克，大型和中型盘铁显然要重很多，像石港出土品1块就重达1000千克，当然也有四五百千克的小块。目前各地已发现盘铁块的厚度都在10厘米左右，从县前街小型盘铁的剖面看（见图二，1），中央部位略厚，周边逐渐变薄，这应是为了增加盘铁的使用

———————————

①　承泰州博物苑黄炳煜先生告知，并惠允使用照片。

②　由此可见，《熬波图》所言大、中、小型主要是以盘块组件的数量多少来划分的，若以出土实物及仿制品的尺寸来看，大型和中型圆形盘铁的大小应基本一致，似可合为一型。由于目前出土资料较为缺乏，以及盘铁在年代和地域上的差别尚不清楚，暂以《熬波图》的划分为参考依据。

寿命使然。

　　盘铁的使用历经宋元明清四朝，其间千余年盘铁的形制有无变化、各朝及各地的盘铁形制有无自身特点，也是一个重要问题。宋代专记盘铁的史料不多，徐度《却扫编》记载："今煎盐之器，谓之盘，以铁为之，广袤数丈，意盘之遗制也。今盐场所用，皆元丰间所为，制作甚精，非官不能办。"但连云港馆藏四分盘铁块有"熙宁七年"（1074年）的铸造纪年，早于元丰年间（1078～1085年），可知《却扫编》的记载并不准确，并可知中型圆形四分盘铁在北宋时期已经铸造，这与明代弘治版《两淮运司志》宋代盘铁为"每一盘四角"的记载相符。另外，盐城县前街所出小型盘铁的铭文可能为南宋年号"庆元"（1195～1201年），推测这种较为简单的小型整块圆形盘铁在宋代也应有铸造。元代也是使用盘铁煮盐较为广泛的时期，《熬波图》图示的盘铁形制就是圆形大中小型盘铁俱全，但矩形盘铁却未见记录。

　　明《彭惠安集》记载："凡煎烧之器，必有锅盘。锅盘之中又各不同，大盘八九尺，小者四五尺，俱用铁铸。大止六片，小则全块。"清嘉庆版《重修两淮盐法志·图说门》又载："煎盐之具汉曰牢盆，唐宋曰盘铁，厚至五六寸，今各场间有存者，多坏不可用。现煎盐铁盘皆明初所铸，每盘一副，中曰主铁、旁曰月铁、余曰群铁，或六七角，或八九角。国朝又铸新盘，分给通泰各场所，止主铁一、月铁二，易于支搭，厚三四寸，重三千斤、五千斤。近年亦多损断。"由此可知明代初年两淮地区的盘铁组块较多，应属前述大型圆形多分盘铁，清代中叶嘉庆靖年间（1795～1820年）铸造的则变小，只有三块，厚度也变薄，意味着盘铁的形制到明清两代可能趋于小型化（目前未见这种三分盘铁实物的出土报道）。但明弘治版《两淮运司志》又载：宋代两淮地区的盘铁为

图六　江苏盐税博物馆收藏的锅镢
（黄炳煜提供）

"每一盘四角"，到弘治年间（1488～1505年）也是一盘四角，"一角（应为一盘——笔者注）该铁五千斤"。这种盘铁应属中型圆形四分盘铁，这条史料未见于上两书。因此明清盘铁的形制演变仍不是太清楚。

　　如此看来，诸多文献的记载或有矛盾或有漏载，再加上缺乏明确的考古发掘资料，尤其是没有同出陶瓷器的断代佐证，各地对馆藏盘铁块的年代多笼统推断。总之，依据目前所知的文献记载和出土实物，对历代盘铁的形制演变尚无法做出准确判断，有待今后继续关注。目前可以确定的是，由于明代晚期盐法制度的改革和更加轻便小巧的锅镢的出现（图六），以及晒盐工艺的逐渐推广，到清代中叶，盘铁这种大型煮盐器具已经很

快消失。据学者统计，明代嘉靖年间两淮各盐场的盘铁仅有 1926.25 角，比明初减少了 29.1%，从明初至嘉靖末的近二百年间，官铸盘铁仅有 192.6 角，平均每年仅增铸一角；而锅镬则由明初的 16 口（其中泰州诸场有 6 口，淮安诸场有 10 口）剧增到 3118口，增长了 195 倍[①]。关于这一巨大变化的原因，乾隆版《两淮盐法志》曾有精要记述："自万历四十五年，盐引改征折价，盐不复入官仓，皆商自行买盐，于是官铸盘铁、锅镬之制遂止。盘铁工大费重，无力添设，惟锅镬则众商自出资鼓铸，然亦必请于官，然后造作，以应灶用。"以至于苏北某些盐场"盘铁之锈蚀仅存者，亦久变价充饷矣"（嘉庆版《如皋县志》）。

另据有关资料，20 世纪 30 年代初作家阿英先生曾在浙江海盐县澉浦镇盐区做了 90天的实地调查，仍可见到类似盘铁煮盐的情况，并做了详细记录："所谓锅，大抵是六块或者八块大的平铁板拼成，缝隙处不时用泥筋去涂满，以免下漏。这些板上用铁柱吊起，吊在屋顶柱上，以免下坠，下面就因土作灶。灶长约二丈，宽丈余。在灶后有大的卤缸以及盛海水的缸，上面有小的卤桶，接近着盛盐盘的一个桶，以小竹筒直达盘内。在烧时，先将卤倒入卤桶，使它从竹管内流出，经过管口的篾篮（此作漉清之用），流到盘内。就这样的开始烧盐。大约要一点半钟，一盘盐才可以烧成。在中间还有手续，就是过干时要掺海水，烧得将干时要用铲翻身摊匀，使它成为盐时为止。"[②]海盐县古代属于浙西盐场，也应是以盘铁煮盐的，因此澉浦镇的情形可视为盘铁煮盐的孑遗，并且从盐灶的长宽尺寸推断，铁板拼出的盐盘应是长方形的，盐灶也是如此。另外，这条记录并未提及盐盘四周也用泥筋涂抹，可能应是没有苇笆围护的，亦即盐盘四边的铁板可能是铸出折边作围护的，这种形制未见于上述文献记载，可能是后来从盘铁发展出的新样式。在清晚期道光年间浙西盐场普遍停止煮盐、余下也改为晒盐为主的情况下，这条记载弥足珍贵。

关于盘铁的铸造，《熬波图》"铸造铁柈"节有详细记载："镕铸柈，各随所铸大小，用工铸造。以旧破锅镬铁为上。先筑炉，用瓶砂、白礜、炭屑、小麦穗和泥实筑为炉。其铁柈沉重，难秤斤两，只以秤铁入炉为则。每铁一斤，用炭一斤，总计其数。鼓鞴煽镕成汁，候铁镕尽为度。用柳木棒钻炉脐为一小窍，炼熟泥为溜，放汁入柈模内，逐一块依所欲模样泻铸。如要汁止，用小麦穗和泥一块，于杖头上抹塞之即止。柈一面亦

① 刘淼：《明代盐业经济研究》，汕头大学出版社，1996 年。

② 阿英：《盐乡杂信》，《中国新文学大系（1927—1937）》第 11 集，上海文艺出版社，1987 年。另据民国杨兴勤编著《两浙盐务概况》记载："煎盐铁盘，先用长方形厚寸许之铁板，自 3 块至 8块拼合，其拼合之处以石灰涂塞。各场所用铁板经火锻卤蚀，年月既久，锈霉脆弱，往往有分裂数十块至二三十块者，灶户因铁板价昂，不愿重购，仍合拼用之，其裂缝之处恐卤重坠脱，乃用一种吊子之物，插在两板之夹缝中，上悬于梁，更厚涂石灰。一盘甚至有用十于余吊子，林立如柱，对收取成盐殊有妨碍。此种拼盘之工称为'砌盘'。"由此可知，阿英所见盐板用铁柱吊起的情况，应该是用"吊子"把破碎盘块悬吊起来的应急做法。在此说明。

用生铁一二万斤，合用铸冶工食，所费不多。""铸造铁柈图"对此有细致图示（图八）。这是我国古代铸造大型铁器最为翔实的史料之一，冶金史专家华觉明先生曾有分析考证，认为其铸造盘铁的工艺流程是：先用竖炉熔炼铁块，铁水由炉前的出铁口流出，倒入型范中铸成盘片，再由十余片拼成完整盘铁，属于大型铸件装配法成形；并认为战国时期已能铸造大型生铁铸件，汉代开始推广的煮盐铁盘（牢盆）应是整体铸成，需多片拼合的大型盘铁则可能是汉代以后所创[①]。

图七　《熬波图》"铸造铁柈图"

从出土实物判断，各地发现的盘块都非常硕大厚重，每块多在 600～800 千克，大者有 1000 千克甚至 2000 千克，小者也在四五百千克。所以历代文献均载明，制造这些大型铸件"非官不能办"（宋《却扫编》），但对官府采办铁料和铸造盘铁多语言简略，只有少数记载较为详细。《清盐法志·两淮五》载，苏北两淮盐场的盘铁和锅镦在"明时皆由运库发帑为之"，清代仍是如此，不过盘铁只在乾隆十年新铸一次，锅镦则数次新铸（如光绪四年一次就新铸锅镦 1200 口）。乾隆十年（1745 年）奏准各场"添铸盘角二十七副，……如有情愿备资自铸者，许其循照往例呈明，官为稽查"。嘉庆三年（1798 年）奏准添铸锅镦时规定，"嗣后凡遇鼓铸之时，需用铁斤，镦商开明数目，禀由运司衙门填给印照，该商持赴楚省产铁地方，呈投该地方官，验明挂号，照数购买运

---

①　华觉明：《熬盐铁柈的制作及其起始年代》，《中国科技史料》1997 年第 4 期。

回，将照缴销"。由此可见，每次开铸都是采用官督商办方式进行，采购原料和铸造过程都由官府严格控制，以防私铸和盗煮私盐。

另外，盘铁和锅鐅的保管也有严格统计，如明弘治《两淮运司志》记载，两淮盐运司的泰州分司额设盘铁796.3角，计有1788块；通州分司753.35角，计2798块；淮安分司1168.52角，计4095块。有学者据此测算，三分司共额设盘铁2718.17角，共计8681块，共用铁13590850斤，平均每块重1563.9斤[①]。另据《清盐法志·两淮五》记载，嘉庆七年以前的锅鐅都在口沿外用朱漆写明编号，为了防止"日久脱落模糊"，改为"铸成某年通字第几号、泰字第几号[②]，并发运司花押，饬商铸于号数之下，以杜隐混"。这些都是历代王朝实行盐铁官营制度的真切体现。而在同样不产铁的浙西诸盐场（今沪杭地区沿海），根据《明太祖实录·卷二十二》记载，其铸造铁料并非购自湖北（楚省），而是灶户"自置荒铁"，"每盘一面重千数百斤"，可能表明盘铁比两淮地区要小些。而《熬波图》载"样一面亦用生铁一二万斤"，似乎也表明元代（或及南宋）浙西的盘铁较大，至于明代以后浙西盘铁是否也像两淮那样趋于小型化，现在还没有相关出土实物佐证。

值得注意的是，根据报道资料统计，目前至少已发现了4处盘铁铸造厂遗址。盐城建湖县上冈镇的串场河与黄沙港交汇处东南河畔"铁屎湾"一带，早在明万历年间就"因地多炉渣"而得名。20世纪40年代曾出土了20多件盘块，后经考古调查确认遗址为高出周围1米左右的土墩，面积6000多平方米，地层中有许多铁块和铁渣[③]。泰州市区铁炮巷一带是明代大林桥河西盘铁厂原址。据明嘉靖《两淮盐法志》记载，该厂"厅宇凡九楹，炉凡八座，样铁一角，凡二千五百斤，列监造官姓名于上"，曾于洪武二十五年（1392年）、弘治二年（1489年）和嘉靖六年（1527年）官置铁炭铸造盘铁，此后逐渐荒废并遗忘，被讹传为铁炮厂和铁炮巷，清道光年间和20世纪80年代基建时曾挖出不少铁渣[④]。山东东营广饶县高港东遗址，面积达10万平方米，地表散见红烧土、炭渣、铁渣、铁块及砖、板瓦和白瓷片、黑瓷片等。潍坊市滨海经济开发区韩家庙子11号遗址，面积约5000平方米，地表可见成堆铁块、炭渣、煤渣、烧土块。调查者认为这两处遗址应在元明时期[⑤]。

① 刘淼：《明代盐业经济研究》，汕头大学出版社，1996年。
② "通字第几号、泰字第几号"："通"指两淮盐转运使司通州分司，衙署在今南通市通州区；"泰"指两淮盐转运使司泰州分司，衙署在今泰州市海陵区。
③ 盐城市海盐文化研究会、连云港博物馆：《江苏沿海古代煮盐工具初探》，《汉唐社会经济与海盐文化学术研讨会论文集》，盐城市海盐文化研究会，2008年。
④ 黄炳煜：《咸鹾赡溢：泰州盐业史话》，凤凰出版社，2016年。
⑤ 燕生东：《莱州湾沿岸地区发现的龙山及元明时期盐业遗存》，《无限悠悠远古情——佟柱臣先生纪念文集》，科学出版社，2014年；燕生东、赵守祥：《考古所见莱州湾南岸地区元明时期制盐工艺》，《盐业史研究》2016年第2期。

　　这 4 处铸造遗址多在当时的盐场场署附近，如广饶县高港东遗址的西邻就是宋元明清时期的高家港场衙署所在地，现在尚存遗址面积 20 万平方米，曾出土元代"宣差提领所委差荒字号之印"铜印，潍坊韩家庙子 11 号遗址向东为固堤场场署所在地，遗址面积也很大[①]；盐城建湖"铁屎湾"遗址位于水运便利之处，向东不远即为新兴场场署所在地；泰州市海陵区明代就是两淮盐运司泰州分司所在地，铁炮巷遗址应即大林桥河西盘铁厂原址。这都说明，盘铁铸造厂的设立应在盐场场署附近，以便于官府督造和稽查，是盐铁官营制度的具体体现。遗憾的是，这些遗址至今没有正式考古发掘，现有出土资料非常零散（只有建湖"铁屎湾"遗址出过盘铁块），尚无法与有关文献记载做详细对比分析。

三、装配与使用

　　关于盐灶的搭建和盘铁的装配，《熬波图》"砌柱承桦""排凑桦面""装桦泥缝""捞沥撩盐"四节都有非常详细的文字记载，如"装桦之时，每一桦先用大砖一千余片，向灶肚中间砌砖柱二行（昔者铸铁为柱），灶口前后各砌二砖柱为门。桦外周围用土堑叠为墙壁，从地高二尺余，坚固筑打，阁桦于上。三五日一次，别换砖装"；"丁数十人用杠索、杪木，奋力举铁块排凑成盘，周围阁所筑土墙上。其中各砖柱上或有短小铁块，阁不及砖柱者，先用铁打成块臂模样，名曰'桦驼'，以曲头搭两旁大铁块上，以凹身阁小片，凑补成圆"；"如遇装桦，先用茆柴绞成大索，却寸寸剁碎，和生灰，略入少卤润灰，不令飞动。……临用时再和石灰三斛，加以咸卤，打和稠粘，以涂桦缝"；"铁桦既凑完备，缝阔者四五寸，狭者一二寸。先束小柴把塞满缝内，以小竹扦穿定次。上卤和所打熟灰，逐缝涂满。周遭乃用芦篚高五六寸围转，亦用草灰裹涂，其内以大牛骨篚研掠光实，略以十余束柴焚火，使灰略坚却。……一面烧火，候缝稍坚，即上卤矣。必三五日再装一次"。这四节的配图也非常生动准确（图八，1~4）。另外，明《天工开物·作咸》也有所记载："其盆周阔数丈，径亦丈许。用铁者以铁打成叶片，铁钉栓合，其底平如盂，其四周高尺二寸，其合缝处一经卤汁结塞，永无隙漏。其下列灶燃薪，多者十二、三眼，少者七八眼，共煎此盘。"《彭惠安集》也载："铁盘用灰黏其缝隙，支以砖块。大盘难坏而用柴多，便于人众。"

　　根据这些文字记载和图示，可将过程分为两大步骤：一是盐灶的搭建。先在平地上用大砖砌筑两行砖墙，作为主火道及支撑盘块的支柱，并在前后两端砌出两眼灶门（可称为投柴的火门和扒灰的灰门），也有十多眼灶门的（明代）；再用生田挖出的草坯（土

① 燕生东：《莱州湾沿岸地区发现的龙山及元明时期盐业遗存》，《无限悠悠远古情——佟柱臣先生纪念文集》，科学出版社，2014 年；燕生东、赵守祥：《考古所见莱州湾南岸地区元明时期制盐工艺》，《盐业史研究》2016 年第 2 期。

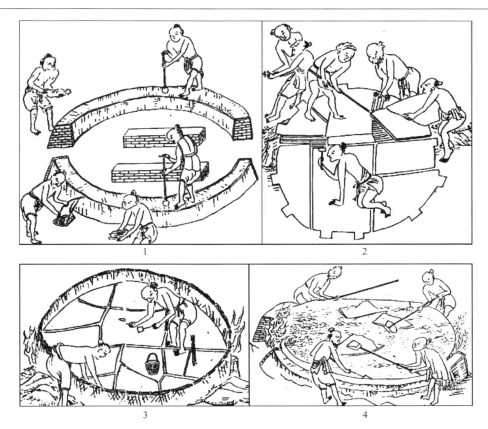

图八　《熬波图》盐灶搭建和盘铁装配使用图示（局部）
1. 砌柱承桦图　2. 排凑桦面图　3. 装桦泥缝图　4. 捞沥撩盐图

堑）垒成圆形土墙，作为盐灶的火塘空间，如此筑成一个高出地面二尺多的圆形盐灶，周长应有三丈余、直径约一丈（按大中型盘铁实物的复原尺寸测算）。二是盘铁的装配。先由众人合力将多件沉重的盘块抬上灶台，按照各盘块的不同形状排凑出完整的盘面，錾耳一律向外置于灶壁上，多数盘块依靠灶壁和灶内砖柱就能支撑起来，少数砖柱未能支撑到的小盘块用"盘驼"栓合相连，不使塌落；再用卤灰泥作黏合剂涂满盘块之间的缝隙，盘铁的周边用芦苇束笆（芦笓）围筑一圈，高约五六寸（明代高一尺二寸），苇笆也涂抹卤灰泥；然后在盘底火塘内生火，加热盘铁使卤灰泥凝结变得坚固，不易渗漏，如此就筑成一个以盘铁为底、以苇笆护边的大盐盘。这两步完成后，一座上有盐盘、下有火塘的大型盐灶就可用来上卤煮盐了。但昼夜烈火会使苇笆、卤灰泥和砖块烧坏，必须三五天重装一次盐灶。

根据以上梳理和分析，我们以《熬波图》图示的圆形多分盘铁为图样，对元代盐灶的结构做了初步复原（图九），可作为浙西诸盐场所用盐灶的一般形式，两淮诸盐场也应大致如此。这一复原还有两点需要说明。

一是盘驼的使用问题。《熬波图》记载的盘（桦）驼是"用铁打成块臂模样"，"以

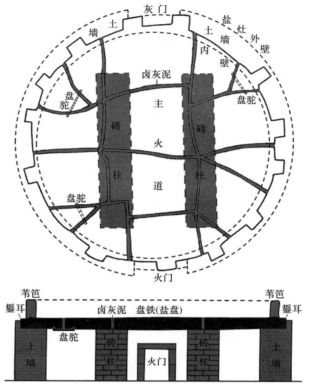

图九　《熬波图》元代浙西盐场的盐灶结构复原示意图

曲头搭两旁大铁块上，以凹身阁（搁）小片"，并有图示（图一〇，1、2），这种凹字形铁钉现在多称为钯锔、锔钉或马钉，钉料半成品为多个菱形钉身相连，以备临场截取打制（图一〇，5、6），与《熬波图》图示的驼料相似（图一〇，3）。以这种盘驼的凹身承托砖柱未能支撑的"架空"小盘块，两端的小臂嵌入两旁有砖柱支撑的大盘块，就能将小盘块托起而不致塌落。这样看来，盘驼必须要嵌在盘底，才能起到承托的作用。对此我们也做了示意性复原（图一〇，4）。当然，这还需要对盘块表面作仔细观察，以寻找盘驼嵌入的钉孔。

　　二是卤灰泥的使用问题。煮盐过程中用来弥缝堵漏的黏合剂非常关键，对此历代文献多有记载，如《天工开物·作咸》云：盐盘"南海有编竹为者，将编成阔丈深尺，糊以蜃灰，附于釜（灶？）背"。科技史专家潘吉星先生研究表明，"蜃灰"（又称蜃泥）应是用贝壳粉末加水调成，贝壳的主要成分是氧化钙，遇水可生成碳酸钙，经火烧则形成钙化物硬层，愈烧弥坚，因此涂抹蜃灰的竹盘是不易渗漏的，可用来煮盐[1]。《熬波图》记录的黏合剂是用茅草（茆柴）、草木灰、石灰加卤水调和而成，称之为熟灰或草灰，都不太准确，可称为"卤灰泥"。其成分和原理与"蜃灰"基本一致，所以大量用

————————————

① 潘吉星：《天工开物校注及研究》，巴蜀书社，1989 年。

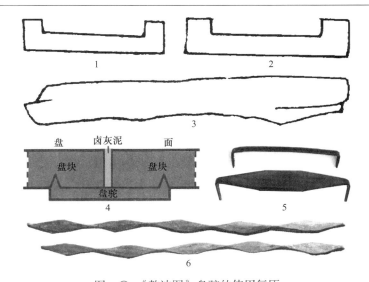

图一〇 《熬波图》盘驼的使用复原

1、2.《熬波图》盘驼图示 3.《熬波图》盘驼铁料图示 4. 盘驼使用的复原示意图
5、6. 现代马钉及其半成品（图片来自网络）

于涂抹盘缝和苇笆[①]，只不过大火久烧必会使之酥解，失去黏合力，故需三五天重装一次。以此来看，《天工开物·作咸》记载的盐盘"以铁打成叶片，铁钉栓合，其底平如盂，其四周高尺二寸，其合缝处一经卤汁结塞，永无隙漏"这段是有错误的，如盐盘不应是锻打而是铸成的，其周边也不是铁打的，而应是用苇笆围筑的，涂抹的黏合剂也不是卤水，而应是卤灰泥或蜃泥，并且也不会是"永无隙漏"。《天工开物·作咸》关于制盐的记载还有其他错误，对此有学者已做过分析[②]。

值得重视的是，近年已在至少 2 处地点发现了用盘铁煮盐的盐灶，进一步丰富了文献记载。盐城市区北新兴镇小学一带 1989 年发现了疑似盘铁块，并抢救清理了一处煮盐遗迹，距地表深 3.5 米左右，面积约 2 平方米，出有很多红烧土块和砖块，盘块呈黑红色，平面为不规则菱形，面积 40 多平方厘米，厚 35 厘米。清理者推测为宋代或早前[③]。这里宋代以来就是新兴盐场范围，因此很可能是用盘铁煮盐的盐灶。山东寿光双王

① 河北黄骅大左庄遗址近年发掘了一处隋唐煮盐遗址，发现有蜃泥坑和长方形盐灶等，蜃泥坑内见有小贝壳碎屑，盐灶的火膛中有砖砌支柱，见河北省文物考古研究院发掘资料。下文浙江洞头九亩丘遗址发现的"和泥坑"也很可能是卤灰泥或蜃泥坑，另在盐灶内发现有"蜃泥"，只是发掘简报对坑内堆积和蜃泥的成分没有详述。另外，现已出土的盘块实物表面多见钙化物凝结硬层，应为涂抹卤灰泥及煮盐过程中生成的钙化物结核的遗留。

② 柴继光：《关于宋应星〈天工开物〉中"池盐"部分一些问题的辨识》，《盐业史研究》1994 年第 1 期。

③ 盐城市海盐文化研究会、连云港博物馆：《江苏沿海古代煮盐工具初探》，《汉唐社会经济与海盐文化学术研讨会论文集》，盐城市海盐文化研究会，2008 年。

城遗址在近年的大规模发掘中发现了几座元明时期的盐灶，灶室为长方形或圆形，大者长（直径）1.5～2、宽1、深0.8～1米，有的灶内还遗有残铁块（图一一）[1]。这一带元代以来属于官台盐场的范围，其煮盐流程明代汪砢玉《古今鹾略》引《山东盐志》云："每岁春夏间，天气晴明，取池卤注盘中煎之。盘四角楮为一，织苇护盘上，周涂以蜃泥。"其中"角"应是盘角之意，也就是用4块盘角拼成矩形四分盘铁（参见图二之2），再在盘面四边围筑苇笆，并涂抹蜃泥以防渗漏。《尔雅·释言》："楮，柱也"，《注》曰："相楮柱"，故这里的"楮"应为支柱意，而非木柱之意，即盘底还要用铁柱来支撑以防塌陷，亦即前述《熬波图》所云支撑盘铁的砖柱"昔者铸铁为柱"之意。这样一个用4块盘角拼成的、四边并围筑苇笆和涂抹蜃泥、底有铁柱支撑的矩形盘铁，就可以用来煮盐了。因此，双王城遗址发现的矩形盐灶很可能是用盘铁煮盐的，灶内遗留的残铁块则很可能是盘铁残块，或者铁质楮柱的残留。

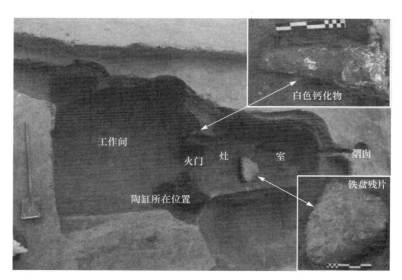

图一一　寿光双王城 014A 遗址 5 号盐灶

　　除此之外需要提及的是，在浙江温州和香港沿海还发现了以竹盘煮盐的盐灶。温州洞头县洞头岛九亩丘遗址 2013 年进行了抢救发掘，发现了一处分布范围较大的煮盐遗址，清理了盐灶、盐卤坑、和泥坑、房址和大面积的摊场、引潮设施、蓄水设施等遗迹，出土各类制盐用具千余件（图一二）[2]。其中早期盐灶规模较小，结构较简单，平

---

① 燕生东：《莱州湾沿岸地区发现的龙山及元明时期盐业遗存》，《无限悠悠远古情——佟柱臣先生纪念文集》，科学出版社，2014年；燕生东、赵守祥：《考古所见莱州湾南岸地区元明时期制盐工艺》，《盐业史研究》2016年第2期。

② 浙江温州市文物保护考古所、浙江洞头县文物保护所：《浙江省洞头县九亩丘盐业遗址发掘简报》，《南方文物》2015年第1期。

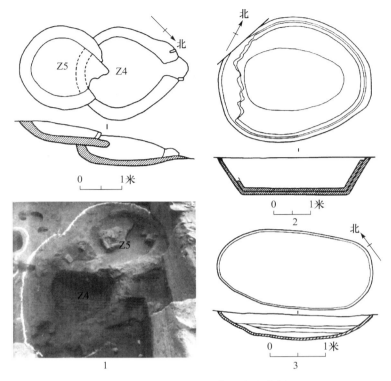

图一二　九亩丘遗址煮盐遗迹举例
1. 盐灶 Z4、Z5　2. 盐卤坑 H1　3. 和泥坑 H13

面多呈椭圆形，长径 2、短径 1.5、残深 0.3~0.5 米，灶门及灶壁为高温烤成的红烧土，灶内有大量草木灰和长短不一的陶制支具和垫具，以及少量青瓷片和蜃泥；晚期盐灶为大型椭圆形石砌建筑，部分已遭破坏，内径 5.5 米，灶室分内外两层，有火道连通，灶内也出有大量草木灰和陶制支具和垫具；盐卤坑也呈椭圆形，斜直壁平底，规模较大，坑口长径 4.3、短径 3.5、残深 1 米左右，坑壁以黄土和海泥涂抹筑实；和泥坑也是椭圆形，弧壁圜底，长径 2.8、残深 0.5 米。同出的瓷片为瓯窑、建窑和龙泉窑产品，器形有碗、盏、盘、壶、韩瓶、褐釉罐等，以及皇宋通宝、开禧通宝等铜钱，发掘者推断遗址年代在南宋至宋元之际。

　　香港地区自 20 世纪 30 年代以来就不断在滨海地带发现一种大型盐灶，如芦须城、鹿颈村、深湾村、二浪等遗址都有发现，已清理发掘的应在百座以上，保存较好的遗址往往有一二十个，沿海边排开。以前多误认为是用贝壳或珊瑚烧制石灰的"壳灰窑"，近年李浪林先生通过深入分析认为应是煮盐的盐灶（图一三，1、2）[①]。这些盐灶的形制基本一样，均为圆形深灶，底径 2 米左右，口径略小，深 1 米余；均为砖砌灶壁，石铺灶底，口部还砌出向外放射的多个小凹槽，并砌出光滑斜坡与灶壁相连；有些盐灶的周

____

① 李浪林：《香港沿海沙堤与煮盐炉遗存的发现与研究》，《燕京学报》2008 年第 24 期。

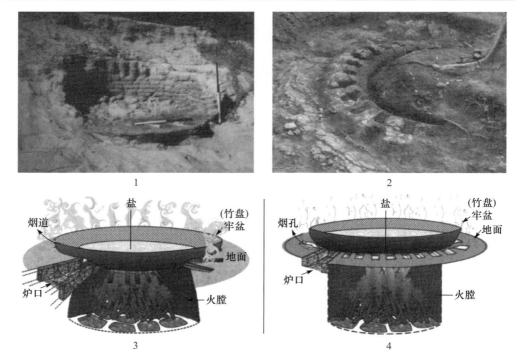

图一三　香港地区发掘的盐灶及其复原举例
1. 二浪遗址盐灶（笔者摄于香港博物馆）　2. 鹿颈遗址 2 号盐灶细部（灶内未清理）
3、4. 深湾遗址 11 号盐灶、鹿颈遗址 2 号盐灶复原（李浪林复原）

围堆积有较厚的"三合土"，有的灶外还有石筑或土筑宽槽，延伸达四五米，与其他盐灶相连。灶内火膛堆积有大量红烧土和陶支脚，以及少量陶瓷片。瓷片以青瓷罐、碗为主，还有开元通宝、乾元重宝、隋五铢等铜钱出土，所以年代多应在南朝至唐代，也有些热释光测年数据落在距今 1200～818 年之间，即唐宋之际。

　　这些盐灶遗迹是重要发现，九亩丘遗址发掘者和李浪林都联系有关文献记载，认为是采用竹盘煮盐的方式，并复原了香港盐灶结构和竹盘使用情形（图一三，3、4）。以竹编篦盘来煮盐是南方沿海古代很普遍的方式，历代文献多有记载（如前述《天工开物》），而《熬波图》也载明，盐盘"浙东以竹编，浙西以铁铸"，按此及前述苏北、山东出土盘铁情况可推知，大体钱塘江迤北沿海应是以盘铁煮盐，钱塘江迤南沿海应流行以竹盘煮盐。因此将温州和香港这些盐灶推断为用竹盘煮盐是基本可信的，只是香港盐灶复原的某些细节可能还有探讨余地。如灶沿密集分布的小凹槽不一定是烟道，若对照《熬波图》图示的盘铁外缘铸有多个錾耳以搁置于灶壁、分解重量压力的情形，则"阔丈深尺"的大型竹盘也应编出多个錾耳，小凹槽很可能与安置竹盘的錾耳有关；这种大型竹盘装入卤水（海水）后必定很重，则盘底应有支撑物，灶内出土的大量陶支脚应该就是支撑之用，九亩丘出土的大量陶支具和垫具也是此意，与《熬波图》所云支撑盘铁的砖柱"昔者铸铁为柱"应是类似之意。总之，温州和香港沿海发现的这些以竹盘煮盐的盐灶是有益启示，为我们发掘和辨识以盘铁煮盐的盐灶提供了重要线索。

关于使用盘铁煮盐的具体流程，《熬波图》的"上卤煎盐""捞洒撩盐""干桦起盐"诸节有详细记载："桦面装泥已完，卤丁轮定桦次上卤，用上竹管相接于池边缸头内，将浇料舀卤，自竹管内流放上桦"；"先安四方矮木架一二个（名撩床），广五六尺，上铺竹篾。看桦上卤滚后，将扫帚于滚桦内频扫，木扒推闭，用铁划捞漉欲成未结糊涂湿盐，逐一划挑起撩床竹篾之上，沥去卤水，乃成干盐。又掺生卤，频捞盐频添卤。如此则昼夜出盐不息，比同逐一桦烧干出盐，倍省工力"；"下中则月，卤水淡薄，结盐稍迟，难施撩盐之法。直须待桦上卤干，已结成盐，用铁划起。其桦厚重，卒未可冷，丁工着木履于热桦上行走，以扫帚聚而收之"。这四节的配图兹取一幅示之（图七，4）。另外，北宋《太平寰宇记·淮南道》也有简略记载："散皂角于盘内，起火煮卤。一溜之卤分三盘至五盘，每盘成盐三石至五石。既成，人户疾着水履上盘，冒热收取，稍迟则不及。收讫，接续添卤。一昼夜可成五盘，住火而别户继之。"

这是使用盘铁煮盐最详细的史料之一，其流程具体可分为三步：一是上卤，以多支竹管相接从小卤池（缸头）中汲取卤水排入盐盘中；二是煮盐与起盐，加火煎卤待盐结晶时，用扫帚和木扒将盐粒扫聚成堆，再捞起放到竹编滤网（撩床）上沥掉卤水，频捞频添不断出盐，此为"撩盐法"；三是"干盘法"，下中则月（约当秋冬季）卤水浓度淡时，每次煎卤需熬干水分，待结晶成盐时，盐工需穿木履在盘上劳作，用铁铲（铁划）将盐铲起，另有盐工扫聚成堆。其中还提到一个技术细节："若卤太咸，则洒水浇，否则桦上生矍，如饭锅中生爆焦，通寸许厚，须用大铁锤（一名桦锤）逐星敲打划去了。否则为矍所隔，非但卤难成盐，又且火紧致损盘铁。"亦即当卤水太浓时所含的钙离子也越多，高温环境下会生成钙化物结核（矍），必须用铁锤将结核逐个敲掉，否则结核会越积越厚，阻隔热能传导使"卤难成盐"，并会结成硬核难以去除，这时再铲会伤及盘面。在江苏盐税博物馆仿制的两副盘铁上，我们就能看出多道很深的划痕，这应是对盘块原物的真实再现。

关于以盘铁煮盐的产量，《建炎以来朝野杂记》载，南宋时"淮浙盐一场十灶，每灶煎盐昼夜六盘，一盘三百斤"；后来产量又有所变化，如清嘉庆版《两淮盐法志》云：一伏火（约当一昼夜）"凡六干，烧盐六盘，盘百斤"。产量的变化应与盘铁的尺寸大小及历代盐法制度的变迁有关，但也可看出历代对每盘的产量有严格规定，这一点从前述盘铁的不同规格也能看出来。事实上，历代对煮盐的整个过程都有严格管理措施，如"各场灶户领受铁盘，聚团煎烧，不许离越出外私煎"（万历版《重订两浙鹾规》）；"二三四人共一盘铁，或五六人共一盘铁"（《皇明世法录》）；"团煮者，众灶户纠合团聚，而共用此盘铁轮煎，非一灶一丁之所有也"（乾隆版《两淮盐法志》）。现代研究表明，这显然是规定灶户（盐工）必须共同煮盐，不能离团（团城）外出私煮[①]。这也同

---

① 刘淼：《明代盐业经济研究》，汕头大学出版社，1996 年。

时解释了盘铁要设计分成多块铸造，并要多人合力排凑、共同煮盐的原因，从而起到相互监督、"聚团公煎"之功效。甚至对每盘盐灶、每家灶户和每次煎煮都有严格的登记和限制，如"稽煎之道，设灶头、灶长，专司火伏，每煎丁起煎，先赴灶长报明时刻，领取火伏旗牌，悬于灶门，历十二时为一伏火"（清《重修两淮盐法志》）。这些措施都是食盐官营制度的具体体现，《熬波图》限于篇幅和体例，对此未能详述，只在"日收散盐"节以50多字予以概括："灶丁接样煎盐，轮当样次，周而复始，且如一户。煎盐了毕，主户则斛收见数，入团内仓房收顿。依验多寡，俵付工本、口粮，以励勤惰。"

四、结　　语

综上所述，本文以考古出土的盘铁遗存为基础，并结合《熬波图》等相关文献记载，对宋元明清时期以盘铁煮盐的相关问题做了初步研究，主要得出如下结论：盘铁是一种由多件组块拼合而成、专用于沿海地区煮盐的大型铁器，根据目前发现的有关遗存分析，盘铁可分为圆形和矩形两类，圆形盘铁又分为大、中、小三种规格（大中型的半径有1.6~1.7米），多分、四分、二分、整体一块等不同形制，每块都硕大厚重（厚约10厘米，重多在600~800千克）；盘铁的铸造多采用官督商办方式，采购原料和铸造过程都由官府严格控制，以防私铸私煮；使用盘铁煮盐的大型圆形盐灶直径约有一丈，需要多人合力排凑盘铁并共同煮盐，从而起到相互监督、"聚团共煎"之功效。盘铁的设计、铸造和使用是宋元明清王朝实行盐铁官营制度的重要体现。

总体而言，目前盘铁遗存的基础资料和研究成果仍比较薄弱，故本文的初步认识还需要更多出土资料的检验。通过本文的分析已能看出，盘铁是历史晚期的主要煮盐器具之一，也是历史晚期盐业考古的重要研究对象。但目前尚未对盘铁煮盐遗址进行正式发掘，缺乏科学系统的研究资料，今后应充分重视此类遗存，尽快开展科学发掘。根据鲁北沿海近年进行的商周盐业考古工作经验，发掘中应坚持手工业考古、聚落考古和多学科合作的理念大面积发掘，才能将制盐工艺涉及的各种遗存全面揭露出来。另外，各地因不识盘铁为何物而错过收存的情况不在少数，因历史晚期考古不受重视而造成盐业遗址遭到破坏的案例也时有发生，在此呼吁有关部门，在沿海地区经济开发的大潮中及时抢救和保护盐业文化遗产。

附记：本文为国家社会科学基金"冷门绝学"专项"熬波图校注与研究"课题（19VJX014）的阶段性研究成果；2019年和2020年笔者赴江苏北部盐城、泰州、南通和上海、浙西等地实地调研期间，得到南京博物院王奇志和于成龙、泰州博物馆黄炳煜、上海松江区博物馆杨坤、浙江海宁博物馆周建初、海盐博物馆江龙昌等先生及有关文博部门的大力支持与帮助，在此一并致谢！

（原载《盐业史研究》2022年第1期）

江苏南通古代盐业发展初探

杜嘉乐　　顾海燕

（南通博物苑）

从远古到当代，盐贯穿了整个人类社会发展的历史，渗透到人们生活的每一个角落。人类祖先因盐得以生存、发展和进步，到后来各利益集团之间、阶层之间、朝廷与地方之间、国家之间因追逐盐利而相互争夺，再到人们逐渐对盐业的生产、运输、销售进行有效管理，以及对盐资源的进一步开发利用，无不彰显出盐对国家政治、经济、军事、科技等多方面产生的深刻影响和巨大作用，形成了深厚而鲜明独特的盐文化。

一、南通盐业发展

南通地处江海交汇处，位于长江北岸，是长江冲积而成的平原。这块平原从西北逐渐向东南延伸，在两千多年的历史长河中曾有几次沙洲并接大陆的过程。至 20 世纪初，南通的境域初具规模，形成了滨江临海的独特格局。按理说南通文化就是江海文化，具有雄浑、阔大、恢宏的特征，可是却不然。南通尽管濒江临海，其文化却是由盐文化发展而来的。"鹾户沸煎惊海立，雪花高积斗山尖"，南通滨江临海，自古以来就有渔盐之利，"通之资于盐利也久矣"①。《史记·货殖列传》记载："彭城以东，东海、吴、广陵此东楚也……东有海盐之饶……"

南通古代原是天然的产盐场所，西汉初年，吴王刘濞割据扬州，收纳流民，招募天下"亡命人"，在海安及如皋的蟠溪地区（时属广陵郡）通过"即山铸钱，煮海水为盐"②，积蓄实力。刘濞为便利盐运，开运盐河，开凿"茱萸沟"，西起扬州茱萸湾，东迄于如皋磻溪，连通邗沟，东通沿海盐区，是一条十分重要的盐运河道，沿海诸场出产的盐尽可循此河道经邗沟运往北方各地。唐末通至如皋白蒲镇，后周时已通至通州，其终端已达今如皋李堡附近。这更促进了沿海制盐业的发展。盐场与盐场之间，以及盐场与通扬盐运河这一大动脉之间的支流渠道，也应运而生，形成了串场河。南北朝至唐初，市境南部的胡逗洲、南布洲和东布洲等沙洲上亦有"流人"煮盐为生。唐太和五年

---

① 黄毓任、冒健等：《南通历史文化概观》，新华出版社，2003 年。
② 南通盐业志编纂委员会：《南通盐业志》，凤凰出版社，2012 年。

（831 年）析海陵县东境 5 乡置如皋场，为市境内最早单独设置的盐政管理机构。中唐以后，盐铁使第五琦、刘晏先后致力于发展淮南盐，所产盐号为"吴盐"。1971 年，在通州陈桥乡河口出土南唐徐夫人墓志一块，其中记载着"永兴场运盐河东二百步"，即今通扬运河南端东北侧（图一）。永兴场，是古通州的七大盐场之一，位于通州城北，其范围包括今河口、秦灶一带。唐代以前南通地区以县为最高级地方行政单位，五代以后曾设有路、州、直隶厅、军、监、县几种地方行政单位。如静海军、通州路、利丰监等。军，是一种带有军事性质的行政设置，体现了当年南通一带的军事地位。监，是生产性的行政设置，南通的"监"主要管理盐业生产。

图一　南唐徐夫人墓志拓片

宋初，通州有义丰监，后改为利丰监。利丰监位置可能在南通城西的旧盐仓坝一带。利丰监专事管理盐业生产，它管辖利丰、永兴、丰利、石港、西亭、利和、金沙、余庆 8 个盐场，有 1342 个盐亭户，盐丁 1694 人。五代至北宋，市境盐区先后设场置官。北宋时沿海一带遍布盐场，在今南通市范围内共有淮南盐场利丰监、海陵监所辖的 14 个盐场，年产盐 48.9 万石。北宋《太平寰宇记》记载："胡逗洲在县东南二百三十八里海中，东西八十里，南北三十五里，上多流人，煮盐为业。"[①]《太平寰宇记》又载：利丰监设在通州城南，管西亭、利丰、永兴、丰得、石港、利和、金沙、余庆 8 个盐场。另，海陵监有 6 个盐场，也在今南通市范围之内。宋代创"折中法"，以盐利接济边防军饷，其时市境沿海亭场密布，产量大增，所产盐销往江、浙、荆、湖、淮等路州县。南宋时，对盐课尤为注重，是时市境有催煎场 10 处，买纳场 4 处，极一时之盛。元代，市境盐区总面积达到 300 万亩[②]。至明代中叶，通州分司所领"上十场"的产量达到 12

---

① 南通博物苑"江海之光展"收录资料。
② 南通盐业志编纂委员会：《南通盐业志》，凤凰出版社，2012 年。

万吨左右，为市境古代盐产量的最高纪录。明朝时，盐务收入是全国重要的经济命脉。明廷为监察盐课，考核盐吏，每年派巡盐御史按临两淮，以通州为驻节地，前后凡百余年。南通统管两淮盐区 30 个盐场中的南边 10 大盐场，为淮左望郡。明末清初，南通境内盐业生产因战乱遭到破坏，到清中叶逐渐恢复，清同治年间，吕四、余东、余西等场所产盐以色白味咸备受推崇，列为淮盐之冠①。南通博物苑馆藏有晚清地方政府为了保障盐运畅通、护理坝闸河道发布的文书（图二）。清末民初，张謇创立同仁泰盐业公司，改进制盐技术，所产精制盐获意大利万国博览会优胜奖牌，成为"中国盐发见于世界之代表"。可以说，盐之于南通，再密切不过了，南通最早的开发者是煮盐的人——盐民，最早的集体生产场所是盐场，最早的经济管理人员是盐官，最早的运输业是盐运业，南通城镇的形成最早也是由盐亭场发展起来的。南通文化最早是由盐文化演变而来的，盐文化是南通文化的底层。

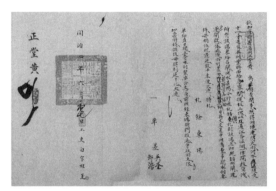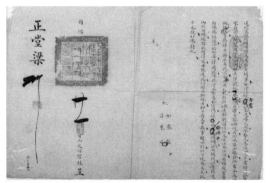

图二　晚清地方政府运盐河道护理文书

唐代南通已成为中外交流的通道。天宝年间，鉴真和尚东渡日本，曾经南通以南江面。开成三年（838 年）日本高僧圆仁（号慈觉）随遣唐使滕原常嗣来中国，在南通登陆，通过运盐河前往扬州。圆仁和尚在中国前后十年，他撰写的《入唐求法巡礼行记》（简称《行记》），是东方四大游记之一，是一份珍贵的历史记录。圆仁和尚在其《行记》中记录了自南通至扬州的沿途见闻，遣唐使一行登陆后，有盐官来接待。当他们离开淮南镇，转河道（当为运盐河）经如皋北上去扬州时，一路看到很多运盐的船，"或三四船，或四五船……数十里相随而行，乍见难记，甚为大奇"。反映了当时盐业生产之丰盛。南宋末，文天祥从石港出海南下时，留有《卖鱼湾》的诗作："风起千湾浪，潮生万顷沙。春红堆蟹子，晚白结盐花。故国何时讯，扁舟到处家。狼山青两点，极目是天涯。"②诗人在寄托对故国怀念之情的同时，也描绘了卖鱼湾的景色，海湾沿岸排列着一个个盐场，诸如掘港、马塘、石港、金沙、西亭、余西、余东、吕四等，宋代以来，

---

① 南通盐业志编纂委员会：《南通盐业志》，凤凰出版社，2012 年。

② 黄毓任、冒健等：《南通历史文化概观》，新华出版社，2003 年。

这里成为著名的淮南盐产区。元朝时意大利旅行家马可·波罗到通州，在游记中记到："通州城市面积不大，但一切生活必需品的供应都十分充足；居民是商人，拥有许多商船；鸟兽的产量很多，通州东面相距三天路程的地方就是海洋，在通州城和海岸的空间地带，有许多盐场生产大量的盐。"[①] 明清时代南通共设 12 个盐场，盐场交界处立有界碑，用以明确范围，以保证各场柴草的取用。见南通博物苑馆藏明嘉靖年石港马塘场草荡界碑（图三）。晚清时期经历太平天国战争，沿海盐业生产停滞，清政府于战后制订政策，颁令各主要盐场刻石，以保障盐业生产。见南通博物苑馆藏同治六年（1867 年）余东盐场盐务公文碑（图四）。

图三　明嘉靖年石港马塘场草荡界碑　　　　图四　同治六年余东盐场盐务公文碑

二、盐业生产主要工具

盘铁是中国沿海古代煎盐的主要工具。据现有资料考证，盘铁的出现最早可以追溯到宋代以前，有着近千年的历史。盘铁硕大、厚重，造型奇特，一般为厚 9～11 厘米的铸铁板，整体呈圆形或椭圆形，也有矩形，直径（或长、宽）从 1.5 到 4 米不等，四周大体

---

① 黄毓任、冒健等：《南通历史文化概观》，新华出版社，2003 年。

均匀置有齿轮状的錾（或称耳），正反都为平面，无边沿，数块拼合成直径一丈左右的煎盐大盘，古称"牢盆"，宋元以来根据《熬波图》等文献记载称为"盘铁"（图五），盆下砌灶燃薪，多者十二、三眼，少者七、八眼，共煎此盆。盘铁由国家铸造，以限制私盐生产。见南通博物苑馆藏通州区石港镇九总等地出土的多件（块）盘铁实物（图六）。由于盘厚重而大，难以发热，因此，每举火一次，常常连续生产半个月之久。官府规定用盘铁煎盐制度，以之强制盐民集中生产，从唐、宋到明代一直沿用，明后期停止。

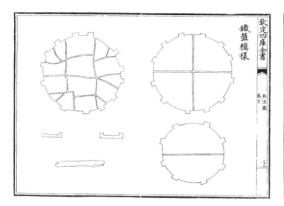

图五　《熬波图》盘铁模样图

锅錾又称盐錾，是明清时期的煎盐工具。相对盘铁而言，盐錾具有形状一致、壁薄质轻、易铸造、易设灶举火煎盐等优点，它的出现逐渐取代了盘铁。馆藏有本地出土的铁质盐錾（图七）。此外，明代中期以后，由于商品经济的大力发展，官府对盐民实行盐课折银，即由征收实物改为征收货币。嘉庆《两淮盐法志》记载："自万历四十五年，盐引改征价，盐不复入官仓，皆商自行买盐。"说明这一时期生产关系发生了变化。同时，官铸盘铁、锅錾之制遂止。为了节约成本，盐商改铸盘铁为盐錾，供盐民们使用。明代后期，政府允许私人经营盐业，锅錾得到广泛使用。

图六　盘铁　　　　　　　　　　　　　图七　铁质盐錾

清中期以后，草煎盐逐渐被日晒所取代，锅錾至清末停用。此时，随着海岸线的东移，潮汐不至，卤气退化，淮南盐场原有生产方式的种种弊端充分暴露。废灶兴垦势在必行，从 20 世纪初开始，近代实业家张謇在淮南这块荒滩上，带领南通人民展开了新一轮大规模的垦殖运动，在张謇的领导下，一批新型盐业公司在此建立，引进了全新的生产方式，极大地推进了区域现代化的进程。近代盐业生产主要是板晒法，后来还有滩晒法。板晒盐法归纳起来有整理盐池、灌水晒灰、收灰、淋灰、上水淋卤、收卤、加卤晒盐、收盐储存八套工艺。

收灰畚箕，是由草编成的，用于盛装铺在塔里最下层过滤盐水的草灰。木质推盐头，用其将晒好的盐聚集在一起。晒出的盐可以用木质刮子迅速刮入畚箕，因为盐的颗粒粗，免得刺激、伤害手。草质刮盐畚箕，盐晒出来后，首先专用它来装盐。馆藏有本地盐场保存下来的实物（图八）。晚近铁质钉耙，这种钉耙与一般的农用钉耙不同，齿较长，而且每个齿间距离也较宽，应该是耙盐或者松表面泥土而用，不是农用深挖泥的工具。

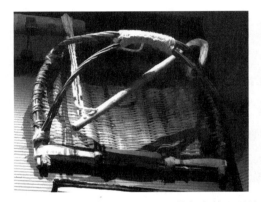

图八　收灰畚箕和刮盐畚箕

在宋代淮南人陈晔的《通州煮海录》中，将煎制海盐的过程分为六道工序：削灰、刺留、熬卤、试莲、煎盐、采花。其中"试莲"即为卤水尝试的测试，"卤子"则是测试卤水浓度的具体用具。南通博物苑馆藏有本地盐场保存的传统竹制"卤子"，是用一段竹节管加工成盛斗形，在其开口处留一短柄，此外在开口处另取四根细竹枝，等分制成一个网罩，用于防止其中的卤标遗失（图九）。卤子应是盐业生产过程中，测定卤水浓度的土制浓度仪。

南通博物苑收藏的一块场牌，一面上书："正堂"，另一面："场牌　特授余西场正堂施　牌给　广运灶煎丁姚增禄，起火领牌，伏火缴牌，如无牌私煎，查出究办不贷。光绪五年正月十九日给"（图一〇）。光绪五年即 1879 年，这件木质场牌是清代余西场盐官颁发给灶丁起火的煎盐执照，相当于现在的工商营业执照。这件藏品反映了当

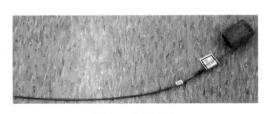

图九　竹制卤子

时南通盐业生产之盛、规模巨大，同时管理也是极其严格。另外，本馆藏有银质赏牌，是清代地方政府及盐政官员颁给盐场盐商的奖牌，相当于现在的奖状，以示对盐商的表彰（图一一）。盐栈石砠，砠即秤砣，由政府制作，是用于称盐的衡器（图一二）。

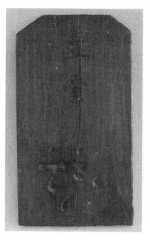

图一○　木质场牌

图一一　银质赏牌

图一二　盐栈石砠

三、近代南通盐业的发展

1901 年，张謇在海门招佃开垦，建立了全国最早的公司制农垦企业——通海垦牧公司（图一三）。经过十多年的农田水利建设，在淮南垦殖事业上取得了巨大的成绩，并带动了大批垦殖公司的建立（图一四）。张謇对盐业与国家利益之间的关系有着清醒的认识，他认为："国计之大利在盐，而大害在于枭。盐生利，利生枭，枭生害；害进则利退而国计穷矣。"[①] 只有通过改革盐法，使盐法更合乎于今情，才能使国家长久享有

① 张謇研究中心、南通市图书馆：《张謇全集》第三卷"实业"，江苏古籍出版社，1994 年。

盐利。于是他提出："穷则变，变则通，通则久。"大规模的垦殖对盐业生产的改良是有益的，同时张謇也目睹了盐农之苦，于是在 1903 年在通州吕四创办了同仁泰盐业公司，决心改革盐业生产和管理模式，推动社会的文明进步发展。后来又成立了大丰盐垦公司、大祐盐垦公司、华成盐垦公司等。盐业改革是张謇投入了三十余年精力为之努力的一项事业，虽然影响不及其他，但开拓了两淮乃至全国盐业生产的新风气，为中国近代新式盐业生产组织的创立做出了有益的尝试。

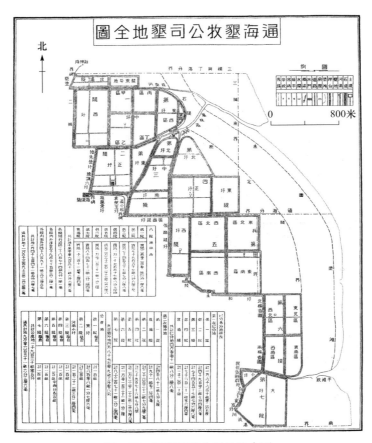

图一三　通海垦牧公司垦地全图

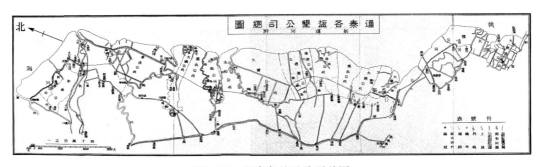

图一四　通泰各盐垦公司总图

根据有关档案资料的记载，张謇的盐业改革主要有四个方面（图一五）。

图一五　通泰盐垦图

其一，改革旧的管理制度，提高盐工待遇，体现"以人为本"的思想。张謇认为，旧盐法无视盐业生产者的疾苦，是灭绝人性的。于是他在创办同仁泰盐业公司之时，便旗帜鲜明地提出"以恤丁为第一"的口号，在《公司整顿通章》中，针对旧法损丁的弊端，从各方面明确规定了旨在善待食盐生产者的条例，严格执行。体现了张謇从心底对社会最底层百姓的关爱，体现了他的民本思想。

其二，加大投入改善生产环境，改良盐业生产管理模式。同仁泰盐业公司成立后，张謇不是只顾眼前利益，而是为提高生产效率，在基础建设上加大投入，改良生产环境，方便盐丁生产，通过这一系列的改革措施以后，盐工们的生产积极性得到提高，盐产量比过去得到提升，公司每年收盐两万桶。

其三，技术创新，积极探索制盐新技术，以提高盐质量。为了改进盐业生产工艺，张謇亲自指挥，投入大量资金，派人学习日本制盐法、修建试验场、请日本技术人员亲临指导……创新生产出来的盐色泽、味道、质量等各方面与国外先进技术生产的食盐相同。应该说已能生产出达到当时国际先进水平的食盐了。第二年产量有所增加。但由于生产成本过高，销售方面受到两淮盐运司阻挠，没有大量投入生产。为了探索制盐工艺，同仁泰盐业公司还进行了多种生产方法的试验。开始是草煤兼用雇工煎盐，后为节省草薪，试验改煎盐为晒盐。派人学习松江、宁波板晒制盐法。不断地革新技术，终于找到了适合的技术和方法。同仁泰试验成功并正式投入推广的是松江的板晒法，把海水盛在带边墙的木盘里，置于日光下曝晒，利用太阳热能蒸发结晶成盐，不用草，成本较低，有利垦殖。刮沙淋卤，卤洁而盐白，色味都胜过松江盐，也胜于淮北晒盐。1906年，同仁泰盐业公司生产的精制盐参加在意大利举行的国际展赛会，由于色味俱佳，受到各国专家一致好评，获得最优等奖牌。

其四，多方融通，为改良盐的销售费尽心力。在试制新法盐的过程中花费了大量资金，由于盐业销售一直是国家垄断，从1905年至1908年，张謇为打开销路想尽办法均无果，1908年鉴于同仁泰公司资金亏空严重、产业将破，张謇通过关系呈控于清政府农工商部、度支部、盐政部等，终于得到时任两江总督兼两淮盐政使端方的支持，同意新辟通州、如皋、海门3个食岸，专门疏销吕四改良盐。从此，张謇取得了通、如、海一带食盐销售的垄断权，由此，同仁泰盐业公司摆脱了经济困顿，这也对于继续进行和发展改良盐的生产具有十分重要的意义。可以说，同仁泰的最终成败取决于行政和权力的运用，而张謇个人纵有再好的经营管理能力和素质恐也难有用武之地，张謇对此深有感触："此亦在专制官下死中逃生之事也[①]。"

张謇创办盐业公司的目的与其"救国先救贫"的指导思想是分不开的，同时他还希望公司通过改革传统的煎盐方法，腾出沿海草滩来植棉，为棉纺工业提供原料。张謇前后三十余年致力于传统盐业经济的改革实践，是有他的思想和主张的，他认为只有使盐法合于今情，通行无弊，才能使国家长久地享有盐利。对于新盐法的制订："外不背乎世界大势，内有合乎社会心理，即为良法。[②]"在今天看来，即盐法既要不违背世界发展趋势，又要具有中国特色，适合于民情。在实行改革的本质上，张謇主张既治标又治本，而在具体步骤上，应是重在治本，他认为"作事审势，必规其大；兴利革弊，必要于公[③]"，治本意味着彻底摒弃旧的盐政制度，实行就场征税和自由贸易。但在治本尚不具备条件时，不妨先行治标，以实行就场官专卖为过渡之阶段，为以后治本创造条件，最终达到实行就场征税、自由贸易的根本目的。张謇的盐业思想在今天看来也还是具有先进性的。张謇的盐业改革实践主要是针对淮南盐业进行的，张謇的盐业改革活动又主要是在他经营的同仁泰盐业公司内部实施的，但他的盐业改革绝不是区域性的，其出发点和归宿都在于改变中国盐业经济的落后面貌。他不仅为淮南盐业生产经营各环节的改革倾注了几十年心血，也为实施全国盐业改革计划进行了不懈的努力，为推动中国盐业的早期现代化进程做出了卓越的贡献。

南通在张謇时代的开放程度是屈指可数的，而张謇创造了许多个全国第一，使南通的文化大放异彩，南通由此进入近代史上第一次大发展的时期，特别是他以自己的智慧

---

① 张謇研究中心、南通市图书馆：《张謇全集》第三卷"实业"，江苏古籍出版社，1994年。

② 张謇研究中心、南通市图书馆：《张謇全集》第三卷"实业"，江苏古籍出版社，1994年。

③ 张謇研究中心、南通市图书馆：《张謇全集》第三卷"实业"，江苏古籍出版社，1994年。

使古老的南通城焕发活力成为中国近代第一城。地域文化的差异往往会通过各自地域的一些代表性的人物反映出来，以张謇为代表的南通人，其开放性、创造性在南通历史文化中确是最具活力的。南通历史悠久，文化积淀深厚，算不上辉煌，却有自己的亮点，算不上个性非常鲜明，却有自己的特点。这块充满希望的土地需要一种充满活力的新文化。在21世纪初的中国政治、经济和文化的舞台上，南通的历史文化已然开始焕发出新的魅力，这是令人欣慰的。

江浙及岭南沿海地区盐业考古的回顾与展望

赵宋园

（国家文物局考古研究中心助理馆员）

江浙及岭南沿海地区在先秦时期便有相关盐业记载，可使我们管窥该时期盐业的发展。

（吴王）东煮海水以为盐，上取江陵木以为船。

《史记·淮南衡山列传》

夫吴自阖庐、春申、王濞三人招致天下之喜游子弟，东有海盐之饶。

《史记·货殖列传》

朱余者，越盐官也。越人谓盐曰余，去县三十五里。

《越绝书·外传记·地传》

此外，出土文献中亦有对早期制盐业的记载。如包山楚墓 M2 出土 147 号简（图一），林沄先生将其释读为"陈悬、宋献为王煮盐于海，爰屯二儋（担）之食、金铤二铤。将以成收"。说明战国时期楚国的盐业生产已由官方控制。加之海盐煮制以齐国最早，故而陈悬可能为楚国自齐国聘请的盐师[1]。另据《说苑·臣术》载，秦穆公曾遣商人至楚国购盐，可见楚国海盐除满足本国食用外，还销至内陆诸侯国。由此可知，至迟在春秋时期，吴越一带已开始煮制海盐。

最近十余年来，随着浙江宁波大榭、江苏东台北海村及浙江玉环前塘垟、浙江洞头九亩丘、浙江海宁朱家园等遗址的发掘，以及香港龙鼓滩等诸盐灶和盘铁等煮盐器具的辨识，标志着本区盐业考古取得了较大进展，丰富的文献记载则为盐业考古研究提供了有力支持。

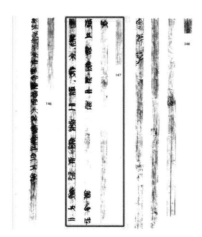

图一　包山楚墓 M2 出土 147 号简[2]

---

① 林沄：《读包山楚简札记七则》，《江汉考古》1992 年第 4 期。

② 湖北省荆沙铁路考古队：《包山楚简》，文物出版社，1991 年。

一、既往成果的回顾

1. 考古发现

本区盐业考古相对起步较晚，但意义重大。宁波大榭遗址属于钱山漾文化（相当于龙山早期），发现了我国目前所知年代最早的海盐生产遗存，其双排连灶的煮盐工艺已较为进步，表明该工艺的产生时间应更早。历史时期的玉环前塘垟、洞头九亩丘等遗址，发现了丰富的唐宋时期煮盐遗存，补充了文献记载海盐生产场景的不足。海宁朱家园晚清煮盐遗址的发现，为研究杭嘉湖沿海地带晚近盐业的发展提供了重要实物资料。

（1）浙江宁波大榭遗址

2015年，为配合大榭开发区建设，宁波市文物考古研究所等单位对大榭遗址进行了抢救性勘探与试掘[①]，其中二期遗存发现了大量盐业遗迹与出土遗物，当属于我国目前所见最早的海盐遗址。制盐遗迹发现有灰坑、盐灶、陶片堆、制盐废弃物堆积等。其中27座盐灶成群分布于3个区域，发掘者将其大致分为三个时期：早段为椭圆形单眼灶，两个一组；中段盐灶体积增大变为七眼，成行排列；晚段出现组合大灶和单体小灶，应具有不同功能。制盐废弃物堆积发现18处，由大量陶片、各色烧土块和白色钙质小结核（即碳酸钙）构成（图二）。

（2）香港盐灶遗址

1935年起，香港沿海沙丘之上已发现了59处"壳灰窑"遗址。但当时未能正确认识其性质。近年来，李浪林先生通过比较分析，发现这类遗址大多无连续的地层堆积，以单一的炉灶遗迹为主；出土遗物以陶支脚及红烧土制品为主，日用陶器少，进而认为

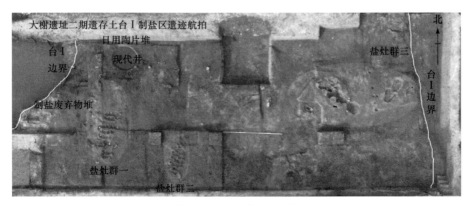

图二　大榭遗址二期遗存土台 I 制盐区遗迹

① 雷少、梅术文：《中国古代海盐业的最早实证：宁波大榭遗址考古发掘取得重要收获》，《中国文物报》2017年12月29日第8版；雷少、梅术文、王结华：《海岛之光 浙江宁波大榭遗址的考古发现》《大众考古》2019年第6期；刘团徽：《浙江盐业考古初探》，《东方博物》2020年第2期。

这些沙堤上的"壳灰窑"应为煮盐炉灶。根据部分已发掘遗址，他估算香港地区南朝至唐的盐灶总数可达 400 座，反映了该时期香港海盐生产已达到一定规模[①]。

（3）浙江玉环前塘垟遗址[②]

2018 年，为配合玉环市城关中心小学分校区工程建设，浙江省文物考古研究所等单位对前塘垟遗址进行发掘，发现宋代制盐作坊 1 处。由盐灶 2 座、淋卤坑 7 个、坯料坑 1 个、石砌蓄卤池 1 口，灰沟 1 条等遗迹构成。出土陶支座、烧土支臂、灶篦类烧土块等制盐器具逾万件（座）。

（4）洞头九亩丘遗址

2013 年，温州市与洞头县文物考古部门联合对九亩丘遗址进行了抢救性发掘。发现盐灶、和泥坑、盐卤坑、房址，以及约 100 平方米的摊场、蓄水、引潮设施等遗迹现象，出土各类制盐陶用具千余件（图三）。遗存可分为早晚两期，早期年代约为南宋晚期，晚期相当于南宋晚期至宋元之际。其中值得注意的便是早期摊场及晚期盐灶的发现[③]。

（5）海宁朱家园遗址

2020 年 10~11 月，浙江省文物考古研究所联合海宁市文物保护所组建发掘队伍，对海宁朱家园煎盐遗址进行了试掘。揭露面积 50 多平方米，发现了煎盐灶坑 1 座、土坑井 2 口。时代相当于清晚期至民国前期[④]。

除以上正式发掘的盐业遗址外，江苏东台北海村遗址发现有灰烬沟，可能与晚唐至北宋早期的盐业生产有关[⑤]。另据《潮阳县文物志》所载的宋代"河浦华里煮盐遗址"[⑥]，

① 李浪林：《香港沿岸沙堤与煮盐炉遗存的发现和研究》,《燕京学报》新二十四期，北京大学出版社，2008 年。

② 该遗址材料尚未正式发表，参考资料主要来自部分新闻报道：范宇斌：《2018 年度浙江考古 10 项重要发现》，中国新闻网，2019 年 1 月 9 日；薛梦曦、郭康法：《大海的馈赠：玉环前塘垟宋代盐业遗址考古纪实》，玉环市人民政府官网，2019 年 7 月 24 日。

③ 浙江温州市文物保护考古所、浙江洞头县文物保护所：《浙江省洞头县九亩丘盐业遗址发掘简报》,《南方文物》2015 年第 1 期；李水城、梁岩华、刘团徽等：《浙江洞头九亩丘制盐遗址的最新收获》,《中国文物报》2014 年 3 月 28 日第 8 版。

④ 周建初：《浙江海宁市（古盐官县）的盐业史料及相关遗存》,《东方考古》（第 18 集），科学出版社，2021 年。

⑤ 褚亚龙、李鹏为：《江苏盐城东台北海村制盐遗址浅议》,《东方考古》（第 17 集），科学出版社，2020 年。

⑥ 《潮阳县文物志》载"河浦华里煮盐灶址在河浦区华里盐场东灶。西距华里乡约 1 千米，南离海岸约 2 千米。一九五九年将沙理改为水理时，发现遗址分布达 1000 多亩，现仅存此处灶壁土块经火烧，呈黄褐色。在离灶址约 5 千米的龟背海滨，有宋绍圣三年（1096 年）三月的记游石刻。又有宋代诗人王安中写的诗句"万灶晨烟邀白云"（见律诗《潮阳道中》），说明这里可能是宋代盐灶遗址"。见潮阳县文化局博物馆：《潮阳县文物志》，1986 年。

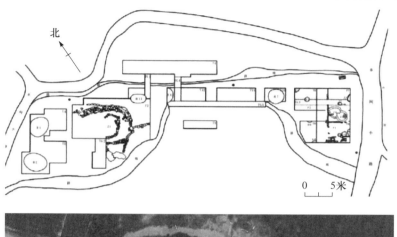

图三 九亩丘遗址总平面图

1. 早期盐灶 2. 早期盐卤坑 3. 早期摊场 4. 晚期盐灶 5. 晚期盐卤坑
6. 晚期和泥坑 7. 晚期盐卤坑 8. 晚期工棚 F2 9. 晚期房址 F1 10. 瓦砾堆积

其面积超 1000 亩，但仅存金狮陇一埕，亦发现有盐灶。但并未发掘。

2. 相关研究

先秦时期的研究围绕大榭遗址展开。该遗址多学科研究成果丰硕[①]：古 DNA 表明煮盐人群与良渚人有密切关联；动物考古表明遗址出土动物以野生种为主，狩猎这种时间、人力投入皆较少的肉食更受海盐生产专业化的大榭人的青睐，此类现象同样存在于

---

① 文少卿、雷少、孙畅等：《浙江宁波大榭遗址一期人骨的古 DNA 研究》，《南方文物》2020 年第 6 期；董宁宁、朱旭初、雷少：《宁波北仑大榭遗址的动物遗存研究》，《南方文物》2020 年第 6 期；雷少：《我国古代海盐业的最早实证——宁波大榭遗址考古发掘取得重要收获》，《中国港口》2017 年第 S2 期；雷少：《考古奥斯卡 | 大海的馈赠：宁波大榭史前盐业遗址考古记》，澎湃新闻，2018 年 4 月 16 日。

重庆忠县中坝遗址。碳氧同位素分析表明废弃堆积包含的钙质小结核析出温度在 40℃，它是日晒"盐泥"所析出的碳酸钙沉积而成。这说明盐业生产应在高温季节（夏季）进行。煮盐陶盆内壁附着物中的碳酸钙重结晶温度在 55～90℃，说明当时制盐工艺为煮盐。锶同位素分析显示，钙质结核混合了海水和陆地碳酸盐的锶。这说明盐业生产原料不是直接使用海水，而是来自海边滩涂中含盐量高的海泥，俗称"盐泥"。发掘者基于以上认识，对大榭遗址煮盐工艺流程进行了初步复原。

历史时期的研究成果则较为丰富。李水城先生主要将九亩丘遗址所出的陶支具、垫具等同国内外的制盐陶器进行了对比研究[1]。该类器物与香港、鲁北地区盐业遗址所出器物较为类似。从国外遗址材料看，此类陶支具多在早期制盐阶段使用，为何南宋时期的九亩丘遗址仍在使用？我国华南沿海地区曾长期使用篾盘煮盐，故而此类工具的大量出现应与此相关。但九亩丘遗址是否仍以篾盘煮盐，还需进一步探讨。

李浪林、王青两位先生均对香港盐灶进行了复原。李浪林先生认为盐灶周边呈放射状的小凹槽为烟道、石槽则为灶口（图四）[2]。

图四　香港盐灶复原方案

王青先生则首先探讨了竹盘形制。据宋代《嘉定会稽志》等史籍载，用于煮盐的竹盘带有很多錾耳，并认为外斜小凹槽应为支撑錾耳之用。至于石槽，则认为其可能用于输送卤水。对于其中的垫具与支具的用途也均具体分析[3]。

刘团徽先生认为前塘垟遗址上层的盐灶延续时间较长，且出土物多为灶内构件，并未发现篾盘相关遗存，进一步结合盐灶形制认为其应为盘铁煮盐。在此基础上对盐灶结构进行了复原（图五）。

图五　前塘垟上层盐灶结构复原图

① 李水城：《2014 年中国盐业考古的发现与随想》，《南方文物》2015 年第 1 期。
② 李浪林：《香港沿海沙堤与煮盐炉遗存的发现与研究》，《燕京学报》2008 年第 24 期。
③ 王青：《东南沿海古代竹盘煮盐的考古学探索》，《文物》待刊。

　　九亩丘遗址的发掘者梁岩华、刘团徽先生对盐场形制进行了讨论：早期盐灶体量较小、工艺简单，应属盐户自营的制盐场。晚期规模扩大、工艺极大提高，运营此类盐业作坊所耗人力、物力甚巨，个体户难以经营，可能为"官营或官督民制盐场"①。

　　王青等先生着重对东南沿海地区的煮盐容器进行了探讨②。认为钱塘江迤北应是以盘铁煮盐，迤南则流行竹盘煮盐，并在此基础上进一步分析了盘铁、竹盘的形制特征、使用场景等问题。结合明《菽园杂记》所载"悬以绳索"，认为应是通过竹篾或绳索的拉升进一步减轻盘内卤水造成的压力。

二、现存问题及今后工作展望

　　通过以上回顾，我们认为江浙及岭南沿海地区盐业考古目前仍存在一些问题，主要表现在：大榭、前塘垟、九亩丘等遗址均为配合基建工程进行的抢救性发掘，缺少主动性、系统性盐业遗址普查及带有明确课题性质的主动性发掘；囿于沿海地理环境变迁、地区经济开发、盐业考古开展较晚等，大量制盐遗址仍面临较大的被破坏风险；已发掘遗址多集中于唐宋元时期，其他时段的甚少；虽部分地区设有盐业博物馆、盐文化馆，但展陈内容侧重于图文性质的介绍，缺乏实物资料的支撑。

　　基于以上问题，我们认为在今后工作中应注重以下几个方面的问题。

　　（1）归纳总结已知盐业遗址的普遍性特征，对已发掘的遗址再次筛选、审视，力求辨识出更多盐业遗址，以弥补以往工作的不足。盐业遗址作为手工业作坊遗址，其遗迹遗物与一般居住遗址有很大不同：遗迹以红烧土为主要特征的盐灶为核心，含大量草木灰堆积的摊场、抹有蜃泥或黏土的卤水坑井等遗迹与之组成的作坊单元；遗物则以诸多红烧土制品、陶支具、篾孔类块状器具为主，日用陶器较少。制盐活动中形成的水垢多呈白色钙结核状，此类物质的发现亦可用于识别盐业遗址③。

　　（2）尽快加大基层文物考古人员的业务培训，开展主动性的盐业遗址调查及发掘工作，以全面掌握不同时期的遗址数量与分布。田野考古是获取新材料的唯一途径，而基层文物考古人员的业务素养则决定了材料的准确性、科学性。因此，有必要通过培训使其了解盐业考古的内涵、相关遗迹遗物的特征。以"盐业考古培训班"的形式进行集中授课，主讲者可从各高校、地方院所的相关方向学者中遴选。理论授课与田野发掘相结合，相关研究方向的研究生亦可参与其中。

---

① 浙江温州市文物保护考古所、浙江洞头县文物保护所：《浙江省洞头县九亩丘盐业遗址发掘简报》，《南方文物》2015 年第 1 期。

② 王青：《东南沿海古代竹盘煮盐的考古学探索》，《文物》待刊；王青、代雪晶：《〈熬波图〉煮盐盘铁的考古学探索》，《盐业史研究》2022 年第 1 期。

③ 崔剑锋、燕生东、李水城等：《山东寿光市双王城遗址古代制盐工艺的几个问题》，《考古》2010 年第 3 期。

（3）加强与古代盐业生产、运输、销售等环节有关的实物资料的辨识、收集与整理。目前，盐业考古焦点集中于手工业作坊遗址及相关制盐器具的研究上，其他环节因材料披露较为零散、难成体系而关注度较低。实际上，除以上介绍的遗址外，古代盐场和盐田遗存、盐官印、制盐用具、盐课银锭、古代盐场舆图、出土文献等相关遗物也都有发现，对其进行辨识、收集、整理及系统性研究，无疑对现阶段的盐业考古的发展大有裨益。

（4）加强对古代盐业生产及盐业史等的史籍记载的认识，更好地把握制盐工具、工艺演进及生产关系的转变。相较于本区起步较晚的盐业考古，盐业史研究开展得较早。"盐利岁才天下之赋，盐利居半，宫闱服御、军饷、百官禄俸皆仰给焉。"[1] 正因为盐课利大，故历代统治者均严密控制，史书亦大多以大量篇幅记录食盐产地、产量、税收等情况，部分农书如《熬波图》《通州煮海录》等专门介绍其生产工艺（图六）。这些史料及研究成果若为盐业考古所用，相信对今后调查发现新遗址、相关遗迹遗物的命名与阐释提供极大的参考价值。

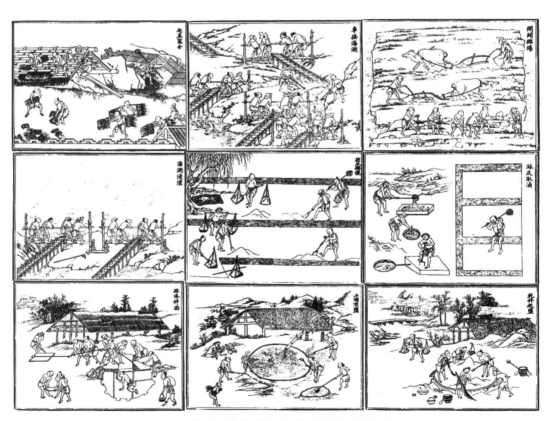

图六　元代制盐典籍《熬波图》所载主要制盐流程

---

① （宋）欧阳修、宋祁：《新唐书》，中华书局，1975年。

（5）重要遗址还应加快将其转化为文化遗产的脚步，并做好保护、研究、阐释、传播等工作。考古学从来都不是少数人参与的"象牙塔"里的学问，作为一门社会科学，我们有义务将自身的研究成果及时向公众传播。此外，在完成盐业遗址普查及部分试掘的基础上，可以选取不同地区、不同时段的有代表性的盐业遗址作为重点保护对象，依其内涵、价值申请文物保护单位，甚至建立遗址博物馆。

三、结　　语

早在 20 世纪 60 年代，便有学者认为在仰韶时代，福建沿海地区的先民们便开始进行煮盐活动[1]。但此说缺少明确的考古材料支撑，恐难以成立。程世华先生发现良渚文化遗址出土的石质"耘田器"大多集中于沿海地区，结合《熬波图》"上卤煎盐"图与近现代盐场使用的集盐工具，提出"耘田器"应为良渚人的制盐工具[2]。此外，容达贤先生认为早年发掘的深圳大鹏咸头岭、香港屯门涌浪等新石器晚期遗址的发现同后世制盐的篾盘、盐灶等遗存十分相似，进而认为在该时期港深一带先民已开始制盐[3]。随着宁波大榭龙山早期盐业遗址的发掘，或许将海盐生产追溯至良渚文化时期乃至更为久远的时代也未尝不可。当然，这还需要进一步的考古工作。

总之，江浙及岭南沿海地区是我国盐业考古的重地，近年来的发掘研究成果极大地丰富了已有的认知，但盐业考古目前在该地区仅是初步发展阶段，还有许多工作亟须开展，我们期待这一地区盐业考古的蓬勃开展。

---

① 河北塘沽盐业专科学校：《海盐生产工艺学》，轻工业出版社，1960 年。
② 程世华：《刍议石质"耘田器"——兼议食盐对良渚文化社会经济方面的作用》，《农业考古》2009 年第 1 期。
③ 容达贤：《深圳历史上的盐业生产》，《深圳文博论丛》，中华书局，2003 年。

浙江海宁朱家园煎盐遗址考古试掘简报

浙江省文物考古研究所　海宁市文物保护所

朱家园煎盐遗址位于浙江省海宁市周王庙镇荆山村朱家园自然村，南靠钱塘江海塘，北邻土备塘。2019 年 6 月海宁市文物保护所得到市民谈建烈先生的信息提供，称在他的庄稼地里发现有青花瓷片和灶头泥，似乎为古物，也曾听老人们说起这里有过煎盐活动，故而向文物部门求证。次日，文物工作者张宏元、章竹林、周建初到现场察看，现场为一块整理过的土地，南北向挖出多条宽约 1 米，深约 1 米的沟渠，在翻上来的泥土中有青砖瓦片，少许青花瓷片，一些锈蚀严重的铁块。另外还在一沟渠的壁上发现红烧土层与炭灰土，长约 3 米，呈凹弧状。经资料查询，荆山村沿江一带"民人大半刮卤煎盐"，遂有了考古试掘的计划。

一、遗址概况

经多方努力，2020 年 10 月 21 日至 11 月 17 日浙江省文物考古研究所与海宁市文物保护所联合试掘了海宁朱家园煎盐遗址，揭露面积 50 多平方米，发现了一座煎盐灶坑和两个土坑井（图一）。在盐灶坑的地方布 6 米 ×7 米探方一个，编号为 T1。在北面地表有凹陷，经发掘为土坑井的地方布 3 米 ×3 米探方一个，编号为 T2。另外还对庄稼地里局部沟渠进行了清理，在盐灶坑东侧的沟渠壁上发现土坑井 1 个。从已发掘的探方和沟渠壁的情况来看，煎盐遗址的地层堆积比较简单，表土层厚约 30～50 厘米，开口于此层下的有盐灶坑和土坑井。以下为黄土，较纯净。初步调查发现，朱家园煎盐遗址东西长约 60 米，南北宽约 30 米，面积约 1800 平方米。

二、遗迹和遗物

1. 盐灶坑

煎盐灶坑被现代沟打破，经清理灶坑平面呈不规则长方形，中间下凹略呈寰底，上面剩有炭灰，最厚处约 10 厘米，下面是被火烧红的土层，最厚处达 20 厘米（图二）。盐灶坑长 5 米，宽 2.7～3.6 米，面积约 15 平方米。在盐灶坑内发现多块大小不一的铁

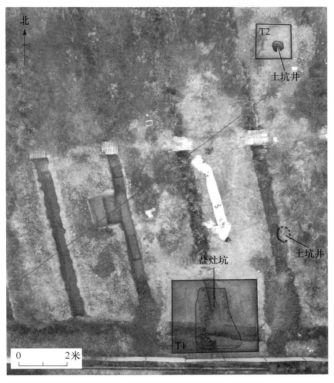

图一 发掘区遗迹分布图

块，腐蚀严重，外面粘有杂质杂物，最大铁块长 18 厘米，宽 8 厘米，可确认铁质最厚处 1 厘米（图三）。

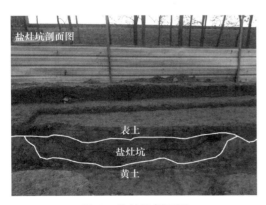

图二 盐灶坑剖面图

图三 盐灶坑出土铁盘残片

2. 土坑井

共清理 2 座（图四）。J1 位于盐灶坑北侧 18 米处，开口于厚 0.3 米的表土层下。土坑井壁，井口圆形，上大小下。井壁土质较硬，井内填土疏松，井口下 1.2 米处出水，

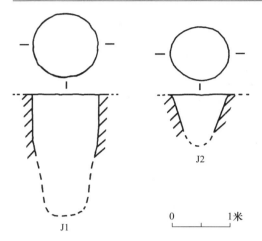

图四　土坑井平、剖面图

以下部分未清理，凭土质的疏松程度插杆探知井底距井口深约 2.3 米，包含物有青砖瓦片等。井口直径 1.2 米。

J2 位于盐灶坑东北侧 3 米处，在沟渠壁上发现，剖面显示，该井开口于厚 0.4 米的表土层下。井壁倾斜，坑外土质较硬，呈黄色，纯净，井内填土呈灰黑色，包含物为青瓦碎片与灰烬。井口直径 1 米。

三、相关调查

我们通过历年文物保护工作和本次发掘清理期间的走访调查，获得了几条比较重要的晚近制盐线索，以及本地（及邻近的海盐县）晚近制盐文物遗存和相关制盐文献记载若干条，对本次发掘所获制盐遗存时代背景的分析应有重要参考价值，故一并介绍如下。

（一）民 间 调 查

1930 年出生的朱家园村民唐思明回忆，1945 年前后曾经烧过两年私盐，当时的盐卤只是在以前存放成品盐的仓库位置内开挖几个坑来提取一点盐水，用洋铅皮做锅煎烧，每百斤盐水可得 2～3 斤盐。1949 年出生的朱家园村民许其昌回忆，听其爷爷许文新说曾在朱家园盐场仓库做过工。许其昌本人未见过煎盐场景，但幼年时期见过家里的一个木质盐卤桶，口径约 1.5 米，高约 2.5 米，下端留有放卤口，后来拆了盐卤桶做地板用。1967 年出生的荆山村五组村民吕纯一回忆，1976 年前后，土改时从地里翻出一块大铁板，长度在 1 米以上，宽约 0.8 米，很多村民知道这个事情。20 世纪 90 年代，吕纯一在挖虾塘时也发现过红土与灰黑土。朱家园村民回忆，朱家园煎盐遗址在 20 世纪 60 年代以前是一处高于现在地表的高土墩，上面种植桑树，60 年代加固海塘堤坝从高墩上取土，70 年代又有小规模人工平整土地，2015 年前后通过机械化大规模土地整理，填满了一个池塘和一条河道，为现在地貌。

（二）实 地 调 查

1. 土备塘石闸

海宁土备塘建成于雍正十二年（1734 年）三月，全长约 41 千米。土备塘是抵御咸潮的第二道重要防线，保护农作物免受潮水侵蚀。土备塘石闸位于翁金公路 14.8 千米处杨家庄（朱家园煎盐遗址北侧），由条石错缝叠砌而成，顶部由混凝土浇筑而成。金门阔 3 米，高约 4.6 米，两侧石筑金刚墙、雁翅和闸槽柱 [1]。乾隆三十年（1765 年）的《海宁县志》与《道里图》中未标识杨家庄石闸，在同治十三年（1874 年）的《浙江江海全图》中有标识。故推测，杨家庄石闸建于同治初年，浙江巡抚左宗棠修葺土备塘时由杨家庄涵洞改建为石闸。但横梁孔已有缺少，应是民国年间修建公路时局部改造所致。

2. 运盐水路

朱家园煎盐遗址周边有池塘若干，据当地年老村民回忆，大池塘的东侧有存盐仓库，有水道经过土备塘石闸北上进入上河水系，其中有东出盐港、中出盐港和西出盐港直达上塘河，上塘河也名运盐河。

3. 海盐县博物馆收藏煎盐铁盘

据《浙江省盐业志》记载：1978 年底，在海盐县澉浦镇汤家团海涂中发掘出土了铁盘碎片及工具，收藏于海盐县博物馆 [2]。通过对这批实物的考察可知，铁盘残片正面平整，反面呈浅凹坑状，应是火烧热胀崩缺所致。残片有厚薄之分，最厚处达 3.5 厘米，薄处仅 0.2 厘米。其中有 3 块铁盘残片带有錾耳，1 号錾耳长 20 厘米，宽 15 厘米；2 号錾耳有残缺，残片最长处 65 厘米；3 号錾耳略小 1 号；4 号铁盘残片未发现錾耳，一侧有 3 厘米的口子，用于安装吊子（图五）。

《浙江省盐业志》中所提到的工具，实则为吊子，是插在两块拼合铁盘之夹缝中，上悬于梁，达到铁盘拼合成同一水平。海盐博物馆藏有 3 个吊子，5 号吊子一端有勾，系绳挂于梁，一端为大于吊杆的方柱体，正好嵌于 4 号的口子中。6 号吊子一端为孔，一端为直角挂板，挂板受力面积大，应是用于铁盘较薄的位置。7 号吊子与 5 号吊子相同，一端的方主体已残缺。

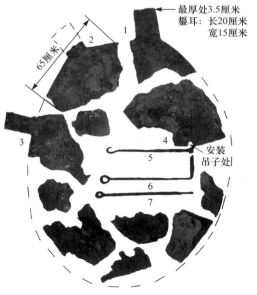

图五　海盐县博物馆藏拼合煎盐铁盘与吊子
（推测拼合煎盐铁盘直径约 2 米）

---

① 海宁市文保所内部资料。
② 浙江省盐业志编纂委员会编：《浙江省盐业志》，中华书局出版，1996 年，第 89 页。

（三）史料调查

据史料记载[①]，西汉高祖十二年（公元前195年），吴王刘濞设立了盐官（司盐之官）。宋代盐官县沿海有8座盐场，蜀山、岩门、黄湾、袁花、南路、新兴、下管、上管，海宁海塘外5至10千米为滩涂，为草荡与煎盐地。北宋太平兴国四年（979年）置买纳等场，岁额13.39万石。南宋淳祐四至五年（1245～1246年），又在盐官县筑仓廒11间。元大德三年（1299年）将原有的8座盐场合并为许村和西路两大盐场，即蜀山场、岩门场、上管场和下管场合并为许村场，南路场、袁花场、黄湾场和新兴场合并为西路场。明承元制，仍沿用许村、西路两座盐场，盐场有团，团有灶丁，丁给卤地、草荡和工本钞。洪武初年，许村场设于时和乡徐家坝，永乐九年毁于海患，移建安化坊，即北寺巷。永乐十年，海宁盐场岁办盐额20498引，约8.2万石，官盘506面，灶丁4412丁。

清代盐法沿用明制，许村盐场情况如下（图六）："许村场西连仁和，东接西路，延袤七十余里，近，场沙地坍没无存，各灶自置，船只于对江之石堰等场买卤煎烧，柴薪则资于严郡，所产盐斤除配海宁石门肩贩外，其余悉配季盐由临平达所。……现煎团额二十一团，一百九十五灶。……杨家仓团二灶，……锅盘一百九十五副，每灶铁盘一面，锅一口，温卤锅三口，……仓廒一十六所，共三百五十间。"[②]

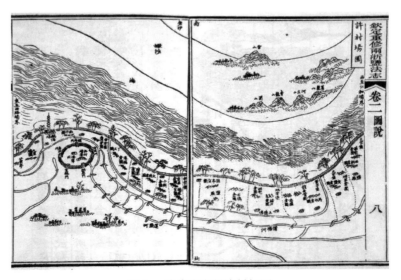

图六　清代海宁州许村场图

① 李圭原修，许传霈等原纂，刘蔚仁续修，朱锡恩等增纂：民国《海宁州志稿》卷十一，盐法，1922年铅印本。
② （清）延丰：《钦定重修两浙盐法志》卷二，嘉庆七年修成，图说八。

　　鲍郎场在海盐县澉浦镇东（图七），延袤二十余里，……汤家团十六灶，锅盘一百六十一副，每灶铁盘一面，锅二口①。

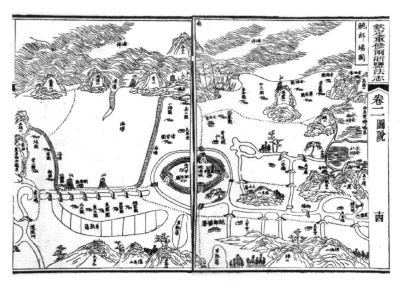

图七　清代海盐县鲍郎盐场图

　　乾隆后期，许村盐场草荡与煎盐地陆续被潮坍没，盐民靠南岸运来盐卤继续小规模煎盐生产，全免无征。

　　据民国十二年《两浙盐务汇编》记载："许村场杨家庄在海宁县城西十二里，西以庄为界，南至海塘，北至运盐河，计长方二里，属于地堡，现存季灶两座。……制法，职场所产之盐均系煎制，其法以铁板架于泥灶之上，四围用竹片和泥灰筑成篦帘，称为铁盘。中注鲜卤，下用叶柴烧煎。季灶用煎丁五名，肩灶用煎丁六名至十名不等，其挑盐挑卤挑柴人夫随时雇用团丁"②。

　　民国十八年（1929 年）黄湾盐场产量为 0.48 万吨，许村盐场为 0.46 万吨。民国二十年许村场裁并黄湾场，民国三十六年裁废黄湾场。1950 年零星小盐场裁废，1958 年海宁境内盐场产量 0.17 万吨，1969 年仅为 0.01 万吨。

四、结　　语

1. 年代与变迁

　　按《两浙盐法志》记载，每灶铁盘一面，锅一口，温卤锅三口，那么此次发现的盐

①　（清）延丰：《钦定重修两浙盐法志》卷二，嘉庆七年修成，图说十四。
②　邵中：《两浙盐务汇编》场产，两浙盐务运使署出版，1923 年，二百五十二页。

灶坑面积 15 个平方米，应当比较符合。J1 离盐灶坑较远，井比较深，推测为存放盐卤的井。J2 离盐灶坑较近，井壁倾斜，较浅，推测为淋卤井。

朱家园煎盐遗址南侧的鱼鳞海塘建于乾隆二年至八年间，在未建成海塘前，煎盐活动在海塘外的滩涂上。在古代，盐民地与农民地是有明显界限的，故推测朱家园煎盐遗址使用年代应该在乾隆时期至民国前期，煎盐所用盐卤从余姚石堰场、上虞等处运来。同治初年浙江巡抚左宗棠修葺土备塘，并改建杨家庄涵洞为石闸，为成盐的运销提供方便。

民国后期煎盐遗址逐步废弃种植桑树，古代桑田一者利用罱河泥来增肥，一者利用稻秆泥来增肥，就是把水稻的根部带泥挖起堆在桑树地里，两者施肥的后果都会使原来的桑地慢慢变高，才有了后人看到的高土墩，又经过多次取土和土地平整，成了现貌。

2. 价值和意义

据历史资料记载，公元前 195 年吴王刘濞在浙江海盐县西南境（即今盐官镇）设立了盐官（司盐之官），比汉武帝元狩四年（公元前 119 年）大司农设立司盐之官早了 76 年，距今已有 2000 多年的历史。三国吴黄武二年（223 年），析海盐、由拳两县地置盐官县，为盐官县之始。唐武德七年（624 年）并入钱塘县，贞观四年（630 年）复置盐官县。宋代沿用盐官县，元元贞元年（1295 年）升盐官州，天历二年（1329 年）改名海宁州。明洪武二年（1369 年）降为海宁县，清乾隆三十八年（1773 年）复升为州，属杭州府。

盐官、盐仓、新仓、旧仓、运盐河、出盐港、卖盐埭等地名都与盐有关，但制盐的遗址未能保存下来，这次发现的煎盐遗址也是钱塘江两岸首次通过科学的考古发掘而得以展现，具有重要的历史价值和展示价值，海宁海塘·潮文化景观于 2019 年 4 月 1 日列入了《中国世界文化遗产预备名单》，煎盐遗址的发现也为海塘申遗提供了重要的材料。

附记：简报的写作得到山东大学王青教授的大力支持与指导，海盐县博物馆提供澉浦镇汤家团煎盐铁盘的考察机会和实物资料，在此表示感谢。

考古发掘：陈明辉　周晶晶　殷杰　周建初
执笔：周建初　李林　陈明辉

巴盐的社会化生产及其对区域文明的构造和影响

白九江

（重庆市文物考古研究院）

盐是人类必不可少的物质，由于受盐资源的限制，盐的大规模生产只能集中在少数资源富集之地。而每一个人都是盐的消费者，盐是早期人类社会最具广域性的产品，且涉及生产、分配、运输、交换、贡纳、税赋等诸多关系，会把不同地域、不同阶层、不同政治实体、不同文化的人牵扯进来，形成由盐构建的社会网络。人与盐的关系本质上是人与人的关系，是一部盐的社会化进程之路，也是人类从蒙昧走向文明之路的催化剂。因此，盐业是研究古代生产社会化的典型标本。

生产社会化理论是马克思经济学理论的重要组成部分，其核心是把生产社会化理解为生产集中化和大型化。同时，"生产的社会化"是与"生产个人化""生产分散化"相对的，马克思确认资本主义生产力发展的主要的、区别于以前一切社会生产的特征，就在于生产的社会化及其发展：从简单协作到工场手工业、再到机器和大工业的发展，这是一个生产社会化不断发展的过程[①]。一般来说，产品交换的程度越高，表明生产的社会性也就越强，而生产的社会化程度越高，商品交换也就越发达。如果我们将"生产社会化"限定为生产发展的一种动态过程，即从"非社会的"变成"社会的"、从自然的变成人类社会的、从个人和家庭的变成集体的、地域的乃至社会共同的过程，那么人类生产的"社会化"理论适用范围可以延伸到早期文明阶段的某些领域。

---

① 马克思：《资本论》，人民出版社，2004年，第374～578页。

　　马克思认为生产社会化包括三个相互联系的方面：第一，生产资料使用的社会化，即生产资料从单个人分散使用变为大批人共同使用；第二，生产过程的社会化，即生产过程从一系列的个人行动变为一系列的社会行动；第三，产品的社会化，即生产出的产品通过交换供应整个社会。这三方面内容用于先秦的盐业社会化生产研究，可转化为规模化和集中度、产业链、商品化三个问题。

　　以下就以我国考古发现工业化生产时代最早的巴文化盐业（以下简称巴盐）为例，阐述盐业社会化生产是如何构建地域文明的。需要说明的是，本文主要讨论的是三峡地区陶器制盐时代的盐业问题，由于这一地区在商周时期主要是巴文化分布的范围，故将这一地区的盐业统称为"巴盐"。

一、早期盐业的社会化

　　三峡地区有目前东亚地区考古发现最早的、规模化生产的盐业遗址群，其中又以忠县中坝遗址的发掘和研究成果最为重大。这些遗址以围绕盐业生产的上下游链条为主，已经脱离家庭手工业生产阶段，具有专业人员、专业场地、专业工具、专业技术、专业市场等特点，进入了工场手工业发展时期。同时，这一地区盐业起步早、规模大、技术成熟，深深地融入了地方经济社会，对地域文明的发生、发展和当时的区域国际形势影响巨大，是讨论上古时期盐业社会化生产的重要案例。

（一）规模巨大的工业化制盐工场

　　三峡地区多有天然盐泉在地表出露，如重庆巫溪县白鹿盐泉、彭水县飞水井等，盐泉附近一般都有一些先秦遗址。盐泉往往并不能完全满足生产需要，所以这些遗址还通过凿井生产盐。重庆忠县中坝遗址主要是由制盐遗物堆积形成的，从新石器时代晚期（约距今 4600 年前）延续到近代，其主体堆积为先秦时期，"出土遗迹和遗物之丰富，在中外已经发掘过的遗址中都是极为罕见的"[①]。中坝遗址生产规模巨大，估算原面积达 50000 平方米，堆积最厚达 12.5 米，地层最多达 79 层，考古发掘 8000 平方米，揭露房址、灰坑、墓葬、灰沟、窑、灶、地面、路、墙、窖、卤水池等遗迹 1414 个。考古工作者对中坝遗址核心区 DT0202 探方下部连续 35 层堆积物进行了筛选，在 1 米 ×1

---

① 四川省文物考古研究院、北京大学考古文博学院、美国加州大学洛杉矶分校、中国科技大学科技史与科技考古系、自贡市盐业历史博物馆：《中坝遗址的盐业考古研究》，《四川文物》2007 年第 1 期，第 37～49 页。

米采样区间内，共采集到 134265 件陶片①。考虑到遗址有相当大一部分未发掘到底，按照 50000 平方米粗略估算，遗址废弃陶片应达数十亿片，陶器还原数量理论上可达 4 亿多件②。

这些陶器中，直接参与制盐的陶器占废弃陶器总量的比例很高③。其中新石器时代的敞口深腹陶缸约占该时期陶器总数的 68.2%，商代晚期到西周早期的尖底陶杯约占该时期陶器总数的 89.23%，西周中晚期至战国时期的花边圜底陶罐占该时期陶器总量的 86.32%④（图一）。遗址单一堆积的特性非常明显，部分层位陶器比土壤和其他堆积物的密度还高。由于商周堆积为遗址的主体堆积，以占比稍低的 86.32% 的比例测算，那么在遗址约 1400 余年间的陶器制盐时代，估计共使用了约 3.5 亿件制盐陶器。每件制盐陶器平均容量以较小的战国花边圜底小罐 830 立方厘米计算（中坝 97H143：

---

① 简报和相关论文未说明这些陶片是采样区还是整个探方出土数量。在其中一篇文章中，傅罗文谈到，"第三阶段是大量的圜底罐，仅在 DT0202 一个探方就出土了几十万片"，而且 90% 都是花边圜底罐。由此推测 134265 件陶片为采样区陶片数量。参见傅罗文、罗泰、朱继平等：《中坝早期盐业生产的考古和化学证据》，《中国盐业考古》（第三集），科学出版社，2013 年，第 348～361 页；吴小红、傅罗文、李水城、罗泰、孙智彬、陈伯桢：《中坝遗址的碳十四年代研究》，《考古》2007 年第 7 期，第 80～91 页。

② DT0202 探方的 35 个地层 1 平方米采样区出土 134265 件陶片。该探方共有 68 层，1～17 层为秦汉层，另 18 层及以下还有 21 个亚层，考虑到遗址 II 区深近 2 米，文化层约有 20 余层，并不是每处都有该方的地层数量和堆积深度，故现有采样量大致可作为遗址的平均标准采样量。新石器晚期的主要器物大口深腹缸器型较大，损坏后的残片较多，该遗址至今未拼对出 1 件完整器；而商周至战国时期的主体器物尖底杯、花边圜底罐器型较小，且后者壁厚不易碎成小片。由此可推导遗址理论上存在 6713250000 片陶片。从修复经验可知，一般大型陶器碎裂后可达数十、近百碎片（不包含小于 0.6 毫米 ×0.6 毫米筛眼的碎片，下同），中等陶器约 10 至数十片，小型陶器约数片至 10 余片。由于遗址主要出土小型尖底杯和较小且壁厚的圜底罐，我们按平均每件陶器破碎约 15 片计算，可获得 447550000 件陶器的理论推测数据。DT0202 探方探方资料参见四川省文物考古研究所、北京大学考古文博学院、美国 UCLA 大学、忠县文物保护管理所：《忠县中坝遗址 1999 年度发掘简报》，《重庆库区考古报告集·2000 卷》，科学出版社，2007 年，第 980～1057 页。

③ 目前还不清楚三星堆文化时期该遗址使用哪类陶器制盐，且揭露的该遗址三星堆文化遗存堆积也较薄。在三峡地区的巫山大水田遗址三星堆文化末期墓葬里，可以见到小平底陶罐与绳纹陶釜的组合，后者既具有炊煮功能，当然也可以用于煮盐。参见白九江、方刚：《重庆文物考古十年（二）》，四川人民出版社，2020 年，第 54、55 页。

④ 在《中坝遗址的盐业考古研究》一文中，提到花边束颈圜底罐"经春秋战国时，已多到占出土陶器总量的 95.98% 以上。"参见孙智彬：《中坝遗址的性质与环境关系研究》，《科学通报》2008 年第 53 卷，增刊 I，第 52～65 页。

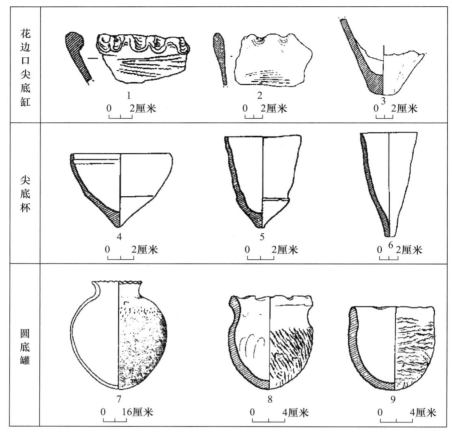

图一　中坝遗址出土的三种制盐陶器

［采自《中国盐业考古》（第三集）第244页图一］

2）[①]，则可出产盐品 2905 亿立方厘米（尖底杯、花边罐兼作盐模，故可按其实际容量满算）。考虑到上古时期的盐为板结细密的巴盐（花盐出现时代较晚），按盐的晶体密度

---

① 哨棚嘴遗址复原的1件敞口深腹陶缸，口径 38、底径 11.2、通高 64.8 厘米，去掉陶器厚度，容积约 37190 立方厘米。尖底杯，按法国考古专家巴盐的测量，哨棚嘴遗址、瓦渣地遗址尖底杯的平均口径 5.9 厘米、高度 11.5 厘米，去掉陶器壁，平均体积约 92 立方厘米。花边圜底罐早期略大，束颈，晚期颈略直。瓦渣地遗址为专为制盐生产圜底罐的陶窑区，其西周至春秋早期的花边圜底罐体量最大（从线图上可以看出来，但未测量尺寸）。中坝遗址春秋时期圜底罐次之，1997年Ⅱ区发掘的一件口径 11.2、腹径 14、高 14.8 厘米，容积约 1436 立方厘米。而战国时期的花边圜底罐最小，中坝遗址 97H143：2 初步测得容积为 830 立方厘米。本处估算以最小的战国花边圜底罐为估算标准。参见北京大学考古学系：《忠县哨棚嘴遗址群瓦渣沟遗址发掘简报》，《重庆库区考古报告集·1997卷》，科学出版社，2001年，第 635 页；巴盐：《尖底杯：一种可能用于制盐的器具》，《中国盐业考古（第三集）》，科学出版社，2006年，第 270 页；四川省文物考古研究所、忠县文物保护管理所：《忠县中坝遗址发掘报告》，《重庆库区考古报告集·1997卷》，科学出版社，2001年，第 568～575 页。

2.165 克 / 立方厘米测算，可达约 6.29 亿千克盐品，年产量约 449286 千克，与北宋忠州岁产 578240 千克盐产量接近[1]。现代中国人均每天摄入食盐约 10~13 克，由于上古时期食盐较为珍贵，按世界卫生组织推荐每人每天 6 克标准，中坝遗址每天生产的盐至少可供 205153 人食用。按西汉元始二年（公元 2 年）巴郡约 50 余万人，蜀、广汉、犍为、巴四郡共约 261 万余口[2]，先秦时期巴蜀地区的人口数应远低于此，应该不过百万。同时，商周时期巫溪宁厂、云阳云安、彭水郁山等地的盐泉资源均已得到不同程度开发，考虑到当时底层老百姓多"淡食"，这些地区的盐产足以满足东周时巴国乃至整个四川盆地的盐品需求。当然，由于受发掘资料的限制，中坝遗址先秦时期产盐总量只是笔者基于假设基础上的蠡测，并不一定等于实际的盐产量，但为我们评估其规模化和财富提供了一个参考。

从集中度方面看，新石器时代晚期时（公元前 4600~前 3175 年），四川盆地只在重庆忠县瞀井沟沿岸、奉节老关庙[3]、巫山魏家梁子[4]等三峡地区的极少几个遗址可能存在制盐工业。奉节老关庙和巫山魏家梁子遗址发现有史前制盐陶器，但均非制盐遗址，而很可能与距离较近的奉节臭盐碛、巫溪白鹿盐泉的盐业生产相关，为盐品运输或消费遗址。忠县瞀井河沿岸发现的史前制盐遗址包括哨棚嘴遗址和中坝遗址。哨棚嘴遗址位于瞀井河入长江处，曾发现有少量涂黄泥的新石器时代卤水坑，应用的也是沺井运输出来的卤水[5]。推测应该是为就卤水之故，后来整体集中到了与之相隔近几千米的中坝遗址。

[1] 《续资治通鉴长编》卷一百三记北宋仁宗时，"忠州盐井三场，岁出三十六万一千四百余斤，近岁转运司复增九万三千余斤。"总计约合今制 578240 千克。《舆地纪胜》卷 182 记云安监岁产盐 346000 斤（约合今 553600 千克）。1488~1505 年（明弘治年间），云安监岁办盐 1249 吨，比宋代增加 2 倍多。之所以以宋时的盐产量拿来与先秦时比，是考虑到都是采用植物燃料制盐（明代开始采煤制盐），云安军、忠州的盐井也一直是大口井，产盐效率应该变化不大。参见（宋）李焘：《续资治通鉴长编》卷一百三 "仁宗天寿三年八月"，中华书局，1985 年，第 2386 页；（宋）王象之：《舆地纪胜》卷一八二 "云安县"，中华书局，1992 年，第 4666 页。

[2] （汉）班固：《汉书》"地理志下"，中华书局，1999 年，第 1281、1285 页。

[3] 吉林大学考古学系：《四川奉节老关庙遗址第一、二次发掘》，《江汉考古》1999 年第 3 期，第 7~13 页；吉林大学考古学系等：《奉节县老关庙遗址第三次发掘》，《四川考古报告集》，文物出版社，1998 年，第 11~40 页。

[4] 中国社会科学院考古研究所长江三峡工作队：《四川巫山县魏家梁子遗址的发掘》，《考古》1996 年第 8 期，第 1~18、48 页。

[5] 北京大学考古文博院三峡考古队等：《重庆忠县瞀井沟遗址群哨棚嘴遗址发掘简报》，《重庆库区考古报告集·1997 卷》，科学出版社，2001 年，第 610~657 页。

　　商周时期,重庆巫山双堰塘遗址[①]、云阳李家坝[②]、彭水郁山[③]、湖北长阳香炉石[④]等地发现有制盐陶器,附近的白鹿盐泉、白兔井、飞水井、温泉井已得到煎煮,制盐规模和分布地域日渐扩大,但仍局限于长江三峡、乌江下游和清江流域。陶器制盐时代,涉及的生产设施也较一般生活和生产场所复杂,包括但不限于盐井、输卤或运卤设施、储卤池、摊场、澄滤坑、浓卤池、盐灶、烘烤场、仓储设施、工棚等;涉及的生产工具则包括陶器、竹器、木器等,盐锭模具大多属于一次性产品,煎盐陶罐(有的与盐模合一)折损量也非常大(古代的井盐因含钙、硫等杂质,为坚硬的板结盐,取出时易导致损坏),相关的修造、维护、管理等都需要大量协作。从重庆巫山麦沱[⑤]、忠县乌杨[⑥]等墓地出土的西汉盐灶模型看[⑦](图二),盐灶只出土于盐业工场附近的少数人墓葬,可以推知当时盐业生产资料已向少数人集中,盐业或已被少数大姓、豪强垄断。总之,以中坝遗址为代表的先秦盐产十分专业化,具有规模大、集中度高的特点,生产资料应该已远远摆脱个体或家庭为单位的生产使用阶段,雇佣或参与的社会人员庞杂,社会化程度已极为复杂、组织化程度非常高。

---

① 中国社会科学院考古研究所长江三峡工作队等:《巫山双堰塘遗址发掘报告》,《重庆库区考古报告集·1997卷》,科学出版社,2001年,第31~64页;中国社会科学院考古研究所长江三峡工作队等:《巫山双堰塘遗址发掘报告》,《重庆库区考古报告集·1998卷》,科学出版社,2003年,第58~102页;中国社会科学院考古研究所长江三峡工作队等:《巫山双堰塘遗址发掘报告》,《重庆库区考古报告集·1999卷》,科学出版社,2006年,第80~144页。

② 四川联合大学历史系考古专业:《1994~1995年四川云阳李家坝遗址的发掘》,《四川大学考古专业创建三十五周年纪念文集》,四川大学出版社,1998年,第374~422页。

③ 重庆市文物考古研究院内部资料。另郁江入乌江处略往下游的彭水徐家坝遗址出土有与盐业生产和消费相关的陶船形杯、尖底杯、花边直口圜底小罐等,参见白九江、方刚:《重庆文物考古十年(二)》,四川人民出版社,2020年,第136页。

④ 湖北省清江隔河岩考古队:《湖北清江香炉石遗址的发掘》,《文物》1995年第9期,第4~28页。

⑤ 湖南省文物考古研究所、巫山县文物管理所:《巫山麦沱汉墓群发掘报告》,《重庆库区考古报告集·1997卷》,科学出版社,2001年,第113、114页。

⑥ 乌杨墓群先后两批次西汉盐灶模型,一是2003年度花灯坟出土2件;二是2008年乌杨墓群花二包墓地、甘蔗丘墓地出土5件。参见重庆市文化遗产研究院、常德博物馆:《忠县花灯坟墓群2003年度发掘简报》,《重庆库区考古报告集·2003卷(五)》,科学出版社,2019年,第3355~3384页;白九江、邹后曦:《制盐龙灶的特征与演变——以三峡地区为例》,《江汉考古》2013年第3期,第95~104页。

⑦ 白九江、邹后曦:《制盐龙灶的特征与演变——以三峡地区为例》,《江汉考古》2013年第3期,第90~101页。

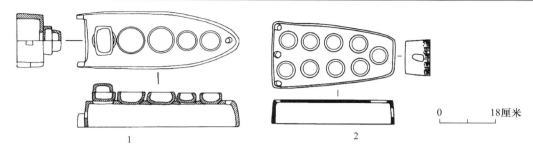

图二 乌杨墓群将军村墓地和麦沱墓地盐灶模型

1. 乌杨墓群 08M72：1 2. 麦沱墓地 97M40：78

（二）盐产业链与社会协作

食盐的工业化生产需要复杂的生产协作。以先秦四川盆地陶器制盐为例，包括打井、提卤、运卤、储卤、淋灰、澄滤、上灶（入温锅、入煎锅）、舀渣、点盐、入模、烘烤、入仓等十多道工序[①]。其间诸多工序还可以细分，譬如淋灰，就需要备灰（草木灰）、摊灰、浇卤、刮灰、淋滤、澄滤、转卤等工序；在煎盐环节，需要火工，有专人舀卤入温锅，余温蒸发过程中要不停添加卤水，到一定程度转入煎锅，添加提纯添加剂（历史时期用鸡蛋清、豆汁等），然后舀渣，加盐母以加速结晶，舀盐入模（有的煎盐和入模为合并为一个陶器），最后另择地烘干成为古人所谓的"形盐"，即盐锭。这些工作流程长，需要的人员多，协作程度高，远非家庭手工业能够胜任。巫山麦沱墓地出土的西汉双排陶龙形盐灶和 6 件盐工雕塑（图三），身被劳动着装，形态和动作各异，似乎是在从事盐业生产过程中不同的劳作场景，生动地展现了生产的繁忙和协作状况[②]。

图三 麦沱墓地出土盐工陶俑（均 97M40）

[①] 白九江：《考古学视野下的四川盆地古代制盐技术——以出土遗迹、遗物为中心》，《盐业史研究》2014 年第 3 期，第 15～35 页。

[②] 湖南省文物考古研究所、巫山县文物管理所：《巫山麦沱汉墓群发掘报告》，《重庆库区考古报告集·1997 卷》，科学出版社，2001 年，第 113、114 页。

在复杂的分工协作中，中坝、瓦渣地等盐业遗址出现了管理人员。瓦渣地遗址T363探方发现商至西周的龟甲 36 件[①]。中坝遗址 DT0202 探方筛选出土 182 件卜甲骨（307 块甲骨残片拼合而成，另有几百件无火卜痕的龟壳残片），出土层位从新石器时代延续至秦代（图四）。中坝遗址卜骨统计发现有 453 个卜符，可能代表人们曾进行了453 次占卜，"反映了社会中的一批特定成员——控制仪式活动或在某种程度掌控盐业生产的人——通过占卜预测未来。这些拥有管理特权的贵族在更大的社会体系中扮演着重要角色。……中坝、瓦渣地遗址的甲骨似乎暗示，专业占卜师参与了盐业生产，因为他们与生产管理层存在联系，抑或管控盐的贵族本身即为占卜者"[②]。

社会化生产还将域外的人卷入到巴地盐业。岳麓秦简 013～018 简、309～310 简分

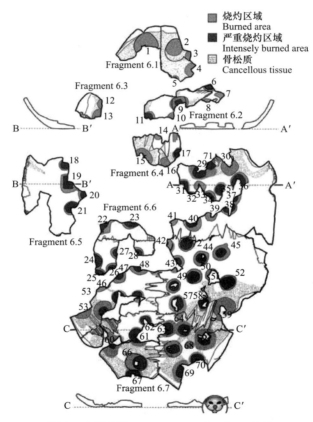

图四　中坝遗址 99ZZDT0202（33）：6 卜甲

[该件卜甲由 7 件残片，72 卜符个组成。采自《中国盐业考古》（第三集）第 314 页图五]

---

① 黄蕴平、朱萍：《忠县瓦渣地遗址 T363 动物遗骸初步观察》，《重庆·2001 三峡文物保护学术研讨会论文集》，科学出版社，2003 年，第 273～278 页。

② 傅罗文：《中坝甲骨：早期盐业遗址中的占卜证据》，《中国盐业考古》（第三集），科学出版社，2013 年，第 266～309 页。

别有"巴县盐多人"、"谨将传输巴县盐……已论输巴县盐"的简文①，输盐者为已定罪的囚犯和六国反秦贵族②，当时盐业生产被视作"难忘所苦作"。论者以为"巴县盐"是指巴郡朐忍、临江、涪陵三县的盐官（"巴"指巴郡，"县盐"指巴郡所辖县的盐或盐官。"输巴县盐"指流放、迁输到上述盐官处并由其管理，从事盐业生产劳作）③。这种"输巴县盐"的做法一直延续到西汉，湖北张家山汉简《奏谳书》记载："敖悍，完为城旦春，铁鬃其足，输巴县盐。"④这些材料反映了秦、西汉前期，巴郡的盐产规模仍然在四川盆地占主流，生产工人需求量大；另一方面，巴郡盐业生产影响大，将现湖南、湖北等地的社会都卷进了巴盐生产，不仅解决了巴郡盐官治下的劳动力问题，也是严惩、控制罪犯和六国反秦贵族的一个重要手段。

上古时代，盐业的上下游产业链延伸领域极为宽广。

首先，最大的产业配套是陶器生产。上文我们分析，中坝遗址约使用了数亿件制盐陶器。考古已发现至少两处大窑场。其中一处是生产尖底陶杯的忠县邓家沱遗址。该遗址位于㽘井河入长江口下游约10千米处的长江岸边，出土的器物中，尖底杯所占比例最大。其中，在一个面积不足60平方米、体积约20立方米的单位中集中出土2万余件尖底杯，而其他类型的器物则不足百件。在这2万余件尖底杯的堆积中，废弃堆积厚度约在40厘米，从上到下看不出有层次之别，只是在错乱的堆积中有上层多碎片、下层多完整器之感，而且近三分之一是完整的，有不少完整器是2件、3件相套叠在一起废弃的，显然是陶器生产过程中的残次品⑤。另一处是生产尖底陶杯和花边圜底陶罐的瓦渣地遗址。瓦渣地遗址位于㽘井河入长江口上游近1千米处，范围约15000平方米，堆积厚约2~3米，几乎全是制盐陶器残次碎片⑥。该遗址除发现少量新石器遗存外，商代末期至春秋中期的遗存极为丰富，可以划分为连续的三个阶段：第一段为西周前期（上限可以到商代末期）的尖底杯堆积，第二段为西周后期的花边圜底罐，第三段为春秋前

① 陈松长主编：《岳麓书院藏秦简（五）》，上海辞书出版社，2017年，第43~44、201页。
② "故赵将军乐突弟、舍人祒等廿四人，皆当为城旦，输巴县盐。请输祒等……御史言巴县盐多，人请嫁不当收者，比故魏、荆从人之轮输其完城旦。"参见陈松长主编：《岳麓书院藏秦简（五）》，上海辞书出版社，2017年，第201页。
③ 庄小霞：《秦汉简牍所见"巴县盐"新解及相关问题考述》，《四川文物》2019年第6期，第49~53页。
④ 张家山二四七号汉墓竹简整理小组：《张家山汉墓竹简【二四七号墓】（释文修订本）》，文物出版社，2006年，第192页。
⑤ 李峰：《忠县邓家沱遗址西周时期文化遗存的初步认识》，《重庆·2001三峡文物保护学术研讨会论文集》，科学出版社，2003年，第99~106页。
⑥ 北京大学考古系三峡考古队等：《忠县瓦渣地遗址发掘简报》，《重庆库区考古报告集·1999卷》，科学出版社，2003年，第649~678页。

期或稍后的花边圜底罐，这种罐较第二段的略微偏小①。春秋中期以后，该遗址的制陶业（这里指为熬盐烧制的专用容器）停业，以后再没有恢复。由于遗址只发现陶窑而没有制盐遗迹②，大体可以确定这是一处为中坝制盐作坊配套的窑业遗址。

其次，燃料业的配套规模也非常大。在制盐过程中，煎盐的燃料主要是各类植物，带余温的草木灰可以烘烤盐模，最后收集起来可做淋灰用的原料。因此，燃料在先秦盐业中具有十分重要的地位。中坝遗址先秦地层发现有大量灰烬层，应为当时煮盐、烤盐、淋灰过程中遗留下来的。孢粉分析显示，新石器时代晚期，中坝遗址所在地区森林植被已经遭到破坏，遗址附近的河谷形成疏林草地景观。商、西周时期，尽管气候变干，但人类活动仍很频繁。东周时期，气候较为温暖湿润，制盐产业和农垦活动规模扩大，森林分布范围缩小，草坡广泛分布③。这一景观正是人们大量需要燃料而大肆砍伐周边林木的结果。类似的情况在历史时期的盐场周边非常普遍。如重庆武隆县白马津"东三十余里江岸有咸泉。……乃于忠州迁灶户十余家，教以煮盐之法。未几，有四百余灶，由是两山林木芟薙悉成童山"④。明代中期，四川各盐场"昔年近井皆柴木与石炭也，今皆突山赤土"⑤。同样的情况在两淮江浙地区，煎盐主要使用芦苇等湿地植物，燃料来源地称为"草荡"，后来还从"灶户"中专门分化出了专靠卖草谋利的"草户"。

最后，以盐为中心的运输形成了密布的网络。盐业运输包括原料、陶器、燃料等的运输，以及盐品外销中的运输业。巫溪宁厂白鹿盐泉地势狭窄，不利于生产，商周时期卤水需运输到60多千米外的今巫山大昌双堰塘遗址，汉代则又运到百千米外的今巫山县城，早期可能用船转载卤水，至迟不晚于汉代，通过在大宁河沿岸崖壁上架设笕槽（管）输送卤水，形成了当时世界上最长的输卤系统⑥。盐品的运输又分为水运和陆运，先秦时期，人们多居住在江河水附近，水运的重要性要大于陆运，陆运主要解决销区末端的问题。历史时期的水、陆结合运输，在四川盆地内和周边盐岸形成了遍布广大城乡的盐道。当然，盐道并不仅仅运输盐，往往出去的是盐，回来的是粮食和山货等。

盐产业自身工序复杂，分工细致，涉及的产业链长、范围宽、地方大，加上税收、

① 孙华：《四川盆地盐业起源论纲——渝东盐业考古的现状、问题与展望》，《盐业史研究》2003年第1期，第16～22页。
② 四川省长江流域文物保护委员会文物考古队：《四川忠县㴖井沟遗址的试掘》，《文物》1962年第8期，第416、417页。
③ 李宜垠、赵风鸣、李水城、崔海亭：《中坝制盐遗址的孢粉分析与古植被、古环境》，《中国盐业考古》（第三集），科学出版社，2013年，第388～403页。
④ （宋）王象之：《舆地纪胜》卷一八二"云安县"，中华书局，1992年，第4528页。
⑤ （明）刘大谟、杨慎等：《（嘉靖）四川总志》卷十六"盐法"，书目文献出版社，2000年，第306页。
⑥ 白九江：《考古学视野下的四川盆地古代制盐技术——以出土遗迹、遗物为中心》，《盐业史研究》2014年第3期，第15～35页。

贡纳等政治因素，相关的社会都被自觉不自觉地卷了进来，已经变成了重要而不可少的社会行动，成为先秦时期社会整合功能最强大的产业之一。

（三）作为商品的巴盐

新石器时代早中期的盐品多通过互惠、礼物等形式交换，交换的范围从亲属逐渐扩大到部落或周边小社会。新石器晚期以来，盐品以商品形式进行交换成为主要的流通渠道，交流范围日益扩大到区域社会、跨文化社会。当然，新石器晚期可能也还存在小规模的互惠、贡纳等补充交换形式。

作为商品交换的证据，一是因为生产规模宏大，任何非商品交换形式要完成大规模的物品流通都很难长期维持和管理。二是制盐陶器的标准化是商品的重要特征。先秦时期，我国的盐就有形盐和散盐之分。《周礼》有"宾客，供其形盐"的记载[1]，这里的形盐，就是指制成一定形状的盐。形盐需要模具才能制成。新石器时代的大口深腹缸可能是盛装盐浆，并将其自然晾干或人工烤干的器具，盐因而也就有了自身形状。随着盐交易的发展，商周时期，人们意识到小型盐块更便于交易，于是发展出了尖底杯、花边圜底罐等陶器，以便制作固定形状的盐锭[2]。李水城指出了中坝遗址在商周时期角杯占比递增的现象，后又被大口短身尖底杯替代，到东周时期厚胎花边口圜底罐逐渐成为埋藏主流的规律[3]。同一时期使用同一种大小相同的盐模器具，其目的就是为了原料供应统一化、生产标准化和销售单元化，更是买卖过程中计量等值化的需要。唐代樊绰《云南志》说："蛮法煮盐，咸有法令。颗盐每颗约一两二两，有交易即以颗计之"[4] 即为明证。

盐在以物易物的时代，往往被当作交换的中介。在某些时候、某些地点它进一步被货币化。在拉丁语和英语中，薪水一词（Salary）就是由盐（Salt）派生出来的。在一些交通不便的山地居民中，历史时期可见到许多以盐为币的情况。例如，马可波罗记云南建都州："至其所用之货币，则有金条，按量计值，而无铸造之货币。其小货币则用盐。……每八十块值精金一萨觉（Saggio），则萨觉当是盐之一定份量。其通行之小货币如此。"[5]《云南图经志书》记武定府："武定府风俗，交易用盐，土人懋迁有无，惟以

---

① （战国）佚名著：《周礼》卷一 "天官·盐人"，学苑音像出版社，2005 年，第 15 页。

② 白九江：《考古学视野下的四川盆地古代制盐技术——以出土遗迹、遗物为中心》，《盐业史研究》2014 年第 3 期，第 15～35 页。

③ 李水城：《近年来中国盐业考古领域的新进展》，《盐业史研究》2003 年第 1 期，第 9～15 页。

④ （唐）樊绰撰、向达原校、木芹补注：《云南志补注》卷七 "云南管内物产"，云南人民出版社，1995 年，第 105 页。

⑤ 冯承钧译：《马可·波罗行纪》第一一六章 "建都州"，上海书店出版社，2001 年，第 235 页。

盐块行使。"① 中坝遗址的盐在商品化发展过程中，不能排除也曾兼有货币功能的可能。前文提到过尖底杯有从角杯发展为大口短身杯的趋势，而吴小红、傅罗文等列出了三种不同层位的花边圜底罐，总体上呈现由大变小的趋势②。这种同一器物随时间逐步变小的现象，正是商品标准化、等值化过程中，因为信任而不计重，商人们为谋取更多利润或降低成本而逐渐使商品减重的历史通用规律，这在后来半两钱、五铢钱等计重货币的发行中广泛存在。

二、巴盐与区域文明

盐既是古代社会的必需品，也是古代国家必须掌握的重要资源，是各级政府财赋的主要来源之一。盐催化了早期社会的分化，在许多方面，人们通过盐把相关社会成员和群体按照新的秩序组织起来，对早期社会进行整合，与其他新的生产内容一道，共同促进了文明和国家的产生。刘莉、陈星灿③ 和方辉④ 分别指出，在公元前2千纪末和公元前1千纪初中原和华东诸侯国的形成时期，海盐和内陆的湖盐为新兴的国家提供了重要的资源。事实上，巴盐在巴蜀文明的发展过程中起到了至关重要的作用，并深刻影响了当时的区域"国际关系"。

三峡盐业是巴文明出现的重要催化剂，是巴国繁荣发展的主要财富源。盐业的兴盛必然涉及社会组织、社会分工、产业配套、资源控制、交通运输、分配贡纳、交换贸易等诸多促使远古社会复杂化的内容，有利于文明的诞生。在三峡地区的巫溪，因有宁厂白鹿泉盐卤，五帝时代已产生巫咸、巫载两个早期原始国家，其中"巫载民盼姓，食谷，不绩不经，服也。不稼不穑，食也。爰有歌舞之鸟，鸾鸟自歌，凤鸟自舞。爰有百兽，相群爰处。百谷所聚"⑤。学者们多以为是因盐致富故能不绩不经、不稼不穑。巴人廪君蛮所处时代有盐水神女，其地"盐阳"乃"鱼盐所出"，后廪君"射杀之（盐水神女）"，因盐而就近"君乎夷城"⑥。商周时期，巴文化政治中心位于汉水上游，春秋晚期南迁四川盆地东部后，面对这一区域山水相间、地形破碎、农业落后，各种小规模人群

① （明）陈文等：《云南图经志书》卷二"武定军民府"，《续修四库全书》编撰委员会编《续修四库全书》第六八一"史部·地理类"，上海古籍出版社，2002年，第51页。

② 吴小红、傅罗文、李水城、罗泰、孙智彬、陈伯桢：《中坝遗址的碳十四年代研究》，《考古》2007年第7期，第80～91页。

③ 刘莉、陈星灿：《中国早期国家的形成——从二里头和二里岗时期的中心和边缘之间的关系谈起》，《古代文明》（第1卷），文物出版社，2002年，第71～134页。

④ 方辉：《商周时期鲁北地区海盐业的考古学研究》，《考古》2004年第4期，第53～67页。

⑤ 沈薇薇：《山海经译注》，黑龙江人民出版社，2003年，第241页。

⑥ （宋）范晔撰，（唐）李贤等注：《后汉书》卷八十六"南蛮西南夷列传"，中华书局，1999年，第1918页。

分割的现实，能够迅速立足并将其整合成一个整体，成为"东至鱼复，西至僰道，北接汉中，南及黔涪"①的区域大国，其中一个重要原因应该是控制了三峡地区丰富的盐产，具有支撑区域大国的雄厚财富。

三峡盐业还造就了长江上游的早期"世界体系"。世界体系理论认为，世界体系是资本主义生产内在逻辑充分展开的结果，当今国际事务、国家行为和国际关系都是这一逻辑的外在表现②。世界体系理论是在马克思主义理论上的扩大和升华，与马克思生产社会化理论都是讨论资本主义生产的，是生产社会化理论运用到跨文化、跨国家关系的结果。盐作为各国的必需品，可以说是国之命脉，虽然与现代商品主动寻求市场扩张有所不同，但销区网络的展开和对财富的控制欲望，使其具有了上古社会世界体系的基本特征。已有学者从世界体系理论观点下讨论过以盐为核心的巴楚关系③，某种程度上说，还可以进一步认为，巴盐就是构建巴、蜀、楚、秦"世界体系"发展逻辑的深层结构。

首先，我们探索一下蜀文化与巴盐的关系是如何展开的。约距今 4600 年前，成都平原史前城址和三峡地区史前制盐业几乎同时突然兴起，使我们很难相信这仅仅是一种巧合。俞伟超指出成都平原古城与江汉平原古城的砌筑方式相似，应与《史记·五帝本纪》所载"（舜）窜三苗于三危，以变西戎"有关④。考古发现屈家岭文化晚期和石家河文化有部分文化因素经过三峡地区到达了成都平原（图五），或许这一过程促进了中坝盐业资源的工业化开采，并支撑了成都平原史前古城的繁荣⑤。鉴于宝墩文化和中坝文化间是有一定差异的亲缘文化，我们推测当时两地间是通过平等贸易方式交换盐产品的。到三星堆文化时期，该文化一统三峡地区，很可能三星堆文化上层阶层直接控制了中坝盐业资源，双方之间存在不对等的"殖民"输送关系，中坝遗址三星堆文化时期遗存堆积薄，至今尚难明确这一时期的制盐陶器，或许与自发的市场规则遭到破坏，从而引发遗址的生产萧条有关。商代晚期至春秋中期，三峡地区的考古文化摆脱了成都平原的控制，先后形成了石地坝文化、瓦渣地文化，但缺少可以抗衡的国家政治实体，与以成都平原为核心的周边地区可能是一种贡纳贸易关系，某些时候可能还比较紧张。笔者曾提出，正是由于三峡地区尖底器人群的西进，促成了三星堆文化的崩溃，使其上层阶

① （晋）常璩：《华阳国志》，齐鲁书社，1998 年，第 2 页。

② 〔美〕伊曼纽尔·沃勒斯坦著，郭方等译：《现代世界体系》，社会科学文献出版社，2013 年。

③ 陈伯桢：《世界体系理论观点下的巴楚关系》，《南方民族考古（第六辑）》，科学出版社，2010 年，第 41～68 页。

④ 俞伟超：《三星堆蜀文化与三苗文化的关系及其崇拜内容》，《文物》1997 年第 5 期，第 34～41 页。

⑤ 大约在距今 5000 多年前，江汉地区出现原始的城址，约距今 4600 年前，原来几乎无人居住的成都平原（沼泽湿地），突然开始出现少量城址（排涝是重要功能），这些城址的砌筑方法和江汉平原的非常接近，应该是受后者影响下产生的。江汉地区的考古文化在三峡地区也能见到一些踪影，在忠县中坝遗址附近的哨棚嘴遗址，甚至还能见到屈家岭文化的彩陶壶等。在这一由东向西的文化交流过程中，很可能人们已经认识到中坝的盐业资源。

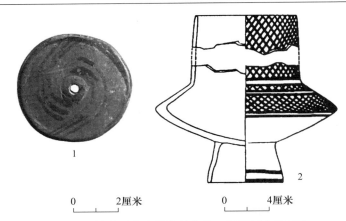

图五　三峡地区出土屈家岭文化、石家河文化彩陶

1. 老关庙遗址采集彩陶纺轮　2. 哨棚嘴遗址出土彩陶壶形器 99ZGST320 ⑪ : 4

层将政治中心转移到了今成都市区西北,并对十二桥文化的发生发展产生了影响①。我们知道,这一时期三峡地区的制盐陶器有羊角形尖底杯和炮弹形尖底杯（前者多后者少）,而同时期成都平原地区主要是精美的炮弹形尖底杯,体现了古代通常使用精美艺术品、宗教用品、奇珍异宝、特产和精美包装输送贡纳的一般特征。春秋晚期至战国,由于巴文化政治中心从汉水上游南迁四川盆地东部,巴国强化了对三峡盐业的控制,使蜀国对巴盐的需求受到较大抑制,表现在国家关系上双方日益紧张,故"巴、蜀世战争"②。秦灭巴蜀后,蜀守李冰"识察水脉,穿广都盐井、诸陂池,蜀于是盛有养生之饶焉"③。蜀地才开始大规模产盐,逐渐摆脱了对巴盐的依赖。

其次,我们看一下楚是如何围绕盐与巴文化发生关系的。西周中期至春秋早中期之交,今瞿塘峡以东的三峡地区分布着瓦渣地文化双堰塘类型,该类型既有同时期典型的巴文化因素,也有一些楚式风格的器物,应为楚熊绎玄孙熊挚"自弃于夔,子孙有功,王命为夔子"的夔国遗存。夔国西部一带正是宁厂盐的产地。公元前 634 年,楚以"夔国不祀祝融与鬻熊"为由灭夔,并"以夔子归"④,楚国直接控制了巫盐。历史上,楚国主食海盐,佐以巫盐。海盐需要借助吴、越而食,耗费大量社会财富,因此楚国大约在楚威王大败越国之年,"尽取故吴地"后（公元前 377 年）⑤,才开始设置专门机构直接

---

① 白九江：《考古学视野下的巴文化：概念、问题与方法》,《长江文明》2020（3）,四川美术出版社,第 1～11 页。

② （晋）常璩：《华阳国志》,齐鲁书社,1998 年,第 2 页。

③ （晋）常璩：《华阳国志》,齐鲁书社,1998 年,第 31 页。

④ （周）左丘明传、（唐）孔颖达正义：《春秋左传正义》（上）,《十三经注疏（标点本）》,北京大学出版社,1999 年,第 432 页。

⑤ （汉）司马迁：《史记》卷四十一"越王勾践世家",中华书局,1999 年,第 1429 页。

"煮盐于海"[1]。春秋中期楚取巫盐后,还进一步直接控制了鄂西南长阳清江温泉的巴盐,这些地方考古发现此后均为较单纯的楚文化所分布。楚国在吞并这一地区后建立了巫郡,巫郡的西部边界后来长期成为巴、楚的分界线。战国时,"巴楚数相攻伐,故置扞关、阳关及沔关"[2]。这些攻伐很可能与楚欲西进进一步夺取当时三峡最大的盐产地——溳井盐泉(忠县中坝遗址)有一定关系。考古上发现的战国中期至晚期偏早阶段的楚文化大规模西渐,虽然有多种多样的解释[3],但成规模的楚文化墓葬群(崖脚墓地)仅止步于溳井河口(图六)[4],这使我们不能不相信溳井盐业也是楚国的战略目标之一[5]。

秦国对巴盐财富进行掠夺,但又进一步开发了巴蜀盐业。秦国长期食今宁夏境内的池盐,陇东南亦产崖盐。秦与巴蜀之盐的关系较晚。公元前 316 年,秦惠文王遣张仪、司马错伐蜀,灭之。"仪贪巴、苴之富,因取巴,执王以归,置巴、蜀及汉中郡。"[6]巴国辖境物产虽饶,但能称富者,无外乎盐、丹。秦灭巴后,楚仍据有三峡溳井、云安白兔

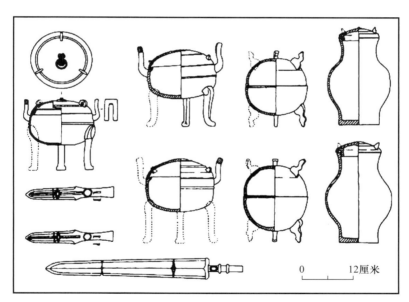

图六　崖脚墓地楚文化墓葬随葬品(97BM3)

① 包山楚简记有"陈悬、宋献为王煮盐于海,受屯二担之食,金圣二圣。将以成收。"参见湖北省荆沙铁路考古队:《包山楚简》,文物出版社,1991 年,第 147 页。
② (晋)常璩:《华阳国志》,齐鲁书社,1998 年,第 9 页。
③ 白九江:《巴蔓子考辨》,《南方民族考古(第二十一辑)》,科学出版社,2021 年,第 407~419 页。
④ 北京大学考古文博学院三峡考古队、重庆市忠县文物管理所:《忠县崖脚墓地发掘报告》,《重庆库区考古报告集·1998 卷》,科学出版社,2003 年,第 679~734 页。
⑤ 白九江:《从三峡地区的考古发现看楚文化的西进》,《江汉考古》2006 年第 3 期,第 51~64 页。
⑥ (晋)常璩:《华阳国志》,齐鲁书社,1998 年,第 3 页。

井以及乌江的郁山等巴盐，秦、楚在这一带持续进行了长达近 40 年的反复鏖战，最后才被秦国长期占领。秦国充分认识到巴蜀盐业的重要性，在三峡产盐地区置县，并设立盐官专门管理盐业生产，另在成都等消费地同样设"盐、铁、市官"[①]，管理盐品贸易，形成一套盐业管理制度，直到西汉时仍得以沿袭。秦国蜀守李冰出生于山西池盐产地解池附近，他利用自己的盐业知识，在川西地区穿广都盐井，在巴蜀地区大力发展井盐生产，巴蜀地区的盐业产地迅速从三峡地区扩展到巴蜀全境。《华阳国志》描述道："然秦惠文、始皇，克定六国，辄徙其豪侠于蜀；资我丰土，家有盐铜之利，户专山林之饶，居给人足以富相上。"[②]巴蜀地区经济社会的发展进入了新境界、新阶段。

三、结　语

盐并不天生具有社会性，它在参与人类发展过程中影响了人。早期盐业生产的社会化，就是人的社会性不断扩大的过程，是早期社会发展的重要催化剂。三峡地区是早期中国古代井盐生产的杰出范例，其工业化制盐具有启动时间早、规模大、生产复杂、产业链条长等特点，是先秦时期少有的、影响巨大的工场手工业门类，深刻改变了这一地区的远古社会。傅罗文、罗泰等指出："在中国南部国家形成的复杂过程中，来自中坝的盐的确起到了至关重要的作用"[③]。巴盐不但促进了巴文明的形成，而且具有跨文化的整合作用，特别是对成都平原先秦文明的发展不可忽视。同时，秦、楚等国也先后加入了对巴盐资源的争夺和控制，巴盐最终完成了社会化的最高形式——早期的中华西南部世界体系。秦汉时期，巴盐——还有新发展起来的蜀盐——的交换网络为巴蜀地区融入统一的中华帝国，开启了新的社会整合：通过由中央主导的盐业等经济领域的生产管理、贸易和税收制度的推行，使巴蜀地区的经济社会进一步华夏化。

---

① （晋）常璩：《华阳国志》，齐鲁书社，1998 年，第 30 页。

② （晋）常璩：《华阳国志》，齐鲁书社，1998 年，第 32、33 页。

③ 傅罗文、罗泰、朱继平等：《中坝早期盐业生产的考古和化学证据》，《中国盐业考古》（第三集），科学出版社，2013 年，第 348～361 页。

范马之变

——资源利用方式变迁的猜想*

周志清

（成都文物考古研究院）

老龙头墓地位于四川西南部的凉山彝族自治州盐源县双河乡杨柳塘村三组的毛家坝，地理坐标为东经 101° 35′、北纬 27° 33′，海拔 2450 米。自 20 世纪 80 年代以来，该墓地多次遭到盗掘，1986、1999、2001 年凉山彝族自治州博物馆等单位先后三次对该墓地进行了抢救性发掘，共清理墓葬 11 座[1]，殉马是其大型墓葬的一个重要特征。在 2020 年老龙头墓地第四次抢救性考古发掘中发现一批特殊墓葬[2]，其墓葬形制与他墓葬并无不同，但出土的随葬品却有着鲜明的身份标识意义，具有明显"铸匠墓"[3]的特征。老龙头墓地随葬石范与殉马的墓葬属于该墓地不同阶段的遗存，其不仅有身份标识作用，而且可为该墓地不同时期资源利用方式变化的讨论提供了一个想象的空间。

一、老龙头墓地"铸匠墓"与殉马墓

截至目前，老龙头墓地第四次抢救性发掘发现 570 座墓葬[4]，其中 4 座铸匠墓，分别是 M157（图一，1）、M174（图一，2）、M363、M525。铸匠墓分布于老龙头墓地

---

* 本文系国家社科基金一般项目《盐源皈家堡遗址整理与研究》（项目编号：19BKG005）的阶段性成果。

① 凉山彝族自治州博物馆、成都文物考古研究所：《老龙头墓地与盐源青铜器》，文物出版社，2009 年。

② 本次发掘资料现存成都文物考古研究院。第四次抢救性发掘自 2020 年 4 月开始，由成都文物考古研究院联合四川省文物考古研究院、凉山彝族自治州博物馆、盐源县文物管理所组成联合考古队进行发掘，目前发掘工作仍然在进行中。

③ 周志清：《西南地区青铜时代墓葬随葬石范习俗管窥》，《江汉考古》2016 年第 6 期。

④ 资料现存成都文物考古研究院。

中部，时代为西周至春秋①。这些墓葬的一个重要特征是墓室中均有石范随葬（图一，4），3座墓葬（M157、M174、M363）随葬鼓风管（图一，5），1座（M174）随葬陶浇包（图一，3），另随葬有少量青铜兵器、陶器等。M157保存最为完整，出土随葬品保存也相对较好。M363被盗洞破坏严重，仅存一角，石范风化严重，已不可辨识所铸之物。铸匠墓随葬石范多置于墓底一端，但M525随葬石范较为特殊，该墓石范分三层随葬，且均为残块，不同层位石范残块可拼接为一块。这些铸匠墓出土石范均为砂岩，铸造器物多为简单器物，有刀、削、剑柄、戈、杆状物、铃，以杆状物或棺钉多见，未见复杂器形。往往是一器多用，简单铸件既有单面范，亦有双面范，以双面范居多②。石范除了常见一范一器外，一范两器较为常见，个别一范多器；一范两器和一范多器多见于北方地区，南方地区少见。相较既往发现一范两器或多器在南方地区多为同类器的情况，老龙头墓地出土多为异形器，较为特殊。石范浇口统一。老龙头铸匠墓出土鼓风管

图一　老龙头墓地"铸匠墓"

1. M157　2. M174　3. M174出土陶浇包　4. M174出土石范　5. M174出土鼓风管

---

① Beta-589141, M157: 1092—925calBC(68.2%); 1050—897calBC(93.2%), 871—849calBC(2.2%).M174: 595—412calBC(54.2%), 754—681calBC(26%), 670—609calBC(15.2%); 551—465calBC(31.8%), 747—690calBC(23.4%), 665—644calBC(8.3%), 436—421calBC(4.7%), 2021.4.23.

② 石范标准单位为扇和合，扇为单面范，合为双面范。参见杨瑞栋：《中国石范研究》，北京科技大学博士学位论文，2012年。

均为弯管，转折处有两凸起，形似兽首，此类鼓风管在云南弥渡县合家山窖藏中[①] 和新疆鄯善县洋海墓地ⅡM210均有出土[②]。老龙头墓地新近发现的铸匠墓除石范、鼓风管及浇包外，墓葬形制和随葬陶器及青铜兵器等与同时期其他墓葬并无不同，石范和鼓风管成为此类墓葬最具特征的标识物，表明二者之间的不同可能只是彰显其职业身份的差异，而非社会地位或财富差异。

殉马是老龙头墓地晚期阶段（战国至西汉时期）大型墓葬的一个重要特征，大型墓葬中殉葬的马骨最常见的是马头，亦有少量肢骨；青铜马具可能也是高等级墓葬的标配，其往往和马骨共出，常见的有衔、镳、当卢、节约、胸饰、铃等，如M4（图二，3）；该墓地同时还发现殉马坑，如K12（图二，2），四个马头两两相向置于木质葬具之上，其中一马嘴悬挂有青铜马衔。墓室中马头或肢骨一般置于墓室二层台上，亦有少量置于墓底两端，个别墓葬出现整马殉葬，如M14（图二，1）。老龙头墓地大型墓葬除了规模较大外、墓口盖以巨石以及随葬品众多外，出土的大量舶来品或奢侈品亦是特质之一，如石寨山铜鼓、滇式编钟、青铜纺织工具、海贝、滑石珠饰、金器、费恩斯珠饰、彩绘大双耳罐等，这些舶来品或奢侈品大量集中于大型墓葬之中，无疑凸显了墓主人特殊的社会地位和巨大的财富，其墓主身份绝非一般，极有可能是占有大量财富、掌握社会统治权力和宗教权力的部落酋长、巫师或军事首领[③]，同时也反映出墓主人有通过远程贸易获取周边地区奢侈品的能力。

古人事死而生，墓葬中的随葬品是研究古代社会的重要物证，且反映墓主人生前的"社会身份"，使用特定随葬物品的墓葬自然也能反映特定的使用人群，即除葬具外，墓葬人群亦可通过墓葬中特定的随葬品来加以辨识或聚类。墓葬中的石范或鼓风管以及殉马当属于身份象征和标识作用的"限制性物品（sumptuary item）"[④]。限制性物品与职业分化器物的物质性使它更容易受到社会中某些群体的控制[⑤]，它很可能是性别或专门化活动（职业）身份的标识物[⑥]，从而使很多器物具有了特殊社会身份的标识意义。某些重要生产生活领域的专门化和劳动分工而产生的社会身份分化以及等级差异，在社会生

---

① 张昭：《云南弥渡合家山出土古代石、陶范和青铜器》，《文物》2000年第11期。

② 吐鲁番市文物局、新疆文物考古研究所、吐鲁番市研究院等：《新疆洋海墓地》，文物出版社，2019年。

③ 凉山彝族自治州博物馆、成都文物考古研究所：《老龙头墓地与盐源青铜器》，文物出版社，2009年，第202页。

④ 在社会内部用来限制特定群体接近拥有某种专门化制品的社会规则，限制的基础可以是社会等级、政治权威、职业分工、宗教权威，但不能直接基于财富，尽管限制使用的身份象征物品经常有着极大的价值。参见 Levy J E. Evidence of social stratification in Bronze Age Denmark. *Journal of Field Archaeology*, 1979 (6):51.

⑤ 伊恩·霍德、司格特·哈特森：《阅读过去》，岳麓书社，2005年，第51页。

⑥ Redman C L. *Social Archaeology: Beyond Subsistence and Dating*. New York: Academic Press, 1978.

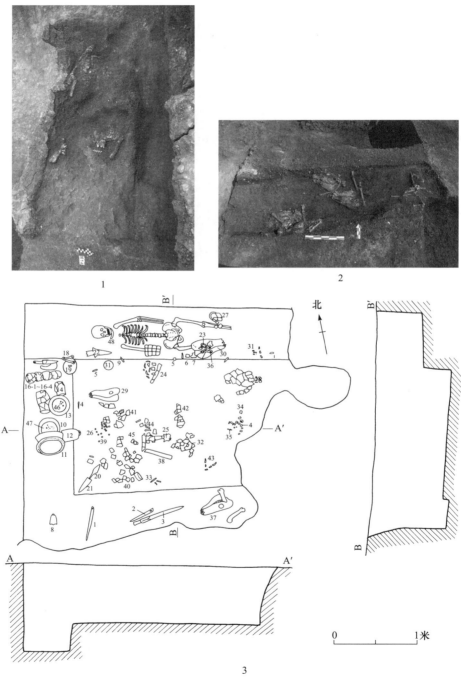

图二　老龙头墓地殉马墓和殉马坑

1. M14　2. K12　3. M4

活中逐渐演变成为交往符号和身份象征，出现了作为身份标识的限制性物品①。这些限制性物品的拥有者则成了社会精英，享有较高的社会地位，并由他们主导重要的社会活动，控制着稀缺资源。石范或鼓风管和马不仅符合限制性物品的特质，同时也具有精英物品的特征②。铸匠墓主人因此成为该墓地西周至春秋时期的技术精英③，尽管拥有限制性物品使有权利，但且未拥有更多财富。殉马的墓葬出土随葬品最为丰富，墓室体量较大，结构也相对复杂，其主人不仅拥有更多限制性物品，同时拥有更多的社会财富，集中了大量奢侈品或舶来品，其代表当地战国至西汉时期的政治权贵精英。

笔者认为老龙头墓地中发现的铸匠墓至殉马墓，不仅反映了老龙头墓地不同阶段墓主人由技术精英到政治精英的社会身份变化，更可能反映了当地青铜时代不同时段资源利用方式的差异和社会分层的强化。老龙头墓地范马之变可能正是当地铜、盐资源在青铜时代不同阶段利用的缩影。

二、盐与盐源青铜文化

盐源盆地是自然矿藏资源蕴藏非常丰富的地区，古代至关重要的几种战略资源如盐、铜、铁、汞（丹砂）、金等在盐源都有丰富的蕴藏量，其中盐、铜、汞是该地区开发较早的矿藏资源。盐是盐源地区最早见于史籍记载的矿藏。《华阳国志、蜀志》载"定筰县……有盐池，积薪，以齐水灌，而后焚之，成盐。"颜师古注《汉书·地理志》："定筰，有盐池，步北泽在南。"颜师古注亦云：定筰，出盐。盐源有盐池，古人称作灵泉，并将其视为一块宝地。《三国志·蜀志·张嶷传》："定筰，旧出盐铁及漆，而夷缴久固自食，蜀将张嶷杀率豪狼岑、盘王舅、获盐铁。"盐源地区在距今5000年前就有人类在此活动，新石器晚期文化具有明显的南北文化互动的痕迹④，境内遗留有众多丰富的文化遗存，但该地见于文献则较晚。古定筰之地望当与今盐源县境有着密切的关系，西汉武帝元鼎六年（公元前111年），西汉王朝在今四川西南部、云南北部和西北部建越巂郡，下辖邛都、苏示等十五县，定筰为越巂郡十五县之一，属益州。据谭其骧等先生考证，今盐源为定筰县地。新莽时，曾将越巂郡更名为集巂，定筰仍为所领十五

---

① 郭立新：《墓葬情境分析与身份标识：以博罗横岭山墓地为例》,《中山大学学报（社会科学版）2006年第5期。
② 精英物品的特征：装饰精细、工艺精湛、设计或图样特殊，或材料普遍被认为有价值（外来、稀少或其他特殊属性）。参见 Watson P K. *The Archaeology of Rank*. Cambridge: Cambridge University Press, 1994.
③ 相对于政治精英而言，是指社会中掌握着特定技术或能力的人群，因从事某些重要生产生活领域的专门化和劳动分工而产生的社会身份分化以及等级差异，在社会生活中逐渐演变成为交往符号和身份象征，出现了作为身份标识的限制性物品。
④ 周志清、孙策、田建波等：《四川盐源皈家堡》,《2018中国重要考古发现》，文物出版社，2019年。

县之一。20 世纪 60 年代初期泸沽湖"萬國永遵／子子孫孫／享傳億年"新莽时期青铜衡杆残件的出土，反映了新莽时期中央政府已对川西南与滇西交界地区实现了有效的控制[①]，改变了既往学界对汉帝国在川滇交界地区政治经略的传统认知。盐源境内的制盐工业是当地居民的传统工业，盐源近年的考古调查显示，盐源地区盐业生产历史悠久，至迟在汉代当地就已经拥有发达的盐业工业生产[②]。盐源出土的部分青铜器完美诠释了盐与当地青铜文化之间的关系。

　　盐源出土的三女背水杖首是将盐与威权以及财富巧妙融合为一体的神来之作[③]（图三，4、5），凸显出盐业生产在笮人社会经济结构中占有特殊而重要的地位，且是笮人上层财富与权威的源泉。通过杖首来凸显和延伸其象征——威权与财富，同时也强化了拥有者的身份与地位。2020 年老龙头墓地 M57 出土的提双耳罐铜人像立于三轮马车的车厢，双手各执双耳罐一耳，马车之上为一铜案，铜案之上横放置一铜勺[④]（图三，2）。铜人颈部戴有半圆形项饰，与甘肃马家塬、墩坪、王家洼等高等级墓葬主人佩戴项饰的形制非常接近[⑤]，因此我们认为该铜人身份亦不普通。铜人戴圆帽、着靴、罩长袍，长袍背面呈菱格状（图三，1），其所拿双耳罐中所装之物，或许有特殊含义。由于盐在盐源青铜文化中扮演着无比重要的作用，是其统治阶层财富来源的重要经济基础，那么，作为盐之来源的卤水在其日常生活中当有着特别的意义，加之三女背水杖首所呈现的象征意义提供的想象空间，笔者以为双耳罐所盛之物与三女所背罐子中的水当有异曲同工之意，极有可能是卤水，其可能是作为献祭的礼物。笔者认为 M57 壁龛的内容似乎是在描述三轮马车运送献祭的卤水及用卤水祭祀的场景。双耳罐和敞口罐均是盐源战国至汉代青铜墓地常见的随葬陶器，在各个阶层墓葬中均有出土，其系当地居民日常使用之物，三女背水杖首和提双耳罐铜人以写实的图像和特定的背景诠释了盐与当地青铜时代居民之间紧密的关系。三女背水杖首中女性皆头戴尖顶小帽，额头上有发箍或发垫，臂上有钏，身着紧身衣，下着齐膝筒裙，裙上有刺绣花纹（图三，4）[⑥]。这种头戴尖顶小帽、身着齐膝筒裙少女的形象，以及晋宁石寨山贮贝器上纳贡穿长裤者的形象均与西北

---

① 周志清、左志强、补琦：《四川盐源泸沽湖发现新莽铜衡杆》，《四川文物》待刊。

② 成都文物考古研究所等：《四川盐源县古代盐业与文化的考古调查》，《南方文物》2011 年第 1 期，第 120～128 页。

③ 周志清：《盐之于盐源青铜文化》，《东方考古》（第 12 集），科学出版社，2015 年。

④ M57 为第四次发掘发现，该墓基本被盗，仅存北侧壁上一个小壁龛，壁龛呈方形，铜器上盖有两块小石头，小石头下依次叠压有铜勺、铜案、三轮车，铜人置于车厢中。资料现存成都文物考古研究院。

⑤ 甘肃文物考古研究所：《甘肃重要考古发现（2000～2019）》，文物出版社，2020 年。

⑥ 凉山彝族自治州博物馆、成都文物考古研究所：《老龙头墓地与盐源青铜器》，文物出版社，2009 年，第 132 页。

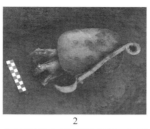

图三　盐源出土铜器

1. 铜人　2. 铜案和铜勺　3. 铜三轮车和铜案　4. 三女背水局部　5. 三女背水杖首

地区古代青铜文化有着紧密的联系，他们之间应当有着族群渊源上的关系[1]。研究认为盐源青铜文化同文献记载中西南夷中的"筰"人地望和时代相近，认为其可能属于"筰人"。"夷人大种曰昆，小种曰叟，皆曲头木耳，环铁裹结，无大侯王，如汶山、汉嘉夷也。"[2]昆、叟之人皆有"环铁裹结"之习俗"，"环铁"可能是以铁环为手镯或项圈。"裹结"头上挽髻而以布缠裹。"结"通"髻"，尖顶或斜帽下面头发通常需要裹结，戴帽的人群可能多有挽髻习俗。叟人即塞人，《后汉书·南蛮西南夷传》记载滇西地区有"塞夷"，就是指叟人。张增祺认为叟人属于斯基泰系统，斯基泰人身着"窄长衣裤"，脚穿"皮鞋"，面貌为"高鼻深目，蓄长须[3]。老龙头墓地战国至汉时期墓葬中部分墓主人尸身上普遍出土大量铁环[4]，当是环铁习俗的体现。三女背水杖首、提双耳罐人像和青铜枝形器上的人物造型多为圆顶或尖顶、斜帽的形象同文献记载中"叟"人形象非常接

① 周志清：《滇东黔西青铜时代的居民》，科学出版社，2014年，第167页。

② （晋）常璩撰，刘琳校注：《华阳国志·南中志》，巴蜀书社，1984年，第364～366页。刘琳注认为"夷人指羌族系统的一些部族、部落"；"大种曰昆"说这些部落总称为昆，昆亦昆明，隋唐以后又译作"昆弥"，昆为族名，"明"或"弥"是"人"的意思。

③ 张增祺：《滇国与滇文化》，云南美术出版社，1997年，第46、47页。

④ 资料现存成都文物考古研究院。

近，他们同青铜时代晚期活跃在欧亚草原东部的"塞人"相近。加之盐源青铜文化墓地出土青铜树枝形器图像语境同欧亚草原青铜时代的双马神信仰有渊源，太阳崇拜可能构成其信仰原始信仰底层系统[1]。同时金沙江上游多盐地区，是古代羌人文化形成的核心地区之一。盐源地区战国至汉代的夷人可能同滇西昆、叟之人属于同一族群，该人群使用牧畜运盐。"汉代，昆明种，以牧畜运盐，经商于叶榆、同师等地。逐渐东进，后东渡金沙江进入康南雅砻江河谷的一部，又发现（盐源的）黑盐塘与白盐井。"[2] 这表明盐源地区的古代居民很早就控制并参与了周边地区的盐业贸易，并从中获利，对盐的获取与控制则成为当地古代居民财富积累与对外战争的重要因素。

盐在人类发展史上占有举足轻重的地位，其深刻影响了古代人类社会的发展，它是人类生存与发展必不可少的重要资源。考古发现与文献记载证实盐源地区制盐历史久远，盐作为当地最为悠久的工业产业，深刻影响了当地的青铜文化，在当地青铜时代居民的生产与发展中扮演着极为重要的角色。盐对古代文化的形成有着直接的影响，河东盐池与中华五千年文明史的兴起和形成有着最直接的或决定性的作用[3]。研究认为盐源盆地众多青铜墓地的发现和高等级墓葬、复杂分层社会结构的存在，以及大量独具区域与族群特色青铜器的出土，充分说明在盐源盆地中部存在着一个区域中心，而这个中心的出现当有着特定的文化背景。当地悠久的制盐工业和通过资源贸易获利所得财富，可能是该地得以形成区域文化中心的一个重要条件[4]。三女背水青铜杖首和提双耳罐铜人所昭示的符号意义无疑为我们提供了一个想象的空间。居住在盐源地区的这支族群控制和垄断了盐业资源，就基本上控制了滇西与川西交界地区的经济命脉（特别是盐，直至1950年，今西昌、冕宁一带所用的盐都还靠盐源供应）。盐源地处青藏高原东缘、横断山区中段，是历史上黄河上游甘青地区经川西高原南下进入云贵地区的文化走廊和民族走廊的重要节点[5]。川滇之交的金沙江、雅砻江交汇地带是早期人类活动的一个重要地区，也是古代民族活动相当频繁的地区。这一地区不仅是周秦以来形成的古代川西民族走廊的重要组成部分，而且是各民族及其文化的交汇地区。盐是人类日常生活必不可少之物，产盐地区的地理限制，使其自然会成为当地民族用作交换的商品，这也直接促进了当地商品贸易的繁荣，繁荣的商品贸易也影响了其文化构成因素的多元化。老龙头墓地殉马墓大量外来文化因素和集中的财富表明其与周边地区有着广泛的往来，这当与盐源盐业的外销有着密切的联系，这与山西芮城清凉寺墓地呈现多元的文化因素与潞盐外

① 周志清：《欧亚草原青铜文化与西南青铜文化的交融——新疆呼图壁石门子岩画与川西南盐源青铜文化树枝形器构图意象的启示》，《成都文物》2022年第1期。
② 任乃强：《说盐》，《盐业史研究》1988年第1期，第3~13页。
③ 孙丽萍：《论河东盐池对华夏文明起源的重要作用》，《四川理工学院学报》2006年第4期。
④ 杨丽华：《盐与古代区域文化中心的形成——以盐为视角》，《中华文化论坛》2013年第11期。
⑤ 周志清：《横断山区新石器时代文化的互动——兼论西南丝绸之路形成的史前基础与文化交流》，《中华文化论坛》2021年第2期。

销有着密切的关联如出一辙。故我们推测，盐源出土的某些周边青铜文化的典型器物有可能是通过交换得来的，经常性的贸易和战争导致了大量来自异域的文化因素在该区域广泛存在，这些异质文化因素也是盐源青铜文化多元性的一个原因。元、明时期著名的"闰盐古道"正是在秦汉时期盐源制盐工业基础上发展起来[①]。闰盐古道是古代先民在长期的迁移和交往活动中形成的，因而它不仅是商道，还是民族文化活动的走廊和枢纽。

三、范与马——铜与盐

食盐贸易是南丝路资源贸易最为悠久的商品，西汉时期所置的盐官与南丝路相关的地点就有 5 处，临邛（邛崃、蒲江）、南安（今乐山市）、南广（长宁）、连然（安宁）、蜻蛉（大姚），食盐贸易也是南丝路交往中一项重要的经济活动[②]。盐源地处西南丝绸之路的重要节点，盐业生产历史悠久，马匹在前工业时代货物驮运中具有无可比拟的优势，盐应该是西南地区马帮驮运的大宗货物，在明清时期尤盛，盐是明清时期马帮运输所承揽的大宗货物之一[③]，自明代以来，产盐地区出现了不少专门驮运食盐的马帮[④]。战国以降老龙头墓地殉马墓主人可能已经实现了对盐源盆地盐业贸易的有效控制，其通过马帮向周边地区贩运食盐，周边地区丰富的舶来品通过马帮富集于此。

老龙头墓地铸匠墓的发现，将盐源地区青铜器冶铸历史延伸至距今 3000 年前，表明老龙头墓地居民对铜矿资源的利用与铸造要早于盐业的贸易。盐源铜矿分布点多，蕴藏量大。盐源地区种类繁多的青铜器的发现表明当地居民已经掌握了青铜冶炼与铸造技术，部分青铜器的制作工艺也比较复杂，包括了铸造、热锻、热锻后冷加工、铸造后加热以及外镀等各种制作技术[⑤]。石范和鼓风管及浇包等是青铜冶铸的重要工具，它们的出现反映墓地主人已经掌握了成熟的青铜冶铸技术。青铜器在老龙头墓地商代晚期至春秋时期出土较少，种类也较为单一，同战国以降墓葬出土青铜器形成鲜明对比，反映出青铜器在当时社会可能属于贵重或稀缺物品，青铜工业可能不甚发达，财富积累有限，导致社会分层不明显。

战国以降，老龙头墓地殉马墓和明显社会分层的出现，反映出老龙头墓地主人可能寻得一种新的资源来发展与积累财富。盐源丰富的盐业资源和三女杖首及提双耳罐铜人所象征的盐资源控制，我们认为战国以降老龙头墓地上层通过对盐源盆地盐源资源的控制与贸易获利，通过"马帮"实现了周边地区的远程贸易，进而一跃成为盐源盆地青铜

①　李星星：《闰盐古道》，《巴蜀文化论集》，四川民族出版社，1999 年，第 181～194 页。
②　张学君：《南方丝绸之路上的食盐贸易》，《盐业史研究》1995 年第 4 期，第 28、29 页。
③　胡阳全：《云南马帮》，福建人民出版社，1999 年。
④　廖乐焕：《论云南马帮运输货物的历史变迁》，《黑龙江民族丛刊》2010 年第 5 期。
⑤　凉山彝族自治州博物馆、成都文物考古研究所：《老龙头墓地与盐源青铜器》，文物出版社，2009 年，第 132 页。

时代晚期（战国至汉）的执牛耳者。由冶铸工匠转变为盐业资源控制者，老龙头墓地居民社会精英完成了角色转换，实现了对盐源地区的强力控制，这也为汉代盐源盆地盐业的发展奠定了基础。马匹的随葬强烈体现了墓主人对其象征意义的重视，盐业的生产与加工只是处于积累财富的初始阶段，而真正要获利则需要通过对外贸易，在西南山地要实现对外有效贸易，则需通过相应的交通工具，盐源地区出土的铜马形象具有体质结实、体格短小、结构匀称的"筰马"的特点（图四），其身体特征与"滇马"相近，后肢发达，短颈，关节突出，具有明显的驮承能力。在西南山地工业化之前，马匹运输承担着重要的角色，而西南地区特殊的山地景观使得马匹运输得到广泛的运用，西南丝绸之路绵延不断的马帮铃声由此响彻山间。马匹不仅可以作为墓主坐骑，同时也是山区运输货物的重要交通工具，骡马的使用加快了盐业贸易的速度，马匹的占有无疑亦是墓主人财富的象征。随葬马和马具是中国古代青铜时代北方地区墓葬常见的丧葬习俗，它是墓主人社会地位和财富的重要标识[①]。战国至西汉时期，老龙头墓地上层已经控制了当地的盐业生产与贸易，随着骡马成为盐业贸易的运输工具，因贩盐获利使得其财富得以

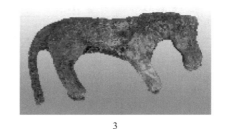

1　　　　　　　2　　　　　　　3

图四　盐源出土铜马
1. 马头杖首　2、3. 马

［1. 成都文物考古研究所等：《盐源地区近年新出土青铜器及相关遗物报告》，《成都考古发现（2009）》，科学出版社，2011 年；图四；2. 现存盐源县文物管理所；3. 老龙头墓地 M333 出土，资料现存成都文物考古研究院］

---

① "以车马具为代表的随葬品更能代表牧人的社会地位和贵族身份；而以马代表的牲畜则体现财富的占有情况。"参见包曙光：《中国北方地区夏至战国时期的殉牲研究》，科学出版社，2021 年，第 72 页。

迅速积累，以殉马墓为代表的高等级墓葬开始出现，随葬马匹的多寡成为彰显墓主身份或财富的象征，并出现明显的社会分层。盐是盐源盆地青铜时代居民日常生产最为依赖的经济和战略资源，它在当地青铜时代居民的日常生活中扮演着举足轻重的角色。盐业的生产与贸易或许深刻影响着当地青铜时代居民社会政治、经济结构以及与周边地区的族群关系。老龙头墓地战国西汉时期高等级墓葬中数量众多且丰富的随葬品和马匹的出土，除了体现了墓主社会地位和财富外，可能还有其用马贩盐获利致富隐喻。通过铸匠墓至殉马墓的历时性观察，反映了老龙头墓地不同阶段社会精英对资源开发与利用的变化，铜器铸造是老龙头墓地西周至春秋时期技术精英的社会标识，战国至汉时期老龙头墓地的商业或政治精英通过对盐业资源的控制与远程贸易获取社会地位与财富，马成为其该时段社会精英的重要标识。

四、结　语

老龙头墓地范马之变反映了盐源盆地青铜时代不同阶段资源利用方式的变化。鉴于目前尚未发现盐与马关联的直接实物资料，本文的讨论只是提供一个观察或思考的视角，场景证据链条尚需进一步完善，但老龙头墓地铸匠墓与殉马墓的历时性变化还是为我们思考资源利用历时性差异提供了一个想象的空间。盐、铜、铁等自然矿藏之利，奠定了盐源地区在西南古代交通和经济开发史上重要的地位，当地青铜时代发达的青铜文化也证实了其节点的地位。盐源地区丰富的矿产资源使得当地自古以来成为兵家必争之地，其也因盐而兴，亦因盐而衰，盐业的生产与贸易深刻影响了当地古代居民经济形态与文化发展以及族群关系等。

川峡地区汉代制盐工艺流程的考古学研究

陈 凯

（山东大学历史文化学院考古系）

盐作为人们膳食中不可缺少的调味品，是人体中不可或缺的物质，是我国古代社会中最重要的资源之一。《周礼》"盐人"记载："祭祀共其苦盐、散盐。宾客共其形盐、散盐。王之膳羞，共饴盐。"[①] 可见在先秦时期，盐多作为奢侈品或祭祀用品而出现，直到东周两汉时期，盐才开始真正意义上转变为日常必需品。如《管子·地数》载："十口之家，十人咶盐。百口之家，百人咶盐。"[②] 我国古代的食盐依来源主要可分为四大种类，即海盐、井盐、湖盐和岩盐，井盐的生产主要集中在川峡地区。该地区先民从新石器时代晚期开始利用自然盐泉到有意识地采汲盐卤，继而发展到秦汉时期大规模地凿井煮盐，是研究古代人盐关系演变的典型区域。

自 20 世纪 50 年代开始，川峡地区陆续发现了一些与汉代盐业生产有关的重要遗存，如成都平原出土的十余方煮盐画像砖[③]，蒲江挖掘出数件汉代的铁质牢盆[④]。90 年代以来，伴随三峡库区考古工作的开展，考古工作者在忠县中坝[⑤]、上油坊[⑥]和龙滩[⑦]三处

---

① 杨天宇：《周礼译注》，上海古籍出版社，2004 年，第 87、88 页。

② 黎凤翔：《管子校注》，中华书局，2004 年，第 1364 页。

③ 于豪亮：《记成都扬子山一号墓》，《文物参考资料》1955 年第 9 期；冯汉骥：《四川的画像砖墓及画像砖》，《文物》1961 年第 11 期；成都市文物管理处：《四川成都曾家包东汉画像砖石墓》，《文物》1981 年第 10 期；刘志远：《成都昭觉寺汉画像砖墓》，《考古》1984 年第 1 期。

④ 龙腾、夏辉：《四川蒲江发现汉代盐铁盆》，《文物》2002 年第 9 期。

⑤ 四川省文物考古研究所：《忠县中坝新石器时代晚期及商周遗址》，《中国考古学年鉴·1991》，文物出版社，1992 年；重庆市文物局、重庆市水利局编：《忠县中坝》，科学出版社，2020 年。

⑥ 广州市文物考古研究所等：《忠县上油坊遗址 2001 年度发掘简报》，《重庆库区考古报告集·2003 卷》，科学出版社，2019 年；郑州大学历史学院等：《忠县上油坊遗址 2003 年度发掘简报》，《重庆库区考古报告集·2003 卷》，科学出版社，2019 年。

⑦ 重庆市文化遗产研究院等：《忠县龙滩遗址 2002 年度发掘简报》，《重庆库区考古报告集·2003 卷》，科学出版社，2019 年。

遗址清理了数座煮盐龙灶及附属设施，还在忠县[1]和巫山[2]两地汉墓中发现了数十件多孔灶陶模型。上述考古发现为我们研究川峡地区汉代制盐工艺流程提供了丰富的实物资料。

近年来，白云翔先生一直倡导"手工业考古"，认为手工业作坊的发掘，可以了解各类遗迹、遗物和现象之间的相互关系，能够比较准确地复原古代的工艺技术和生产流程[3]。盐业考古属于手工业考古的重要门类，白九江先生将四川盆地古代制盐的一般流程归纳为取卤、输卤、人工制卤、沉卤、煎盐和制作盐模六个环节[4]。笔者在此基础上以考古发现的制盐遗迹和遗物为中心并结合文献史料，分析三处制盐作坊的各类遗存相互关系，对川峡地区汉代制盐流程做一初步的讨论和复原，谬误之处还请批评指正。

一、取卤、输卤环节

川峡地区古构造凹陷范围大，地形沉降幅度大，封闭性好，沉积稳定，咸化时间长。在远古时期，川峡地区属海湖的一部分，海洋中盐类物质在干燥气候条件下易蒸发结晶，故其地质环境具有诸多成盐条件。各小区间的成盐条件又存在明显差异，峡江地区的盐矿存在于较浅的背斜层内，当雨水下切背斜，与地下水混合后，即可在河流沟谷内形成天然盐泉。成都平原及川中地区的盐矿埋藏较深，必须具备一定的凿井技术方能探得盐卤[5]。《华阳国志·蜀志》记载："周灭后，秦孝文王以李冰为蜀守，冰能知天文地理……又识齐水脉，穿广都盐井，诸陂池，蜀于是盛有养生之饶焉。"[6]可见到战国晚期，随着冶铁、掘井、采矿等先进生产工具和技术的传入，成都平原开始出现盐井，"诸陂池"又表明此时盐井尚处于大口浅井的阶段。

① 白九江、邹后曦：《制盐龙灶的特征与演变——以三峡地区为例》，《江汉考古》2013 年第 3 期；文中发表了乌杨墓群出土的 5 件多孔陶灶模型；重庆市文化遗产研究院、常德博物馆：《忠县花灯坟墓群 2003 年度发掘简报》，《重庆库区考古报告集·2003 卷》，科学出版社，2019 年。

② 四川省文物考古研究所等：《重庆巫山县巫峡镇秀峰村墓地发掘简报》，《考古》2004 年第 10 期；重庆市文物局、重庆市移民局编：《巫山麦沱墓地》，科学出版社，2018 年；白九江：《考古学视野下的四川盆地古代制盐技术——以出土遗迹、遗物为中心》，《盐业史研究》2014 年第 3 期，文中提及巫山陈家包墓地曾发现有 1 件九孔陶灶模型。

③ 白云翔：《手工业考古论要》，《东方考古》（第 9 集），科学出版社，2015 年。

④ 白九江：《考古学视野下的四川盆地古代制盐技术——以出土遗迹、遗物为中心》，《盐业史研究》2014 年第 3 期。

⑤ 李小波：《四川盆地古代盐业开发的地质基础》，《盐业史研究》2002 年第 4 期；侯虹：《渝东地区古代地质环境与盐矿资源的开发利用》，《盐业史研究》2003 年第 4 期；刘卫国、曾先龙：《渝东地区古盐业发展史初探——从忠县罾井沟发现原始制盐工具说起》，《盐业史研究》2000 年第 3 期。

⑥ 刘琳校注：《华阳国志校注》，巴蜀书社，1984 年，第 201～210 页。

　　两汉时期，川峡地区开始大规模开凿盐井，又增置了盐官，此时井盐生产已初具规模。如《华阳国志·蜀志》载："孝宣帝地节三年，罢汶山郡，置北部都尉。时又穿临邛蒲江盐井二十所，增置盐铁官。"①《华阳国志·巴志》载有："临江县，枳东四百里，接朐忍。有盐官，在监、涂二溪，一郡所仰。其豪门亦家有盐井。"②峡江地区仍有利用自然盐泉者，见于《舆地广记·图经旧志》："汉永平七年，尝引此泉于巫山，以铁牢盆盛之，水化为血，卒罢其役。"③通过以上记载可知，两汉时期获取盐卤的方式主要是依靠天然盐泉和凿井汲卤。刘卫国先生曾讨论过天然盐泉与人工井的关系，主张峡江地区的人工盐井都是由自然盐泉演变而来的，当洪水来临时，先民必须在泉眼周围用泥石筑成小围子，以隔开淡水，这样就有了人工井的萌芽。对于洪水经常浸袭的井位就需要构筑永久性的小围子，即雏形井④。

　　目前川峡地区尚存少量两汉时期开凿的盐井，经调查确认的有云阳白兔井⑤、彭水鸡鸣井、老郁井（倒鹿井）、飞水井（共井）、鹈井（后井）⑥等数口。另有文献较多记载的仁寿陵井⑦及临邛火井⑧，这些盐井皆系大口浅井，用以汲取浅层卤水。云阳白兔井位于汤溪河畔的云安镇上，卤水浓度为3.8～4波美度，日产卤水约1000立方米，可制盐约2万斤。《四川盐政史》记载："云阳盐井始于汉。"经实测，该井井口直径3.22、井壁直径3.94、裸井直径4.12、深40.05米，卤水深30.54米。井壁采用八块贴板榫接，层层垒叠，之间涂抹三合土。井口上覆盖有一木结构房屋，汲卤装置为一个用木板固定的木制定滑轮，设在横梁上，汲卤绳两端各系一桶。汲卤时，拽水工站在伸向井口的脚踏板上，两手一上一下地提取卤水桶，桶出井口后，将卤水倒入身旁的槽桶之中。其底有竹笕通至灶房储卤桶内，再用以煮盐⑨（图一）。这种生产方式一直沿袭到20世纪50年代，与东汉煮盐画像砖所绘的汲卤方法极其相似。

　　民国以来，成都北郊凤凰山、羊子山、曾家包、昭觉寺、跳蹬河及周边邛崃花牌坊、大邑、新津、郫县等地的东汉墓葬中出土了十余方煮盐画像砖，表现内容均是汉代井盐生产的场景，只有邛崃出土一方略有不同，生产场景绘制更为细致，反映了蜀郡井盐生产的盛况（图二）。画面整体表现为山林之背景，林中可见各类飞禽走兽与狩猎之

①　刘琳校注：《华阳国志校注》，巴蜀书社，1984年，第218页。
②　刘琳校注：《华阳国志校注》，巴蜀书社，1984年，第72页。
③　（宋）王象之：《舆地纪胜》卷一八一，中华书局，1992年，第4656、4657页。
④　刘卫国：《试论渝东古盐泉向人工井的演进》，《盐业史研究》2002年第1期。
⑤　自贡市盐业历史博物馆：《川东、北盐业考察报告》，《盐业史研究（创刊号）》，1986年；白广美：《川东、北井盐考察报告》，《自然科学史研究》1988年第3期。
⑥　李小波：《重庆市彭水县郁山镇古代盐井考察报告》，《盐业史研究》2001年第2期。
⑦　鲁子健：《临邛火井考》，《盐业史研究》1995年第3期。
⑧　张连伟：《陵井考述》，《盐业史研究》2014年第2期。
⑨　白广美：《川东、北井盐考察报告》，《自然科学史研究》1988年第3期。

图一　云阳白兔井人工汲卤与输卤场景

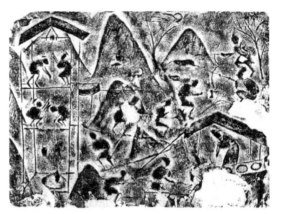

图二　成都郫县（左）、邛崃花牌坊（右）出土东汉煮盐画像砖[①]

人。画面左下方绘一大口盐井，井口上搭建两层井架，横梁上装有辘轳，其上系着汲卤绳，绳的两端各系一桶，两层井架上各立两人，一上一下地提取卤水桶，桶出井口后，将卤水倒入身旁的蓄卤池之中，其底有笕道将卤水输送至盐灶旁的方形卤水坑。

　　取卤环节所对应的盐井及输卤所对应笕道遗迹均未见于忠县的三处盐业遗址，但上油坊 Y02 北侧发现一圆形柱洞，直径 0.32、深 0.22～0.3 米，应与 Y02 关系密切，不排除是用于搭建笕槽支架。现今大宁河仍保存有栈道，从巫山龙门峡口沿大宁河上溯一直延伸到宝山咸泉所在的巫溪宁厂，这些栈孔共有 6888 个，孔方 0.2、深 0.4、间距 1.5～2 米，近水平排列，按一定的坡度逐渐下降，绵延近 80 千米，其始凿年代甚至可

---

① 中国画像砖全集编辑委员会编：《中国画像砖全集 1 四川汉画像砖》，四川美术出版社，2006 年，第 81～84 页。

能不晚于东汉[①]。不少学者认为大宁河栈道乃是官府组织修建，用于输送盐卤[②]，笔者以为是。

二、人工制卤环节

（一）淋　　卤

制卤是指去除卤水中的杂质并提高卤水浓度达到可以煎盐标准的过程，是制盐工艺的核心。牛英彬、白九江两位先生认为该地区至少从新石器晚期以来就已开始使用"淋灰法"制卤，中坝遗址新石器晚期至商周常见深、浅不一的灰烬堆积坑，应为溶解淋灰的灰坑[③]。笔者赞同该说，并认为川峡地区两汉时期仍沿用"淋灰法"制卤。

上油坊遗址发现有 4 座灰坑，均打破或紧邻盐灶（图三），坑底呈阶梯状，一深一浅，填土为致密黑灰土，夹杂少量烧土粒，很可能是作为淋卤坑来使用的。H18，打破 Y02，坑底东侧有一台阶，高出坑底 0.16 米，形制与黄骅大左庄 H20[④] 基本一致，应是单坑组合的淋卤坑（图四）。与《天工开物·作咸》："凡淋煎法，掘坑二个，一浅一深……深者深七八尺，受浅坑所淋之汁，然后入锅煎炼。"[⑤] 的记载基本相符。在中坝和龙滩遗址中则未见到草木灰堆积和经特殊加工的灰坑，故这两处遗址很可能存在其他浓缩卤水的方法，限于材料，暂不清楚。

（二）储　　卤

煮盐画像砖的图像表明，卤水是经笕道输送至盐灶旁的方形卤水坑中，故盐灶旁应设有专门的储卤设施或木质水桶。在中坝和上油坊两处遗址的盐灶两侧，常有打破盐灶的椭圆形灰坑，一左一右对称排列，尺寸和深度相差不大。虽坑壁和坑底未见特殊加

① 重庆市文物局、重庆市移民局等编：《三峡古栈道（下）大宁河栈道》，文物出版社，2006 年；白九江：《考古学视野下的四川盆地古代制盐技术——以出土遗迹、遗物为中心》，《盐业史研究》2014 年第 3 期。

② 任桂园、刘卫国：《宁河古栈道遗址新探》，《盐业史研究》2003 年第 1 期；程地宇：《大宁河庙峡大罩崖古栈道研究》，《重庆社会科学》2007 年第 12 期；白九江：《考古学视野下的四川盆地古代制盐技术——以出土遗迹、遗物为中心》，《盐业史研究》2014 年第 3 期。

③ 白九江：《考古学视野下的四川盆地古代制盐技术——以出土遗迹、遗物为中心》，《盐业史研究》2014 年第 3 期；牛英彬、白九江：《中国古代淋土法制盐技术的发展与演变》，《盐业史研究》2019 年第 3 期。

④ 曹洋、雷建红：《黄骅大左庄隋唐制盐作坊的制盐工艺及生产性质初论》，《考古》2021 年第 3 期。

⑤ 潘吉星：《天工开物校注及研究》，巴蜀书社，1989 年，第 269 页。

工迹象，但笔者推测这些灰坑很可能是作为储卤坑使用的，如上油坊遗址 H24 与 H26（图三）、中坝遗址 H29 与 H42。

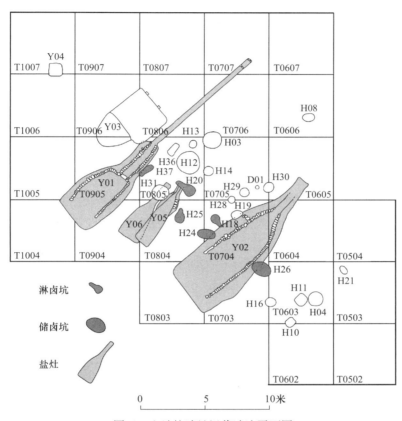

图三　上油坊遗址汉代遗迹平面图

（据《忠县上油坊遗址 2003 年度发掘简报》图二六改绘，《重庆库区考古报告集·2003 卷》）

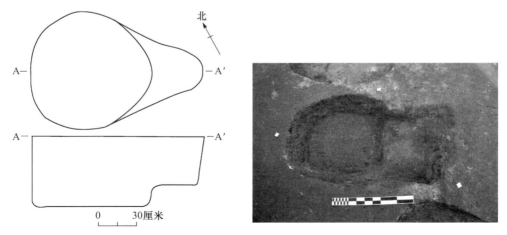

图四　上油坊遗址 H18（左）、大左庄遗址 H20（右）

三、煎卤成盐环节

　　盐灶是考察煎卤成盐技术的核心环节。川峡地区已发现的汉代盐灶均为斜坡状的长条形，长度5～20米不等，称之为龙灶。曾先龙先生曾撰文专门讨论中坝遗址的龙窑，认为中坝龙窑乃是盐灶，使用圜底罐和尖底杯盛卤煮盐[①]。白九江先生对三峡地区史前至民国的盐灶进行历史性的考察，提出龙灶经历了平底到斜坡底的变化，两汉时期使用牢盆煮盐[②]。本文在两位学者的研究基础上，对两汉时期煎盐工艺做进一步讨论和复原。

　　汉代人事死如事生，盛行厚葬，随葬较多日常生活相关之器，故能在墓葬中发现了一些与盐业生产的相关线索，如成都平原和峡江地区的汉墓中分别出土十余件煮盐画像砖与多眼陶灶模型明器，亦可从中了解当时煎卤为盐的场景。煮盐画像砖画面的右下角为一山坡，盐灶呈长条形，依坡势而建，灶眼上单行排列至少5件盆形容器，将卤水倒入容器进行煮盐，灶门前匍一人调整火候。画面中部偏下两人背物而行，旁边有山林，应搬运煮盐所需之木柴（图二）。

　　在巫山、忠县等地的汉墓中出土10余件多眼陶灶模型明器，为了解汉代盐灶的结构提供了实物模型。这些盐灶模型，由灶门、火膛、灶室和烟洞四部分组成，可分为两大类。一类平面呈长条形，灶眼单排排列，眼数5、8、10、12个不等，出土时每个灶眼上多放置有一件钵形或盆形容器，长52～118、宽8～24、高10～15厘米不等，均出自忠县乌杨墓群[③]。另一类呈圆角梯形，灶眼双排排列，眼数均为9个，其上少见盆或钵形容器，长32～46、宽11～32、高7～13厘米不等，均出自巫山的麦沱、秀峰村及陈家包等墓地（图五）。根据已发表资料的墓葬来看，出土多眼陶灶模型明器的墓葬年代为西汉晚期至东汉早期，规模较大，且随葬品甚为丰富，其中巫山麦沱M40出土器物134件，忠县花灯坟M8出土器物33件。川村佳男[④]、陈杰[⑤]、陈艳[⑥]等学者推断陪葬盐灶模型明器的墓主人可能是盐业经营者，盐灶模型明器已是作为财富的象征。笔者以为这一推测合理，巫山麦沱M40还出土两件陶仓，为干栏式圆仓建筑，很可能为这一时期的盐仓模型明器。

---

①　曾先龙：《中坝龙窑的生产工艺探析》，《盐业史研究》2003年第1期。

②　白九江、邹后曦：《制盐龙灶的特征与演变——以三峡地区为例》，《江汉考古》2013年第3期。

③　白九江、邹后曦：《制盐龙灶的特征与演变——以三峡地区为例》，《江汉考古》2013年第3期。

④　川村佳男著，刘海宇译：《三峡地区的盐灶形明器》，《东方考古》（第12集），科学出版社，2016年。

⑤　陈杰：《三峡地区汉墓出土九眼陶灶初探》，《四川文物》2015年第2期。

⑥　陈艳：《大宁河流域盐业考古：以汉代盐业考古材料为中心——兼论考古视角下三峡地区女性的主体性》，《南方文物》2020年第1期。

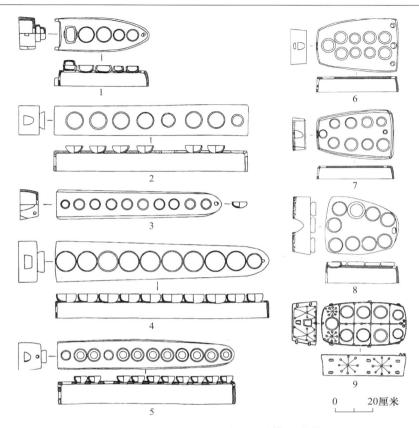

图五　忠县、巫山两地出土盐灶模型明器
1～5. 忠县乌杨墓群（M72：1、M177：7、M133：9、M111：10、M86：5）
6～8. 巫山麦沱墓群（M40：15、M40：76、M38：15）　9. 巫山秀峰村墓地（M1：47）

　　在上述灶灶模型明器中，火眼上多置有钵形或盆形容器，和画像砖上所绘煮盐器物形制相似。西汉时期汉武帝实行盐铁官营后，对盐的生产加强了控制，《史记·平准书》载："愿募民自给费，因官器作煮盐，官与牢盆……敢私铸造铁器煮盐者，钛左趾，没入其器物。"[1]，规定盐户必须用官府提供的铁质牢盆来煮盐。1999年，在蒲江五星镇一采沙场出土一件汉代牢盆。该盆用生铁铸造，敞口，浅弧腹，平底，口略大于底，口径131、底径100、高57、厚3.5厘米，重400余斤，盆内壁铸有汉隶书"廿五石"[2]（图六，1）。亦见于宋人洪适《隶续》卷十四所载"修官二铁盆款识"，一件铸有铭文"廿五石"，另一件铸"廿五石廿年修官作"[3]，应为当时牢盆的统一量制。又详记："右修官铁盆二，乾道中，陆游务观监汉嘉郡得之……字画无篆体，盖东汉初年所作。其文

---

① 《史记·平准书》，中华书局，2003年，第1716页。
② 龙腾、夏辉：《四川蒲江发现汉代盐铁盆》，《文物》2002年第9期。
③ （宋）洪适：《隶续》，中华书局，1986年，第306页。

有廿年字，而无纪年之名。东汉惟建武、建安有二十年，此必建武之器。"从中可知，此两铁盆为陆游于嘉州（今乐山）所发现，洪适考证其为东汉建武二十年铸造，现已亡佚。此外，黄庭坚于巫山亦发现一铁盆，重达"三百五十斤"，作《盆记》记其年为汉永平年间，现已不存。有学者对其进行详细考证①，认为该器应为汉代煮盐之牢盆。如此来看，已佚的三件铁盆与蒲江出土之牢盆时代、铭文、重量大致相当，"廿五石"应是当时牢盆的统一容量，为汉代官府统一制作，是严格实施"官与牢盆"政策的体现。煮盐画像砖所绘煮盐器具与峡江地区陶灶明器灶眼所放的容器，形状皆为圆形，敞口或微敛口，口大于底，浅弧腹，平底，显然就是文献中记载的"牢盆"模型，也与蒲江县汉代铁盆实物几乎雷同。另外，在忠县龙滩遗址的地层中出土一件铁锅残件，模制而成，仅存圜底部分，残径82、残高15、厚1.3厘米（图六，2），因此东汉晚期以来也用铁质圜底大锅来进行煎盐，很可能就是文献记载的"镬"②。

图六　川峡地区汉代的煮盐器具
1. 蒲江五星镇出土　2. 忠县龙滩出土

　　从考古发现来看，川峡地区已清理两汉时期的盐灶数量达20余座，皆位于长江支流濬井河和汝溪河东岸的阶地上，朝向和结构基本一致，为西南—东北向，依坡势而建，煮盐画像砖所绘图像基本一致，估计其原貌应与乌杨墓群出土陶灶模型明器大体相同。平面呈均长条形，头大尾小，分工作间、火门、火膛、火道、灶室和烟洞几个部分；工作间和火门位置较低，朝向河谷，灶室位置稍高，尺寸大者两侧砌筑卵石或经夯打加工，烟道位置最高，形成一定的高差，有利于借助自然风力助燃，来提高灶内温度。灶室底部有较厚且坚硬烧结面，可能为长时间使用所致，灶内堆积基本不见完整器物和窑具。

　　三处遗址的盐灶尺寸差异较大，全长5～20米不等，这一区别应与灶眼数量多少有关。笔者以牢盆为煮盐器具，结合画像砖和陶灶模型明器中的制盐场景，推断牢盆

① 程地宇：《〈巴官铁盆〉考》，《重庆社会科学》2007年第9期。
② 白九江：《考古学视野下的四川盆地古代制盐技术——以出土遗迹、遗物为中心》，《盐业史研究》2014年第3期。

应是互相紧靠地置于火膛、火道和灶室之上[1]。置于火膛处的牢盆，离火口近，温度高，应是作为煎锅使用；而置于火道、灶室与烟道者，距火口远，温度稍低，则应属温锅。这一场景同样也见于清末的南阆盐场[2]（图七，1）和20世纪80年代的宁厂盐厂[3]（图七，2）。因考古发现的盐灶多仅存灶底，灶面尺寸不详，故以牢盆的底径100厘米为标准，笔者对中坝遗址 Y3、上油坊遗址 Y01 和龙滩遗址 Y1 三座盐灶的煮盐场景做一初步复原。

1   2

图七　煎卤成盐场景
1. 四川南阆盐场　2. 重庆大宁盐场

中坝 Y3，全长13.5、宽0.9～3.89米。工作间残长1.9、宽2.5米，覆盖一层白灰色灰烬；火门朝向东南，宽3.89米，残存一条卵石堆砌的墙体，火膛长2.1、宽0.8米，火道长1.2、宽0.5～0.7米，倾斜角度大，灶室长7.4、宽0.5～0.6米，烟洞长0.9、宽1.1米。灶壁左右对称，厚0.75～1.01米，可见密集椭圆形窝痕，经卵石夯筑加工，两侧发现较多对称的柱洞，可能为当时所搭建工棚式建筑的残留。通过复原可知，中坝 Y3 共可放置10口牢盆，前两口为煎锅，余为温锅（图八）。

上油坊 Y01，残长20.5、宽0.6～2米。操作间长6.4、宽1.4～2米，高1.4米，两侧采用石块垒砌；火门朝向西南，宽0.4米。火膛和火道十分狭长，有多次泥土修补痕

---

① 白九江、邹后曦：《制盐龙灶的特征与演变——以三峡地区为例》，《江汉考古》2013年第3期；白九江先生已根据牢盆实物尺寸对中坝遗址的龙灶进行复原，并指出中坝龙灶上应放置6～10口不等的牢盆，但并未详细说明复原依据。

② 陈艳：《大宁河流域盐业考古：以汉代盐业考古材料为中心——兼论考古视角下三峡地区女性的主体性》，《南方文物》2020年第1期。

③ 《四川南阆盐务图说》，宣统二年影印本，第82、83页。

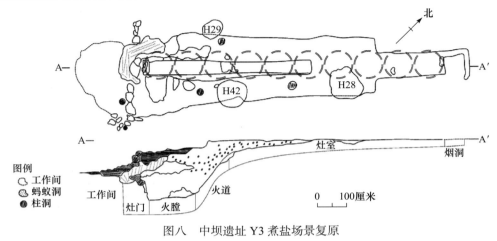

图八　中坝遗址 Y3 煮盐场景复原
（据《忠县中坝》图一○○八改绘）

迹，两侧用石块垒砌，火膛长 1.7、宽 0.3 米，火道长 3.8、宽 0.3～0.7 米，倾斜角度大，灶室长 7、宽 0.64 米，两侧经过多次修补后夯打而成，壁面均匀分布有椭圆形夯窝，烟洞长 1.6、宽 0.6 米，两端用石块垒砌。通过复原可知，上油坊 Y01 共可放置 12 口牢盆，前两口为煎锅，余为温锅（图九）。

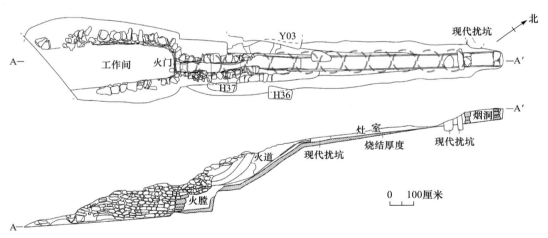

图九　上油坊遗址 Y01 煮盐场景复原
（据《忠县上油坊遗址 2003 年度发掘简报》图三六改绘，《重庆库区考古报告集·2003 卷》）

　　龙滩 Y1，尺寸较小，残长 5.74，宽 0.45～1.05 米，由工作间、火膛、火道、灶室三部分组成。工作间平面呈椭圆形，长 1.6、宽 1.05 米；火膛长 0.88、宽 0.5～0.6 米，火道长 0.55、宽 0.4～0.5 米，倾斜角度大，灶室残长 2.71、宽 0.45～0.5 米，窑壁厚 0.1～0.2 米。通过复原可知，龙滩 Y1 至少可放置 4 口牢盆，第一口为煎锅，余为温锅（图一○）。

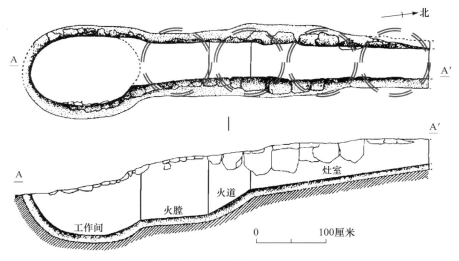

图一〇　龙滩遗址 Y1 煮盐场景复原
（据《忠县龙滩遗址 2002 年度发掘简报》图七改绘，《重庆库区考古报告集·2003 卷》）

　　通过上述复原可知，这三处遗址的盐灶均为长条形单火道，可放置4～12 口牢盆，其中临近灶门的一或两口为煎锅，余皆为温锅。此外，忠县与巫山两地出土盐灶模型明器形状和结构不同，分别为单排单火道和单排双火道，是否也意味着两地两汉时期盐灶结构不同，鉴于目前巫山地区尚未发现汉代的盐灶遗迹，暂不展开讨论。

四、结　　语

　　本文以考古发现遗迹和遗物为中心对川峡地区汉代制盐工艺流程进行了初步的探索，认为川峡地区汉代制盐流程主要包括取卤输卤、淋卤储卤和煎卤成盐三个环节，限于目前的考古资料，是否存在沉卤和制作盐模这两个环节，暂未不清楚。两汉先民主要通过凿井取卤和天然盐泉获得盐卤资源，使用笕道将卤水输送至制盐作坊内；通过淋灰法浓缩卤水，后存储在盐灶两侧的卤水坑或木桶之中，倒入牢盆中，置于盐灶上进行煮盐。煎卤成盐是川峡地区汉代制盐工艺流程的中心环节，笔者通过出土牢盆实物结合相关图像，对考古发现的几处盐灶的煮盐场景进行复原，发现其上可放置4～12 口牢盆，其中临近灶门的一或两口为煎锅，余皆为温锅，先将卤水倒入温锅浓缩盐卤，后转入煎锅中结晶成盐。

　　目前川峡地区考古发现的汉代制盐遗址不多，集中在三峡地区，成都平原地区未有发现。侯红先生认为盐井的开发与西汉四川盐铁经济的发展有着密不可分的关系，在汉代逐渐形成一个以成都为中心，包括郫县、广都、新都、蒲江在内的西蜀经济圈[①]。故在

① 侯虹：《蒲江盐井的开发与西汉四川盐铁经济的发展形态》，《盐业史研究》2002 年第 3 期；侯虹：《西蜀经济圈的形成与发展：以秦汉时代为中心的讨论》，《盐文化研究论丛》（第 1 辑），巴蜀书社，2005 年。

以后的田野工作中，应将重点转向成都平原地区，制定并开展专题性的盐业考古调查和发掘项目。在已发现的三处盐业遗址中，仅有煎卤成盐环节较为清楚，而其余各个环节仍需要新的考古发现来佐证。因此，在今后盐业遗址的发掘中应坚持手工业考古、聚落考古和多学科合作理念，注重操作链中的各个环节，在盐灶四周注意寻找相关的房址、储卤淋卤坑、输卤笕道、盐井等遗存，从而展现和复原一套完整的制盐工艺流程。

（原载《盐业史研究》2022 年第 2 期）

渝东地区盐业考古研究综述

杨　蕾[1]　柯圻霖[2]

（1.自贡市盐业历史博物馆；2.重庆师范大学历史与社会学院考古系）

为配合建设三峡水库的提议，20 世纪 50 年代以来，多家单位在重庆开展考古调查，此时虽尚未有盐业考古的概念，但调查的范围和采集的文物无疑有所涉及。20 世纪 90 年代初，国家决议兴建三峡大坝，淹没区和迁建区的文物保护和考古发掘工作随之展开，同时中美合作开展"成都平原及周边地区古代盐业的景观考古学研究"的项目，正式拉开了我国盐业考古的序幕。21 世纪以来，三峡库区的盐业考古工作陆续结束，随着大量考古新材料面世，盐业考古研究取得丰硕成果。

一、20 世纪 90 年代以前

20 世纪 50 年代，国家提议修建三峡大坝，随即在重庆开展考古调查。1957 年 3 月，四川省博物馆对长江沿岸长寿至巫山的 8 个县展开调查，发现了忠县瓦渣沟新石器时代遗址，并对瓦渣沟流域的瓦渣地、石坝地等地展开调查，采集到完整的尖底杯 3 件[①]。1958 年 10 月，四川省博物馆、重庆市博物馆、四川大学历史系等组成四川长江三峡水库文物调查队，重点调查了忠县瓦渣沟遗址，发现了角状尖底杯和花边口圜底罐[②]。1959 年 7～8 月，四川省长江流域文物保护委员会文物考古队同四川大学共同在瓦渣沟的何家院子、汪家院子、吴家院子等地试掘，出土了大量的圜底器、尖底器、钻孔的卜骨等，其中完整的圜底罐 1 件、能复原的角杯 40 余件。还在汪家院子（瓦渣地）发现一个窑，窑内出土角杯 200 余件[③]。

这一时期虽无盐业考古的概念，但考古调查和发掘工作已触及哨棚嘴、瓦渣地、中坝等盐业遗址，甚至有人猜测瓦渣沟一带出土的尖底杯可能是早期晒盐工具[④]。这段时期的工作虽不成体系，但无疑增进了我们对该区域的了解。

---

① 杨有润：《川东长江沿岸新石器时代遗址调查简报》，《考古》1959 年第 8 期。

② 杨有润：《四川省长江三峡水库考古调查简报》，《考古》1959 年第 8 期。

③ 袁明森、邓伯清：《四川忠县瓦渣沟遗址的试掘》，《考古》1962 年第 8 期。

④ 李水城：《中国盐业考古》，西南交通大学出版社，2019 年，第 204、205 页。

二、20世纪90年代

20世纪90年代的盐业考古基本以盐业遗址的调查和发掘为主，现对渝东地区近年来的盐业考古发现情况作一简单介绍。

（一）忠县盐业考古发现情况

1. 中坝遗址

中坝遗址首次发现于20世纪50年代。1987年，中国社会科学院考古研究所复查该遗址[①]。1990年，四川省文物考古研究所对中坝遗址进行试掘，发现其文化堆积厚达8～9米，并出土大量的尖底杯和圜底罐[②]。1993～1994年，北京大学多次调查该遗址，认识到其具有特殊的产业性质[③]。1997～2003年，四川省文物考古研究所6次发掘该遗址，多次考古发掘表明中坝是一处4500年以上的制盐遗址，具备新石器时代晚期至近现代的完整文化序列，文化堆积深厚，出土遗存丰富。

2. 哨棚嘴遗址

自1957年四川省博物馆发现该遗址至1981年间，多家单位在哨棚嘴进行调查和试掘[④]。1993年，四川省文物考古研究所和北京大学考古学系试掘该遗址，出土了一批商周、汉代至南朝的遗物[⑤]。1997、1999、2000、2001、2002年北京大学5次大规模发掘该遗址，发现了大量新石器时代至六朝的文化遗存[⑥]。其中，2001年发掘该遗址时，考古队清理了一座窑（Y3），窑内出土上百个尖底杯，附近还散布着成层的尖底杯残品[⑦]，

---

① 吴加安、叶茂林：《四川万县地区考古调查简报》，《考古》1990年第4期。
② 巴家云：《忠县中坝新石器时代晚期及商周遗址》，中国考古学会：《中国考古学年鉴（1991）》，文物出版社，1992年，第272页。
③ 李水城、孙华、赵化成：《忠县文物古迹保护规划报告》，国务院三峡工程建设委员会办公室、国家文物局：《长江三峡工程淹没区及迁建区文物古迹保护规划报告·重庆卷》（下册），中国三峡出版社，2010年，第501、512页。
④ 孙华：《渝东地区新发现的新石器晚期文化　忠县哨棚嘴遗址的发掘》，《中国三峡建设》，2008年第8期。
⑤ 李水城：《中国盐业考古》，西南交通大学出版社，2019年，第256页。
⑥ 孙华：《渝东地区新发现的新石器晚期文化　忠县哨棚嘴遗址的发掘》，《中国三峡建设》，2008年第8期。
⑦ 白九江：《尖底杯在古代制盐工艺流程中的功能研究》，《盐业史研究》2010年第2期。

窑（Y3）的旁边还发现了一个椭圆形窑灶，灶内堆积主要是船形杯[①]。哨棚嘴遗址在新石器时代早期便有人类活动痕迹，但这一时期未发现制盐遗存。西周地层有大量的尖底杯堆积和涂泥坑遗迹，涂泥坑集中分布于发掘区北部，此处与瓦渣地遗址仅隔选溪沟，因此这两个遗址当时极有可能是相关的，哨棚嘴遗址可能是瓦渣地沿江制陶作坊区的延伸部分[②]。东周至汉代堆积以圜底罐为主。学术界对哨棚嘴遗址的性质争议较大，有制盐遗址、制陶遗址、兼具制盐制陶双重产业遗址这三种观点。

3. 瓦渣地遗址

四川省博物馆于 1957 年发现该遗址，并于次年复查[③]。1959 年，四川省长江流域文物保护委员会文物考古队与四川大学历史系对该遗址进行试掘，在一座"窑"内出土角杯 200 余件[④]。1997～1998 年，北京大学对其展开发掘，将遗址年代分为新石器晚期和西周前后，并指出西周前后该地"瓦渣"堆积的原因是大量烧制或使用单一的圜底罐或尖底杯进行盐业生产[⑤]。但也有人认为该遗址是专门生产尖底杯的制陶遗址[⑥]。

4. 邓家沱遗址

1973 年，忠县文管所发现该遗址。1994 年，北京大学对其展开调查。2001 年，郑州大学三峡考古队正式发掘该遗址，发现了新石器、西周、秦、汉、唐、宋、明、清等时期的文化遗存。其中，西周遗存最为丰富，又以尖底杯占比最大。据报告，在一个不足 60 平方米、体积约 20 立方米的单位中出土尖底杯 2 万余件，而其他类型的器物则不足百件，有近 1/3 的尖底杯是完整器。因此发掘者认为，"忠县邓家沱遗址西周时期的文化遗存应该是制盐产业废弃后遗留下来的遗存"[⑦]。2003 年，重庆市文物考古研究所、郑州大学等单位在该遗址的西周地层内又发掘出大量的红烧土块、尖底杯、船形杯等，

---

① 孙华：《渝东史前制盐工业初探——以史前时期制盐陶器为研究角度》，《盐业史研究》2004 年第 1 期。

② 北京大学考古学研究中心、北京大学考古文博学院三峡考古队、重庆市忠县文物管理所：《忠县哨棚嘴遗址发掘报告》，《重庆库区考古报告集·1999 卷》，科学出版社，2006 年，第 530～643 页。

③ 北京大学考古系三峡考古队、忠县文物保护管理所：《忠县瓦渣地遗址发掘简报》，《重庆库区考古报告集·1998 卷》，科学出版社，2003 年，第 649～678 页。

④ 袁明森、邓伯清：《四川忠县（㳇甘）井沟遗址的试掘》，《考古》1962 年第 8 期。

⑤ 北京大学考古系三峡考古队、忠县文物保护管理所：《忠县瓦渣地遗址发掘简报》，《重庆库区考古报告集·1998 卷》，科学出版社，2003 年，第 649～678 页。

⑥ 白九江：《尖底杯在古代制盐工艺流程中的功能研究》，《盐业史研究》2010 年第 2 期。

⑦ 李峰：《忠县邓家沱遗址西周时期文化遗存的初步认识》，《重庆·2001 三峡文物保护学术研讨会论文集》，科学出版社，2003 年，第 99～106 页。

显示此地有过大规模的盐业生产活动[①]。此外，与邓家沱隔长江相望的乌杨墓群的 5 座汉墓出土了 5 座盐灶模型明器，据此有人认为乌杨墓群是邓家沱、盐井坝一带从事盐业生产的家族的墓地所在[②]。

除上述遗址外，忠县还有杜家院子和李园两处盐业遗址。2002 年，成都市文物考古研究所发掘杜家院子遗址，在新石器时代和东周地层中发现了一批圜底罐[③]。1994 年，北京大学试掘李园遗址，发现 2 座形制较为特殊的残窑，并出土了大量尖底杯[④]。

（二）巫山县盐业考古发现情况

1. 大溪遗址

该遗址最早发现于 20 世纪 20 年代[⑤]。此后四川省博物馆、重庆市文物考古研究所等单位多次对其进行调查、发掘[⑥]。发掘者将大溪文化分为 5 期，其第 5 期文化遗存年代为新石器晚期至夏代早期，出土了一批与中坝遗址相似的同时期的尖底缸[⑦]。此前大溪遗址曾发现一批存储大量鱼的窖穴、层层摆放着大鱼的坑，大溪墓地还有随葬大鱼、墓主口含双鱼的葬俗，因此有人认为该遗址出土的尖底缸是作为装盐工具随盐销售至此的，大溪先民用交易来的盐发展了鱼肉腌制和鱼酱制作产业[⑧]。

2. 双堰塘遗址

1957 年四川博物馆最早发现该遗址[⑨]。1958～1992 年，多家单位对其进行复查和试

① 邹后曦、杨小刚、谭京梅：《三峡库区文物保护》，《中国三峡建设年鉴·2004》，中国三峡建设年鉴社，2004 年，第 241～245 页。

② 白九江、邹后曦：《制盐龙灶的特征与演变——以三峡地区为例》，《江汉考古》2013 年第 3 期。

③ 成都市文物考古研究所、重庆市文物局、忠县文物管理所：《忠县杜家院子遗址发掘报告》，《重庆库区考古报告集·2001 卷》，科学出版社，2007 年，第 1567～1599 页。

④ 孙华：《忠县李园战国及秦汉遗址》，中国考古学会：《中国考古学年鉴（1995 年）》，文物出版社，1997 年，第 229 页。

⑤ 重庆市文物考古所、重庆市文物局、巫山县文物管理所：《巫山大溪遗址勘探发掘简报》，《重庆库区考古报告集·2000 卷》，科学出版社，2007 年，第 424～480 页。

⑥ 四川长江流域文物保护委员会文物考古队：《四川巫山大溪新石器时代遗址发掘记略》，《文物》1961 年第 11 期；范桂杰、胡昌钰：《巫山大溪遗址第三次发掘》，《考古学报》1981 年第 4 期；邹后曦、白九江：《巫山大溪遗址历次发掘与分期》，《重庆·2001 三峡文物保护学术研讨会论文集》，科学出版社，2003 年，第 41～50 页。

⑦ 重庆市文物考古所、重庆市文物局、巫山县文物管理所：《巫山大溪遗址勘探发掘简报》，《重庆库区考古报告集·2000 卷》，科学出版社，2007 年，第 424～480 页。

⑧ 李水城：《中国盐业考古》，西南交通大学出版社，2019 年，第 253～254 页。

⑨ 杨有润：《川东长江沿岸新石器时代遗址调查简报》，《考古》1959 年第 8 期。

掘^①。1994 年以来，中国社会科学院多次发掘该遗址，出土了大量的圜底罐和尖底杯，发现了类似于巫溪盐厂沿用至 20 世纪 50 年代的土垅灶、忠县盐业遗址出土的"条形窑灶"^②。这些资料显示，双堰塘遗址在西周时期便有盐业生产活动，但由于该遗址的发掘材料尚未完全发表，对它的详细考察只能留待以后。

3. 大宁河古栈道

大宁河栈道开凿于悬崖之上，分南北两段：北段由巫溪宁厂沿河北上至陕西、湖北一带，栈孔开凿于绝壁险岩处，与山间小道相连，纵横交错，形成一个复杂庞大的交通网；南段北起巫溪宁厂，南至巫山龙门峡，全长 80 多千米，有 6888 个栈孔。关于栈道的来历与功用问题，众说纷纭，无有定论。有人认为该栈道非一个时期所建，而是历代扩充而成，栈道也不专用于"引盐泉"，还用于商品贸易与军事征战^③。有人认为该栈道南段栈孔之上搭建竹笕引宁厂盐泉至巫山煮盐，北段为通往陕、鄂地区的运盐之道^④。有人认为《巫山县志》所记"汉永平七年尝引此泉于巫山，以铁牢盆盛之"是利用古已有之的栈孔，架设竹笕于其上，引盐泉至大昌或双堰塘一带制盐^⑤。

4. 麦沱墓地和小三峡水泥厂墓地

1998、1999 年湖北省文物考古研究所 2 次发掘麦沱墓地，在该墓地东区的 12 座汉墓中发现了 5 件九眼盐灶明器^⑥。2000～2001 年，四川省文物考古研究所对小三峡水泥

---

① 杨有润：《四川省长江三峡水库考古调查简报》，《考古》1959 年第 8 期；吴加安、叶茂林：《四川万县地区考古调查简报》，《考古》1990 年第 4 期。

② 陈艳：《大宁河流域盐业考古：以汉代盐业考古材料为中心——兼论考古视角下三峡地区女性的主体性》，《南方文物》2020 年第 1 期；中国社会科学院考古研究所长江三峡工作队、巫山县文物管理所：《巫山双堰塘遗址发掘报告》，《重庆库区考古报告集·1997 卷》，科学出版社，2001 年，第 31～64 页；中国社会科学院考古研究所长江三峡工作队、巫山县文物管理所：《巫山双堰塘遗址发掘报告》，《重庆库区考古报告集·1998 卷》，科学出版社，2003 年，第 58～102 页；中国社会科学院考古研究所长江三峡工作队、巫山县文物管理所：《巫山双堰塘遗址发掘报告》，《重庆库区考古报告集·1999 卷》，科学出版社，2006 年，第 80～144 页。

③ 四川省文物志编辑部：《四川省文物志（征求意见稿）》（第二集），1986 年，第 80、81 页；冉瑞铨：《大宁河古栈道初探》，《四川文物》1989 年第 2 期。

④ 郑敬东：《长江三峡交通文化研究》，中国文史出版社，2005 年，第 97、98 页。

⑤ 陈艳：《大宁河流域盐业考古：以汉代盐业考古材料为中心——兼论考古视角下三峡地区女性的主体性》，《南方文物》2020 年第 1 期。

⑥ 湖南省文物考古研究所、巫山县文物管理所：《巫山麦沱汉墓群发掘报告》，《重庆库区考古报告集·1997 卷》，科学出版社，2001 年，第 100～124 页；重庆市文物局、湖北省文物管理研究所、巫山县文物管理所：《巫山麦沱古墓群第二次发掘报告》，《重庆库区考古报告集·1998 卷》，科学出版社，2003 年，第 119～147 页。

厂墓地进行发掘，清理了 6 座汉墓，其中东汉墓 M1 出土了 3 件九眼盐灶明器[①]。两地出土的盐灶明器形制相同，墓主在生前应是从事制盐有关的行业。

（三）云阳县盐业遗址

云安东大井遗址发现于 1987 年，1994 年四川大学对其展开调查，发现了卤渣、煮盐铁锅残片等遗存[②]。2001～2003 年，国家博物馆和福州市文物工作队在云安镇的菜园坝和东大井区域展开发掘，但仅在东大井发现制盐遗迹[③]。考古发掘显示，东大井盐场的年代为宋代至民国，文化遗存丰富，包括大量的卤水澄滤槽、卤水澄滤池、输卤管道、盐灶等遗迹。其中，卤水澄滤池和卤水澄滤槽在宋代至民国的文化层皆有发现，而盐灶仅在清代至民国地层中发现。虽然年代较晚，但云安盐场的文化内涵极为丰富，是对文献记载的有力补充。

（四）其他区县盐业遗址

1993～1995 年，吉林大学考古学系等单位先后 3 次发掘奉节老关庙遗址，在遗址第 4 层原生堆积中出土了一批类似中坝遗址新石器晚期的尖底缸残件，且该器类占比极高[④]。除此之外，该遗址未见任何制盐有关遗迹，附近也无制盐卤水的记载，加之遗址位置较高、地势陡峭、活动空间有限，该地制盐的可能性不大[⑤]。因此有人认为该地是盐产品消费遗址，尖底缸作为盐模工具和装盐容器随盐销售至此[⑥]。

1999 年以来，重庆市文物考古研究所先后 4 次发掘丰都石地坝遗址，共出土船形杯 34 件，其中 12 件为完整器，是目前重庆地区出土此类器物最多的遗址。同出器物还有尖底杯、圜底罐、尖底盏等，其中可辨的尖底杯残器有 141 件，数量在商周遗存中居第二位[⑦]。

2013 年，重庆市文化遗产研究院对彭水县郁山镇中井坝遗址进行发掘，发现了一

---

① 雷雨、陈德安：《重庆巫山县巫峡镇秀峰村墓地发掘简报》，《考古》2004 年第 10 期。
② 李水城：《中国盐业考古》，西南交通大学出版社，2019 年，第 275 页。
③ 高健斌：《重庆云安镇东大井区宋代至民国制盐遗址的发掘及相关研究》，《中国盐业考古》（第三集），科学出版社，2013 年，第 78～115 页。
④ 吉林大学考古学系：《四川奉节老关庙遗址第一、二次发掘》，《江汉考古》1999 年第 3 期；吉林大学考古学系、四川省文物考古研究所：《奉节县老关庙遗址第三次发掘》，《四川考古报告集》，文物出版社，1998 年，第 11～40 页。
⑤ 李水城：《中国盐业考古》，西南交通大学出版社，2019 年，第 255、256 页。
⑥ 白九江：《尖底杯在古代制盐工艺流程中的功能研究》，《盐业史研究》2010 年第 2 期。
⑦ 重庆市文物考古研究所、丰都县文物管理所：《丰都石地坝商周遗存发掘报告》，《重庆库区考古报告集·1999 卷》，科学出版社，2006 年，第 702～739 页。

批与制盐有关的遗迹，其中最重要的是 12 座大型盐灶，除 1 座盐灶被现代墓葬所压未能全部发掘外，其余 11 座盐灶皆保存完好。围绕这些盐灶有序分布着蓄卤池、涂泥坑、各类沟渠等相关附属设施，将一座保存完好的大型制盐作坊完整地呈现出来[①]。

2018 年，重庆市文化遗产研究院全面探查巫溪县宁厂古镇盐业遗址，发现制盐遗址 39 处，清理并发掘了明清时期制盐遗存 1 处和民国至现、当代制盐遗址 2 处，包括盐灶、卤水池、灰坑、灰沟等遗迹，出土了各种生产生活遗物 18 件[②]。

三、21 世纪以来

21 世纪以来，借助大量考古新材料，渝东地区盐业考古研究取得丰硕成果，限于篇幅有限，仅着重讨论以下几个问题。

（一）制盐工具与制盐工艺研究

1. 制盐工具

（1）制盐陶器

学术界公认的制盐陶器有尖底缸、尖底杯、圜底罐和船形杯。其中，船形杯的争议较大。

尖底缸流行于新石器时代晚期，主要分布于重庆峡江地区[③]。目前关于尖底缸的研究主要在其功用问题上。孙华先生观察到大多数尖底缸内壁为黑色，器表自口沿往下由黑色演变为陶器本身的颜色，认为这是熬煮盐卤时卤水中碳一类矿物质浸蚀陶胎导致的，且尖底缸由平底到尖底的演变有利于增大受火面积、加速水分蒸发，故其认为尖底缸是煮盐工具[④]。孙智彬谈到尖底缸无法修复这一问题时，顾磊[⑤]表示这类器物不能修复很正常，他在非洲见过类似的器物，同一件陶器曾有在相距数十、上百公里外被发现的

①　白九江、董小陈、牛英彬、师孝明、金鹏功、杨飞、秦少华：《重庆彭水县中井坝盐业遗址发掘简报》，《南方文物》2014 年第 1 期。

②　欣华：《巫溪宁厂古镇发现制盐遗址》，《首都建设报》2019 年 2 月 15 日第 8 版。

③　白九江：《考古学视野下的四川盆地古代制盐技术——以出土遗迹、遗物为中心》，《盐业史研究》2014 年第 3 期。

④　孙华：《渝东史前制盐工业初探——以史前时期制盐陶器为研究角度》，《盐业史研究》2004 年第 1 期。

⑤　顾磊（Pierre Gouletquer）为法国国立科学研究院，布列斯特大学，布列塔尼、高卢研究中心的盐业考古学家。

情况,从侧面说明尖底缸是盐模工具[1]。巴盐认为尖底缸是煮盐工具[2]。傅罗文认为尖底缸可能用于蓄卤、煮盐、生产鱼酱或腌制食品[3]。白九江认为尖底缸是煮盐工具,但从它单一而深厚的堆积情况、大范围的出土以及形制特点看,它又是盐模工具[4]。

尖底杯流行于商代后期至西汉初期,在四川盆地、鄂西、陕南皆有发现,主要发现于重庆库区的商周遗存中[5]。关于尖底杯的功用问题,刘卫国、曾先龙认为尖底杯、圜底罐是原始晒盐、煮盐工具[6]。巴盐认为尖底杯既是晒盐工具,又是盐模工具,同时还是装盐的容器[7]。孙华、曾先龙认为尖底杯是晒盐工具[8]。白九江从尖底杯的使用痕迹、形制特点、出土情况及成盐效率等方面综合考虑,认为尖底杯是盐模工具[9]。刘艳菲、孔凡一等认为尖底杯和圜底罐是定量制盐工具,定量的目的可能是更好地控制盐产量[10]。

圜底罐流行于商末至西汉,春秋战国时期占到出土陶器的95%～98%,西汉被铁质牢盆取代[11]。孙智彬以口沿为标准,将其分为花边口、束颈和敛口三种,其中花边口圜底罐贯穿始终,束颈圜底罐出现于春秋晚期,敛口圜底罐出现于战国中期[12]。白九江从体积将圜底罐分为大口和小口两种,大口熬盐,小口塑模[13]。傅罗文检测发现圜底罐器

① 孙智彬、左宇、黄健:《中坝遗址的盐业考古研究》,《四川文物》2007 年第 1 期。

② 巴盐:《中坝遗址与南英格兰埃塞克斯红丘出土制盐陶器的比较》,《中国盐业考古》(第二集),科学出版社,2010 年,第 320～347 页。

③ 傅罗文、朱继平、王昌燧等:《中国早期盐业生产的考古和化学证据》,《中国盐业考古》(第三集),科学出版社,2013 年,第 240～253 页。

④ 白九江:《考古学视野下的四川盆地古代制盐技术——以出土遗迹、遗物为中心》,《盐业史研究》2014 年第 3 期。

⑤ 白九江:《尖底杯在古代制盐工艺流程中的功能研究》,《盐业史研究》2010 年第 2 期。

⑥ 刘卫国、曾先龙:《渝东地区古盐业发展史初探——从忠县䁁井沟发现原始制盐工具说起》,《盐业史研究》2000 年第 3 期。

⑦ 巴盐:《尖底杯:一种可能用于制盐的器具》,《中国盐业考古》(第一集),科学出版社,2006 年,第 260～284 页。

⑧ 孙华、曾先龙:《尖底陶杯与花边陶釜——兼说峡江地区先秦时期的鱼盐业》,《中国盐业考古》(第一集),科学出版社,2006 年,第 286～319 页。

⑨ 白九江:《尖底杯在古代制盐工艺流程中的功能研究》,《盐业史研究》2010 年第 2 期。

⑩ 刘艳菲、孔凡一、王青:《夏商西周时期的定量容器与基本单位量浅析》,《东南文化》2022 年第 1 期。

⑪ 孙智彬:《中坝遗址的性质与环境关系研究》,《科学通报》2008 年第 S1 期。

⑫ 孙智彬:《重庆忠县中坝制盐遗址的发现及相关研究》,《中国盐业考古》(第三集),科学出版社,2013 年,第 12～54 页。

⑬ 白九江:《考古学视野下的四川盆地古代制盐技术——以出土遗迹、遗物为中心》,《盐业史研究》2014 年第 3 期。

壁内含有较高的 Na 和 Cl，应是煮盐所致[①]。

　　船形杯流行于晚商至西周早期，是重庆地区特有的一种陶器类型。关于船形杯的用途问题，主要有炼铜坩埚和制盐工具两种观点。1999 年丰都石地坝遗址出土船形杯，发掘者认为其"数量相当多，质地为夹粗砂，器壁较厚，器底较红，似经火灼烧，应为炼铜用具。从其器形看，非常适合作为炼铜时用的坩埚"，且该遗址还出土两件石质镞范、少量铜片和铜器，佐证了船形杯是炼铜坩埚的观点[②]。1999 年丰都玉溪坪遗址出土船形杯，发掘者认为可能是铸铜的坩埚一类[③]。2009 年，重庆彭水徐家坝遗址出土 1 件船形杯，器壁和器底较厚，发掘者从其形制、材质、使用痕迹初步判定为炼铜坩埚，又采用 SEM、EDS、XRD 等科学手段进行检测，结果表明该船形杯就是冶铜坩埚[④]。然而，1999 年孙华提出船形杯"可能与熬制盐有关"[⑤]。陈伯桢在国外的制盐遗址中也发现有类似的制盐陶器[⑥]。2001 年孙华在发掘哨棚嘴遗址时，清理了相邻的两座窑，其中一座窑内出土的陶器基本都是船形杯，另一座窑内出土上百个尖底杯，由于尖底杯是公认的制盐陶器，船形杯与之同出，很可能也是制盐陶器[⑦]。白九江、邹后曦将船形杯与《后汉书·南蛮西南夷列传》引《世本》所记："巴郡南郡蛮……又令各乘土船，约能浮者当以为君"之"土船"结合，认为"土船"就是船形杯，巴氏子务相因造"土船"，促进了制盐业的发展，由此被推举为首领，只是历史久远，才被后人误认为是可乘坐的船[⑧]。此外，白九江指出忠县乌杨墓群出土的西汉龙灶模型中，有一件陶灶的第一孔灶眼上，有两件相互扣合的似船形杯的器具，为其煎盐功能说增添了新证据[⑨]。

① 傅罗文、朱继平、王昌燧等：《中国早期盐业生产的考古和化学证据》，《中国盐业考古》（第三集），科学出版社，2013 年，第 240～253 页。

② 重庆市文物考古所、丰都县文物管理所：《丰都石地坝遗址商周时期遗存发掘报告》，《重庆库区考古报告集·1999 卷》，科学出版社，2006 年，第 702～708 页。

③ 孙华：《渝东史前制盐工业初探——以史前时期制盐陶器为研究角度》，《盐业史研究》2004 年第 1 期。

④ 杨小刚、邹后曦、赵丛苍、郑行望、金普军：《重庆彭水徐家坝遗址出土商周时期的船形杯功能研究》，《文物保护与考古科学》2012 年第 1 期。

⑤ 孙华：《四川盆地盐业起源论纲——渝东盐业考古的现状、问题与展望》，《盐业史研究》2003 年第 1 期。

⑥ 陈伯桢：《由早期陶器制盐遗址与遗物的共同特性看渝东早期盐业生产》，《盐业史研究》2003 年第 1 期；陈伯桢：《中国盐业考古的回顾与展望》，《南方文物》2008 年第 1 期。

⑦ 孙华：《渝东史前制盐工业初探——以史前时期制盐陶器为研究角度》，《盐业史研究》2004 年第 1 期。

⑧ 白九江、邹后曦：《三峡地区的船形杯及其制盐功能分析》，《南方文物》2009 年第 1 期。

⑨ 白九江、邹后曦：《制盐龙灶的特征与演变——以三峡地区为例》，《江汉考古》2013 年第 3 期。

（2）制盐龙灶

龙灶是盐灶的一种，由独锅灶加长而来，呈长条状[①]。曾先龙根据中坝遗址发现的 3 座形制特殊的龙灶，认为龙灶的火道是封闭的，其使用方法是直接将晾干而未经烧制的圜底罐、尖底杯盛上卤水置于火道上煮盐[②]。孙智彬指出曾文所言有两个疏漏之处：首先，中坝遗址出土龙窑 11 座，4 座为新石器时代晚期，7 座为西汉中期前后；其次，中坝所出尖底杯的年代是商末周初，圜底罐的年代是商末至战国末，且尖底杯、圜底罐时期皆未发现盐灶，因此曾文认为龙灶与尖底杯、圜底罐配套使用是有问题的[③]。白九江、邹后曦介绍了中坝遗址新石器时代至西汉的龙灶遗迹和乌杨墓群出土的汉代龙灶模型，指出龙灶经历了由平底到斜底、单火道到多火道的变化，并根据热量分布情况对其进行功能分区，其火膛处热量最为集中，为煎锅煮盐区，火膛后为尾焰和灶烟通道，热量较小，为温锅浓卤区[④]。陈杰考察了三峡地区汉墓出土的九眼陶灶明器，发现九眼陶灶是只有一个火门的纵灶，所配灶具只有釜没有甑，与当时的主流烹饪方式——蒸煮不符，故认为九眼陶灶是专门的煮盐灶[⑤]。川村佳男从类型学角度研究三峡地区出土的汉代盐灶明器，发现 C 型灶仅见于西汉晚期至东汉前期的巫山汉墓中，将之与煮盐画像砖及莱州湾沿岸发掘的盐灶相比较，确认 C 型灶就是盐灶明器，并结合其年代、分布区域、出土情况等要素考察其时代背景[⑥]。朱津将汉墓出土的陶灶分为九个类型，将三峡地区的多火眼灶归为异型灶，认为多火眼灶是煮盐"龙灶"的模型[⑦]。

2. 制盐工艺

李水城根据中坝遗址新石器晚期地层出土的尖底缸与盐灶，推测当时的中坝先民是将尖底缸排排码放并相互固定于盐灶内煎煮制盐。到青铜时代早期，制盐陶器改用尖底杯，且这一时期未发现盐灶，故李水城认为当时应是使用大型器皿熬卤，待卤水即将结晶时，将湿稠的盐捞入尖底杯，再插入尚有余温的灰烬烘烤获取盐膏[⑧]。白九江详细介

① 白九江、邹后曦：《制盐龙灶的特征与演变——以三峡地区为例》，《江汉考古》2013 年第 3 期。
② 曾先龙：《中坝龙窑的生产工艺探析》，《盐业史研究》2003 年第 1 期。
③ 孙智彬、左宇、黄健：《中坝遗址的盐业考古研究》，《四川文物》2007 年第 1 期。
④ 白九江、邹后曦：《制盐龙灶的特征与演变——以三峡地区为例》，《江汉考古》2013 年第 3 期；白九江：《考古学视野下的四川盆地古代制盐技术——以出土遗迹、遗物为中心》，《盐业史研究》2014 年第 3 期。
⑤ 陈杰：《三峡地区汉墓出土九眼陶灶初探》，《四川文物》2015 年第 2 期。
⑥ 川村佳男、刘海宇：《三峡地区的盐灶形明器》，《东方考古》（第 11 集），科学出版社，2015 年，第 258～283 页。
⑦ 朱津：《论汉墓出土陶灶的类型与区域特征》，《中原文物》2015 年第 2 期。
⑧ 孙智彬：《重庆忠县中坝制盐遗址的发现及相关研究》，《中国盐业考古》（第三集），科学出版社，2013 年，第 12～54 页。

绍了制盐过程中的取卤、输卤、蓄卤、淋卤、作坊等遗迹，结合出土器物和文献记载还原了盐锭的制作过程和四川盆地制盐的生产流程[①]。牛英彬、白九江根据考古发现与文献记载完整复原了明清时期郁山地区输卤入池、泼炉印灶、掘灶制盐、入锅熬盐的盐业生产流程，其中泼炉印灶巧妙地利用盐灶余热浓卤，是制盐的核心环节。同时，根据考古发掘可知郁山制盐作坊是以盐灶为中心，依照地势高低，以及作盐土、制浓卤、储浓卤、熬盐的制盐工序布局相关设施，可以最大限度地节省人力物力[②]。牛英彬、白九江还将古代制盐方法——淋土法分为刮咸淋卤、撒卤晒咸、泼炉印灶三类，分别阐释其技术原理，探讨三者间的发展与演变脉络，分析产生原因和背景，揭示淋土法制盐技术的演进[③]。

（二）盐业遗址的判定与分期研究

1. 盐业遗址的判定

如何辨识盐业遗址曾是困扰我国考古学家的一大难题。陈伯桢考察其他国家的研究成果发现制盐遗址往往位于盐矿储量丰富、燃料充足、交通运输便利（江河附近）之地[④]。孙智彬根据盐含有大量氯化钠的特质，以及在盐的生产过程中会产生许多不溶于水的物质成分的特点，运用自然科技检测，结合文献记载，并考察当地盐矿资源情况，综合判定中坝是制盐遗址[⑤]。傅罗文通过检测和对比中坝遗址土样与当地卤水的化学成分、陶器残留物与已确认是盐残留物的微量元素，同时检测制盐陶器器壁氯化钠浓度的梯度变化，再结合文献记载与跨区域文化类比，以此确定中坝是制盐遗址[⑥]。李水城收集整理了中坝及国外典型制盐遗址的相关资料，从文化堆积现象、制盐工具形制特征、硬面遗迹等方面比较、总结制盐遗址的普遍特征[⑦]。

---

① 白九江：《考古学视野下的四川盆地古代制盐技术——以出土遗迹、遗物为中心》，《盐业史研究》2014 年第 3 期。

② 牛英彬、白九江：《重庆彭水县郁山镇盐业考古发现与研究》，《南方民族考古》（第十辑），科学出版社，2014 年，第 125～152 页；牛英彬、白九江：《郁山盐业考古与制盐工艺探析》，《长江文明》2015 年第 2 期。

③ 牛英彬、白九江：《中国古代淋土法制盐技术的发展与演变》，《盐业史研究》2019 年第 3 期。

④ 陈伯桢：《由早期陶器制盐遗址与遗物的共同特性看渝东早期盐业生产》，《盐业史研究》2003 年第 1 期。

⑤ 孙智彬、左宇、黄健：《中坝遗址的盐业考古研究》，《四川文物》2007 年第 1 期。

⑥ 傅罗文、朱继平、王昌燧等：《中国早期盐业生产的考古和化学证据》，《中国盐业考古》（第三集），科学出版社，2013 年，第 240～253 页。

⑦ 李水城：《考古所见制盐遗址与遗物的特征》，《盐业史研究》2019 年第 3 期。

2. 盐业遗址的分期

学术界主要以制盐技术的转变作为盐业遗址的分期标准。陈伯桢根据制盐陶器的形态变化，将瓷井沟遗址群分为新石器时代早期、新石器时代晚期、三星堆文化时期、尖底杯时期、大圜底罐时期、花边口圜底罐时期、平口圜底罐时期及汉代八个时期，并论述了各个时期的制盐工具、制盐设施、盐业生产规模及盐业生产技术变革等情况[①]。孙智彬将中坝盐业分为萌芽期——新石器时代晚期，中坝先民发现盐卤资源并加以利用；发展期——夏商两代，开始形成专业化的盐业生产和组织；成熟期——两周时期，专业化的盐业生产和组织已形成；鼎盛期——汉代至唐宋，盐业经济进入平稳发展期；衰退期——宋代以后至近现代，盐业经济彻底衰败[②]。李水城通过制盐陶器的变化情况和年代检测结果，将中坝盐业分为四个阶段：第一阶段为新石器时代晚期，根据发现的盐灶和尖底缸遗存，同时参考国外的盐业考古发现情况来探究这一时期的煮盐方法；第二阶段为青铜时代早期，这一时期改用尖底杯制盐，且未见盐灶遗迹，或表明制盐技术有巨大变化；第三阶段为青铜时代晚期至铁器时代早期，这一时期使用容量为 500 毫升左右的圜底罐制盐，加上巨量的堆积，显示制盐业有了长足的发展；第四阶段为汉代，随着铁器普及，传统的陶器制盐工艺被铁锅煎煮所取代[③]。傅罗文根据制盐陶器的阶段性变化将中坝盐业生产分为三期：第一期为公元前 2500～前 1750 年，该时期使用大量的尖底缸进行盐业生产；第二期为公元前 1630～前 1210 年，中坝先民使用尖底杯作盐模工具，制作统一规格的锥形盐锭以便贸易；第三期为公元前 1100～前 200 年，这一时期用圜底罐煮盐并制作大块的盐锭[④]。朱诚等根据中坝遗址地层中 Na、Ca 元素含量峰值、谷值的反向相关性，发现中坝遗址近 5000 年的制盐史中有 21 个兴盛期和 14 个衰落期，其中 7 个衰落期与洪水间歇层对应[⑤]。

---

① 陈伯桢：《瓷井沟遗址群新石器时代晚期至汉代的盐业生产》，《中国盐业考古》（第三集），科学出版社，2013 年，第 194～239 页。

② 孙智彬：《重庆忠县中坝制盐遗址的发现及相关研究》，《中国盐业考古》（第三集），科学出版社，2013 年，第 12～53 页。

③ 李水城：《渝东至三峡地区的盐业考古》，《中国盐业考古》（第三集），科学出版社，2013 年，第 148～193 页。

④ 傅罗文、吕红亮：《专业化与生产：若干基本问题以及中坝制盐的讨论》，《南方民族考古》（第六辑），科学出版社，2010 年，第 11～40 页；傅罗文、朱继平、王昌燧等：《中国早期盐业生产的考古和化学证据》，《中国盐业考古》（第三集），科学出版社，2013 年，第 240～253 页。

⑤ 朱诚、姜逢清、马春梅、徐伟峰、黄林燕、郑朝贵、李兰、孙智彬：《重庆中坝遗址地层 Na-Ca 元素含量揭示的制盐业兴衰史》，《地理学报》2008 年第 5 期。

（三）盐与社会演进及自然环境的关系

　　盐是人类生存发展不可或缺的资源，伴随盐的生产所产生的交换、运输、纳税、战争等行为，有力推动了社会文明化进程。任桂园认为远古时期三峡地区的天然盐泉引发了几次大规模移民潮，盐资源在三峡文化的形成过程中具有重要地位和作用[1]。李小波认为盐业是支撑三峡城市发展的最关键因素，围绕盐业的产运销环节形成区域行政中心和经济中心，同时盐铁经济助长了地方豪族的势力，使之在东汉末年时局动荡之际，群雄并起分化巴郡，奠定了今天三峡地区的行政区划格局[2]。罗玲认为盐业资源对三峡地区作用巨大，是三峡早期人类出现的重要因素之一，盐的开发利用，改善了三峡的交通状况，形成了近代三峡地区的水陆交通雏形[3]。刘卫国探讨了渣东盐业与战争的关系，认为各方势力为争夺渣东盐泉引发了连续、激烈的战争，巴国兴亡史就是争夺渣东盐泉的战争史；另一方面，战争为渣东盐业提供发展机遇，盐工参加起义，迫使当局实行宽松的盐业政策，从而促进渣东盐业的发展[4]。傅罗文认为盐业生产极大地促进了中坝及周边地区渔猎产业的发展，催生了一个以占卜手段组织大规模盐业生产、渔猎和肉类腌制活动、维持社会安定的高级阶层[5]。关玉琳通过对新石器时代和青铜时代中坝、成都平原及长江中游地区石器组合的对比研究，指出中坝存在一个高级阶层，同时还指出由于中坝植被丰富，采集、渔猎所得，加上制盐所换物资，完全满足生存发展所需，故中坝先民无须也没有从事农业生产[6]。陈伯桢认为忠县崖脚、罗家桥遗址发掘出土的楚式墓墓主为楚国商人，他们得到巴国政府的允许深入巴国进行盐产品贸易[7]。对此，傅罗文提出这些墓主可能是去过楚国的忠县盐商，因仰慕楚国的强大和繁荣，故在死后采用

[1] 任桂园：《远古时期三峡盐资源与移民文化述论》，《盐业史研究》2003年第1期。

[2] 李小波：《三峡古代盐业开发对行政区划和城镇布局的影响》，《盐业史研究》2003年第1期；李小波：《渣东地区古代盐业开发与城市起源》，《盐业史研究》2000年第3期。

[3] 罗玲：《论三峡盐业资源开发与政治、经济、文化的互动关系》，重庆师范大学硕士学位论文，2004年。

[4] 刘卫国：《渣东盐业与古代战争》，《盐业史研究》2014年第4期。

[5] 傅罗文：《新石器时代和青铜时代中坝遗址的动物资源开发》，《中国盐业考古》（第三集），科学出版社，2013年，第254~293页；傅罗文：《中坝甲骨：早期盐业遗址中的占卜证据》，《中国盐业考古》（第三集），科学出版社，2013年，第294~337页；傅罗文、吕红亮：《专业化与生产：若干基本问题以及中坝制盐的讨论》，《南方民族考古》（第六辑），科学出版社，2010年，第11~40页。

[6] 关玉琳：《中坝出土石器映射的社会组织、区域互动和环境演变》，《中国盐业考古》（第三集），科学出版社，2013年，第376~393页。

[7] 陈伯桢：《瞀井沟遗址群新石器时代晚期至汉代的盐业生产》，《中国盐业考古》（第三集），科学出版社，2013年，第194~239页。

楚式葬俗以"模仿"或"追忆"楚国，但也指出有可能是楚人作为"贸易离散群体"到达忠县一带[1]。

另外，盐业资源的开发不可避免地对自然环境有一定影响。罗玲认为明清时期井盐的过度开采一定程度上破坏了盐产区周围的生态环境[2]。关玉琳认为随着中坝及周边地区制盐、烧窑、熏肉等产业规模的不断扩大，木竹燃料的需求随之上升，从而导致该地区土壤侵蚀、环境恶化[3]。孙智彬认为盐业生产对中坝环境影响最为明显的是，在几千年不间断的盐业生产过程中，中坝先民不断向中坝岛西南断崖和西部倾倒制盐陶器碎片，中坝岛由原来的"矮小"逐渐扩大和增高[4]。而自然环境对盐业影响最为明显的是洪水，每当遭遇大洪水侵袭，中坝盐业就会停止生产，形成洪水间歇层；当洪水退去后，才重新开始盐业生产[5]。李宜垠等通过孢粉分析发现中坝及周边地区自新石器晚期以来的数千年始终处在较强的人为活动干扰之下，随着盐业生产和农耕活动规模的扩大，低山丘陵和河谷森林的植被遭到破坏[6]。

（四）盐与巴人的关系

管维良[7]、罗玲[8]、朱世学[9]认为巴族以盐立国，得盐而兴，得盐而盛，失盐而衰，失盐而亡。程龙刚认为三峡盐资源是巴文化形成的重要凝聚力，是巴文化发展的重要推动力，是巴文化衰亡的重要诱因[10]。朱圣钟从盐产地角度重新审视盐与巴人的关系，对前述观点质疑。朱圣钟从时间维度看，前巴国时代和巴国时代巴盐产地数量少，有限的盐

[1] 傅罗文、吕红亮：《专业化与生产：若干基本问题以及中坝制盐的讨论》，《南方民族考古》（第六辑），科学出版社，2010年，第11~40页。
[2] 罗玲：《论三峡盐业资源开发与政治、经济、文化的互动关系》，重庆师范大学硕士学位论文，2004年。
[3] 关玉琳：《中坝出土石器映射的社会组织、区域互动和环境演变》，《中国盐业考古》（第三集），科学出版社，2013年，第376~393页。
[4] 孙智彬：《重庆忠县中坝遗址解读：五千年的无字"史书"》，《中国三峡》2009年第2期。
[5] 孙智彬：《中坝遗址的性质与环境关系研究》，《科学通报》2008年第S1期。
[6] 李宜垠、赵凤鸣、李水城等：《中坝制盐遗址的孢粉分析与古植被、古环境》，《中国盐业考古》（第三集），科学出版社，2013年，第420~435页。
[7] 管维良：《大巫山盐泉与巴族兴衰》（上），《四川三峡学院学报》1999年第3期；管维良：《大巫山盐泉与巴族兴衰》（下），《四川三峡学院学报》1999年第4期。
[8] 罗玲：《论三峡盐业资源开发与政治、经济、文化的互动关系》，重庆师范大学硕士学位论文，2004年。
[9] 朱世学：《三峡盐业与巴文化的关系》，《湖北民族学院学报（哲学社会科学版）》2013年第5期；朱世学：《三峡考古与早期巴文化源头研究》，《重庆三峡学院学报》2010年第1期。
[10] 程龙刚：《试论三峡盐资源对巴文化的重要作用》，《南方文物》2008年第1期。

产地一定程度上代表有限的盐业经济，那么有限的盐业经济能给巴国发展提供多大经济支持和助力？从空间维度看，有几点值得注意：首先，除三峡地区外，嘉陵江河谷、沱江河谷都是巴盐产地的集中分布区域；其次，前巴国和巴国时代的 4 处盐产地在巴国疆土上布局极为分散，又远离巴国都城，这种地理分布格局与巴国统治者强化对盐业生产管理与控制的政治需求是相背离的；再者，巴盐产地的盐业生产者并非全是巴人；最后，从前巴国和巴国时代盐产地的地理环境与落后交通状况看，将盐业视为巴国或巴人经济命脉的假设与实际情况不符[①]。

　　渝东地区是我国盐业考古的发源地之一，发现的盐业遗址众多，出土文物也十分丰富，为我国盐文化研究提供了丰富的材料。本文按时间顺序梳理渝东地区的盐业考古发现情况与研究成果，可以看出渝东地区的盐业考古材料和研究成果正快速增长，所取得的诸多成果引起国内外学术界的高度重视，不仅填补了中国盐业考古的空白，还建立起盐业考古这一分支学科，显示了我国盐业考古的巨大潜力。本文尽量将信息搜集齐全，但篇幅所限，仅选取了较有代表性的遗址和文章加以讨论，难免有挂一漏万之处，恳请各位方家批评指正。

---

① 朱圣钟：《巴盐产地及其变迁——兼论盐业与巴人的关系》,《盐业史研究》2019 年第 3 期。

盐业历史研究

旬都君器铭研究

杨　坤

（上海市松江区博物馆）

一

　　《逸周书·王会解》称成周之会，"天子南面立"，"唐叔、荀叔、周公在左，太公望在右"。孔晁注："唐、荀，国名，皆周成王弟，故曰叔。"《左传·僖公廿四年》富辰曰："管、蔡、郕、霍、鲁、卫、毛、聃、郜、雍、曹、滕、毕、原、酆、郇，文之昭也。邗、晋、应、韩，武之穆也。"何秋涛《王会篇笺释》据之，而谓："荀即郇字，是为文王之子、武王之弟。凡武王之弟，亦皆称叔，指不甚屈。岂得谓称叔者，皆成王弟乎？"

　　按其曰"叔"者，皆就时君为言。如《君奭》"惟文王尚克休和我有夏，亦惟有若虢叔，有若闳夭"，孔传"虢，国；叔，字；文王弟"[①]。而管、蔡、霍三叔，俱武王弟。又京城大叔，郑庄公弟。故孔晁以《王会》荀叔为成王弟，非是无据。其列唐叔之后，盖因其长幼序次也。

　　此与《说文》"郇，周武王子所封国"，正相吻合。段玉裁以《玉篇》《广韵》之引《说文》俱作"周文王子"，准于富辰之说，而据改之。

　　郦道元称古水"又西南迳魏正平郡北，又西迳荀城东，古荀国也。汲郡古文'晋武公灭荀，以赐大夫原氏也'。"[②]此其一荀也。郦氏又云："涑水又西迳郇城，《诗》云'郇伯劳之'，盖其故国也。"[③]此其一郇也。郦氏又云："杜元凯《春秋释地》云'今解县西

---

①　阮元：《尚书注疏校勘记》卷一六："此处孔传原文，实不可解，故存以俟考。"
②　《水经注·汾水》，《水经注校证》卷六，中华书局，2007年，第163页。
③　《水经注校证》卷六，第170页。

北有郇城',服虔曰'郇国在解县东,郇瑕氏之墟也'。……今解故城东北二十四里有故城,在猗氏故城西北乡,俗名之为郇城。考服虔之说,又与俗符,贤于杜氏单文孤证矣。"① 朱骏声、段玉裁同之 ②。以"苟""郇"其字皆从旬,实可视为同名,故或为文王子、或为武王子所封,此盖可并存之两说。《中国历史地图集》依据载记,将"郇"名分标两处 ③,是也。

> 《左传·成公六年》三月,晋人谋去故绛。诸大夫皆曰:"必居郇瑕氏之地,沃饶而近盐,国利君乐,不可失也。"韩献子将新中军,且为仆大夫。公揖而入。献子从。公立于寝庭,谓献子曰:"何如?"对曰:"不可。郇瑕氏土薄水浅,其恶易觏。易觏则民愁,民愁则垫隘,于是乎有沉溺重腿之疾。不如新田,土厚水深,居之不疾,有汾、浍以流其恶,且民从教,十世之利也。夫山、泽、林、盐,国之宝也。国饶,则民骄佚。近宝,公室乃贫,不可谓乐。"公说,从之。夏四月丁丑,晋迁于新田。④

其郇瑕氏之地近盐云云,杜预集解:"盐,盐也,猗氏县盐池,是"。郦道元同之 ⑤。孔颖达疏引《说文》"盐"字,云"唯此(解)池之盐,独名为盐,余盐不名盐也"。《说文》盐字从盐省,古声。而碬字,古、段两声。王筠云:"凡从'段'之字,古只、孤胡二音。"⑥ 京相璠《春秋土地名》曰:"今河东解县西南五里,有故瑕城。"⑦ 此其地近盐而名"瑕"之声通故也。按杜预云:"郇、郇瑕氏,二名,古国名";"瑕,河东猗氏县东北有瑕城。"⑧ 杜氏所谓地之"二名"者 ⑨,类为地之别称,遂叠瑕于郇,曰"郇

---

① 《水经注》卷六"涑水"引(《水经注校证》,第170、171页)。《左传·僖公廿四年》"军于郇",杜预集解"河东解县西北,有郇城"。

② 朱骏声《说文通训定声·坤部》云:"郇在今山西蒲州府猗氏县西北。"(中华书局,1989年,第839页)段玉裁《说文解字注》第六篇下云:"郇在二《志》之河东解县,今山西蒲州府临晋县东北十五里,有故郇城。"(上海古籍出版社,1981年,第290页)

③ 中国历史地图集编辑组:《中国历史地图集》第一册《西周·宗周、成周附近》,中华地图学社,1975年,第17页。

④ 阮元校刻:《十三经注疏》,中华书局,第1902、1903页。

⑤ 《水经注校证》卷六,第169、170页。

⑥ 王筠:《说文解字句读》卷五,"碬"字。

⑦ 《水经注》卷六《涑水》引(《水经注校证》,第171页)。

⑧ 杜预:《春秋释例》卷六《土地名·晋地》"僖二十四年""文十二年"。

⑨ 按《春秋释例》卷六《土地名·晋地》,有"二名"之例,如"绛、故绛""蒲、蒲城""屈、二屈""高梁、高梁之虚""县、县上""清原、清""先茅之县、茅""郫、郫邵""黄父、黑壤""断道、卷楚""新田、绛""鄗、鄗田""杨、杨氏""五氏、寒氏"(《丛书集成初编》三六二九册,商务印书馆,第195、196、199~202、204、208、210页);有"三名"之例,如"曲沃、新城、下国""韩、韩原、宗丘"(第194、196页)。

瑕氏"。

《竹书纪年》有"昭王六年，王赐郇伯命"，未知何属于先王？《曹风·下泉》曰
"四国有王，郇伯劳之"，郑笺谓是"文王之子为州伯，有治诸侯之功"。

<h1 style="text-align:center">二</h1>

图一　叔休器铭文摹本

吴镇烽《商周青铜器铭文暨图像集成》第十二、二十五、二十六著录有叔休诸器，存簋三、盘一、盉一，共五件。吴氏云盉传出山西[1]。近有韩炳华撰文，介绍三件叔休器，存鼎一、方壶二[2]。其铭文皆曰"叔休作宝"，遂以"叔休"为作器者。然检霸伯簋铭文，记井叔来求盐，蔑历霸伯，霸伯对扬井叔休，用作宝簋。遂疑"叔休作宝"，乃是因叔之休美而作宝器（图一）。其所休美者，或即铭首之都君检盐有绩。故此"叔休"诸器，或宜系于都君名下。

铭文之"君"，即《仪礼·丧服》子夏传所谓有地者之"君"。郑玄注："天子、诸侯及卿大夫有地者，皆曰君。"[3]《周礼·载师》："家邑任稍地，小都任县地，大都任畺地。"郑玄注："家邑，大夫之采地；小都，卿之采地；大都，公之采地，王子弟所食邑也。"寔知铭文"都君"，若非"天子之卿"[4]，则为"王子弟"。且知铭文"都君"其前一字，必为邑名，处王畿四、五百里之县、都之地[5]。

孙合肥云："此字当读为寅"，"上部与常见金文'寅'字上部，有所不同"[6]。余初视其篆，诚如孙氏所云，参有"寅"字局部。但其上部所从，实旧所未见。按金文"寅"字，或有从三合之"人"者[7]。但即以篆形差似"寅"字而得其声，然以地名所系，未敢遽断读为何字。

① 吴镇烽：《商周青铜器铭文暨图像集成》第二六卷。
② 韩炳华：《新见三件叔休器及相关问题》，《江汉考古》2020年第3期。此三器，为山西公安机关追缴，现藏山西青铜器博物馆。
③ 胡培翚《仪礼正义》卷二一："'地'谓采地，若《周礼》'家邑''小都''大都'，及列国卿大夫食邑之类。"（《续修四库全书》第九二册，上海古籍出版社，2002年，第367页）
④ 《周礼·载师》贾公彦疏。
⑤ 《周礼·载师》郑玄注引《司马法》。
⑥ 孙合肥：《读〈商周青铜器铭文暨图像集成〉札记》，《出土文献》第九辑，中西书局，2016年，第91页。
⑦ 容庚：《金文编》，中华书局，1985年，第991、992页。

按《说文》所见，与铭文其字上部篆形，最类近者，为三篇下之"羮"字所从。《说文》云："羮，柔韦也。从北，从皮省，从夐省。读若奊，一曰若隽。"徐铉曰："北者，反覆柔治之也。夐，营也。"以有反覆周营之意，故《说文》从羮、夵声之字，或从衣从朕。按《说文》云："韦，相背也"，"兽皮之韦，可以束，枉戾相韦背，故借以为皮韦"。此为"羮"字从北，而训为"柔韦"之缘由。按《说文》"夐"字，"从人在穴上"。而"穴"之篆形，尚与铭文首字所从有异。颇疑其土室之"穴"，乃"睿""睿"之省①。《说文》云："睿，深通川也，从谷、从疒。疒，残地阬坎意也"；"叡，深明也，通也"。此盖"穴"训为土室之缘由。而《说文》云"宀，交覆深屋也"，正同徐氏"反覆柔治"说意所及。而"覆"字所从之"襾"，其意与"冒"字所从之"冃"，实无形义之大别。故此铭文首字篆形上部，乃从北、从疒省或从冒省。

《说文》"夐"字，段玉裁注："《韩诗》'夐兮云远'，《毛诗》作'泂'，异部通假字。"按"夤"字从夕，寅声。其籀文之寅篆形，与铭文所见不同，但实有相类处。且由形义而论，"夕""疒""冃"，皆有近通者。而竹书《系年》"卫"字，中不从"口"而从"疒"省，其篆形同"圂"之省，乃残虚其中域而周囗之意。

《说文》引《商书》曰"高宗梦得说，使百工夐求，得之傅巖"，孔传本《说命序》作"营求"，而清华竹书《傅说之命》作"旬求"，此亦"营""旬"二字声通之例。又㥄字，或作"荧"，或作"罤""嬛"②。按《说文》云"荧，从卂，营省声"；"㥄，惊辞也"；"罤，目惊视也"。此其音、意互通之证。而袁、爰可通，《说文》"爰，引也"。视铭文首字篆形，正有爰引之形。

总前文所述其篆形、声之由，参以舆地并都君之涉于盐事者，遂可推知铭文首字必读为郇矣。《礼记·礼运》"天子有田以处其子孙"，此郇即是也。按是壶通高 58.5 厘米，韩氏云"接近梁其方壶，属大型方壶"。则此器主都君，乃大都之君，王子弟也。又《载师》："大都任畺地。"郑玄注："畺，五百里，王畿界也。"以郇在河东解县，或可谓其采邑于宗周之畺地。

《天官·大宰》"以九赋敛财贿"，其一为"邦都之赋"，乃敛田地之租③。又有"山泽之赋"，孙诒让疏"山林川泽之地征"④。以旬都近盐池，若都君以受宠异之故，而使盐池得由公邑⑤阑入都采，则旬都君或即如孙氏所云，兼掌邦都田税与盐泽之赋。

---

① 两字篆形，皆从《说文》四篇下训为"列骨之残"之字。
② 《小雅·正月》"哀此嬛独"，《孟子》作"荧独"，《洪范》《离骚》作"荧独"（详《说文通训定声·坤部》与《干部》，第 766、893 页；《说文解字注》第一一篇下"荧"字，第 583 页）。
③ 参孙诒让：《周礼正义》卷三引黄以周说，中华书局，1987 年，第 90 页。
④ 孙诒让：《周礼正义》卷三，第 92 页。
⑤ 《秋官·县士》郑玄注："距王城二百里以外至三百里，曰野；三百里以外至四百里，曰县；四百里以外至五百里，曰都。都、县、野之地，其邑非王子弟、公、卿大夫之采地，则皆公邑也，谓之县。"

郑玄以"关市之赋"与"山泽之赋"并举，谓是"占会百物"。贾公彦疏"为官出息"，孙诒让疏"谓向官自隐度诸物，会聚积贮以求利"①。然则，或疑周时盐池已行后世买扑之法。

三

《春官·叙官》有"都宗人"，郑玄注："都，谓王子弟所封，及公卿所食邑。"②按《春官·都宗人》："凡都祭祀，致富于国。"郑玄注："都或有山川及因国无主、九皇、六十四民之祀，王子弟则立其祖王之庙。"贾公彦疏引《左传·庄公廿八年》"凡邑有宗庙先君之主曰都"，又引《襄公十二年》"吴王寿梦卒，临于周庙，礼也"，杜预集解"周庙，谓文王庙也"。按此皆特庙，犹前汉于孝武巡守所暨立庙③。与"诸侯不祖天子"之礼，并不相牾。

夏启立庙南山，"使使"于春秋祭禹，其后少康"恐禹祭之绝祀，乃封其庶子于越，号曰无余"，"传世十余，末君微劣，不能自立，转从众庶为编户之民，禹祀断绝"④。其封无余，是以王子弟掌都祭祀也。殷虚非王午组、子组卜辞，其所祀先王⑤，即有逾出"诸侯不祖天子"礼外。然则，彼时所行，或已类同于周官《都宗人》之义。

《穆天子传》卷一："辛丑，天子西征，至于䣙人。河宗之子孙䣙伯絮且逆天子于智之（阙）……戊寅，天子西征。骛行至于阳纡之山，河伯无夷之所都居，是惟河宗氏。"《穆天子传》卷二："封膜昼于河水之阳，以为殷人主。"郭璞注："伯，爵；絮，名。主，谓主其祭祀，言同姓也。"此为西周穆王世异姓"都宗人"之例。

徐锡台尝列举周原卜甲刻辞所见"成唐（汤）""天（大）戊""大甲""文武

---

① 孙诒让《周礼正义》卷三，第97页。

② 《魏风·汾沮洳》有"公路""公行""公族"之谓，郑笺："公路，主君之耗车，庶子为之，晋赵盾为耗车之族，是也；公族，主君同姓昭穆也。"孔疏引宣二年《左传》云："晋成公立，乃宦卿之适，以为公族；又宦其余子，亦为余子；其庶子，为公行。"《左传》谓晋"于是有公族、余子、公行"，然按晋之"无蓄群公子"，由骊姬之乱（《左传·宣公二年》）。其前则宜如《汾沮洳》所云，此诸侯宦其子弟，与封王子弟一体相类。

③ 《汉书·夏侯胜传》。

④ 《吴越春秋·越王无余外传》。

⑤ 午组卜辞"与王卜辞共同祭祀的先王，有外丙、大甲、祖乙、南庚、盘庚"［胡厚宣：《卜辞下乙说》，《甲骨学商史论丛》初集，1944年，第3页；刘一曼：《重论午组卜辞》，《甲骨文与殷商史》（第二辑），上海古籍出版社，2011年，第198、199页］。花东H3子卜辞，其所祀有上甲、大乙、大甲、小甲、祖乙、祖辛、祖甲、祖丁、祖庚［《殷墟花园庄东地甲骨·前言》，云南人民出版社，2003年，第28页；刘一曼《重论午组卜辞》称H3"子"卜辞之祭，以祀祖乙、祖甲为主，其"子"或为羌甲（沃甲）宗子］。

丁""武丁""祖乙""商王"等名号，以分析彼时商、周关系①。按《春官·叙官》"都宗人"郑玄注，"公卿所食邑"亦谓为"都"。然则，寔可推知异姓诸侯若周于其所食邑，立殷天子先王之庙而祀之。按《丧服》其礼，臣为君、子为父，俱同服斩，其于经义无异。此盖周立殷先王庙而祀之，其所本也。按郑玄云"王子弟则立其祖王之庙"于都国，则郑意不以周之公卿食邑同其制也。

《立政》"大都小伯"，孔传"大都邑之小长"。此盖兼言同姓、异姓，且知"都君"得名由此。旬都君者，或即大都小伯之具例。其于铭文简称"叔休"，疑与霸伯簋乃同时之事，省其"井"字，见亲近也。"休"，则见王事之宜也。解州其地，有膏泽腴池，故封旬以近其旁。其壶之体甚大，适证此都君，出于王子弟之脉。

附记：《容成氏》第35简，其文曰："汤是之有天下，厚施而薄敛。"读为"施"字原篆，与第3简"抛"字其前之字，所从相同②。其实即从睿省，第35简其字，宜读为"营"。

《容成氏》第14简，曰："尧于是虏为车十有五乘，目三从舜于旬晦之中。"旧说据《孟子·告子下》"舜发于畎亩之中"，但读此"旬晦"为"畎亩"。按《告子下》孟子言之者，欲明苦、劳、饿、空，能安而历之，方得大任。其"畎亩"云云，乃舜侧微时耕于历山是也。故疑《容成氏》"旬晦"，或即虞舜其国所在③。

《说文》云："郇，周武王子所封国也，后为晋地，读若泓。""泓，下深貌"，与"睿""叡"意通。《史记·乐书》："舜弹五弦之琴，歌《南风》之诗而天下治。舜之道，何弘也？夫《南风》之诗者，生长之音也。舜乐好之，乐与天地同意，得万国之欢心，故天下治也。"④疑"郇"之得名，盖隐寓舜道之"弘"。且可略见舜必能钧平于榷盐，遂得天下之和。

向逸簋⑤之"寅"字，其篆"宀"下所从，有左右相对之两撇⑥，颇类于"睿"字所从。

---

① 徐锡台：《周原甲骨综述》第三章第二节《从周原甲骨文看商周关系》之《周人祭祀殷商先王》，列举周原11号窖穴之1号、82号、84号、112号、216号、261号卜甲刻辞，三秦出版社，1987年，第130页。

② 马承源主编：《上海博物馆藏战国楚竹书（二）》，上海古籍出版社，2002年，第253、277页。

③ 何驽：《洪洞万安陶寺文化遗址与舜的起家》云："在陶寺早起尧都存续期间，舜族应该另有自己的聚居地，当然不在陶寺国都之内，而在乡野。"（《中国文物报》2021年9月10日）

④ 《孔子家语·辩乐解》载《南风歌》，《尸子·绰子篇》亦引其前二句。

⑤ 罗振玉：《三代吉金文存》卷八第廿页，中华书局，1983年，第829页。《上海博物馆藏战国竹书（五）·三德》第四、十一简有"逸"字，可参。

⑥ 容庚：《金文编》，第992页。

竹书、金文所见古盐事杂说

杨 坤
（上海市松江区博物馆）

中国早期制盐之见诸文献者，有《禹贡》青州贡盐，有宿沙氏初作煮海盐[①]。盐之为用，有《天官·盐人》所掌，有鲁飨周公以刻虎之盐[②]。而以盐平准食货，《管子》已著其效。刘汉滋彰，历朝踵继，遂益重于国称。兹载记已备述其事。今以考古发掘所见，复知良渚文化晚期先民，已业熬波[③]。而商周制盐遗址，亦经考古发掘而重现于世[④]。《管子》其前制盐历史，于是约略增其新知。至如西周吉金、战国竹书、田齐玺印，其文字亦颇有及于制盐暨盐政者。今举其可知之例，略而说之，以为经史之补苴。

一、匽者煮盐宅

上博竹书《容成氏》第二、第三简，其文曰“而一其志，而寝其兵，而官其才”，其后所述，则为喑聋、侏儒等各因其体之废而事其工[⑤]。《说文》云：“官，史事君也。”按《晋语四》文公由问师傅之义，而及于八疾。胥臣对曰：“官师之所材也，戚施直镈、蘧蒢蒙璆、侏儒扶卢、蒙瞍修声、聋聩司火。童昏、嚚瘖、僬侥，官师之所不材也，以实裔土。夫教者，因体能质而利之者也。”胥臣其云“八疾”“官师所材”，适与《容成氏》文辞类同。

---

① 许慎：《说文解字》第一二上。

② 《左传·僖公三十年》。

③ 邹洪珊、吴晓鹏：《宁波市大榭海岛发现4800年前聚落遗址》，浙江新闻网，2016年12月15日，https://zj.zjol.com.cn/news.html?id=507710。

④ 参王祁：《从古文字看晚商时期商王朝对山东沿海食盐的经营》注［1］［2］［35］［36］［37］［38］所引，《文物》2020年第9期。

⑤ 孙飞燕：《上博简〈容成氏〉文本整理及研究》将第一、第二简，系于第三七简其后，中国社会科学院出版社，2014年，第20页。孙氏其序，以其辞为汤世之事。而他说者，俱以为唐虞其前古氏之事，详单育辰：《新出楚简〈容成氏〉研究》第一章第一节《简文排序情况概述》，中华书局，2016年。按其举例表述对照并行文衔接，似能证成其说。然系于唐虞其前，或更胜矣。

　　《容成氏》之"官其才"，其一为"瘵者煮盐宅"。张通海以"宅"字，属上为句①。按泽卤之泽，经传皆以斥为之；泽、宅协韵，泽或假借为宅②。是知"盐宅"，即为盐泽。

　　旧读"瘵"字，为大脖子病之"瘿"。然若役"瘿"于煮盐，则未知其工材何倚？更不知其因体能质而利者，复何指谓？故"瘵"字，宜另作解。《容成氏》之"官其才"，诚有在胥臣所云八疾之中者。但《容成氏》之"长"，则非废疾之状。视《吕氏春秋·数尽》所述废疾，实分作两类，一由内气积成，一受外水而致③。按《地官·大司徒》有"以土会之灋，辨五地之物生"云云，继曰"因此五物者民之常，而施十有二教焉"。其文辞所叙大旨，似与胥臣谓教者"因体能质而利之"，有相类之处。其迥然可别者，胥臣所言皆疾，而《周官》所列则为五土所会生。《尧典》以四时而及于四方之民、四方鸟兽，复曰"允厘百工，庶绩咸熙"。其与《大司徒》因"五地物生"而施教，两者经义体例，亦相类似。

　　《大司徒》称川泽之地，"其民黑而津"。郑玄注："津，润也。"《说文》云"水曰润下"，而《洪范》曰"水曰润下，润下作咸"。《礼记·聘义》"温润而泽"，郑玄注："润或为濡。""濡"字，可假借为"嬬"④。而需声之字，皆有柔弱之意⑤，或与"奭"声字通同⑥。以需、奭、安韵近可通，故辗转为训⑦。而安、晏二字，其声复同。故"徐偃王有筋而无骨"⑧，遂称"偃"。则"瘵"字其既从"晏"，或即指柔弱之人。《庄子·大宗师》云"聂、许闻之需役"，李轨云"需音儒，儒弱为役也"⑨。然则，《容成氏》以驽弱之民作煮于泽卤之地，此亦见"官其才"因人施用，以匹合地性。

　　复按《曹风·候人》毛传"女，民之若弱者"，《说文》"懦，驽弱"，其皆为声训之转⑩。奴字女声⑪，《说文》云"奴婢，皆古之辠人也，《周礼》曰'其奴，男子入于辠隶，女子入于舂藁'⑫"。又按《天官》其属有酒、浆、笾、醢、醯、盐、幂诸人，《叙官》

① 张通海：《〈上博简〉（一、二）集释》，安徽大学硕士学位论文，2014年。
② 朱骏声：《说文通训定声·豫部》"泽"字条，中华书局，1984年，第475、476页。
③ 详单育辰：《新出楚简〈容成氏〉研究》第三章第五节《与其他文献的对读》，中华书局，2016年，第300页。
④ 《说文通训定声·需部》，第369页。
⑤ 如《说文》云："儒，柔也。懦，驽弱者也。嬬，弱也。"又《释名》："孺子，孺，濡也，言濡弱也。"
⑥ 参《说文通训定声·需部》"需"声之字，第368、369页。朱氏于"懦"字条，云："按奭、需偏旁，古多杂乱，莫能定也。"
⑦ 如《说文》云"偄，弱也"，"浓，溲水也"。
⑧ 《尸子》卷下。
⑨ 陆德明：《经典释文·庄子音义上》。
⑩ 《春秋·成公十年》有晋侯獳，《史记·十二诸侯年表》作"晋景公据"，是知"需""女"韵近。
⑪ 《说文通训定声·豫部》，第433页。
⑫ 《周礼·秋官·司厉》。

称其徒从皆有女奴，郑玄注"古者从坐男女，没入县官为奴"。可知"奴"者，以从坐论罪。而《说文》云："罢，遣有辠也。言有贤能而入网，而贯遣之。"今以懦、奴声通之故，更疑《容成氏》煮盐泽其人，或为官奴犹胥靡傅说之辈。

二、盐之责检

霸伯簋铭文曰："惟十又一月，井叔来桊鹹（盐）。"①其鹹（盐）字，从"卤"从"口"，或从"凶"从"皿"。其从"口"者，宜为"咸"省声，其字实"咸"之或体。若从"皿"者，盖犹"监"字从"蚰"省声，为"盐"字或体。而"咸""盐"二字，则音通义同②。

郭店竹书《缁衣》引《诗》，见有今本"仇""述"字之异文。竹书其字所从，则与霸伯簋铭文"桊"之篆形相类③。按霸伯簋其字，或增从"又"。按"又"亦"求"字所从④，而"又""求"韵部近同。是知其字，当亦读为"求"。然则，井叔之来，其为"求盐"于霸伯乎？

《地官·土训》曰："掌道地图，以诏地事。道地慝，以辨地物而原其生，以诏地求。王巡守，则夹王车。"郑玄注："道，说也，告王以施其事。若云荆、扬地宜稻，幽、并地宜麻。辨其物者，别其所有所无。原其生，生有时也。以此二者，告王之求也。地所无及物未生，则不求也。"遂知井叔之来，即为求霸伯其地之盐。既言十一月井叔来求，可知其前之十月，盐宜已竟成⑤。按《月令·孟冬》："命司徒循行积聚，无有不敛；乃命水虞渔师收水泉池泽之赋。"井叔来求盐，适当其时。若非辨物原生，而天王之使来求⑥，则《春秋》讥之。

战国齐玺文字，有涉于盐者⑦。其盐字篆形，或从"人"从"皿"，即"盇"字。《郊特牲》"而盐诸利"，郑玄注"使歆豔之"。此郑君声训也。按《说文》云"豔，从

---

① 山西省考古研究所、临汾市文物局、翼城县文物旅游局联合考古队、山西大学北方考古研究中心：《山西翼城大河口西周墓地1017号墓发掘》，《考古学报》2018年第1期，图一七、一九、二一。

② 《包山楚简》一四七有"煮盐于海"云云，其"盐"字篆形，即从"卤"从"皿"。但其"皿"，作从"口"，"煮"字亦有从"口"。盖亦"咸"之从"口"，取其皆合聚都聚之义。

③ 陈剑：《据郭店简释读西周金文一例》引，《北京大学中国古文献研究中心集刊（二）》，北京燕山出版社，2001年，第380页。

④ 《说文通训定声·颐部》"裘"字条，朱氏云："求当从又从尾省"，第201页。

⑤ 按黄锦前等以"十一月"为夏正"九月"。然古时改正，而不改月次。

⑥ 如隐公三年秋，武氏子来求赙；文公九年春，毛伯来求金；桓公十五年春二月，天王使家父求车。

⑦ 萧毅：《古玺文分域研究》第四章第二节《职官》45、46，崇文书局，2018年，第389、390页。

丰，益声"，然则"益"字即读为"盐"。或篆形从"皿"从"黑"省者，按《说文》云"水，北方之行；黑，北方色也；咸，北方味也"，又《洪范》"水曰润下，润下作咸"，则其字必亦读为"盐"，非但两篆用例类同而已。

按其见诸齐玺之用例，"盐"上有一字，旧读为"徙"。两字合为职官之名，复拓广其事，而有"徙盐金"者。审其篆形，其字从"尾"①、从"米"、从"辶"。或于从"尾"，复增出含函之形。《说文》解为"嘾也，草木之华未发函然"之字，读若"含"。按《说文》云："嘾，含深也；含，嗛也；嗛，口有所衔也"，见诸字互为声训。而《说文》云"衔，马勒口中也，所以行马者也"，段玉裁注"凡马提控其衔，以制其行止"。从"米"者，或为"谷所振入"之"亩"字之省②。而"亩""兼"，一声之转③。以"嘾""含""嗛""嗛"韵部之字相准，则以读为"检"为宜④。

《说文》云："责，求也；述，敛聚也。"朱骏声云："检之言敛也、械也，藏之而幖题之，谓之检。"⑤《微子》"用乂雠敛"，马融、郑玄注"谓赋敛也"。按开元元年十一月，左拾遗刘彤论盐铁上表。玄宗令宰臣议其可否，咸以盐铁之利，甚益国用。遂令将作大匠姜师度、户部侍郎强循俱摄御史中丞，与诸道按察使检责海内盐铁之课⑥。今见盐之"检责"，已著于西周吉金并战国齐玺，而齐玺更有盐、金并检之例。

三、盐 之 征 调

《禹贡》其序曰："任土作贡。"孔传："任其土地所有，定其贡、赋之差。"按《禹贡》本经，"赋""贡""篚"并举。《禹贡》称冀州"厥赋惟上上错"，孔传"赋谓土地所生，以供天子"，郑玄注"此州入谷不贡"。是知《禹贡》之赋，田赋粮谷也，亦即《汉书·食货志》之"食"。《禹贡》兖州"厥贡漆丝""厥篚织文"，郑玄注"贡者，百工之府，受而藏之"，孔传"织文，锦绮之属"。则其"贡""篚"，亦即《食货志》之

---

① 或从"尾"省。

② 按齐玺其字"亩"字，即从"米"从"亩"。

③ 《说文通训定声·临部》，第100页。

④ 《古玺汇编》〇三二六，其"口"者即"亼"，如曾伯克壶之"飤"字，不从亼而从廿（方勤：《浅议回归的曾伯克父诸器》图二五、图二六，《文物》2020年第9期，第47页）。而廿，乃智、疾、燕、窃诸字所从，与口或通。而检者，即从重口。《古玺汇编》〇一四八，有类字，亦读为检。从"米"之字，或读为"践"，如清华竹书《系年》"成王伐商邑"。然"检""践"其字，尚未能断其韵通与否？陈赓簋盖铭文亦有篆形相类之字，其下为"择吉金"三字，必作"检择吉金"一句读。

⑤ 《说文通训定声·谦部》，第126页。

⑥ 杜佑：《通典》卷一〇《盐铁》，中华书局，1988年，第231页。《旧唐书》卷四八《食货上》亦作"检责"。王应麟《玉海》卷一八一引作"检校"，日本中文出版社影印，1977年，第3429页。《唐会要》卷八八亦作"检校"。

"货"①。此《禹贡》通言九州食货之供于上之大要也。

按《夏本纪》所载，可知彼时天下万国"食少"，遂"调有余相给，以均诸侯"。其"调有余"，所以均诸侯。其与"禹乃行相地宜所有以贡"，实非一事。《夏本纪》又引禹曰："与稷予众庶难得之食。食少，调有余补不足，徙居。众民乃定，万国为治。"此言亦见于《益稷》，作"暨稷播奏庶艰食、鲜食，懋迁有无化居。烝民乃粒，万邦作义"。孔传："徙有之无，鱼、盐徙山林，木徙川泽，交易其所居积。"按《广雅·释诂四》云"财，货也"，则孔传"交易居积"者寔为"货"，与马迁所叙调补偙食之意，显有别矣②。而《食货志》既言"食""货"，又引《易传》"聚人曰财"，其"财"乃通并"食货"之名。后世以钱为交易之媒，故《天官·太宰》郑玄注"财，泉谷也"，其"财"亦食货之合称。"懋"字或作"贸"③，《说文》云"贸，易财也"，与孔传"交易"类同。故《夏本纪》之"调"，即易徙有无之谓也。后世之户调④，或源乎此。《说文》云："调，和也"，所以任经天下也。

《禹贡》兖州"厥贡漆丝"，孔颖达疏："任土作贡，此州贡漆，知地宜漆林也。《周礼·载师》云'漆林之征'，故以漆林言之。"然《载师》之"征"，郑玄注"征，税也"。按《甫田》孔疏引《郑志》："凡所贡、篚之物，皆以税物市之，随时物价以当邦赋。"又《太宰》"以九贡致邦国之用"，贾公彦疏："诸侯国内得民税，大国贡半，次国三之一，小国四之一；所贡者，市取当国所出美物，则《禹贡》所云'厥篚''厥贡'之类是也"。是知前儒以周官之"贡"，乃诸侯以其所得国内民税，依其国分，市取其当国膺贡美物而献。然则，通调食货，其于制度，盖非诸侯可擅。若桓公、管仲所议之行，则见其时之化调，其权已渐移易于下矣。

《禹贡》青州之贡，盐在其中。按盐非九州俱产之货，然却为天下皆需之佐食，若非"交易居积"，则不可徧得。故疑古时于盐，亦必有"调"。然载记所见，惟《管子·轻重甲》有涉之者⑤，其前则昧。

晋姜鼎铭文，有言"卤积"者⑥。其称晋姜诏匹晋侯，"譖覃京师，乂我万民"，

---

① 《汉书·食货志》云："税谓公田什一及工、商、衡虞之人也。赋共车马、兵甲、士徒之役，充实府库、赐予之用。税给郊、社、宗庙、百神之祀，天子奉养、百官禄食庶事之费。"则与《禹贡》分合稍异。

② 按《周礼·地官·大司徒》"大荒大札，则令邦国移民通财"，又《地官·遂师》"巡其稼穑，而移用其民，以救其时事"。则孔传、马迁之说，各举其一耳。

③ 王先谦：《尚书孔传参证》卷五，中华书局，2011年，第190页。

④ 《三国志·魏书·赵俨传》"都尉李通急录户调"，此临时之征。西晋平吴之后，始制为常式（《晋书·食货志》）。

⑤ 《管子·轻重甲》"请以令菜之梁、赵、宋、卫、濮阳"，"乃以令使菜之，得成金万壹千余斤。"按旧注，梁、赵、宋、卫、濮阳，其国自无盐，需待远馈而食。

⑥ 王俅：《啸堂集古录》，中华书局，1985年，第21页。

"勿①濂文侯显命"。按《说文》"糧，糜和也；燂，火热也；热，温也"，而"温"字有和柔、味厚之义②，以其兼举，故《说文》云"覃，长味也"。《说文》云："鲁，钝词也"，按温、屯韵叶③，"屯"字有盈、满、厚、聚之意④。而"厚""覃"字皆从旱，"厚""旱"二字通作。《说文》又云"味，滋味也；滋，益也；益，饶也"，是知"譖""覃"二字，意相牵合。故"譖覃"云云，乃重意之叠语，言晋侯君、妇之于奉享天子，其心恒长持厚，犹《文侯之命》"有绩予一人永绥在位"其所期冀。而所谓"乂我万民"者，亦犹《洛诰》成王之称周公"明保予冲子"，"和恒四方民"。孙诒让释出"京师"二字，并称"譖覃京师"为"奉职王室之意"⑤，其说甚是。

故晋姜鼎铭文复曰"嘉遣我易，卤积千辆"云云，当为此铭大义之具例。颇疑"我易"旧读为"赐"者，或亦可读为"交易"字，犹"以税物市之，随时物价以当邦赋"。铭文其后有云"征繁汤"，似与"卤积千辆"，其事相涉。按戎生编钟铭文，亦见"昭匹晋侯，用龚王令"，"嘉遣卤积，卑潛征繁汤"⑥。戎生编钟既言穆王建其皇祖宪公"于兹外土"，又言其皇考"昭匹晋侯"，则其宜为晋国附庸⑦。李学勤以晋姜鼎、戎生编钟之器型断代，并其铭文所述，而视其为同时之事，并云"鼎作于九月乙亥，钟作于十一月乙亥，应该属于一年"⑧。按戎生编钟铭文称"用龚王令"，遂可推知晋姜鼎铭文之"卤积千辆"，亦必承王命置办。而戎生编钟所遣卤积，或即附在晋侯所遣千辆之内。更知若非王令，晋侯、戎生皆不得擅为市取之。然则，此千辆之盐，必为天子所调。按"禾"声之字，如《说文》"盉，调味也；龢，调也"。寔知"譖覃""嘉遣"云云，亦所以互见晋侯之燮于王室。

《管子·轻重丁》有说"缪数"，其云："功臣之家皆争发其积藏，出其资财，以予其远近兄弟。以为未足，又收国中之贫病孤独老不能自食之萌，皆与得焉。故桓公推仁立义，功臣之家兄弟相戚，骨肉相亲，国无饥民。"又云："称贷之家皆折其券而削其书，发其积藏，出其财物，以赈贫病，分其故赉，故国中大给。"《左传·襄公九年》有晋侯欲息民，"魏绛请施舍，输积聚以贷"。其时"自公以下，苟有积者，尽出之"，遂致"国无滞积，亦无困人，公无禁利，亦无贪民"，"行之期年，国乃有节，三驾而楚不能与争"。以此相类，是知"卤积千辆"云云，盖亦诸侯、附庸承天子令调，而争发其

---

① 此"勿"当读为"密勿"，勉也。
② 《说文通训定声·屯部》，第810页。
③ 《说文通训定声·屯部》，第799、800、810页。
④ 《说文通训定声·屯部》，第799页。其引《晋语》"厚之至也，故曰屯"。
⑤ 孙诒让：《古籀拾遗》卷上，中华书局，1989年，第11页。
⑥ "潛"字，从李学勤《戎生编钟论释》所定（《文物》1999年第9期，第78页）。
⑦ 李学勤称戎生已为晋臣（《文物》1999年第9期，第80页）。
⑧ 《文物》1999年第9期，第81页。铭文系于九月、十一月，其时适当盐之出也。

积藏①。

　　按居延簿书所记戍卒廪盐，"平均每人每月食盐三升"②。以此相准，十万之众一年之用，宜为三千六百石。而千辆之盐，或亦仿佛其数之巨③。然以"卤积"而"征繁阳"，若其为举军迈师，何至此事竟泯于载记，无丝毫踪迹可寻④。按曾伯桼簠铭文云："克狄淮夷，印燮繁汤，金道锡行，具既卑方"⑤，其"狄"字当读为《牧誓》之"逖"，"克狄"乃柔远能近之意，与"印燮"类同。其"淮夷"与"繁汤"对文，则繁汤或即彼时荆、扬淮夷之都会。又《鲁颂·泮水》曰："憬彼淮夷，来献其琛。元龟象齿，大赂南金。"毛传："赂，遗也；南，谓荆、扬也。"郑笺："荆、扬之州，贡金三品。"是知淮夷所宝所贡，何啻南金而已。且晋姜鼎、戎生编钟铭文之"取厥吉金"，实与寻常金文所见"择其吉金"，并无分别。故"征繁汤"云云，殆与征伐淮夷之事无涉。

　　《禹贡》序所谓"任土作贡"，其于《周官》则为"徵""征""正"。三字可通作，且有趋走、徭役之意⑥。按士山盘铭文之征服，其所"徵"者，宜与《禹贡》"五百里"云云之赋纳、师役相类。射壶铭文记尹叔命射司贾，使东徵其工⑦。其"工"读为《禹贡》序"任土作贡"，亦通言赋税。又乖伯簋铭文曰："惟王九年九月甲寅，王命益公征眉敖，益公告至。二月，眉敖至。见，献賮。"观其文辞，是以"征""献"而见事之终始。既知《周官》"徵""征"通作，则其王命之"征"，宜为地官之征，而非夏官之伐⑧。麦盉铭文"用从井侯征"，其"征"或亦类之。然视师役起众亦夏官所涉，而行军就食难离谷刍，故征、伐二字常作连语，斯有以也。后世两字，则混同其意，不复分别。

---

① 晋姜所出之积，未必其国藏储一时所备，或其中亦有粜诸父母之邦者。

② 谢桂华：《汉简与汉代西北屯戍盐政考述》，《盐业史研究》1994 年第 1 期，第 7 页。

③ 《焦氏易林·无妄·解》有"载土贩盐"云云，按《九章算术·商功》有"车载（土）三十四尺七寸"，其车土轻重，近于三有十分之六石。

④ 故李学勤不取征伐之说，而云："晋国派遣大批车队运输食盐，是前往繁阳交换铜料。"（《文物》1999 年第 9 期，第 81 页）

⑤ 罗振玉：《三代吉金文存》卷一〇，中华书局，1983 年，第 1051、1052 页。

⑥ 如《周礼·地官》之属，有《宰夫》"掌百官之征令"、《乡师》"凡四时之征令有常者"、《乡大夫》《闾师》"以时征其赋"、《县师》"以岁时征野之赋"，按郑玄注文，可知其"征"兼有征召、征税、徭役之意。上博竹书《容成氏》第四一简有汤征九州之师，字作从言、"征"省声，即同《周官》之"征"，然起师亦必及于军赋（"军赋"其名，见《大司徒》郑玄注）。又详《说文通训定声·鼎部》"正""征"字条，第 863、864 页。上博竹书《容成氏》第三六简有汤爲籍以正关、市，马王堆帛书《君正》篇亦作"关市之正"。按《司市》"市无征"、《司关》"关门之征"，可知其"正"，亦征税之征。

⑦ 中国国家博物馆：《中国国家博物馆藏文物研究丛书·青铜器卷·西周》（下册），上海古籍出版社，2020 年，第 405 页。此壶为两周之际或春秋早期之物。其铭文述及蔡君子兴，以与蔡有涉，则其东征，亦必及于淮旁之国。

⑧ 《周礼·夏官·怀方氏》："掌来远方之民，致方贡，致远物而送逆之。"

　　兮甲盘铭文曰："王令甲政司成周四方积，至于南淮夷。淮夷旧我赗畮人，毋敢不出其赗、其积、其进人、其贾。"以《食货志》赋税所条名目，则南淮夷所出其服，实通有食货。且疑其"进人"，或即徭役之众。故盘铭"政"字，实谓整治其"征"。毛公鼎铭文"正"字，承其上文"艺小大楚赋"，当与兮甲盘铭文"政"字其意类同。

　　既南淮夷列在食货其征之属服，曷晋姜鼎、戎生编钟铭文云遣卤积而征繁汤？此则与厉、宣时南淮夷境况相涉。默钟铭文曰："王肇通省文武勤疆土，南国服子敢陷虐我土，王敦伐其至，扑伐厥都。"其"省"字，与"正"同韵，政治之意。而鄂侯驭方鼎铭文曰："王南征，伐角、鄱，唯还自征"，"鄂侯驭方纳豊于王"；虢仲盨盖铭文曰："虢仲以王南征，伐南淮夷"。其"南征"，亦政治之意。但此中必包有征征食货并举役之事，或其时行施无度，遂致鄂侯驭方率南淮夷、东夷广伐南国[①]。厉王命伐，"勿遗寿幼"。既获鄂侯，复以用师戫狁，必更征求无度于南国服子，可谓民瘼极矣。柞伯鼎铭文有虢仲、柞伯、蔡侯围昏博戎[②]，敔簋铭文有南淮夷内伐[③]，见其相薄如此。

　　《后汉书·东夷传》云："厉王无道，淮夷入寇，王命虢仲征之，不克。""无道""入寇"，见其事之由来。而"不克"，则酿成戫狁、淮夷腹背大患。复以厉王近荣夷公、好专利，"乱生不夷，靡国不泯，民靡有黎，具祸以烬"[④]。故宣王兴衰拨反，五年六月尹吉甫伐戫狁、八月方叔伐荆蛮，六年召公伐淮夷、王伐徐戎次于淮[⑤]。然其"有常德以立武事"[⑥]，其于淮之旁国，则"不留不处，三事就绪"[⑦]，"匪疚匪棘，王国来极"[⑧]。

　　按驹父盨盖铭文曰："惟王十又八年正月，南中邦父命驹父簋南诸侯，率高父见淮夷，厥取厥服，堇夷俗。遂不敢不敬畏王命，逆见我，厥献厥服。我乃至于淮，小大邦亡敢不储具逆王命。四月，还至于蔡。"[⑨]其"簋"字，读为《鸿雁》"虽则劬劳，其究安

① 于省吾：《商周金文录遗》99，中华书局，1993年，第27页。

② 朱凤瀚：《柞伯鼎与周公南征》，《文物》2006年第5期。按其铭文，有"令蔡侯告征虢仲遣氏"。其"征"，宜亦军需谷刍之谓，其"氏"或为邸阁所从"氏"之形讹者。

③ 《啸堂集古录》，第115页。

④ 《诗经·荡之什·桑柔》，阮元校刻：《十三经注疏》，中华书局，1980年，第558页。

⑤ 俱见《竹书纪年》。其事亦述于《荡之什》之《江汉》《常武》。

⑥ 《诗经·荡之什·常武》毛序，阮元校刻：《十三经注疏》，中华书局，1980年，第576页。

⑦ 《诗经·荡之什·常武》。郑玄笺："王使大夫尹氏策命程伯休父于军将行治兵之时，使其士众左右陈列而敕戒之，使循彼淮浦之旁，省视徐国之土地叛逆者。王又使军将豫告淮浦徐土之民，云不久处于是也，女三农之事皆就其业。"

⑧ 《诗经·荡之什·江汉》，阮元校刻：《十三经注疏》，中华书局，1980年，第573页。郑玄笺："非可以兵病害之也，非可以兵急操切之也。使来于王国，受政教之中正而已。"

⑨ "储"字，从李学勤释（《新出青铜器研究》，文物出版社，1990年，第143页）。刘启益《西周纪年》以为南中邦父即《出车》《常武》之卿士南仲，亦无更鼎铭文所见司徒南中，广东教育出版社，2002年，第383、384页。

宅"之"究"①。而《鸿雁》毛序："美宣王也，万民离散，不安其居，而能劳来还定安集之，至于矜寡，无不得其所焉。"今由驹父盨盖铭文所述"篡南诸侯"，可证《诗》义仿佛。

《诗》称厉王之世，"民之方殿屎，则莫我敢葵，丧乱蔑资，曾莫惠我师"②。郑玄笺："王方行酷虐之威怒"，"民方愁苦而呻吟"，"其遭丧乱，又素以赋敛空虚，无财货以共，其事困穷如此，又曾不肯惠施以赒赡众民，言无恩也"。而《鸿雁》郑玄笺："宣王承厉王衰乱之敝而起，兴复先王之道，以安集众民为始也。"斯见德之得失。故宣王虽承空虚困穷之敝，而能"赋政于外，四方爰发"③。故《鸿雁》郑玄笺引《书》："天将有立父母，民之有政有居"，又云："侯伯卿士又于坏灭之国征民起屋舍，筑墙壁，百堵同时而起，言趋事也。"按《地官·小司徒》郑玄注"役，功力之事"，是知《鸿雁》"虽则劬劳"，谓起徒众之役。

按《周礼·地官》其属，颇见所掌有涉于施惠救调者。

《大司徒》："以土均之灋，辨五物九等，制天下之地征，以作民职，以令地贡，以敛财赋，以均齐天下之政。"于大荒、大札，"令邦国移民通财，舍禁、弛力、薄征、缓刑"。郑玄注："大荒，大凶年也。大札，大疫病也。移民，辟灾就贱。其有守不可移者，则输之穀。"

《遗人》："掌邦之委积，以待施惠；乡里之委积，以恤民之囏"；"县都之委积，以待凶荒"。郑玄注："待凶荒，谓邦国所当通给者也。"

《均人》："掌均地政，均地守，均地职，均人民、牛马、车辇之力政。"郑玄注："政读为征，地征谓地守、地职之税也。力政，人民则治城郭、涂巷、沟渠，牛马、车辇则转委积之属。"

《司救》："凡岁时有天患、民病，则以节巡国中及郊野，而以王命施惠。"郑玄注："天患，谓裁害也。节，旌节也。施惠，调恤之。"

《遂人》："以岁时登其夫家之众寡，及其六畜、车辇，辨其老、幼、废、疾，与其施舍者，以颁职作事，以令贡赋，以令师田，以起政役。"郑玄注："政役，出士徒役。"

《遂师》："以时登其夫家之众寡、六畜、车辇，辨其施舍与其可任者。经牧其田野，辨其可食者，周知其数而任之，以徵财征。巡其稼穑，而移用其民，以救其时事。"④

按其文辞，可见施惠委积、调恤救时，其均调之义，与《益稷》孔传"徒有之无，交易居积"相类。而力政、政役，其"政"字亦"征"字之假。"治城郭、涂巷、沟

① 马王堆帛书《君正》篇有"若号令发，必厩而上九"，注释"读为勾，聚集、团结"（马王堆汉墓帛书整理小组：《马王堆汉墓帛书·经法》，文物出版社，1976年，第12、15页）。
② 《诗经·生民之什·板》，阮元校刻：《十三经注疏》，中华书局，1980年，第549页。
③ 《诗经·荡之什·烝民》，阮元校刻：《十三经注疏》，中华书局，1980年，第568页。
④ 阮元校刻：《十三经注疏》，中华书局，1980年，第704、708、728、730、732、741页。

渠"，转输委积，则其力役事也。今准《鸿雁》郑笺"趋事"云云，遂知晋姜鼎铭文"征繁汤"者，盖于繁汤征力役，而"嘉遣卤积千辆"以移调相助。郑笺所谓"侯伯卿士"者，戎生适在其列。子产曰："昔天子班贡，轻重以列，列尊贡重，周之制也。"[1] 今由"卤积千辆"，可证公侯其贡之重。

柞伯鼎铭文"遣"字[2]，其上部左右相合。而春秋早期季姒盘铭文"遣"字[3]，上部左右分开。晋姜鼎铭文"遣"字篆形，既同于厉王世柞伯鼎，则其年代宜相近。以西周晚期金文见有"文祖""前文人"之称，则鼎铭"文侯"，似未可径定为晋文侯。今由晋姜鼎铭文所述，准以经史载记，可知其与宣王中兴史境[4]契合，故系之于宣王之世，寔为信允。而宣王六年，为晋献侯初立，其时正与晋姜"司朕先姑君晋邦"相应。

① 《左传·昭公十三年》，阮元校刻：《十三经注疏》，中华书局，1980年，第2072页。

② 《中国国家博物馆馆藏文物研究丛书·青铜器卷·西周》（上册），第53页。

③ 山西省考古研究院：《山西黎城西关墓地 M7、M8 发掘简报》，《江汉考古》2020 年第 4 期。

④ 杨善群：《论周宣王中兴》，《史林》1988 年第 1 期。

唐宋以来盐业古官印辑考*

刘海宇

（日本岩手大学平泉文化研究中心）

古官印是古代官署机构、官员的权力凭证，是古代职官制度的具体实物体现。先秦两汉六朝时期的古官印以官名印为主，隋唐以后以官署印为主。王献唐曾指出："唐宋以后，以官署印为正印，其无官署者始刻官名印。"[1] 此即唐宋以来有官府正式组织者均以官署印为正印，各级署僚以及临时差遣等无官署者用官名印，这一认识已经成为学界通识。20 世纪初期，罗振玉已经指出，隋唐以来官印"可考证史志，裨益至宏，不殊六朝以前诸印也"[2]。古代盐业官印是各朝代盐业行政管理的重要组成部分，是盐业官署机构以及官员的权力象征，在盐业史研究中具有较为重要的资料价值，但因著录较为零散，盐业史研究者很少注意到它们的存在。本文主要收集唐宋以来的盐业古官印并做相关考察，希冀得到学界的批评指正。

一、唐、宋盐业官印

（一）诸道盐铁使印

"诸道盐铁使印"（图一），篆书，铜质，唐代官印。印面边长 6.1、通高 5 厘米，纽高 3.3、宽 3、厚 1.2 厘米。据传，其出土于洛河河滩，1982 年被征集，现藏于洛阳博物馆[3]。

唐代初期继承隋制不课盐税，至武周后期随着政府开支增大，逐渐推行税盐之制[4]。至开元初期，政府制定税盐铁"令式"，在全国统一推行。《唐会要·盐铁》载开元十年

---

* 国家社会科学基金"冷门绝学"专项《熬波图》校注与研究"课题（项目编号：19VJX014）；日本学术振兴会（JSPS）基盘研究（C）"日本に所蔵される中国古印に関する調査研究"项目（项目编号：21K00885）的阶段性研究成果。

[1] 王献唐：《五镫精舍印话》，齐鲁书社，1985 年，第 388 页。
[2] 罗振玉：《隋唐以来官印集存》，1916 年石印本，第 5 页。
[3] 苏健：《洛阳博物馆藏印拾零》，《中原文物》，1993 年第 4 期。
[4] 陈衍德、杨权：《唐代盐政》，三秦出版社，1990 年，第 31～34 页。

（722 年）八月，玄宗诏令："敕诸州所造盐铁，每年合有官课……依令式收税。"[①] 安史之乱爆发后，唐政府财政严重入不敷出，肃宗即位后不久，于乾元元年（758 年）任命第五琦为"盐铁铸钱使"，后改任"诸州榷盐铁使"，唐代有"盐铁使"之称既始于第五琦。《新唐书·食货志》载："乾元元年，盐铁铸钱使第五琦初变盐法，就山海井灶近利之地置监院，游民业盐者为亭户，免杂徭。盗鬻者论以法。及琦为诸州榷盐铁使，尽榷天下盐，斗加时价百钱而出之，为钱一百一十。"又，《新唐书·第五琦列传》载："（第五琦）迁

图一　诸道盐铁使印

司金郎中，兼侍御史、诸道盐铁铸钱使。盐铁名使，自琦始。"[②] 由此可知，乾元元年（758 年）应是"诸道盐铁使印"的年代上限。

随着漕运的发展，玄宗先天年间（712～713 年）始置"水陆转运使"。《新唐书·李杰列传》载："先天中，进陕州刺史、水陆发运使。置使自杰始。"开元二十一年（733 年），裴耀卿为宰相兼领"江淮都转运使"，管理漕运[③]。至代宗宝应元年（762 年），"以通州刺史刘晏为户部侍郎、京兆尹、度支盐铁转运使。盐铁兼漕运，自晏始也。"[④] 至德宗即位的建中元年（780 年），刘晏因遭受谗言被罢免盐铁、转运等使。可知，唐代早期管理漕运的"转运使"原与"盐铁使"分置，至代宗宝应元年刘晏始"盐铁兼漕运"，刘晏任"盐铁转运使"官职近二十年，为唐代盐铁专卖和漕运治理做出巨大贡献。

"诸道盐铁转运使"，或可省作"诸道盐铁使"，也可径省作"盐铁使"。例如：《旧唐书·德宗本纪》载贞元八年（792 年）二月"户部侍郎张滂为诸道盐铁转运使"，而在同书《食货志》中既有"诸道盐铁转运使张滂"，又有"诸道盐铁使张滂"和"盐铁使张滂"的称呼。又因时代不同官名亦有所变化，《旧唐书·食货志》云："开元已后，权移他官，由是有转运使、租庸使、盐铁使、度支盐铁转运使、常平铸钱盐铁使、租庸青苗使、水陆运盐铁租庸使、两税使，随事立名，沿革不一。"[⑤]

唐代，"凡内外百官，皆给铜印"[⑥]。"诸道盐铁使印"是唐王朝掌管盐铁事务最高行政官员的官印，也是唐代中晚期实施盐业官营的实物证据，具有较高的史料价值。唐代政府实施的榷盐以及漕运制度为后世王朝所仿效，成为其后历代王朝社会经济、政治结构的基本制度之一。关于此印出土于洛河滩的原因，苏健的说法很具启发性，他在《洛

① （宋）王溥：《唐会要》，中华书局，1955 年，第 1603、1604 页。

② （宋）欧阳修、宋祁：《新唐书》，中华书局，1975 年，第 1378、4801 页。

③ （宋）欧阳修、宋祁：《新唐书》，中华书局，1975 年，第 1366、4461 页。

④ （后晋）刘昫等：《旧唐书》，中华书局，1975 年，第 2117 页。

⑤ （后晋）刘昫等：《旧唐书》，中华书局，1975 年，第 373、2086、2128 页。

⑥ （后晋）刘昫等：《旧唐书》，中华书局，1975 年，第 1830 页。

阳》一文中指出，东都洛阳乃是唐代水陆交通的中枢，历任盐铁使当常驻或往来于此，唐代"诸道盐铁使印"发现于洛阳绝非偶然。

（二）通泰等州巡茶盐朱记

图二　通泰等州巡茶盐朱记

"通泰等州巡茶盐朱记"（图二），篆书，北宋官印。背款"咸平五年（1002 年）十一月""少府监铸"。原印不明所在，印蜕著录于《集古官印考》①《隋唐以来官印集存》②。

《宋史·食货志》载宋代岁赋中有"物产之品"六种，其三为茶盐，淳化三年（992 年）"置诸路茶盐制置使"，先以雷有终为"诸路茶盐制置使"，后以杨允恭为"江南、淮南、两浙发运兼制置茶盐使"。同书《职官志》载"巡检司"的执掌包括"巡捉私茶盐"③。茶盐制置司是管理茶叶、食盐流通的专业管理机构，以确保朝廷茶盐专卖的收益。

《宋史·地理志》载："通州，中，军事……监一：利丰，掌煎盐。"可知，通州（今江苏南通）的等级为中，属于地方建制的军事州，设有盐监一处，执掌煎盐。又载："泰州，上，海陵郡。本团练，乾德五年，降为军事。"可知，泰州（今江苏泰州）的等级为上，原属团练州，乾德五年（967 年）降为军事州。"通泰等州"，《集古官印考》云："盖兼楚、海二州在内也"④。楚州，《宋史·地理志》载："楚州，紧，山阳郡，团练……盐城，上。有九盐场。"楚州属于十三等级的第四级"紧"，经济地位较为重要，属团练州，所属盐城县有盐场九处，位于今江苏淮安。又载："海州，上，东海郡，团练。"⑤海州等级为上，团练州，位于今江苏连云港。

宋代的通、泰、楚、海四州是隶属于淮南东路的沿海州，均为煮盐之州。宋代张邦基《墨庄漫录》卷四云："通、泰、楚、海四州煮海之盐，以供六路者三百二十余万石，复运六路之钱以供中都者，常不下五六十万贯。"⑥

"朱记"之称始于唐代，是唐、五代时期一部分较低等级的官署或武职官吏官印的

① （清）瞿中溶：《集古官印考》，《续修四库全书》第 1109 册，上海古籍出版社，2002 年，第 461~463 页。
② 罗振玉：《隋唐以来官印集存》，1916 年石印本，第 36 页。
③ （元）脱脱：《宋史》，中华书局，1985 年，第 3982、4203、4479、4480 页。
④ （清）瞿中溶：《集古官印考》，《续修四库全书》第 1109 册，上海古籍出版社，2002 年，第 23 页。
⑤ （元）脱脱：《宋史》，中华书局，1985 年，第 2179~2181 页。
⑥ （宋）张邦基：《墨庄漫录》二，王云五《丛书集成初编》，商务印书馆，1937 年，第 41 页。

自名，宋、元时期沿用，后世或用为印章之别名[①]。唐昭宗（888～904 年在位）《改元天复赦》云："两市立正印，委所司追纳毁弃，改给朱记行用"[②]，规定两市正印改称"朱记"。陕西出土"陕虢防御都虞侯朱记"篆书官印，一般认为是唐代晚期贞元元年（785年）至大和五年（831 年）期间陕虢防御使下属都虞侯的官印[③]。这是较早自名"朱记"的官印。

少府监为宋代铸造印记的机构，《宋史·职官志》载，"凡车辇、饬器、印记之造，则少府监、文思院隶焉"，少府监有"铸印篆文官二人"[④]，专门执掌铸印和书写篆文。

"通泰等州巡茶盐朱记"为通、泰、楚、海四州巡检茶盐官员的官印，这四州均为隶属于淮南东路的沿海产盐州，即后来淮东转运司所辖各州。因茶盐司是宋代食盐等流通领域的管理机构[⑤]，所以"通泰等州巡茶盐朱记"应是食盐流通机构的官印。

（三）泰州西溪镇茶盐酒税务朱记

"泰州西溪镇茶盐酒税务朱记"（图三），篆书，铜质，北宋官印。背款"庆历七年（1047 年）""少府监铸"，通高 4.3厘米，印面长 5.5、宽 5.3、厚 1.3 厘米，2001 年被征集，现藏于泰州市国税局[⑥]。

图三　泰州西溪镇茶盐酒税务朱记

西溪镇，宋代属泰州海陵县，盛产海盐，位于今江苏省东台市西溪镇。宋代设泰州海陵盐监，治西溪镇，又称西溪盐官。《宋史·河渠志》载，仁宗天圣元年（1023 年）范仲淹为"泰州西溪盐官"时，调 4 万余人修筑捍海堰，以阻止海水侵蚀良田。同书《范仲淹列传》则云"监泰州西溪盐税"。又，同书《食货志》载，泰州海陵一处盐监所收盐税"过唐举天下之数矣"，即超过唐代全天下所收盐税[⑦]。

宋代在盐、茶、酒等政府专卖商品运销的过程中，官府要征收一定数额的商税，于盐称"盐税"，于酒称"酒税"。《宋会要辑稿·食货》载，宋太祖开宝三年（970 年）四

① 孙慰祖：《历代玺印断代标准品图鉴》，吉林美术出版社，2010 年，第 10 页。
② （宋）宋敏求：《唐大诏令集》卷 5，中华书局，2008 年，第 33 页。
③ 陈全方：《陕西出土的一批古代印章资料介绍》，《文物资料丛刊》1977 年第 1 期。
④ （元）脱脱：《宋史》，中华书局，1985 年，第 3812、3918 页。
⑤ 郭正忠：《宋代盐业经济史》，人民出版社，1990 年，第 327～336 页。
⑥ 傅兴亚：《中国赋税文物图记》，中国税务出版社，2016 年，第 40 页；李兆贵、王申箅：《明朝以来的赋税票据》，中国税务出版社，2004 年，第 254 页。
⑦ （元）脱脱：《宋史》，中华书局，1985 年，第 2394、4456、10267 页。

月诏令言河北诸州盐法规定允许通商，"于州府城内置场收税"①。《宋史 · 食货志》载，真宗即位后"诏三司经度茶、盐、酒税以充岁用"，又于景德年间（1004～1007 年）"令诸路茶、盐、酒税及诸场务"合并为一②。仁宗即位，承袭前制。宋代的商税包括"过税"和"住税"，"过税"指食盐运输途中所缴纳的商税，"住税"指居市买卖所缴纳的商税。北宋初年，"过税"的税额是"每千钱算二十"，折算税率为 2%③。

宋代泰州曾设七处税务，西溪镇是其中之一。《宋会要辑稿 · 商税》载，泰州七务年收税"二万一千六十四贯"，其中"西溪务"年收税"九百九十二贯二百一十六文"。同书"盐法"载"西溪务"年收盐税"四百五十九贯七百六十文"④。

"泰州西溪镇茶盐酒税务朱记"是泰州西溪镇征收茶、盐、酒税场务官署的官印，可知仁宗庆历七年时诸路茶、盐、酒等商税的征收统一由"茶盐酒税务"官署负责。这个镇级基层税务机构的正式名称不见于史志文献记载，该官印为研究泰州地区的盐业史提供了珍贵的实物资料。

二、金代盐业官印

（一）张仓镇商酒盐场记

"张仓镇商酒盐场记"（图四），篆书，铜质，金代官印，著录于《隋唐以来官印集存》⑤。背款"正隆二年（1157 年）五月""由少府监造"，侧款楷书"张仓镇商酒盐场记"。通高 5.33 厘米，印面长 4.71、宽 4.61、厚 1.8 厘米。现藏于四川大学博物馆⑥。

图四　张仓镇商酒盐场记
（左为印蜕，右为照片）

张仓镇为金代密州胶西县三镇之一，位于今山东省胶南市城郊西北部铁山镇张仓村。《金史 · 地理志》"山东东路密州"条载："胶西，镇三：张仓、梁乡、陈村。"⑦

金代"商税"承自宋制，在专卖商品运销过程中征收一定数额的税金。《金史 · 食货志》载，金代官营专卖的商品有十种，首两位即盐、酒，设"盐课"征收生产运销食盐的盐税，立"酒

① （清）徐松：《宋会要辑稿》，中华书局，1976 年，第 5183 页。
② （元）脱脱：《宋史》，中华书局，1985 年，第 4349 页。
③ 郭正忠：《宋代盐业经济史》，人民出版社，1990 年，第 341、342 页。
④ （清）徐松：《宋会要辑稿》，中华书局，1976 年，第 5074、5161 页。
⑤ 罗振玉：《隋唐以来官印集存》，1916 年石印本，第 55 页。
⑥ 冷文娜：《四川大学博物馆藏品集萃：印章卷》，四川大学出版社，2015 年，第 40 页。
⑦ （元）脱脱：《金史》，中华书局，1975 年，第 610 页。

课"征收酒税。同书载，世宗大定二十年（1180年）"商税法"规定"诸物百分取三"，高于北宋初期2%的商税额①。

"张仓镇商酒盐场记"为金代正隆二年（1157年）胶西县张仓镇征收酒、盐等专卖商品商税的场务官署印。"场"为"坊场"之省，即征收税务的场所，坊场隶属于诸盐使司。

（二）信阳盐场管勾之记

"信阳盐场管勾之记"（图五），金代官印，篆书，铜质，背款"泰和四年（1204年）五月""礼部造"，侧款楷书"信阳盐场管勾之记"，1988年临沂市博物馆征集于该市九曲乡三关庙村。印面呈正方形，边长5、厚1.8厘米，纽高3、宽2.8～3、厚1.3～1.6厘米②。

图五　信阳盐场管勾之记
（左为印蜕，右为照片）

信阳为金代山东东路密州诸城县三镇之一，位于今山东省胶南市泊里镇，信阳盐场即该镇小场盐场。《金史·地理志》"山东东路密州"条载："诸城……镇三：普庆、信阳、草桥。"《金史·食货志》载，金代设七处盐使司，分别是"山东、沧、宝坻、莒、解、北京、西京七盐司"，各盐使司所产食盐行销地区不同："其行盐之界，各视其地宜……莒之场十二……信阳场行密州，之五场又与大盐场通行沂、邳、徐、宿、泗、滕六州。"③由此可知，信阳场隶属于莒盐使司，所产食盐行销于密州，又与其他盐场的产盐行销六州。

盐场管勾，"掌分管诸场发买收纳恢办之事"，正九品，俸禄为"钱粟一十二贯石，衣绢各三匹，绵一十两，职田二顷"④。"信阳盐场管勾之记"为执掌信阳盐场盐货收纳发买官员的官印。旧信阳场即今胶南市小场盐场，清代道光年间并入涛雒场，1958年改称胶南县盐场。20世纪80年代有盐田面积3万多亩，年产原盐近万吨⑤。

---

①　（元）脱脱：《金史》，中华书局，1975年，第1093、1110页。

②　冯沂、刘一俊：《山东临沂发现金代铜官印》，《文物》1990年第7期；赖非《山东新出土古玺印》，齐鲁书社，1998年，第43页。

③　（元）脱脱：《金史》，中华书局，1975年，第610、1094页。

④　（元）脱脱：《金史》，中华书局，1975年，第1344页。

⑤　宋良曦等：《中国盐业史辞典》，上海辞书出版社，2010年，第43页。

三、元代盐业官印

（一）提领盐课所省差官印

"提领盐课所省差官印"（图六），铜质，九叠篆文，元代官印，背款"宣抚司""中统元年（1260年）九月日造"，侧款"省差印"，现藏于上海博物馆①。"盐"字用俗体"塩"。

元世祖忽必烈在中统元年（1260年）令国师八思巴创制"蒙古新字"，于至元六年（1269年）颁行全国，诏书云："自今以往，凡有玺书颁降者，并用蒙古新字，仍各以其

图六　提领盐课所省差官印
（左为印蜕，右为背款拓本）

国字副之"②，世称八思巴字。其后元代官印印文多用八思巴字，或称"元国书官印"，背款则刻汉字对译。有人认为，迄今发现最早的八思巴字官印为故宫博物院所藏至元九年（1272年）的"和众县印"③。实际上，日本岩手县立博物馆所藏元代八思巴字"乇克乇县印"官印背款刻有中统四年（1263年）的年号，是迄今所知最早的八思巴字官印④。此前的元代官印文字沿袭宋、金旧制，使用九叠篆字体。

元代总称政府专卖货物的课税为"课程"。元世祖在中统二年（1261年）颁布的《恢办课程条画》中规定："军民诸色人等，随路恢办宣课"，《元典章·课程》载有茶课、盐课、酒课等税种⑤。"盐课"即盐税，元代"国家经费，盐利居十之八"⑥，可知盐税在元代国家财政中所占的重要地位。元初太宗窝阔台设立河间盐运司，后改为"提举盐榷所"，中统元年改善盐政管理机构，设十路宣抚司，"定户籍科差条例"，并改立"宣抚司提领沧清深盐使所"⑦。沧、清、深三州是河间地区重要的产盐地，所以元世祖专门设置机构进行管理⑧。

---

① 上海博物馆：《上海博物馆藏印》卷11，钤印本，1978年，第9页。
② （明）宋濂等：《元史》，中华书局，1976年，第4518页。
③ 照那斯图、薛磊：《元国书官印汇释》，辽宁民族出版社，2011年，前言2页。
④ 刘海宇、玉泽友基：《日本岩手县立博物馆藏太田梦庵旧藏古代玺印》，上海书画出版社，2020年，概说17页、正文655页。
⑤ 海王邨古籍丛刊：《元典章》，中国书店出版，1990年，第354、355页。
⑥ （明）宋濂等：《元史》，中华书局，1976年，第4001页。
⑦ （明）宋濂等：《元史》，中华书局，1976年，第2387页。
⑧ 张国旺：《元代榷盐与社会》，天津古籍出版社，2009年，第13～15页。

"提领盐课所"是元世祖为完善盐政管理机构而设立的专门管理征收盐课的机构，"提领盐课所省差官"即管理征收盐课而临时差遣的官员，这类临时差遣的官员没有常设官署，所以"提领盐课所省差官印"以官名为印。由背款"宣抚司""中统元年"可知"提领盐课所"隶属于宣抚司，这可与史载中统元年"改立宣抚司提领沧清深盐使所"相对读，可补史籍之不足，具有较高的史料价值。

（二）徐渎浦场司令司印

"徐渎浦场司令司印"（图七），铜质，元代八思巴文官印。背款汉字"徐渎浦场司令司印""中书礼部造""大德十一年（1307年）月日"，现藏于吉林大学[①]。印面边长6厘米，印文为八思巴文，三行[②]。

图七　徐渎浦场司令司印
（左为印蜕，右为背款拓本）

据《元史·百官志》载，"徐渎浦场"为隶属于两淮都转运盐使司的二十九处盐场之一[③]，位于今江苏连云港市东北，明代曾称徐渎浦盐课司[④]，清康熙年间并入板浦场[⑤]。至元三十一年（1294年）之前，两淮盐使司各盐场设管勾和管勾司，盐务官员有正管勾、同管勾、副管勾[⑥]。元成宗即位之后，元贞元年（1295年）各盐使司盐场改设司令、司丞[⑦]。《元史·百官志》又载，大德四年（1300年）两淮都转运盐使司所辖盐场每场设司令一员，官秩从七品[⑧]。盐场司令的官署为司令司，"徐渎浦场司令司印"是徐渎浦场司令官署的官印。

从现存元代早期官印的背款可知，元世祖中统年间，宣抚司、行中书省均可以铸造官印，至元二年（1265年）开始出现中书礼部铸造的官印，至元十六年（1279年）中央收回铸印权，其后发行的官印多为中书礼部造的八思巴文官印，这个制度基本实行到元代晚期[⑨]。《元典章》规定，从七品官印一寸八分，另有一份大德四年（1300年）的文

---

① 吉林大学历史系文物陈列室：《吉林大学藏古玺印选》，文物出版社，1987年，第104、105页。

② 照那斯图、薛磊：《元国书官印汇释》，辽宁民族出版社，2011年，第233、234页。

③ （明）宋濂等：《元史》，中华书局，1976年，第2313页。

④ （清）顾炎武：《肇域志》第一册，上海古籍出版社，2004年，第54页。

⑤ 宋良曦等：《中国盐业史辞典》，上海辞书出版社，2010年，第449页。

⑥ 海王邨古籍丛刊：《元典章》，中国书店出版，1990年，第165页。

⑦ （明）宋濂等：《元史》，中华书局，1976年，第393页。

⑧ （明）宋濂等：《元史》，中华书局，1976年，第2135页。

⑨ 薛磊：《元世祖朝汉字官印新考》，《文物》2016年第2期。

书显示中书礼部不仅负责铸印，还要负责官印的发放、回收和销毁等事宜[①]。

四、南明、清代盐业官印

（一）总理两淮盐法兼督江防军务关防

"总理两淮盐法兼督江防军务关防"（图八），九叠篆文，铜质，背款楷书"总理两淮盐法兼督江防军务关防""敕字五百四十号礼部造"，侧款"弘光元年四月日"，南明官印。通高 10.2、长 10.8、宽 6.5、厚 0.9 厘米。1987 年冬出土于浙江嘉善县凤桐乡桥港村，现藏于嘉善县博物馆[②]。弘光为南明福王朱由崧的年号，元年为清顺治二年（1645 年）。

图八　总理两淮盐法兼督江防军务关防[③]（左为印蜕，右为照片）

元代或称两半印相合的勘合印为"关防"，后来长方形的普通官印亦自名为"关防"[④]。明代的关防多是重要官署或军队所用的印信，《明史》载："其他文武大臣，有领敕而权重者，或给以铜关防，直纽，广一寸九分五厘，长二寸九分，厚三分，九叠篆文。虽宰相行边，与部曹无异。"[⑤]

南明史书《爝火录》卷九载：弘光元年三月二十六日"以钱继登为都察院右佥都御史、总理两淮盐法兼督江防军务"，四月十二日"命钱继登兼抚扬州"，五月十日福王逃离南京，同月二十五日清军擒福王于太平[⑥]。"总理两淮盐法兼督江防军务关防"印铸造于弘光元年四月，可知该印的使用者为钱继登，至五月二十五日福王被擒，钱继登使用

---

① 海王邨古籍丛刊：《元典章》，中国书店出版，1990 年，第 454 页。

② 朱瑞明：《浙江嘉善出土一方南明官印》，《文物》1990 年第 3 期。

③ 李兆贵、王申箎：《明朝以来的赋税票据》，中国税务出版社，2004 年，第 255 页。

④ 孙慰祖：《历代玺印断代标准品图鉴》，吉林美术出版社，2010 年，第 10、11 页。

⑤（清）张廷玉等：《明史·舆服志·百官印信》，中华书局，1974 年，第 1663 页。

⑥（清）李天根：《爝火录》，浙江古籍出版社，1986 年，第 434~470 页。

此官印的时间最长也就一月有余。其时，南明政权在南京，该官印应颁布和铸造于南京，而该官印的使用地为扬州，明代两淮盐运使驻所在扬州，所以钱继登才会被福王任命"兼抚扬州"。钱继登，浙江嘉善人，明万历丙辰（1616 年）进士，入清后不仕，居住于嘉善的"客园"，直至去世^①。钱继登把该官印带到了家乡，这是该官印出土于嘉善的理由。

（二）永嘉场大使记

"永嘉场大使记"（图九），铜质，印文为篆体汉字与满文两种文字，背款满文，侧款"乾隆十七年（1752 年）二月""乾……廿九……"，2009 年被征集，现藏于温州市龙湾区博物馆。印面长 7.5、宽 4.5、厚 1.4 厘米，杙纽上部被锯断，残长 8.5 厘米^②。

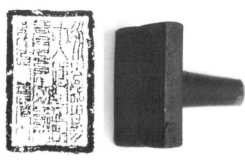

图九　永嘉场大使记（左为印蜕，右为照片）

永嘉盐场位于今浙江省温州市龙湾区。唐代在此设永嘉盐监，为全国海盐生产的十大盐监之一^③，宋代瑞安府永嘉县设有"永嘉盐场"^④，南宋淳熙元年（1174 年）浙东提盐司奏章称"永嘉场三十九灶，煎纳正耗盐二万六千九百五十一石，今减并作三十四灶，每年煎纳正耗盐二万六千六百石"，朝廷权依所奏^⑤，元大德三年（1299 年），永嘉场为两浙都转运盐使司下属三十四盐场之一^⑥，明洪武年间两浙都转运盐使司温台分司下有"永嘉盐课司"^⑦。清代康熙二十一年（1682 年）裁并永嘉场归双穗场，雍正七年（1729 年）复置永嘉场，有场大使一员^⑧。永嘉场

①　张彤彤：《钱继登生卒考及其园林之称谓考》，《齐齐哈尔大学学报（哲学社会科学版）》2015 年第 7 期。

②　王邦敏、张益欣：《从永嘉场大使印解读龙湾千年古盐场》，《温州日报》2009 年 3 月 10 日第 9 版。

③　（宋）欧阳修、宋祁：《新唐书》，中华书局，1975 年，第 1378、1379 页。

④　（元）脱脱：《宋史》，中华书局，1985 年，第 2176 页。

⑤　（清）徐松：《宋会要辑稿》，中华书局，1976 年，第 5279 页。

⑥　（明）宋濂等：《元史》，中华书局，1976 年，第 2313 页。

⑦　（明）申时行等：《大明会典》卷三十二盐法，《续修四库全书》第 789 册，上海古籍出版社，2002 年，第 565 页。

⑧　李琬等：《乾隆温州府志》卷十一盐法，《中国地方志集成·浙江府县志集》（58），上海书店出版社，1993 年，第 144 页。

盐场大使为"正八品以上人员"①。场大使的职责是"掌治盐场、池、井"②。

"永嘉场大使记"铸造于乾隆十七年（1752 年），是永嘉盐场的场大使官印，官秩为正八品以上。上引光绪《永嘉县志》载，乾隆十七年时永嘉盐场大使为陕西韩城人薛蜇魁，《陕西通志》载，薛蜇魁为康熙五十九年（1720 年）庚子科进士③。

五、余论：宋元时期盐业官印的使用情况

最后，探讨一下宋、元时期盐业官印的使用情况。一般来说，官印为官署以及官员权力的象征，在各级行政运作中广泛使用。宋代在食盐的生产、运输、销售等各个环节中，均离不开各级机构的印记。例如：北宋至南宋中期，盐法规定淮盐、浙盐的滨海盐场以布袋装盐，每袋三百斤，袋口封装严密，"书印……如茶笼篰法"④，在盐袋封口处钤盖官府的印记。盐仓支发盐货时，不仅需要官府印记，还需支纳人的私人印押，空仓后监督官员要查勘印押，以防舞弊。大中祥符六年（1013 年），宋真宗下诏曰："盐院受纳盐货，起置文簿，用三司印书给付本院。每簿先空纸写数号，纳盐之时，分明抄上纳人姓名、盐席、纳数及剩数，每旬于三司通押。每敖交尽，监官点勘印押，送三司呈验，不得隔蓦敖眼。如违，等第科罪。"北宋时期的盐钞由榷货务发行，徽宗崇宁四年（1105 年）规定，钞引钤盖"榷货务买钞所朱记"印，旧交子务铜朱记交由少府监销毁⑤。另外，宋廷规定各类地方官员上书中央时，需要钤盖官印才可以入递，当然各级盐业官员也不会例外。景德四年（1007 年）九月，真宗下诏曰："外任官司臣僚实封、通封奏状，并令简节事宜，于奏状前贴出。其封皮并内引单子上亦更略书贴事宜，用印，方得入递。"⑥

关于元代盐业官印的使用情况，可以参考出土"盐引"和"盐券"的实例。20 世纪 80 年代，内蒙古文物考古研究所等机构在额济纳河下游的黑水城遗址发掘出土大量的元代纸质文书，其中有两淮运司所发行"盐引"残页一件（图一○）、完整"盐券"一件（图一一）。"盐引"残页仅剩后半段，麻纸雕版印刷，现存三行文字，加盖红色官印，惜印文不清。残存三行文字内容为："省□□两淮运司广盈库副使""敕使两淮运

① 张宝琳：《光绪永嘉县志》，《续修四库全书》第 789 册，上海古籍出版社，2002 年，第 135 页。

② 赵尔巽：《清史稿》，中华书局，1977 年，第 3350 页。

③ 沈清崖等：《雍正陕西通志》卷三十二，《文渊阁四库全书》第 552 册，台湾商务印书馆，1986 年，第 758 页。

④ （元）脱脱：《宋史》，中华书局，1985 年，第 4450 页。

⑤ （清）徐松：《宋会要辑稿》，中华书局，1976 年，第 2945 页。

⑥ （清）徐松：《宋会要辑稿》，中华书局，1976 年，第 1950 页。

司广盈库大使""将仕郎两淮运司广盈库提领王。"[1] 有学者称此残件为"广盈库票据"[2]。"盐券"基本完整，绵纸雕版印刷固定文字，墨书填写人名、钞种、数量、时间，加盖朱红色官印，惜印文不清，又盖有验钞人王士钧的押印。据内容可知，这份盐券是收取"董兴"购买盐引钱的收据，属于社会上流通的有价证券，《元史·李德辉传》载，元代朝廷有"给盐券为直"以替代货币的做法[3]。

图一〇　盐引残件　　　　　　　　　　　图一一　盐券
（取自《黑水城》第 1224 页）　　　　　　（取自《黑城》图版三三）

　　另外，尚有烙印的方法，如《熬波图》"卤船盐艑"条载："船艑（榜）官为印烙。"[4] 可知，元代在食盐运输中官府要在运盐船的船榜上烙印，以防走私贩卖。

①　内蒙古文物考古研究所、阿拉善盟文物工作站、李逸友：《黑城出土文书（汉文文书卷）》，科学出版社，1991 年，第 72、73、183 页，图版 13、33。
②　塔拉等：《中国藏黑水城汉文文献》，国家图书馆出版社，2008 年，第 1224 页。
③　（明）宋濂等：《元史》，中华书局，1976 年，第 3816 页。
④　（元）陈椿著，李梦生等笺注：《熬波图笺注》，商务印书馆，2019 年，第 98 页。

传统制盐研究

浙江宁波大榭岛近现代制盐工艺调查

雷 少

（南京大学历史学院、宁波市文化遗产管理研究院）

大榭岛位于浙江省宁波市东端，为宁波市第三大岛，南与大陆之间有穿山港水道相隔，距穿山半岛仅 0.5 千米，东北和北部与舟山市海域交界，有金塘岛和舟山群岛作天然屏障。该岛南北宽 6.5 千米，东西长 6.8 千米，陆地面积 28.37 平方千米，滩涂面积 2.47 平方千米[1]（图一）。从自然地理单元角度来讲，大榭岛属于舟山群岛的一部分，虽然距离宁波大陆很近，但是该岛的民风民俗却与舟山群岛地区更为接近。

大榭岛制盐历史十分悠久，在该岛北峃平原的大榭遗址二期遗存中（年代相当于钱山漾文化时期），发现了丰富的史前制盐遗迹和遗物，将大榭岛的制盐历史向前追溯至距今 4400 年前[2]。同时，通过考古调查和勘探，在大榭遗址周边还发现了相当于商代晚期至战国时期的多处盐业遗址，初步探明了大榭岛先秦时期制盐历史[3]。

2017 年，在大榭遗址野外发掘期间，为了对史前制盐遗存进行深入研究，我们采访了一些从事过晒盐工作的老盐民，并对大榭岛墩头村滩涂的"盐泥"作了调查，开展

---

① 宁波大榭开发区地方志编纂委员会编：《宁波大榭开发区志》，浙江人民出版社，2017 年，第 63 页。

② 雷少等：《我国古代海盐业的最早实证——宁波大榭遗址考古发掘取得重要收获》，《中国文物报》2017 年 12 月 29 日第 8 版；雷少等：《我国古代海盐业的最早实证——宁波大榭遗址考古发掘专家论证会综述》，《中国文物报》2017 年 12 月 29 日第 5 版；雷少等：《海岛之光——浙江宁波大榭遗址的考古发现》，《大众考古》2019 年第 6 期；雷少：《我国古代海盐业的最早实证——宁波大榭遗址考古发掘取得重要收获》，《中国港口》2017 年增刊第 2 期；宁波市文化遗产管理研究院等编著：《海岛之光——大榭遗址出土文物精品图录》，宁波出版社，2021 年。

③ 雷少：《浙江宁波大榭岛方墩东周制盐遗址的试掘与初步研究》，《东南文化》2022 年第 1 期。

图一　大榭岛地理位置示意图

了晒盐实验，不仅积累了丰富的口碑资料，还对制盐工艺原理和流程有了深刻的理解。
本文是对以上工作成果的介绍和总结。

一、大榭岛自然环境和历史沿革

　　大榭岛，古名大若山，清康熙《定海县志》始记大榭山。因岛上树林茂密，远眺如
浮于水面上的巨大亭台楼阁，故传称"大榭"岛[①]。岛内为丘陵、平原间隔地貌，地形
以丘陵为主，山岙间散布小型洪积平原或海积平原，周边分布泥质滩涂。水系为海岛独
立水系，沿岸为海积小平原和潮滩。大榭岛属亚热带季风气候区，冬夏季风交替明显，
四季分明，温和湿润，无霜期长，雨量充沛，夏热少酷暑，冬冷寡严寒；受季风交汇影
响，气候多变，有不同程度的台风、旱涝等灾害性天气出现。

　　北宋宣和四年（1122 年），徐兢《宣和奉使高丽图经》载："三月，徐兢奉使高丽，
途经……大、小两榭山。"大榭之名才始见于古代文献记载。明洪武二十年（1387 年），
为抗击倭寇实行海禁，撤销大榭、小榭两村，信国公汤和徙大榭、小榭居民到穿山后所
居住。清康熙二十三年（1684 年），朝廷颁"展复令"，开海禁，金塘、大榭等岛被开
垦，渐渐才又有了人烟村落并繁衍至今。由此可见，明清时期实行的海禁政策，对古代
大榭岛的社会发展进程产生了重大影响。

---

①　宁波大榭开发区地方志编纂委员会编：《宁波大榭开发区志》，浙江人民出版社，2017 年，第
　　36～38 页。以下有关大榭岛自然环境和历史沿革的内容主要参考该书，不再一一注明。

二、大榭岛制盐历史概述

由于盐场面积较小，大榭岛古代制盐情况在清代之前的盐业志书中并未明确提及，现只能从宁波和舟山两地盐志的相关记载中理出一些线索出来（图二）①。宋熙宁十年（1077 年），大榭岛随海晏乡划属明州定海县（今为宁波市镇海区、北仑区），自此之后，该岛曾长期属于定海县管辖，可能属于北宋端拱二年（989 年）设立的正监盐场的产地范围，也可能属于南宋开禧二年（1206 年）从清泉盐场分出立为正场的穿山盐场的产地区域。

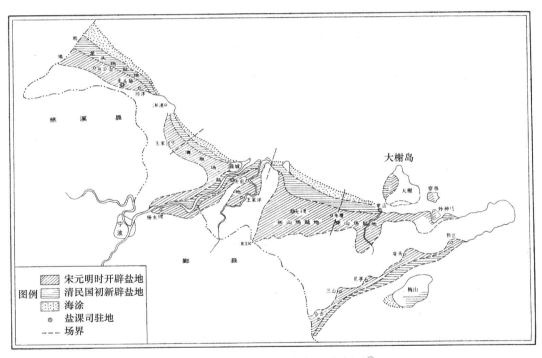

图二　民国前镇海四盐场场区分布图 ②

清初开海禁复垦后，大榭岛及周边的穿鼻岛、外神马岛、外峙岛开始有一定数量的盐灶地。清同治后，陆续改煮盐为板晒（图三）。民国七年（1918 年）始，盐场全部废煮。民国十八年（1929 年），大榭岛、穿鼻岛、外神马岛有盐地 11938 亩。1950 年，大

---

①　朱去非主编：《舟山市盐业志》，中国旅游出版社，1993 年，第 36 页；《宁波盐志》编纂委员会编：《宁波盐志》，宁波出版社，2009 年，第 196～199 页。

②　《镇海县志》编纂委员会编：《镇海县志（增设镇海区北仑区新志备稿）》，中国大百科全书出版社上海分社，1994 年，第 422 页。

1.滩涂刮铲盐泥　　2.泥溜淋滤卤水　　3.测量卤水浓度　　4.盐板倒入卤水

图三　舟山市定海区马岙博物馆展示的海盐生产工艺流程图①

榭岛有盐民 193 户 1025 人，盐田 436 亩，盐板 3190 块。1952 年盐场废止。1956 年，老盐区恢复盐业生产，改木板晒为水泥盖沥青地板晒，与传统的刮泥淋卤、木板晒盐方式相比，新的生产方式所用人工少、成本低、产量高、收益大。1975 年，大榭岛内垓头村、孚竹村曾办过平滩积晶晒盐，后因改种棉花均停止②。

三、大榭岛近现代制盐工艺访谈

　　2017 年 8 月 24 日和 31 日，为全面了解大榭岛近现代制盐工艺，并验证盐业志书中相关记载准确与否，我们对曾从事过木板晒盐工作的郑其炉（时年 67 岁）进行了两次访谈，获得了珍贵的口述资料。以下按照工艺流程的先后顺序，将访谈内容分类介绍如下（楷体字为受访者口述的主要内容）③。

1. 刮取盐泥

第一，盐泥形成条件和刮盐泥时间。

　　　刮盐泥一般是在每年七、八、九月份的高温季节进行的，待大潮过后，选择海水潮位最低，滩涂大面积裸露的时间段。每年的阴历六月十五至七月十五是最佳时间，此时潮位低、日照强、温度高、雨水少、云彩少，滩泥中的盐分才可以充分析出，含盐量也最高。此时滩涂表面看起来似覆盖了一层白雪，这时要抓住时机刮取这层盐泥（图四）。雨天和气温低的时间则不宜刮盐泥。

图四　民国时期岱山盐场盐工用拖刀刮盐泥
（引自《浙盐纪要》[①]）

第二，刮盐泥的注意事项和盐泥的储存方法。

刮盐泥的滩涂要土质均匀，基本无包含物，特别是不能有砂、石等杂物，以免后期对收集卤水造成不良影响。滩涂上的盐泥层很薄，刮滩泥时也要尽量薄一些，厚度不超过1厘米。刮来的盐泥，以压实、堆高的方式存放，从而形成俗称为"盐墩"的储存场所。其高度不限，面积要根据盐泥体积而定，使用稻草编的席子覆盖表面，以防雨水。

2. 晾晒盐泥

晾晒盐泥要选择气温高、云层薄、日照强的天气。在比较清洁、平整的地面上，将土块敲碎，以粉末状为最佳。晒泥一般需要两天时间，待泥土彻底干透为止。晒泥过程中要多翻动几次，表面泥土干了就翻动。如果泥土颗粒较大且不均匀，可在晒完之后再过一次筛[②]。晒泥的场地不限，如果滩涂面积广大，也可以直接在海边选择地势较高、海水不能淹没的地方直接晒干后再带回制盐场地。

3. 建造泥溜

第一，泥溜选址的注意事项[③]。

---

① 林振翰编：《浙盐纪要》，商务印书馆，1925年。

② 大榭岛晾晒盐泥的步骤和注意事项，与甘肃礼县盐官镇井盐生产中的"拌土"环节十分相似，其原理是将土壤作为承载盐分的载体，相当于现代化学分析上用的固体吸附剂。这些吸附剂需要反复晾晒、打碎、翻动、耙细，以增大吸附面积，增强吸附能力。因为固体吸附剂的吸附能力与吸附剂的粒度关系最大，粒度越小表面积越大，吸附力越强。所以在晾晒阶段要反复加工，使含盐土壤的粒度越细越好。参见陈芳芳：《没落的民间记忆——甘肃省礼县盐官镇盐神庙及其庙会考察研究》，《民俗研究》2009年第4期；王都留等：《甘肃礼县盐关井盐工艺中的化学原理》，《化学教学》2013年第1期。

③ 泥溜，或称土溜，是当地盐工对以泥土为原料所建造的淋卤坑的俗称。《新唐书·食货志》载："暵旱则土溜坟"，说明唐代已经有了"溜"的名称。这种淋卤坑在宁波余姚盐场称为漏碗，舟山岱山盐场称为溜碗，名称虽有不同，但大同小异，实为原理相同的淋卤设施。大榭岛在清初至新中国初期一直隶属定海县管辖，因此本地人对淋卤坑的俗称与舟山地区一致，这也间接说明他们所用的淋卤方法很有可能来自于舟山地区。相关记载还可参见（宋）欧阳修撰：《新唐书》卷五十四，食货志第四十四，武英殿本；林振翰编：《浙盐纪要》，商务印书馆，1925年，第66～70页；浙江省盐业志编纂委员会编：《浙江省盐业志》，中华书局，1996年，第73、74页；宋良曦等主编：《中国盐业史辞典》，"灰坑"条，上海辞书出版社，2010年，第173页。

要根据自然地形来定。一般选择在地势较高处，以便防水防台风。同时还要考虑盐泥运输、存放地点与泥溜之间的距离远近。如果场地周围地势低平，比如塘头村，则要在潮上带的平地上垫土加高建造。建造泥溜的地面要平整、清洁和坚硬。

第二，泥溜的形状和结构。

泥溜平面为圆形，锅底状。口径大小不一，需根据晒盐板的数量而定，大的至少有2.5米，小的则为1米左右。一般是在地面加高堆砌而成，高度约0.6～0.7米（图五）。

第三，泥溜的建造步骤。

第一步：取来海涂滩泥，在平地上砌筑高约1米的基础平台，预留台阶以方便上下，泥溜以外的位置预留缺口，以放置承接卤水的大瓷缸。平台面积根据泥溜大小来定，如大泥溜口径为2.5米，则平台边长至少要达到5米，以便在台面上留出操作场地。

图五　民国时期岱山盐场的土溜
（引自《浙盐纪要》）

第二步：在平台上挖一个锅底状浅坑作为溜底，深度不超过20厘米，底部预埋一个通节竹管，竹管与瓷缸相连的一端向下倾斜。

第三步：在浅坑之上用滩泥堆筑高70～80厘米的泥溜周壁，边堆泥土边用脚踩实。泥溜深度一般控制在0.6～0.7米以内。

第四步：泥溜建好后一般要放半个月至一个月，具体时间根据天气状况而定。待基本干透，人可以在上面行走时，再把周壁和底面刮平，表面坚硬平滑，以起到防渗漏的作用。

第四，泥溜的使用期限。

一个泥溜建好之后，如果维护得好，可以使用20多年。泡过海水的竹管保存20余年也不会烂。

4. 淋滤卤水

第一，淋卤的步骤。

第一步：淋卤之前先用滩泥把泥溜周壁和底面涂抹一遍，有裂缝的地方要补缝抹平，防止渗漏。然后在泥溜底部铺一层稻草。稻草以早稻的茎秆为佳，柔软、韧性好，而晚稻的较硬，一般不使用。

第二步：将晒干的盐泥倒入泥溜，边倒边用脚踩实，一般一次倒约 20 厘米厚度后就要用脚踩实。这样边倒边踩，直至盐泥高度距溜口约 10 厘米时停止。

第三步：向泥溜中灌入海水，在注水口处放一层稻草，再放一个竹编土箕，以防注水时把注水口处的盐泥冲出孔洞。当海水将盐泥全部淹没，水面高出盐泥约 3 厘米时停止灌水。

第二，淋卤的注意事项。

干盐泥中如果含有砂、石等杂质，那么随着海水的下渗，泥土中的孔隙会慢慢变大，便会对卤水浓度造成不良影响。泥溜的周壁堆土如果含有过多杂质，则泥溜容易在注海水的过程中倒塌。因此，所选用的泥土要细腻、纯净，尽量不含砂、石等杂质，如果含有杂质，也要在使用前想办法去除。

泥溜中的盐泥要踩得硬实一些，以保证卤水的浓度。如果不踩实，泥土疏松，那么在灌入海水时，容易把溜里的盐泥冲得松软且可能形成孔洞，这样海水便会很快从竹管里流出，从而无法形成高浓度的卤水，导致淋卤失败。因此，为了防止这种意外状况发生，一般会事先在泥溜旁堆放干盐泥备用，如果溜中的盐泥出现孔洞，要迅速将这些干盐泥填入孔洞中，以防止卤水被冲淡而导致淋卤失败。如果孔洞多、孔径大而无法堵住，则只能把盐泥挖出来，再重新淋卤。

5. 收集卤水

第一，卤水的形成时间。

待泥溜表面的海水全部下渗之后，再继续灌入海水，反复几次，直到水面不变为止。从海水灌入到卤水流出的时间长短，一般要视泥溜的大小而定。大泥溜约需 2 天 2 夜，小泥溜仅需 7 个小时左右。此外，还与盐泥的软硬程度有关。泥溜中倒入的盐泥，如果踩得较硬实，那么卤水流出的时间间隔会长一些，而踩得较松软，则会短一些。

第二，卤水浓度的判断和收集时间。

提前在收集卤水的瓷缸里放一个生鸡蛋，如果鸡蛋半浮起来，说明卤水浓度已经满足制盐的要求。收集卤水的时间不定，要根据卤水流出的时间来定，不过一般多放在晚上进行，主要原因是白天太热。

6. 废泥处理

淋卤之后，泥溜中盐泥的盐分已经融入海水中，形成盐分含量更高的卤水，而失去盐分后淡化的盐泥便成为废泥。一般是把这些泥挖出来，随意丢弃在平台四周，只有瓷缸的位置不扔（图六）。如果周边废泥堆得过高，就得把高出的泥土挑走，另择地方堆放。堆放废盐泥的场地俗称为"泥墩"，而堆放新盐泥的场地俗称为"盐墩"[①]。

图六　民国时期岱山盐场挖掘土溜中的废盐泥（引自《浙盐纪要》）

7. 晒盐工艺

晒盐的木板，一般长约2、宽约1.2米，厚约1.5厘米。盐板的深度不能过深，一般为1.5厘米，否则会影响盐粒结晶的速度和效率（图七、图八）。盐板材质一般最好选用杉木，不会变形；而松木会变形很大。杉木多来自福建，因为大榭岛的杉木很少，质量也不如福建的好。盐板底部和周壁都要用

图七　民国时期岱山盐场木板晒盐（引自《浙盐纪要》）

图八　舟山市定海区马岙博物馆展示的晒盐木板实物

---

①　关于废弃盐泥的处理，除了直接倾倒以外，还可以重复利用以继续淋卤。如《余姚六仓志》载："一曰摊泥，以咸泥置漏碗中，俟其咸卤沥出，乃掘土堆积漏碗四周，谓之淡泥，亦曰生泥，至堆积既多，遇天气晴和或西风发动时，挑至田间重铺田面，海潮来时由湾口迤逦而入沟渠，水中咸分即为砂土吸收，日晒风吹水汽蒸发，俗所谓盐花是也。"参见杨积芳总纂：《余姚六仓志·卷八·盐法》，民国九年（1920年）印行。转引自王清毅、岑华潮编：《慈溪文献集成（第一辑）》，杭州出版社，2004年，第122、123页。

桐油灰（桐油和石灰混合起来）涂抹一层以防渗漏，使用前先在海水里面泡一泡比较好。天气好的时候，上午晒，下午盐粒便可以结晶，新盐板一般没有老盐板出盐多。晒盐过程中没有去除杂质的过程，因为在泥溜里面已经将这些杂质过滤出去了。晒盐除了木板，也可以使用大瓷缸的缸片，只要吸热性能好就行。

四、大榭岛滩涂盐泥调查和晒盐实验

　　清初《肇域志》载："清明日，取洼水浇场上晒之，见有皑皑起白者，谓之'盐花'，随所垒之沙，匀覆场上，复晒几日，则盐花上升，垒花又白矣。"[1]为验证文献记载和口述资料中关于海涂表面覆盖一层"洁白如雪"的盐花说法是否属实，2016年8月26日（阴历七月二十四）下午2点钟，我们前往大榭岛内制盐时间较久的埠头村滩涂调查盐泥。当时正值高温闷热天气，室外温度至少有35℃[2]。该村东部海边有两处与大海连通的水塘，南侧的尚在利用，北侧的已经废弃，仅存留不到三分之一。调查正值小潮期间，虽然潮水正在上涨，但是塘内水位受人工调节，并不受自然潮汐影响，再加上高温，可明显看到北侧水塘边缘的淤泥表面覆盖了一层薄薄的"白霜"，其在干燥的地方十分显眼，遇水则不显现，这就是"盐花"（图九）。

　　此外，2017年9月4～5日，我们还分别使用木板和瓷缸片等简易材料，简单复原了盐板晒盐的工艺流程，并对板晒步骤和实验数据作了记录（表一；图一〇～图一二）。

表一　木板晒盐实验流程和数据统计表

实验项目	长×宽－深（米）	卤水量（升）	晒卤时间	收盐时间	日晒时长（小时）	备注
盐板晒盐	1.2×0.6－0.05	10	9月4日上午8点	9月5日下午4点	18	太阳落山后遮盖盐板的时间段不计入日晒时长

注：盐板使用透明塑料纸挡壁和铺底；卤水量为粗略估算；产盐量未计算

图九　大榭岛埠头村滩涂表面的白色"盐花"

图一〇　盐板中倒入卤水

① （清）顾炎武著：《肇域志》江南九卷，下吴淞江，清抄本。
② 根据大鱼潮汐表中北仑港的历史记录，当天是小潮，考察的时间正处于满潮期间，参见网址 https://www.chaoxibiao.net/tides/48.html。

图一一 盐板中的盐粒结晶　　　　　　图一二 木铲收集盐板中的盐粒

五、余　论

食盐既是一种关系国计民生的基础资源，又是政府财税收入的重要来源，所以我国古代统治者历来十分重视盐政，留下了关于盐业生产、流通、消费和管理的丰富文献资料，为开展盐业历史和考古研究提供了翔实的参考资料。可是，在流传下来的各种盐业志书中，尽管对沿海地区制盐工艺有所记载，但是多偏重盐政内容，对沿海盐民所发明创造的制盐工艺则往往着墨不多，类似元代陈椿编著的《熬波图》这种以图文并茂方式对制盐工艺进行全面记述的著作十分稀少。在一些文人墨客的诗文中，虽然也有涉及制盐的内容，比如北宋著名词人柳永的《煮海歌》，但是记述颇为简单，且有着强烈的感情色彩，不能视为科学记录。近代以来的盐业志书、盐场调查报告和盐业史论著中，对沿海地区制盐工艺的记录相较古代记载详细一些，比如林振翰所编著的《浙盐纪要》一书，不仅有较全面的文字记录和统计数据，还公布了一批制盐工艺流程的照片，十分珍贵，对于深入了解海盐制作工艺具有极高参考价值。

美中不足的是，虽然上述文献资料为我们开展盐业考古研究提供了重要参考，但它们是从编著者视角对制盐工艺流程进行的记录，而普遍缺乏劳动者的视角，因此记载的信息不够全面，特别是一些细节步骤常被忽略，笔者在阅读时常会产生知其然而不知其所以然之感。因此，趁一批"老盐民"还健在的机会，十分有必要就盐业生产工艺和流程问题，开展一些口述调查和实验验证工作。这样不仅有助于弥补古代盐业文献记载中的不足，充实相关细节信息，还能起到释疑的作用，给予发掘和研究者以启迪，从而更好地开展盐业遗址的考古发掘和研究工作。

本文便是就此问题所做的一次初步尝试。虽然此次调查对象是近现代制盐工艺，但是经与古代文献记载对比可知，即使海盐制作工艺前后历经煮盐和晒盐两大阶段，可它的基本原理却是自古至今一脉相承。笔者认为，其主要原因在于海盐制作原料来源于海水中的盐分，这点一直没有发生根本变化。即使是盐泥，其形成也与海水长期浸泡有关。而在这个过程中，发生改变的只是对海水中所含盐分进行提取和加工的方法，这会直接导致制盐工艺产生变化，从而遗留下不同类型的制盐遗存。因此，在海盐业考古研究中，要牢牢把握和准确理解制作海盐的基本原理，据此来辨识各类遗迹和遗物的性质，判断它们的功能，这样才可以较好地复原古代制盐工艺，从而为研究食盐背后所反映的生产、流通和消费等问题奠定坚实基础。

泰国班东帕加特村传统制盐的调查
及初步认识

杨　勇[1]　白云翔[2]

（1. 中国社会科学院考古研究所；2. 山东大学历史文化学院）

2019 年 3 月，笔者在泰国东北部进行学术考察时，实地调查了一处传统制盐场所。该场所位于旷野露天，其制盐方式较为简单、原始，在国内已很难见到，对我们认识古代制盐工艺和盐业生产，辨识、理解考古现场制盐遗迹和遗物等，均具有一定的启示意义。

一、自然环境及调查概况

该制盐现场位于泰国呵叻（那空叻差是玛）府暖颂县境内一个叫作班东帕加特（Ban Don Phangat）的村子附近，地理坐标为北纬 15° 16′ 20.62″，东经 102° 11′ 6.26″。所在地点是一片地势较低且较为平缓的荒地，面积大约有 10 万平方米，地表以含盐的沙土为主，植被很少，在其南侧和东北侧，现还有湖泊分布。根据地形、地貌分析，这片荒地在历史上可能一度为湖水覆盖（图一）。从最近几年的卫星地图上看，未见荒地被湖水季节性淹没的情况，但其旁侧湖泊有的季节会呈白色，推测是干旱时湖水中可溶盐析出所致。

图一　班东帕加特村传统制盐场所地貌环境（北向南）

　　班东帕加特村所在地区属湄公河西侧支流——蒙河（Mun River）的上游，向西可进入湄南河流经的泰国中央平原，向东沿蒙河前行可连接湄公河干流，向南则可抵达柬埔寨西北部即洞里萨河的上游。这一地区虽然缺乏优质石材以及铜、锡、铅等矿产，但动植物资源非常丰富，另外不少地方的湖水及土壤中富含人类赖以生存的重要资源之一——盐。20 世纪 90 年代以来，为探索吴哥文明的起源，新西兰考古学家查尔斯·海厄姆（Charles Higham）等人与泰国学者一道，在蒙河上游一带调查发现了多处史前遗址。这些遗址大多带有环壕，早的可至新石器时代甚至更早，晚的可至早期铁器时代，其中最为著名的班诺洼（Ban Non Wat）遗址从最初的狩猎采集文化阶段延续至新石器时代，再到青铜时代和早期铁器时代，前后跨度约 2000 年[①]（图二）。对这些遗址的发掘及研究显示，史前时期蒙河上游众多聚落的形成乃至政治权威的兴起，除了得益于特殊的地理位置和便利的交通外，当地适宜稻作农业的自然条件以及丰富的盐资源也是尤为关键的因素[②]。

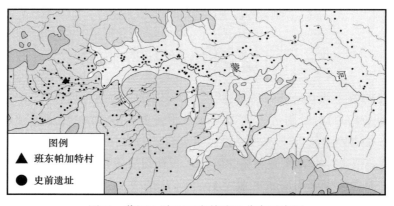

图二　蒙河上游地区史前遗址分布示意图

　　很显然，班东帕加特村的传统制盐由来已久，其源头可追溯至遥远的史前时代。调查中获知，这种传统制盐方法过去在蒙河上游地区曾较为普遍，但近些年来，随着现代工业化制盐产品的大量输入，这一传统行业受到了严重冲击，现在只能在少数偏僻的地方才能见到，制盐者一般也都年纪较长。笔者到访的三月中旬，属泰国东北部热带季风气候的旱季，正好适于制盐。在当地向导的带领下，我们有幸找到这一传统制盐场所。在现场，我们目睹了两位中老年妇女制盐的场景及过程，进行了交流（图三），还参与

① 查尔斯·海厄姆著，云南省文物考古研究所译：《东南亚大陆早期文化——从最初的人类到吴哥王朝》，文物出版社，2017 年；白云翔、杨勇：《班诺洼与考山考——泰国两处史前遗址的考察及相关问题讨论》，《中国国家博物馆馆刊》2020 年第 4 期。

② C. F. W. Higham, A. Kijngam (eds), *The Excavation of Ban Non Wat: The Bronze Age*, The Thai Fine Art Department, Bangkok, 2012, pp.531.

图三　调查现场

了部分工作环节。制盐设施和工具均较简陋，工艺也不复杂，属个体家庭生产，一般一名女性劳动力即可从事该工作。

二、制盐工艺及流程

两位制盐妇女的年纪均在五六十岁，为两家人，各自制盐，相距几十米远。从现场观察及交流看，两家制盐的工具、工艺等完全相同，流程大致分为四步：①采集盐土→②过滤盐土→③熬煮卤水→④晾干盐。

第一步为采集盐土。具体是从地表刮铲、收集含大量沉积盐的泥土，并堆放在一起慢慢晾干。在现场可以看到，周围沙土地面到处都渗出白色的盐，用铲锹等工具薄薄地铲上一层，即可获得很多的盐土（图四）。盐土收集后被堆放在一起，使用时已经晾干（图五）。

图四　地表盐泥

　　第二步为过滤盐土以获得卤水。具体是在地面向下挖一大一小两个圆坑，彼此相距约 0.5 米，以暗埋的水管相通，作为过滤盐土的设施（图六）。大坑为过滤坑，直径约 1 米，口部外侧堆土略高于周围地面，坑壁和坑底铺粗麻布，从现场观察以及询问制盐女工可知，麻布下还铺垫厚厚的稻草等物。过滤坑底部用一塑料水管通小坑，水管直径约 3 厘米。小坑为卤水坑，较过滤坑深，直径约 0.5 米左右，坑壁较直，连通过滤坑的水管从卤水坑半腰处伸出，过滤时卤水从中流出。过滤盐土时，制盐工人先将收集来的盐土适量倒入过滤坑中，再浇水并简单搅拌（图七），水多时还会再加入一些盐土，之后让其慢慢向下渗透、过滤。过滤后形成的卤水，经水管流入卤水坑中，但水流很细小，有时接近水滴状（图八）。卤水坑中的卤水清澈透亮，颜色略偏黄。过滤过的盐土则被掘出，堆放在过滤坑旁侧不远处。

图五　收集并晾干的盐泥

图六　过滤盐泥的设施

图七　向过滤坑中添加盐泥

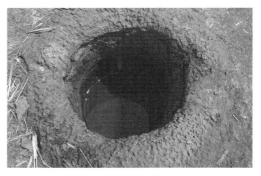

图八　卤水坑及渗水管

　　第三步为熬煮卤水以获取结晶盐。煮盐设施离过滤坑和卤水坑较近，只有数米远。其中一家是在地面下挖一长方形灶坑，灶坑上放置一个由薄铁板焊制而成的长方形浅平底盘，铁盘宽不到 1 米，长近 2 米，深约 0.1 米，摆放方向与灶坑一致。另一家情况相似，只是灶坑为半地穴式，下半部挖于地面以下，上半部通过地面培土抬高，位于地面以上。煮盐时，由灶的一端放入木材燃烧，另一端设烟道。我们注意到，灶坑旁一般立有金属彩钢瓦或长方形铁皮，推测主要是用来挡风的。煮盐前，用碗将卤水坑中的卤水舀出，再用水桶移至长方形铁盘中，然后点火熬煮。燃料为粗细不一的木材，多未经砍劈，火候较大，铁盘中的卤水呈滚沸状（图九）。

第四步为晾干盐。即在卤水熬煮一段时间后，铁盘下部形成白色的结晶盐，但上部还有不少尚未熬干的水，这时开始用竹编的头部呈三角状的笊篱将盐捞出（图一〇），放入旁边一个镂空的塑料圆桶中，圆桶中又铺放一两层塑料窗纱状的过滤纱网，用于滤水和晾干盐（图一一）。滤水和晾盐时，塑料圆桶放在几根木棍或短竹竿上，下面再挖一排水小沟，沟中残留的废水呈暗红色。盐晾干后，获得最终的产品，再用铁铲或浅盘将其装入编织袋中（图一二）。在现场观看和品尝，发现最后制出的盐颗粒较粗，略呈黄色，口感较咸。根据观察和交流，不算收集盐土步骤的话，大约推算一个女工一天可制盐数十斤。

图九　熬煮卤水现场

图一〇　捞取结晶盐

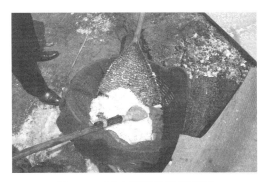

图一一　滤水和晾盐的塑料桶

图一二　晾盐现场

三、初 步 认 识

根据盐的来源，古代的盐主要可分为海盐、池盐（湖盐）、井盐、岩盐等，每种盐都有不同的生产工艺。班东帕加特村传统制盐场所虽临靠盐湖，但却是通过刮铲地表盐土来提取其中的盐，且过滤、熬煮设施也相对简单，所以可视作一种较为原始的制盐工艺。当然，无论是哪一种制盐工艺，其都要遵循基本的制盐原理，即通过过滤及熬煮、煎、晒等手段，将较为纯净的盐从自然界中分类出来。因此，各种制盐工艺中又往往存在相通之处，有时甚至使用的器具和设施也会出现形态相同或相似的情况。这已为很多的考古发现及研究所证实，此处不赘。就班东帕加特村传统制盐工艺而言，其过滤盐土的方法及设施，在我国海南儋州一带的传统海盐生产中，亦可见到非常相似者（图一三），只是后者所用盐土采自海潮灌溉的盐田，另外过滤后采用了晒盐而非煮盐的方式。

图一三　海南儋州沿海的传统制盐现场
（左右圆形水坑为过滤坑，中间石块下为卤水坑）

　　在班东帕加特村制盐现场的周围，可见很多零散分布小土堆，有的已长满草或灌木，仔细观察都是盐土过滤后形成的废弃堆积，只是具体年代不详。不过，在附近一处翻动过的泥土中，我们发现了一些黑褐色的夹砂陶片（图一四），或意味着这里可能有更为古老的史前时期的制盐遗址。不难推断，由于靠近盐湖，土壤中富含盐分，这片荒地可能于很早以前就被开辟为"盐田"，

图一四　采集的夹砂陶片

而当地这种传统制盐工艺也应存在已久，只是使用的器具、设施在用材等方面有所发展和变化，如今天所见的塑料、铁等制品，早期可能由竹木器、陶器等替代。

　　无论如何，对班东帕加特村传统制盐的调查，不仅使我们认识了东南亚地区的一项传统手工业，而且由于古今中外的制盐工艺存在诸多共性，它还为我们探索早期人类盐业生产提供了一份难得的人类学资料。以现今颇受关注的盐业考古为例，这样的"活化石"对我们更好地发现、辨识和理解古代制盐遗迹和遗物，无疑很有启示意义。这也是我们在此公布这一调查资料的原因和目的所在。

在"手工业考古·黄骅论坛——以盐业考古为中心"学术研讨会闭幕式上的致辞

白云翔

（山东大学讲席教授）

各位代表，本次会议经过一天半的现场考察和交流研讨，到这里基本进入尾声了。受会务组的委托，下面我对本次会议做一个简要的学术总结。

本次会议是第六次手工业考古论坛，主题是盐业考古，共有近30家考古文博单位的50多位代表参加会议，收到学术论文或摘要30余篇，会上发言的共有27位学者。研讨的内容既包括东部沿海、东南沿海、川峡及山西等地区和国外的泰国等地，又涵盖史前、商周、汉唐及宋元明清各时期，还有自然科技手段的检测分析成果，时空范围和研究视野都比十年前大大拓展，在很大程度上反映了近年来我国盐业考古所取得的成就。

本次会议首先安排了7场最近几年盐业考古的新发现专题报告，数量众多，是本次会议的一大亮点。河北省文物考古研究院雷建红先生介绍了黄骅大左庄遗址的考古发现和研究情况，通过对出土遗存的分析，认为这是一处隋代到唐代中晚期的制盐作坊遗址，其制盐工艺与《熬波图》中的记载接近。南京大学考古文物系曹洋博士围绕制盐工艺、作坊布局和生产关系三个问题，对黄骅大左庄制盐作坊进行了系统的复原研究，认为这是一处官督民办的制盐作坊。宁波市文化遗产管理研究院雷少先生介绍了宁波大榭史前遗址制卤环节的实验考古新成果，认为制卤工艺主要可分为刮取盐泥、建造泥溜、晾晒盐泥、淋滤卤水、收集卤水五个步骤，为辨识史前制盐遗址提供了重要思路。中国社会科学院考古研究所高江涛先生认为晋南地区在先秦时期对外存在多条主要交通道路，聚落多沿道路呈带状分布，以盐等资源运输为内涵的交通网络与文化互动极大促进了文明起源和早期发展。国家文物局考古研究中心梁国庆先生介绍了舟山马岙遗址的盐业考古相关遗存，这对我们寻找海岛型盐业遗址是重要启发。温州市考古研究所刘团徽先生介绍了温州洞头九亩丘和台州玉环前塘垟遗址的考古新发现，并以此为基础对浙南地区宋元时期的制盐工艺流程和灶具变化进行了深入探讨。中国社会科学院考古研究所杨勇先生介绍了泰国传统村落制盐的调查收获及初步认识，这种调查是非常必要的，值得今后大力提倡。

　　根据本次会议多数代表的发言，我们大致分成了四个板块。第一个板块是东部沿海地区。沧州交通学院张长铎先生梳理了渤海西岸商周至明清时期的文献史料，认为以长芦为中心的沧州地区有着悠久制盐历史，是中国海盐生产的发祥地之一。北京大学考古文博学院崔剑锋和杜星雨先生对山东寿光侯辛庄遗址出土的钙化物及铁锈块进行分析检测，认为是一处唐宋时期以盘铁为煮盐工具的制盐遗址。山东省文物考古研究院王子孟先生介绍了山东寿光机械林场东周盐业遗址考古发现和研究成果，认为东周齐国盐业生产受到政府统一管控，是齐国食盐官营制度的重要体现。中国国家博物馆邱振威先生介绍了鲁北昌邑段的环境考古调查收获和认识，并厘清了一条古牡蛎礁的地理分布与走向。滨州学院历史系王爱民先生认为在不同时期海盐的远距离运输和分配中，渤海湾沿岸地区逐渐形成了对中原王朝心理和文化上的认同。山东省水下考古研究中心杨小博先生主要介绍了山东垦利刘家等遗址的调查和勘探收获，认为是一处商周时期制盐遗址，其埋藏情况为研究黄河三角洲地带的海岸变迁提供重要线索。

　　第二个板块是东南沿海地区。北京大学考古文博学院的周雪琪博士对宁波大榭遗址出土制盐遗存进行了科技分析，认为该遗址的遗迹遗物与制盐密切相关，并可能采用了晒煮结合的工艺。日本岩手大学刘海宇先生系统收集了唐宋以来的 9 枚盐业官印，并做了相关释读与考据，对宋元时期盐业官印的使用制度进行了讨论。海宁市文物保护所周建初先生梳理了浙北各个盐场的沿革及相关盐业遗存，认为盐业文化遗产对研究钱塘江文化具有重要历史价值。山东大学考古系研究生赵宋园同学回顾了江浙及岭南沿海地区的盐业考古发现及相关研究，认为该地区的工作尚处于起步阶段，仍有较多工作亟须开展。王青先生着重对历史时期东南沿海地区的古代煮盐器具盘铁和竹盆进行了探讨，认为钱塘江迤北应是以盘铁煮盐，迤南则流行竹盆煮盐，并讨论了盘铁和竹盆各自的形制特征及使用场景等问题。

　　第三个板块是西南川峡地区。重庆市文化遗产研究院的白九江、牛英彬先生从生产社会化的视角对三峡地区史前至汉代的考古学文化、制盐陶器的历时性变化等进行研究，认为巴盐的社会化生产促进了四川盆地史前社会复杂化，深刻影响了先秦时期巴、蜀、秦、楚等国的相互关系。山东大学考古系研究生陈凯同学通过对川峡地区三处典型的汉代制盐遗址进行分析，结合出土的煮盐画像砖和多孔陶灶，讨论了川峡地区汉代制盐工艺，提出制盐工艺可能存在地域差异。自贡市盐业历史博物馆的杨蕾先生对渝东地区的制盐遗址和研究现状进行了梳理和总结，并提出新的展望。此外，四川大学的李映福先生和成都文物考古研究院周志清先生都早早提交论文，但因特殊情况没能赶来参会。

　　第四个板块是中原地区。上海市松江博物馆杨坤先生从古文字的象形、形声出发并结合文献，讨论了周代青铜器上的旬都君铭文，认为应是姬姓封国"郇"国，封地靠近山西解县（今晋南运城一带），并可能从事盐业活动。另外，国家博物馆的戴向明先生也早已提交了论文，也是因为临时有事不能参会。不过他的论文刚刚已在《中原文物》第 4 期发表了，大家可以参考。

　　总之，本次会议集中展示了最近十年来我国盐业考古所取得的主要成就，可以看出其中历史时期的盐业考古发现与研究成果格外丰富，这是我国盐业考古向纵深发展的重要标志。与此同时，盐业考古的研究视角也更加多元化，不仅关注古代盐业生产工艺，还讨论了盐在区域性文明和社会发展的重要作用。此外，不少学者也提出了我国盐业考古在今后有待加强的问题，并呼吁在经济开发的大潮中及时抢救和保护盐业文化遗产。此外，这次会议的与会代表以年轻人为主，这显示我们的盐业考古是朝阳学问，是大有前途的事业。我相信，今后一段时间，我国的盐业考古必将取得重大成就，涌现出更多的研究成果。届时，我们再相聚交流。

　　最后，请允许我个人向各位与会代表能克服种种困难、推掉其他工作，远道赶来参加这次会议，表示衷心感谢！也请容许我代表各位参会的学者，向为这次会议成功举办付出大量辛劳的黄骅市政府和博物馆的同志表示衷心的感谢！谢谢大家！

在"手工业考古·黄骅论坛——以盐业考古为中心"学术研讨会闭幕式上的致辞

张桂云

（黄骅市人民政府副市长）

尊敬的各位领导、各位专家学者、朋友们大家上午好：

为期一天的"手工业考古·黄骅论坛——以盐业考古为中心"学术研讨会，在全体与会代表的共同努力下，圆满完成了各项会议议程，即将落下帷幕！在此，我代表黄骅市委、市政府，代表研讨会会务组，向前来参会的各位领导和专家学者，再次表示由衷的感谢！

本次研讨会是一次高水准、高效率的学术交流盛会。参加研讨会的学者为来自全国各大高校、科研单位、地方文化研究机构、文博系统专家代表48人，会议共收到学术论文26篇。会上，各位专家分别从不同角度对盐业考古进行了多方位、深层次的交流探讨，展示了最新研究成果，为黄骅文物考古事业指明了努力方向。可以说，黄骅因此次盛会倍增荣光。

会议结束后，我们将认真梳理会议成果，结集出版《盐业考古与古代社会研究：手工业考古·黄骅论坛——以盐业考古为中心论文集》。我深信，伴随着论文集的出版，盐业考古的研究必将拓宽新的视域，步入一个新的境界。

各位专家、各位朋友，一天短暂的相聚，我们收获了丰硕的学术成果和深厚的友谊，影响是深远的。在此，请允许我代表主办方向付出辛苦劳动的专家学者，表示衷心的感谢。同时，我诚挚地邀请各位朋友常来黄骅做客，携手共创文化事业发展的美好未来！最后，祝各位工作顺利，一路平安。

谢谢大家！

编 后 记

2021年9月27～28日，"手工业考古·黄骅论坛——以盐业考古为中心"学术研讨会在河北黄骅市顺利举行，本次论坛由河北省文物考古研究院、山东大学历史文化学院、黄骅市人民政府共同主办，河北海盐博物馆、《盐业史研究》杂志社承办。来自北京、河北、山东、山西、天津、重庆、四川、江苏、浙江等省市近30家高校和科研单位的专家学者50余人，克服疫情等困难参加了会议。手工业考古近年已发展成为我国考古学的重要研究方向，盐业考古也随之取得了重要进展。本次会议就是在这一学术背景下召开的。

中共黄骅市委常委、宣传部部长郑玉中，河北省文物局考古处处长贾金标，河北省文物考古研究院副书记、研究馆员毛保中，中国文物学会盐业文物专业委员会主任委员程龙刚，以及山东大学讲席教授白云翔和王青教授出席开幕式并致辞。白云翔先生在致辞中首先介绍了手工业考古系列论坛的缘起和前五次论坛的情况，重点就我国盐业考古近20年来的发展历程进行了全面评述，并从手工业考古的理论和方法出发，对今后一个时期我国盐业考古的发展重点和方向提出了重要建议。

本次论坛是白云翔先生近年倡导的手工业考古系列论坛的第六次学术研讨会，主题是盐业考古，共收到学术论文30余篇，共有22位学者分四组做了学术报告。研讨的内容广泛而紧凑，既包括河北、山东和浙江等地的盐业考古新发现，又有东部沿海、东南沿海、川峡及中原等地区的研究新成果，以及自然科技手段的检测分析成果，时间上涵盖史前、商周、汉唐及宋元明清各时期，尤以历史时期盐业考古的成果最多。论坛期间，与会代表还考察了黄骅大左庄隋唐制盐遗址发掘现场、战汉郛堤城及河北海盐博物馆。

本次会议集中展示了最近十年来我国盐业考古所取得的主要成就，尤其是历史时期的盐业考古发现与研究成果格外丰富，这是我国盐业考古向纵深发展的重要标志。与此同时，盐业考古的研究视角也更加多元化，不仅关注古代盐业生产工艺，还讨论了盐在区域性文明和社会发展的重要作用。此外，不少学者也提出了我国盐业考古在今后有待加强的问题，并呼吁在经济开发的大潮中及时抢救和保护盐业文化遗产。另外，这次会议的与会代表以年轻人为主，充分证明我国的盐业考古是朝阳学问，是大有前途的事业。

在本次会议筹备阶段，主办方已商定将出版论文集。会议结束后，各位代表及时撰写了正式的研究论文和相关田野简报，至2022年2月底截稿时共收到论文和简报32

篇，充分反映了本次会议学术交流与探讨的成果和收获。经过各方努力，现在将正式结集出版，其中少量成果近期已先期发表，为体现黄骅论坛的完整性本次仍予以收入。我们相信，本次会议的召开和论文集出版，将为今后一段时间我国盐业考古的发展起到重要推动作用。文稿收集和分发校对过程中，黄骅市博物馆郭瑞瑞女士付出了很多努力，文稿进入出版程序后，科学出版社考古分社孙莉社长带领同仁们克服疫情带来的居家办公不利情况，付出了大量辛劳，才保证这本文集能如期出版。在此表示衷心感谢！

编　者

2022 年 3 月